项目来源：2019年度教育部高校示范马克思主义学院和优秀教学科研
项目名称：新时代思想政治理论课有效教学设计研究
项目编号：19JDSZK105

# 新时代思想政治理论课
# 有效教学设计研究

亓凤香　著

吉林大学出版社
·长春·

图书在版编目（CIP）数据

新时代思想政治理论课有效教学设计研究 / 亓凤香
著. -- 长春：吉林大学出版社，2023.10
  ISBN 978-7-5768-2705-7

Ⅰ.①新… Ⅱ.①亓… Ⅲ.①高等学校-思想政治教
育-教学设计-研究-中国 Ⅳ.①G641

中国国家版本馆 CIP 数据核字（2023）第 236849 号

书　　名　新时代思想政治理论课有效教学设计研究
　　　　　XINSHIDAI SIXIANG ZHENGZHI LILUNKE YOUXIAO JIAOXUE SHEJI YANJIU

作　者　亓凤香
策划编辑　黄忠杰
责任编辑　宋睿文
责任校对　周　鑫
装帧设计　周香菊
出版发行　吉林大学出版社
社　　址　长春市人民大街 4059 号
邮政编码　130021
发行电话　0431-89580028/29/21
网　　址　http：//www.jlup.com.cn
电子邮箱　jdcbs@jlu.edu.cn
印　　刷　天津鑫恒彩印刷有限公司
开　　本　787mm×1092mm　1/16
印　　张　16
字　　数　380 千字
版　　次　2025 年 1 月　第 1 版
印　　次　2025 年 1 月　第 1 次
书　　号　ISBN 978-7-5768-2705-7
定　　价　68.00 元

# 目　录

# 第一章 思想政治理论课教学设计概述

有效的教学是所有教师的职业追求。有效的教学，简而言之，就是教师教得轻松愉快而学生又能够学有所成。有效的教学一定是经过充分准备与合理设计的教学。教学设计，就是教师对课堂教学的预设方案，是对教与学全过程的计划安排。只有教学设计合理，教师才能有效完成教学任务。因此，合理进行教学设计是所有教师要解决的基本问题，思政课教师也不例外，教学设计必然是高校思想政治理论课教师要研究的基本课题。

## 第一节 思想政治理论课教学设计的理论渊源

高校思想政治理论课，简称思政课。在目前的语境里，"思政课"可以指大中小学各学段的思想政治课，所以为了有所区分，高校一般用"思想政治理论课"的全称或者用"高校思政课""思政理论课"的简称。为了行文俭省，本书一般用"思政课"表达。高校思想政治理论课教学设计是教学设计的子概念，其渊源来自教学设计，而教学设计又是教学论的子概念，追根溯源是教育学、教学论这一学科的发展和理论深化与理论分化的结果。所以，思想政治理论教学设计的理论源头，源起于教育学和教学论。

### 一、教学论是教育科学化的理论必然

尽管古代对教授之术的研究零散而细碎，不成系统与体系，但是教学论作为对教学的研究古来有之。我国先秦时期的《学记》，就是对教育教学的专门论述，"学不躐等"的著名命题就出自《学记》。《学记》是《礼记》中的一篇，汉代郑玄解释说："《学记》者，以其记人学教之义。"《学记》是中国最早的教育教学理论专著，全文虽然不足1500字，却言简意赅、内容严整，生动而系统地阐发了教育原理、教学原则与教学方法，书中通过总结经验而提出的教育教学的目的任务、原则方法、教师的作用、师生关系、同学关系等内容，对中国教育产生了深远影响。

教学论成为系统独立的理论学科，始于17世纪的启蒙时期，是近代社会教育发展的必然产物，引起教育对象的改变与社会思想观念的进步。第一，启蒙时期以前的教育仅仅局限于少数贵族精英，是富贵子弟的机会、天赋超群者的特权。当时的教育，常常是富足的家庭聘请家庭教师，采用个别教学的方式因材施教，而教师面对的又常常是具有

较强理解力和接受力的优异学生，不良的学生则会被放弃，因为社会并不要求学生必须达到特定的文化水平。所以，教育教学的方法和技巧通常不是教师必须思考的问题。那时候，即使对于不理想的教学效果，人们奉行的思维方式一般也是"学生学不好，因为他不是读书的种子"。所以古代教师常常钻研学问而非教学方法与教学技艺。第二，在启蒙时期之前，不只在教育领域，而且在一般的社会领域都盛行经验主义，利用科学方法提高工作效率的技术性观点并未产生，传统的工作手段和工作方法代代相传，教育教学也不例外。

到了启蒙时期，情况发生了巨大改变，教育对象与社会的思想观念都有了急剧变化。第一，近代产业的发展，需要普遍提高劳动者的文化素养与知识水平，而资产阶级宣传的"天赋人权""人人平等"观念也深入人心，教育由少数人的特权开始向一般民众普及。教育普及带来了教育对象的极大变化，虽然在道德人格上人人平等，但是学生各自的天赋客观上却有着不同，理解力、接受力差异很大，面对大量智力参差的学生，教师必须十分注意教学方法与技巧。这种需要反映在观念上，就是"没有教不好的学生，只有不会教的老师"①。这个说法的流行，反映了社会对教师教育教学能力的无限期望。

第二，启蒙时期科学技术迅速发展，科学主义盛行于世，利用科学方法提高生产效率成为时代特点，教育领域也不例外。通过有效的教学方法提高全民知识能力，成为时代需要。这样的时代条件促成了系统化、理论化教学论的诞生。

据研究，最早提出"教学论"一词是在 17 世纪。1612 年，德国教育家拉特克向法兰克福诸侯呈交了奏书，在这一份有关学校改革的文件中他首次创造性地提出了"教学论"这一名称。拉特克从当时的时代发展出发，认为要保障每一个人享有教育这一"天赋权利"，就必须要探求"教授之术"，由此他提出了教学论。其教学论重点有三：其一，教学研究的重点是教学方法和技术问题，换言之，教什么不是研究重点，研究核心是"如何教"。其二，儿童的心理与学科知识的性质是确定教学方法的依据，必须据此来决定教学方法和技术。这一原则至今仍是教学设计的基本思路。其三，倡导自然教学法，即由易到难的方法，从整体到细节，从个别经验到一般原理，强调学生的学习能力和学习兴趣，反对强迫和体罚。

系统化、理论化的教学论创立者是捷克著名教育家夸美纽斯。继拉特克倡导教学论20 年之后，为了实现"把一切事物教给一切人"的教育理想，夸美纽斯出版了《大教学论》。在《大教学论》中，夸美纽斯提出了他的教育目的：其一，"博学"，即人要"熟悉万物"；其二，"恰当的道德"，即人要"具有管束万物和自己的能力"；其三，信念信仰，即人要有自己的"宗教或虔信"。为实现教育目的，夸美纽斯确立起了相应的教学原则：其一，顺应天性。教学要从学生的实际出发，要尊重儿童的天性，根据学生的年龄、能力进行，要遵守循序渐进的原则。这与我国《学记》中的"学不躐等"同义。其二，兴趣与自发原理。教学要尊重儿童的学习兴趣，鼓励儿童的自发学习、自主探索，使教学成为一件轻松愉快的事情。即当今被广为奉行的"快乐学习"原则。其三，活动原理。"凡是应当做的都必须从实践中去学习"，即学生要从实践中去学习和探索知识。"师傅并不用理论去耽误他们的徒弟，而是从早就叫他们去做实际工作，比如，他们从冶炼场去

---

① "没有教不好的学生，只有不会教的老师"，最早是由近代儿童教育家陈鹤琴先生提出的用于自勉的话。

学冶炼，从雕刻去学雕刻，从画图去学画图，从跳舞去学跳舞。所以在学校里面，应该让学生从写字去学写字，从谈话去学谈话，从唱歌去学唱歌，从推理去学推理。"① 这与陶行知先生的"教学做合一""从做中学"同义，即今天被广为提倡的实践教学。其四，直观教学。主张废除抽象的"文字"教学法，从事物的感性知觉开始教学。"一切看得见的东西都应该放到视官的跟前，一切听得见的东西都应该是放到听官的跟前。气味应当放到嗅官的跟前，尝得出和触得着的东西应当分别放到味官和触官的跟前。"② 因为人通过感知来认识事物的本质。

《大教学论》确立起了系统化、理论化的教学论，成为现代教学研究的奠基之作，具有无可替代的历史地位。夸美纽斯基于客观规律而建立起来的一系列教育教学原理，至今仍然有着旺盛的生命力和起着基本的指导作用。

夸美纽斯在其中论述到了教育的各个方面，包括教育的本质及目的，学校及学校的必要性、普遍性，改革的必要性，普通教学法、语言及科学教学法，教育制度的整体构成等等。可见在当时，教育和教学还没有明确的区分。教育和教学含义不分，在我国古代也是如此，如《礼记》里说的"建国君民，教学为先"，此处之教学即指教育，建立国家、统治百姓总是要把教育放在首要位置。直到 19 世纪，"教育"一词才有了分化，广义教育包括为人的教育和学科的教育；狭义教育只包括为人的教育即品德教育，与此同时，对专门教授知识、技能的教育——学科的教育，称为教学。这样，关于教育的教育论和关于教学的教学论各自独立，构成了教育学的两大分支。而此后在教学论的研究中又产生了两个分支：一种把教学内容作为研究重点，即课程论；一种把教学方法和教学技艺作为研究重点，即教学论。也有的把两者统称为课程与教学论，目前其一般是师范生的专业必修课。

简而言之，教学论就是关于教学规律、教学方法与教学艺术的理论，它从总体上研究教学规律与教学内容，教学原则与方法，教学策略与艺术，研究备课、讲课、评课、命题、试卷分析等教学问题。在教学论的研究中对教学过程的研究逐渐细化，从中发展分化出了对教学设计的专门研究。

## 二、教学设计是教学论纵深细化的分支理论

教学设计作为一个专业研究领域，相关的思考也由来已久，古希腊时期的苏格拉底、柏拉图、亚里士多德就有关于学习与记忆的思考，13 世纪的托马斯·阿奎那也对心智有过论述。17 世纪的英国哲学家约翰·洛克出版了《教育漫话》，说明如何使用不同的方式保持健康的身体，形成善良的德行，选择适当的学术课程。历史上的这些思考构成了教学设计研究的思想源头与基础。教学设计作为教学理论的一种新兴分支，是在第二次世界大战之后在现代教学媒体被广泛运用的过程中，在传播理论、学习理论、系统科学等多学科理论被综合应用以解决教育教学问题的过程中产生的。20 世纪六七十年代，教学设计形成于教育技术学领域。

---

① 夸美纽斯. 大教学论 [M]. 傅任敢，译. 北京：人民教育出版社，1985：164-165.
② 夸美纽斯. 大教学论 [M]. 傅任敢，译. 北京：人民教育出版社，1985：156.

（一）萌芽阶段

教学设计的思想萌发于20世纪初。杜威在1910年出版《我们如何思维》一书，其中提出要建立一门把教育教学与心理学联系起来的科学，这就是教学设计这门学科的早期雏形。书中提出，"教学法的因素和思维因素是相同的"。有意义的活动必然蕴含着思维活动，为实现这种教学理想，就必须设计教学法。杜威根据自己的研究把思维活动分为五个环节，也把教学过程设计为五个步骤，包括：第一，设计创造真实的情境，以引发学生的兴趣；第二，在情境中要设计安排问题，以引发学生思考；第三，要有帮助学生思考的资料，学生能够根据资料提出解决问题的设想；第四，学生要从活动去验证假定，以求得解决问题的方案；第五，学生根据假设方案动手去做，以检查结果是否符合预期，最后得出结论。这就是杜威提出的探索式教学法。

美国的桑代克——教育心理学创始人，通过猫的"情境—反应"实验提出了三条学习规律。其一，学习者必须做好学习准备形成某种动机后，给予刺激才会产生学习行为，否则便不能产生学习行为，这就是准备律。其二，通过学习建立起来的联结，即学会了的内容，越练习越使用，就越得到巩固和加强，不练习就会减弱甚至遗忘，这就是练习律。其三，一个行为，如果带来的是积极结果，那么此行为就会增加；如果带来的是消极结果，那么此行为就会减少，这就是效果律。

（二）初创阶段

教学设计的理论孕育于第二次世界大战期间，形成于二战之后。教学设计理论是以教学理论、学习理论、传播理论、系统理论等各种学术理论为基础，在教育教学的应用中形成发展起来的。

20世纪中叶，行为主义学习理论迅猛发展。实验心理学家斯金纳，从动物实验中形成了关于学习的理论。他设计了著名的"斯金纳箱"进行动物学习实验，在箱子里放进一只饥饿的老鼠，还有一根和食物连在一起的控制杆，箱子里的老鼠每压一次控制杆就能得到一颗食物，通过不断地压控制杆，老鼠成功"解锁"了获得食物的方法。此后，斯金纳还对其他动物也进行了多次类似的实验，都验证了这一现象。由此他认为，及时给予报酬和强化能够促进动物学习。斯金纳由动物延伸到人，认为人类的学习也是类似这样的强化过程，给予恰当的强化，就能够促使学习者向着学习目标迈进。

以强化理论为基础，斯金纳创建了程序教学方法。直线式程序是斯金纳经典的程序教学模式。教师把材料分成由浅入深、由简到繁的系列安排，每一步一个项目，内容很少，形成连续的一系列小步子。1954年斯金纳发表论文《学习的科学与教学的艺术》，提出了"小步子、循序渐进、序列化、学习者参与、强化、自定步调"六个教学设计原则，奠定了行为主义教学设计的基础。

此后许多教育心理学家发现，学习是一个受许多变量影响的复杂过程。卡罗尔界定了至少五个影响学生学习的变量：第一，学生的毅力；第二，允许学习的时间；第三，教学质量；第四，学生的能力倾向；第五，学生的学习能力。有效的教学设计模式不能只关注其中之一，于是研究者开始使用系统方法对教学进行综合的研究。随着系统理论被引入教学设计，教学设计开始成为一门独立的学科。1962年，罗伯特·格拉泽明确提出"教学系统"①，分析讨论了教学系统设计的主要构成，标志着教学设计正式成为一门学科。

### （三）纵深发展阶段

20 世纪 70 年代期间，认知学习理论迅速发展起来，学习需要分析成为教学设计的重要补充，因此也出现了一系列教学设计模式。其中影响最深远的就是美国的加涅、布里格斯出版的《教学设计原理》（1974 年），他们把认知理论整合于教学设计理念中，建立了教学设计理论研究的基本框架。《教学设计原理》提出，教学设计应具备几个基本假设：第一，必须为个体而设计。这为学生由被动学习转化为个性化的自主学习提供了可能。第二，设计应当包括短期和长期的阶段。教育具有超越性，教育既要维持社会良性运转又要否定现有不良秩序，使社会在肯定和否定中获得发展。第三，设计对个体发展应该具有实质性影响。第四，以系统的方式进行设计，而且设计要符合认知学习理论。

研究了学习结果之后，加涅划分了以下五种不同的学习结果：言语信息、智力技能、认知策略、动作技能和态度。言语信息，又称"陈述性知识"，即人用语言来表述信息的能力；智力技能，是学习者通过符号与自己所处环境发生作用的能力，可区分为辨别、概念、规则、高级规则等几个小类；认知策略，即学习者用以支配自己的内部心理加工过程的技能，可以对认知过程进行调控；动作技能，又称为心因动作技能，就是使一套操作规则支配人的肌肉协调；态度，就是影响个体对人、事、物行为的复杂的内部状态，这是行为的内部准备状态。以此为基础，加涅把教育目标分为对教育教学设计影响巨大的三个方面：知识、情感和动作技能领域。此后，加涅还研究分析了习得五类学习结果所需要的不同的学习条件，不同类型的学习其内部条件和外部条件是各不相同的。他认为，教学设计就是为了获得不同的学习结果而提供相应的最佳学习条件。加涅把学习活动分解为九个阶段，分别是：引起注意—阐述教学目标—刺激回忆—呈现刺激材料—提供学习指导—诱发学习行为—提供反馈—评定表现—促进记忆与迁徙。与此相对应，教学程序也应包含九个步骤，如表 1 所示，这就是加涅的九段教学法。

#### 表 1　加涅的九段教学法

| 九段教学步骤 | 学习者内部心理活动 |
|---|---|
| （1）引起注意 | 从长时记忆中提取知觉、注意的内容和以特殊的方式加工信息的倾向至短时记忆 |
| （2）阐述教学目标 | 形成学习动机选择性注意 |
| （3）刺激回忆 | 提取长时记忆中与当前所学内容有关的信息至短时记忆 |
| （4）呈现刺激材料 | 突出选择性信息的特征及作用，使学习者易于获取感觉信息并形成选择性知觉 |

---

① 罗伯特·格拉泽在其《心理学与教学技术》（1962）一文中，最早使用并命名了"教学系统"这一术语，并且详细分析了其主要构成。

**续表**

| 九段教学步骤 | 学习者内部心理活动 |
| --- | --- |
| （5）提供学习指导 | 使学习者能较快地建构新信息的意义（促进证明义编码过程），即形成概念 |
| （6）诱发学习行为 | 检验学习者对意义的建构是否成功 |
| （7）提供反馈 | 如果建构不成功，则给予矫正反馈，使学习者重新去建构该信息的意义；如果建构成功，则给予鼓励反馈 |
| （8）评价表现 | 通过成绩评定对成功的意义建构加以强化 |
| （9）促进记忆与迁徙 | 帮助学习者把新建构的意义（新概念、新知识）进行归类、重组，以促进对知识的保持与迁移 |

1978 年，沃特·迪克与詹姆斯·凯瑞出版了教学设计领域的经典名著《系统化教学设计》。该书认为：教学本身是一个由学习者、教师、教学材料以及学习环境等成分构成的，旨在引发和促进学生学习的系统。因此在教学设计中，应充分重视所有成分的作用和各环节之间的关联。两位研究者在书中提出了教学设计的"迪克-凯瑞模型"。这一模型的教学设计主要包括如下方面：首先，确定教学目标，其通过对社会需求、学科特点以及学习者特点三个方面进行分析而得出。其次，选用教学方法，主要通过选用合适的教学策略以及教学材料得以实现。最后，开展教学评价，包括形成性评价以及总结性评价两个方面。迪克-凯瑞模型对教学设计的具体方法做了详细描述，包括教学设计目标、教学和学习者分析、分析情境、书写目标、确定教学策略、设计和实施总结性评价等环节，使教学设计更具系统性和可操作性，迪克-凯瑞模型也因此在教学设计领域产生了很大的影响。迪克-凯瑞模型如图 1 所示。

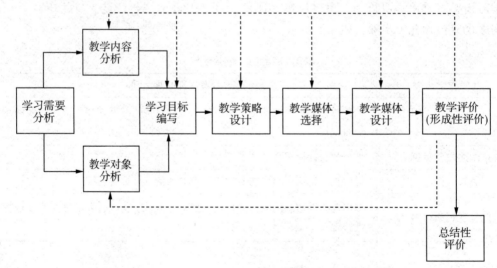

**图 1　迪克-凯瑞模型**

（四）转型发展时期

20世纪90年代以来，教学设计进入了转型发展阶段。一方面，计算机、数字技术、网络技术的迅猛发展为教学设计带来了新的前景；另一方面，建构主义的学习理论、教学理念和教学模式逐渐兴起，教学设计的理论视野越来越广阔，教学设计不仅成为教育技术领域的专业研究方向，也成为各级各类师资培训的重要课程。同时，教学设计的研究视野也扩展到了整个国际，国际学者们开始相互交流和合作，最具代表的著作就是美国的罗伯特·D.坦尼森等主编的《教学设计的国际观》，书中的理论涉及了学习与教学的哲学、心理学、教育学、技术学等多个学科，为基础理论应用到教学实践搭建了桥梁。

简而言之，教学设计是根据教学对象和教学目标，将教学诸要素进行恰当有序的安排，从而形成教学方案的过程。教学设计的过程，是教师从教学对象的实际接受能力出发，按照教学目标，对教学的时长、内容、方式方法进行设计优化的系统性过程。

## 三、我国思想政治课教学设计的时代发展

改革开放以后国家对教育日益重视，教学设计理论开始引起我国学者的注意。由于西方的国情与我国国情不同，所以西方的教学设计理论不可能直接适合我国的教学实际。我国的教学设计研究从我国教育教学的实际出发，逐渐实现理论的本土化，以指导我国的实际工作为目的。

20世纪80年代前后，伴随改革开放，我国的一些学者开始关注国外教学设计的思想与理论，到了20世纪80年代中后期，有些学者翻译介绍了一些国外教学设计的研究成果，并开始进行教学设计的本土研究，发表了一些相关论文，探讨了教学设计的原理、环节等。90年代以后，一方面，教育教学改革不断深入，各种现实问题需要进行理论思考；另一方面，教学论、教育心理学、教育技术学等学科也不断发展，在实践与理论的双重推动下，教学设计的研究获得了较大发展，取得了比较丰富的实践经验和理论成果。学者们进行了大量对教学设计的实践探索，发表了大量研究论文，也出版了不少有关教学设计的著作，包括许多比较有代表性的著作。

1994年乌美娜主编的《教学设计》出版，这部关于教学设计的理论著作，分析了教学设计的一系列要素，从学习内容、学习者、学习目标等各个方面进行理论建构，并且系统地论证了对教学媒体的选择和运用。这是教学设计早期研究中最具影响力的理论著作。后来，其他一些研究著作也陆续出版，比如盛群力的《教学设计》（2005年）、何克抗主编的《教学系统设计》（2006年），这些著作的先后出版，逐渐建构起了我国教学设计本土研究的一般理论框架。

虽然我国在教学设计方面的本土化研究起步较晚，但发展较快。在改革开放以来40多年的时间里，我国在教学设计的理论研究和实践研究方面都取得了快速发展，在教学设计理论体系的建立、教学多媒体技术手段的开发利用以及课堂教学的改进等方面，都取得了突破性的研究进展。我国对教学设计的研究范围越来越广，理论思考也越来越深，尤其是在课堂教学的改进和教学设计的策略方面，取得了突出的进展。

我国对教学设计的研究影响到了各门学科的教学，当然也影响到了思想政治课教学。

对思想政治课教学进行计划和安排本是历来有之，不过最初人们把主要精力放在了对教学过程涉及的教师、学生、教学内容、教学方法和手段等各个要素和相互间关系的思考探讨上，而对整个教学过程及各个阶段的设计、对教学中各个要素的配置等方面的探讨，还仅仅停留在感性经验的层面上。20 世纪 90 年代以后，受到全国教学设计研究的影响，关于思想政治课的教学设计开始有了新的探讨。

探讨首先起于中学的思想政治课。从事中学思政课教学的一些工作者与研究者，尝试用教学设计的一般理论来审视和提升教学实践经验，建构中学思政课教学设计的理论轮廓和操作框架，形成了一些相关的研究成果，有的甚至形成了专著。比如，1999 年广东高等教育出版社出版的邝丽湛的《思想政治学科教学设计》，这本专著借鉴了国内外教学设计的有关理论和方法，研究中学思政课教学设计的一系列相关问题，并结合哲学、心理学、教育学、教育技术学等学科，分别从教学设计的原理和操作两个层面，探讨了中学思政课教学设计的若干理论与实践问题，讨论了中学思政课教学设计的基本概念、原理、原则、操作流程及评价等一系列问题。这是目前见到的较早的关于思政课教学设计的专著。

基础教育新的课程改革自 21 世纪初实施以后，教学设计越来越引起教师的重视，并且成为各科教学研究的热点，思政课的教学设计也越来越引起关注，成为思政课教学深化改革的重要方面。随着基础教育新课程改革的不断深入与实践积累，广东高等教育出版社 2005 年出版了《高中新课程思想政治优秀教学设计与案例》，介绍高中思想政治新课程教学的基本理念和方法，并选推了一部分优秀教学设计案例和优秀课堂教学录像。此后，刘文川主编的《高中思想政治新课程教学设计与评析》2008 年由高等教育出版社出版，该书收录了福建省一线教师依据新课程所设计实施的 30 个具体教学案例。2012 年胡田庚的《中学思想政治教学设计与案例研究》由科学出版社出版，2014 年李娟琴的《中学思想政治（品德）教学设计与案例分析》由安徽大学出版社出版，2015 年陈亮、邹绍清的《政治教学设计》由西南师范大学出版社（现西南大学出版社）出版。这些成果说明，教学设计已经广泛进入中学思政课教学研究的研究视阈，而且基本实现了系统化研究，研究正在不断深化。

在教学设计思想的广泛影响下，高校思政课也出现了针对某些具体教学方法和教学模式进行教学设计的研究，这些研究大多围绕一个具体教学问题或具体教学方法，是微观研究与实践操作研究，成果的形式基本是论文，如《谈思想政治理论课案例设计的时效性》《思想政治理论课问题式教学设计》《论思想政治理论课的实践教学设计》《"以问题为中心"的思想政治理论课教学设计》《高校思想政治理论课参与式教学设计》《高校思想政治理论课情境认知教学设计》《思想政治理论课体验式教学设计研究》《论思想政治理论课教学语言设计的基本环节与着力点》等。

通过文献搜索，笔者也发现了针对某一门高校思政课的教学设计的著作，其中关于"思想道德修养与法律基础"课的教学设计研究相对比较集中，如贾少英、王滨有编著的由高等教育出版社于 2013 年出版的《"思想道德修养与法律基础"课教学设计》，方凤玲于 2015 年由经济科学出版社出版的《〈思想道德修养与法律基础〉教学设计》，还有湖南工业大学陈艳飞等编著的《思想道德修养与法律基础课专题式教学设计》等。另外几门课程的教学设计，除了陈占安教授的教学指导用书《"毛泽东思想和中国特色社会主义理论体系概论"课教学要点和教学设计（本科版）》（高等教育出版社，2014）外，目前没有见到其他研究著作。文献搜索暂未见关于《马克思主义基本原理》与《中国近现代史纲要》两门课的教学设计研究，只有《〈中国近现代史纲要〉精彩教案》出版（项福库、杨双，西南交通大学出版社，2012）。这些论文与著作的出现，表明高校思想政治理论课在教学设计方面，已经开始由经验型逐步向科学化发展。

概括地说，中学思政课普遍重视教学设计，相比而言，高校思政课往往不太注意教学设计。但是，这种状况目前正在改变。随着教学研究的深入，高校思政课教师也越来越关注教学设计，教学设计在高校教学研究中也越来越受到重视。

数据显示，1977 年我国的高考人数达到 570 万，而实际录取人数只有 27 万，高考录取率仅 5%，高等教育毛入学率约 1.9%；到 1998 年，我国的高考录取率仅 34%，高等教育毛入学率约 9%。1999 年我国高等教育开始扩招，高考录取率达到了 56%。到 2002 年，我国的高考录取率达到 63%，高等教育毛入学率达到了 15%，进入马丁·特罗所说的"大众化"高等教育阶段。经过十几年的连续扩招，2015 年我国的高考录取率达到了 74%，高等教育毛入学率达到了 40%，提前 5 年完成了《国家中长期教育改革和发展规划纲要（2010—2020 年）》的计划。2020 年我国高等教育毛入学率为 54.4%[1]，2021 年提高至 57.8%[2]，2022 年高等教育毛入学率达到 59.6%[3]，已经进入"普及化"高等教育阶段。

近年来，全国高考录取率一直保持上升趋势，2019 年多省高考录取率超 90%。可以预料的是，随着我国高等教育的持续普及化，大多数高校的教师迟早也会面临与中小学教师一样的问题——水平参差不齐的学生与达到教育教学质量统一要求的矛盾，高校教师普遍重视学术学问、不重视教学技巧的局面，正在随着高校扩招而改变，因为为数不少的高校教师正不断地体会到：在校大学生的学习能力与学习热情似乎正在逐年减弱，不少的学生出现学习困难症，教师的教学必须更有耐心、更注意技巧，必须更加注意照顾学生的接受能力，更加注意调动学生的积极性。所以，高校教师重视教学设计的时代已经到来。

相应地，教学设计也成了高校思政课教师进行教学研究的重要内容，而且成为高校思政课教师培训的重要内容。但是，与重视教学设计的实践研究形成鲜明对比的是，系统研究高校思政课教学设计的理论成果目前尚未见到。在教学研究中，具体针对高校思政课某一教学内容、教学难点，或某一教学方法、教学模式的微观研究与实践研究近几年显著增加，这标志着思政课教师为了提高教学有效性，正越来越重视教学设计，但是总体而言，对高校思政课教学设计的研究还没有实现整体化、系统化、理论化。

从教学工作来看，不管是中小学还是大学，教学设计都是教学活动的起点和基础，教师需要通过教学设计为课堂教学做好准备、奠定基础。思想政治理论课教学设计，是

---

① 教育部. 2020 年我国高等教育毛入学率达 54.4% ［EB/OL］ ［2022-6-13］. http://education.news.cn/2021-03/02/c_1211047066.htm.

② 王鹏. 我国高等教育毛入学率达到 57.8% ［EB/OL］ ［2022-6-13］. http://www.moe.gov.cn/fbh/live/2022/54453/mtbd/202205/t20220517_628223.html.

③ 教育部发展规划司. 2022 年全国教育事业发展基本情况 ［EB/OL］ ［2023-6-13］. http://www.moe.gov.cn/fbh/live/2023/55167/sfcl/202303/t20230323_1052203.html.

教师根据高校思政课的课程要求和大学生的特点，将教学诸要素有序安排，以确定合适的教学方案的过程，是制订教学计划的过程。思政课的教学设计既是教师备课的过程，也是教师备课的结果，更是教师教学的依据，这是教学准备即备课科学化的时代要求。

### 四、思想政治理论课教学设计的意义

《现代汉语词典》对设计的解释是："在正式做某项工作之前，根据一定的目的要求，预先制定方法、图样等。"① 可见，设计就是指为解决某问题，在开发某事物或进行某工作前就实施方案而进行的系统化计划过程。人有自觉性，为达到预期目标、获得理想效果，在进行任何一项有目的的活动前，必须要提前对其进行筹划设计。教学是一个有目标的活动，设计就是为实现教学目标所进行的决策活动。

从教育技术学的角度看，教学设计就是通过系统科学的分析，以确定教学目标、教学内容、重点难点、教学方法、教学步骤与时间分配等环节的计划过程和操作程序。"凡事预则立"，教学设计的质量往往决定了课堂教学的质量。

思想政治理论课教学设计是思政课教师在教育教学理论指导下，用系统方法对思政课教学的内容、方法等各要素进行分析、研究，为课堂教学规划程序和方案的过程。也就是说，思想政治理论课教学设计是教师按照教育学基本原理，在充分掌握教学内容的前提下，结合大学生的实际接受能力，为课堂教学确立教学目标、选择组织教学内容、安排教学方法和流程、预备教学评估的专业性工作。高校思政课教学设计从本质上属于一种设计活动，是一种重要的理性认识活动，是为实践活动提供行动方案、制定蓝图的活动。

高校思政课教学设计有如下特征：第一，它基于一定的教学理论，是教师根据教学原理，遵循客观规律从而编辑和处理教学素材，形成教学活动计划的过程。第二，它是对教学系统各要素、各环节进行的整体规划和决策性活动。教学过程包括各要素，如教师、学生、教材、教学媒体、教学环境等；教学环节也很多，比如组织教学、检查复习、导入新课、学习新课、教学小结等。教学设计以计划和布局安排的形式，以系统方法为指导，对教学系统各要素、各环节进行整体规划，为达到教学目标进行整体决策，确立解决的整体程序。第三，它是设计可操作的教学实施方案的技术性过程。第四，它为提高教学效率而存在，遵循学习效果最优的原则，追求教学效果最优化。

好的教学效果离不开好的教学设计方案，高校思政课教学需要教学设计。思政课教师需要下功夫备课，选择好教学案例，安排好教学内容，反复斟酌以确定教学方法和程序，并构思课件、板书和语言表达。经过教学设计而形成的书面成果，就是教学方案，简称教案。从教学全过程看，教学设计也是编写教案、制作课件的过程，这是课堂教学、实践教学等一切教学活动最重要的前提，是保障教学活动有效实施的前提，是达成教学目标的关键。科学而合理的教学设计，能够优化教学过程，提升教学质量。思想政治理论课教学设计的意义如下。

第一，促使思政课教学走向科学化。教学设计不仅能够为教师的课堂教学提供切实

---

① 中国社会科学院语言研究所词典编辑室. 现代汉语词典（第7版）[Z]. 北京：商务印书馆，2016：1153.

准备，也能够促进教师进行教学研究。在教学设计中，教师必须从宏观角度把握思政课的定位与课程要求，思考教学活动的基本规律，也必须研究学生的特点，研究和确定教学目标，选择科学的方法策略，创设情景交融的教学情境。这一系列准备工作，必然要求教师运用教育教学理论，进行理性思考，在思考过程中，就可能发现问题、探究问题。所以教学设计不仅仅为教师理性把握课堂教学提供了基础，也为深化教学研究提供了基础，从而促使思政课教学不断走向科学化。

第二，提高思政课教学质量。作为教学的起始环节，教学设计可以为教学活动制定具体可行的方案，是顺利实现思政课既定教学目标的基本保证，科学合理的教学设计是提高思政课教学质量的关键。教师通过对思政课教学系统各要素以及各要素之间关系的合理设计，采用科学的方式方法解决教学问题，能够保证教学效果最优化，提升思政课的教学质量。

第三，成为优秀思政课教师的需要。思政课教师的工作具有双重专业性质，既有学科专业性质，如哲学、政治学、经济学、伦理学、法学等专业的理论素养；又有教育专业性质，如教育学、教育心理学、教学论、思想政治教育学、教育技术学等教育教学的理论素养。合格的思政课教师，既要有马克思主义的专业理论知识，也要有相应的教育教学知识技能，懂得教育教学规律。因此，思政课教师一方面要储备政治理论与学科知识，另一方面又必须掌握相应的教育教学的技能。"学者未必是良师""师术有四，而博习不与焉。尊严而惮，可以为师；耆艾而信，可以为师；诵说而不陵不犯，可以为师；知微而论，可以为师。故师术有四，而博习不与焉。"① 师术有四个方面，渊博的知识并不在其内。有尊严而使人敬畏的，可以当老师；有一定年龄、经验丰富而有信誉的，可以当老师；讲学有层次、不违反逻辑性的，可以当老师；认识精微而能够阐发清楚的，可以当老师。实践证明，渊博的知识是合格教师的基本条件，而专注研究教学、提高教学能力才能成为一名优秀的教师。

总之，一堂课的教学效果如何，与教学设计直接相关，成功的课堂教学离不开优秀的教学设计。如今，思政课的师资队伍日渐壮大，根据有关报道，到 2021 年 11 月底，全国登记在库的高校思政课专兼职教师超过 12.7 万人，其中专职教师超过 9.1 万人，与五年前相比总数增加 6 万人，综合师生比已达到中央要求。② 思政课教师日渐增多，但是不少人对思政课教学不加思考与研究，套用惯有的教学方法与模式，导致思政课课堂陈旧乏味，缺乏感染力。研究教学设计，进行科学合理的教学设计，对于提高目前高校思政课的教学质量和教学效果，意义重大。教学设计不仅是思政课教学顺利实施的基础和前提，还是思政课教师实现专业化发展的有效途径。

---

① 荀子·致士 [M]．南京：南京大学出版社，2014：301．
② 雷嘉．高校思政教师 5 年增加 6 万人 [N]．北京青年报，2021-12-08（A4）．

## 第二节　思想政治理论课教学的一般过程

概括而言，思想政治理论课教学的一般过程，主要包括三个阶段：教学准备阶段，教学实施阶段，教学评价阶段。

### 一、教学准备阶段

思政课教师在课前有诸多的准备工作，这就是备课，而备好课是课堂教学的基础，也是提高教学质量的关键。备课分为总备课和具体备课两种。总备课，也叫学期备课，是在学期开始，制订学期的教学工作计划；具体备课，即日常备课，大学里的思政课一般一次课两学时，日常备课也就是针对每一次课两学时的备课。习惯上，备课指的是后者的日常备课。

（一）制订教学工作计划

教学工作计划简称教学计划，制订教学工作计划，即总备课，就是对一个学期或一个学年的教学工作所涉及的各个方面、各个环节和各种活动进行通盘考虑和安排，其书面成果是教学进度表。通常，在学校教务处的统一领导下，思政课教师会根据教研室的集体研讨意见，各自制订自己的教学工作计划。教师会根据总体的教学内容和教学时数，斟酌各章节内容的分量、难易，分配各周的教学任务，对一学期或一学年的教学进度作出整体安排规划。其意义是：第一，发挥计划在教学工作中的整体规划作用，保证课堂教学总体合理，保证整个教学任务能够完成；第二，为此后的具体备课奠定基础。

制订教学计划是高校思政课教师新学期教学的一项基础性工作，各个高校通常都有教学计划的统一的制式表格与要求。学期教学工作计划的基本形式和要求在各学校并不相同，但通常都表现为比较规范的成文计划。成文计划，一般分为"基本情况"和"教学进度表"两个部分。大多包括如下项目。

第一部分，基本情况。比如课程名称、任课教师、任课班级、学生人数和基本情况、教学时数、考核方式、教材版本、推荐书目等。

第二部分，教学进度计划。按时间顺序设计，一般包括周次、教学内容、教学时数、教学形式与方法、作业安排、实践教学安排等。

制订学期教学计划的基本依据：第一，以国家有关政策文件和高校思政课的课程要求为根本依据。国家关于思想政治理论课的方针政策对课程教学有根本指导作用，是具体教学工作的指南。比如，2018 年《新时代高校思想政治理论课教学工作基本要求》，2019 年《关于深化新时代学校思想政治理论课改革创新的若干意见》，2020 年《新时代学校思想政治理论课改革创新实施方案》，2021 年《高等学校思想政治理论课建设标准》等，这些文件都体现着党和国家对思政课的要求，制订学期教学计划时必须领会和贯彻党和国家的要求。第二，以思政课教材、教学参考资料和大学生实际为直接依据。第三，遵循学校的学期工作计划，学校工作计划通常体现在校历中，思政课教学计划必须与学校整体工作计划协调一致。

### （二）具体备课

具体备课，即日常备课，大学思政课的日常备课也就是针对每一次课两学时的备课。教师日常备课一般要从课程要求、教材、学生、社会、资料五个方面入手进行准备。

第一，研读课程要求。思政课的课程设置体现了国家意志，国家有关部门发布了一系列指导思政课教学的纲领性文件，对思政课的课程性质、教学内容和教学要求作出了基本规定。党和国家对教育和思想政治教育还有相关要求，比如教育部制定发布的《完善中华优秀传统文化教育指导纲要》等。教师必须首先认真学习与课程教学相关的要求，把握思政课的课程定位与目的，从整体上保证思政课教学的宗旨与方向。

第二，研读教材。研读教材是备课的核心环节，只有认真分析和研读教材，正确理解领会教材内容，掌握各内容及其相互之间的逻辑联系，把握重点与难点，才能科学设计课堂教学方案。同时，还可以参照教育部高校思政课教学指导委员会下发的指导性材料，领会教育教学管理部门和研究部门的相关指导性意见。

第三，研究学生。教师应了解大学生的认知水平和对知识理论的需求，了解大学生的学习生活状况和思想感情状况。要设计有针对性、实效性的教学方案，教师在课前必须了解大学生的实际情况。

第四，把握社会现实。思政课教师需要紧紧跟进国家的建设步伐，了解国家社会现实需要与现实问题，关注社会热点问题和焦点问题。这样才能恰当地联系实际，丰富理论的内涵，赋予理论生命力与说服力。

第五，搜集课程资料。丰富的课程资料是充实深化教学内容的必备条件。近年来线上课程发展迅猛，有国家和省级一流课程，还有此前的精品课程，也有各高校自建的线上课程，这些网络课程中不乏思政课，包含了丰富的网络教学资源。同时，一些思政课教师也编印了教学案例与课程教案，这些都是教师备课的参考资料，教师可以互相学习、拓展教学视野。

### （三）设计教学方案

教学方案也叫课时教学设计方案，通常简称为教案，它是教师艰苦备课、思考设计而形成的书面方案，一般包含课堂教学的重点难点、程序、方法等。教案就是一堂课的教学计划，是教师走上讲台的底气，也是取得良好教学效果的基础，它是教学有计划、按步骤开展的前提。

教案有详有略，不同教师会根据教材内容和自身实际，或写详案或写略案。上新课时应该写详案，而对于熟练的内容就可以写得简要一些。教案一般分为两个部分进行撰写：第一部分介绍一般情况，要交代清楚课堂教学的基本信息，比如班级、课题、课型、课时、教学目标、重点难点、教学方法等。第二部分是教案的正文，这是教案的主体部分，是教师围绕教学目标进行的完整教学设计，也就是授课计划，常常要对如何导入新课、如何学习新内容、围绕哪个问题进行讨论交流，如何深化理论思考、如何联系实际进行思想教育、如何板书等一系列问题进行安排。一般来说，教案设计要针对以下内容进行。

第一，设计教学内容。教师研读教材并把握住教材的基本内容、基本结构、基本意图后，根据课程要求与进度计划，斟酌教学内容的繁简难易程度，确定适量的教学内容，并把基本的概念、原理、观点、问题等内容以及相应的用于阐释说明的各种教学素材设计编制在一次课的教案之中。

第二，设计教学目标。任何教学都必然围绕教学目标来设计和实施，每一次课堂教学都必然有其明确的教学目标。教学目标要简明扼要，具体可行，一般应该使用能够外显的行为术语描述和表达对学生在知识理论、思维方法、情感态度价值观等方面的教学期待。

第三，确定教学重点和难点。教师以对重点难点问题的把握为依据，根据教学内容在教材中的地位与作用，确定教学的重点；根据学生的实际状况与接受能力，确定教学的难点。

第四，设计教学方法。这主要是思考与设计怎么教、通过什么教。教学的方式方法是完成教学任务的关键，教师必须根据教学内容的难易、学生特点和学校条件选择合适的教学方法，注意应以学生为主体，进行启发式教育教学。

第五，设计教学环节。就是设计教学的程序和步骤，系统安排各种教学活动，如组织教学、导入新课、学习新课、提问互动、布置作业、安排实践活动等。教学环节的安排，应该衔接自然、节奏适当、疏密结合。

第六，设计课件与板书。板书是教学的重要工具，教师在设计教案时必须设计好板书，板书实质上就是教学内容以纲要形式展现。如今，很多板书已经被多媒体课件取代，但是多媒体课件还是不能完全代替板书。教师不论是设计板书还是课件，都要力求简洁大方、条理清晰、美观舒适。

## 二、教学实施阶段

### （一）课堂教学——思政课教学的基本组织形式

#### 1. 课堂教学是思政课的基本教学组织形式

把一定数量的学生编成固定班级，教师按照教学计划对全班学生进行教学，即课堂教学。它有三个特点：第一，以教学班级为单位，班级人数固定，教师同时面对全班学生上课，保证了教学过程的完整性和系统性。第二，以课时为教学时间核算单位，有统一的起止时间，把教学活动划分为相对独立且相互衔接的课时教学单元。第三，以课堂为活动单位，使教学内容、教学方法以及教学手段都综合呈现在"课堂"上。

课堂教学是实现思政课教学任务的基本途径：第一，课堂教学能有计划、有组织地进行教学，便于发挥教师的主导作用。第二，教师能在规定的时间内传授更多的内容，教学效率高。第三，能够扩大教育规模。第四，教学的班级人数固定和教学时间统一，有利于教学管理。第五，班级内的群体活动和交往有助于学生建立人际关系，形成集体精神和健康人格，促进学生的社会化。

课堂教学也有其难以避免的弊端：第一，教师是课堂的主导，学生的主动性往往受到制约，创造和探索活动难以全面开展，易于忽视学生的主体地位，不利于培养学生的实践能力。第二，有统一的教学目标与要求，强调教材、教学进度的统一，但往往忽视学生的个性差异，不利于因材施教。不利于学生的主动性与个性发展这两个方面的问题，一直是课堂教学的短板，所以必须有第二课堂和第三课堂为必要补充。

思政课的教学过程涵盖备课、上课、社会实践、成绩考核和评定等许多环节，所有这些环节都是为课堂教学而展开，课堂教学是核心，其他各方面都服从和服务于课堂教学这一核心，所以，必须充分重视课堂，课堂教学才是思政课提高教学实效性的中心环节。

2. 思政课的课型

根据课堂教学的不同任务，思政课可以分为以下几种课型。

第一，绪论课。也称导言课，是在课程刚刚开始，为了使学生了解课程基本情况时采用，常常纵观全局，从总体上说明本课程的性质、任务、内容以及学习意义和方法，从总体上引起学生的学习兴趣。绪论课是课程的开篇，教师必须重视绪论课的教学设计，所谓"开山第一炮，打鼓第一锤"，绪论课往往能够在一定程度上决定学生对这门课的学习态度。绪论课如果上得成功，会引发学生的学习兴趣与学习期待；绪论课如果上得不成功，可能一开始就直接导致学生失望，进而不打算好好听课和学习。

第二，新授课。新授课是指讲授新内容的课。那些知识理论密集、需要学生构建学科理论基础的课程内容，一般通过讲授进行教学。其主要任务是教师在课堂上向学生集中讲授新知识、新理论。

第三，研讨课。研究讨论课往往是围绕一定的复杂的思想观点或论题，通过师生之间或学生之间展开对话、辩论、争论。学生可以各抒己见，开阔视野，加强对基本概念、基本原理、现实疑难问题的理解和把握，锻炼和提高思想认识能力及思维分析能力。

第四，复习课。通常在授课结束后、期末考试前采用，复习课进行总结概括，帮助学生把课程学习进一步条理化、综合化，"温故知新"，从而整合知识理论，使学习内容达到体系化。

第五，讲评课。针对作业、实践活动或考试考查，教师进行有重点的分析、讲评，既突出成绩，又发现疏漏，其可以警醒学生、引导学生进一步明确学习重点与目标。

第六，实践课。实践课以学生为主体，以发展学生的实际能力为目标，以学生的活动、实践为主要形式。这种课型可以充分发挥学生的自主性，发展学生的个性，促进学生感知现实、理解理论、提高能力、提高觉悟。

以上都是单一课，现实中的思政课大多采用综合课的形式进行。综合课是与单一课相对而言的类型，它是指在一堂课内完成上述两个以上教学任务的课，是单一课任务的综合形式。

3. 思政课的综合课

思政课的综合课，一般包括六个相对完整的课堂教学环节。

第一，组织教学。为了把注意力集中到课堂学习内容上，教师必须排除各种课外干扰，引导学生做好教学准备，保证课堂教学顺利进行，对课堂教学过程的这种组织和管理，就是组织教学。因为低龄学生的自制力不足，所以中小学课堂上常常自始至终都要注意组织教学。因为大学生已经有了足够的自制力，所以大学思政课的组织教学一般是在上课之初进行，比如检查人数，巡视全班，以组织引导学生准备开始学习。上课过程中如果出现影响教学的不良现象，比如学生随意交谈、看手机、做无关事情等，教师也要随时整顿教学秩序，维护课堂纪律，这些都是组织教学。

第二，复习检查。新的教学内容开始之前，为了了解学生对知识理论的掌握情况，巩固此前的知识理论，教师往往要以提问或交流的方式回顾前次课的学习内容，这就是复习检查。复习检查是为了唤起学生记忆，承上启下，温故知新，启动学习准备程序。

第三，导入新课。在课题一开始，教师用简洁明了而有吸引力的内容，引入教学主题，开启新内容的学习，这就是导入新课。导入新课是为了把学生的注意力和学习兴趣吸引到对新课的学习上来。

第四，学习新课。学习新课是一堂课的中心所在，也是教学的核心所在，所有课堂教学都是为了让学生学习和掌握新的知识理论，提高能力，提高思想认识与觉悟。教师通过教学帮助学生把握基本概念、基本原理、基本观点、基本问题和教学的重点、难点，指导学生运用新的知识理论分析和解决实际问题。

第五，总结新课。完成对新内容的教学之后，为了引导学生形成整体认识，要归纳、总结、提炼教学内容。这既是为了使学生系统地理解教学内容，也能够查漏补缺，还能够引导学生运用新知识、新理论。

第六，布置作业。在下课之前，给学生布置课外作业，目的是使学生在课后进一步消化、巩固和运用新知识、新理论，培养学生学以致用的实践能力。思政课的课外作业要少而精，必须抓住重点，理论联系实际，具有启发性，突出思想性。

在教学改革进程中，思政课的课堂教学结构正在被不断地改变着，各个环节也不断改变着其具体表现形式。长期以来，我国高校思政课的课堂教学以"传授—接受"式为主，课堂以教师讲授为主，作业以书面作业和阅读教科书、推荐书目为主，学生少有发表意见与看法的机会，学生查阅资料、参与课堂讨论的方式比较少，亲身观察、社会调查等实践性作业少，对思考能力、创新精神和实践能力的培养比较少。目前，高校思政课的教学改革，正在努力改变课堂教学中教师过多控制课堂的现状，正在努力改变教学过于依赖教师讲授、学生机械听课、考试靠背诵的现状，尝试通过学生积极互动、自主研究、思考辩论改变课堂教学死气沉沉的状况，力图适应新时代的发展需要，培养学生搜集、阅读、分析资料的能力，解决实际问题的能力，以及积极参与社会实践的能力。

4. 思政课课堂教学的新形态

（1）开放性的课堂教学形态

开放性的课堂教学是丰富的、多彩的、动态的、有生机和灵气的，它不局限于固定的课堂模式。主要表现为以下几点。

第一，对学生态度的开放。教师不再把学生作为被动接受的对象，而是把学生作为学习的主体，师生之间是友好、平等的关系。

第二，对教学过程的开放。课堂教学不再刻意追求教学内容的完整，理论知识的系统、严密与统一，而是注重教学过程的灵活丰富，教师更加关注学生的真实思想，愿意根据教学实际随时调整教学内容和安排，使课堂教学成为学生思考交流的空间。

第三，对教学方法的开放。教学方法不再是单一的，而是多样的，传授式教学方法的统治地位已经动摇，谈话式、讨论式、研究式、艺术式的教学方法已被越来越多的思政课教师所接受，参与、实践、交流成为学生参与思政课教学的常见形式。

（2）情感性的课堂教学形态

苏霍姆林斯基曾说过："如果教师不想方设法使学生进入情绪高昂和智力振奋的内心状态，就急于传授知识，那么，这种知识只能使人产生冷漠的态度，而不动感情的脑力劳动就会带来疲倦；没有欢欣鼓舞的心情，学习就会成为学生沉重的负担。"① 因此，课堂教学要时时注重激发学生兴趣，催化学生的情感。情感性课堂教学形态所需要的情感，主要由教师的情感和学生的情感所构成。教师在课堂上的情感，主要体现在他对自己所任学科和所教学生的情感上。

第一，从对学科的情感来说，思政课教师要热爱自己的学科，热爱自己的教学工作和教育工作，不因为有人不重视思政课而讨厌它，也不因为进行思想教育是个艰苦的工作而逃避它。教师以饱满的热情、坚定的信念、科学的态度对待思政课，会带动学生形成对思政课的正确态度。

第二，从对学生的情感来说，教师应热爱学生、关心学生、尊重学生，教学态度公正、民主、平等，并做到以情感人、以情动人、以情育人。这样，才有助于使教学取得良好的效果。

第三，从教学目标来说，思想政治理论课不仅仅是传授知识理论，立德树人才是其根本目的，人的内在品格与情感和行为有关，首先是与情感有关，所以德行的培养也必然要诉诸情感。

学生在课堂上的情感是学习效果的重要影响因素。第一，从学生的学习状态来说，每一次学生都是带着情感进入课堂的，如果学生对教师有良好的情感，对教学内容有良好的情感，对课堂情境有良好的情感，学生就会积极投入课堂学习。第二，从学生的思想形成来说，知识、情感、意志、信念、行为，这些是思想品德形成的基本要素，而感情是价值观内化的必经之路，思政课要培养学生的价值观念，就必须重视学生的情感体验。所以，教师在教学中要注意诉诸情感，激发学生的情感，培养学生的情操。

（3）互动性的课堂教学形态

互动性课堂是一种以师生的主体性活动为主要形式，是以学生主动思考、主动表达、主动实践为基本特征，以促进学生全面提高为主要目的的课堂教学形态。互动性的课堂教学，是坚持"以互动促发展"为指导思想的教学。

互动性的课堂教学形态，首先是引导学生主动参与的课堂形态，也就是要创造出学生参与的话题与活动，并让学生作为主体去参与，在参与活动中完成学生的自我提高、自我觉悟，实现学生的自我发展。其次，课堂活动是师生思想感情的交往活动，是教师与学生、学生与学生多方面的课堂对话与交往。从交往的类型上看，有教师—学生的交往和学生—学生的交往；从交往方式上看，有个体交往、小组交往、班级交往。

（二）第二课堂、第三课堂——思政课教学的课外辅助形式

课堂教学是思政课的基本形式，但不是唯一形式，思政课教学还有其他的辅助形式，也就是课外实践活动。思政课的课外实践活动，是按教学目标和要求，在课堂教学之外，

---

① 苏霍姆林斯基. 给教师的建议（修订版）[M]. 杜殿坤，译. 北京：教育科学出版社，1984：35.

有目的、有计划地安排和组织学生参与校内校外的实践，以期通过实践启发学生，深化教育教学实效，培养学生的能力。课外实践活动是课堂教学的延续与深化，所以又被称为第二课堂和第三课堂。

课外实践活动与课堂教学相对应，目前又被称为第二课堂和第三课堂。"第二课堂"，指在教室上课的"第一课堂"之外，利用校内学习场所，通过学校的体育场馆、社团活动、文化艺术活动等校内资源，发挥校园文化的育人功能；"第三课堂"是指校外的社会实践场所，主要以红色文化遗址、爱国主义教育基地、文化馆、纪念馆、展览馆、博物馆等校外设施以及支教支边、志愿服务、社区服务等活动载体构成的校外课堂。

第二课堂和第三课堂是课堂教学的有效补充。一方面，它能够实现学生的主体性。这些课外实践活动以学生为主角，发挥学生的主体作用，教师是学生实践活动的辅助者、服务者和引导者。另一方面，课外实践活动也能够锻炼和培养学生理论联系实际的能力，引导学生学以致用。

第二课堂和第三课堂是发展个性特长的自由空间。课外实践活动有别于课堂教学的严肃统一，它是活泼自由的活动情境，在课外实践中，学生能够根据自己的意愿自由行动，有更多的自主权，能够自己决定动口、动手、动脑、动笔，自主接触社会和实际活动，探索解决问题的方法并得出结论。在课外实践活动中，学生可以进行探索与研究，亲身体验思考的快乐，看到自己创造的成果，这能够激发学生个性成长，促进学生发展特长。

所以思政课的课外实践活动与课堂教学相辅相成，有着课堂教学所不具有的优势：它可以提供具体情境，形成感性体验与感性认识，从而有利于理解和深化知识理论学习；它提供了问题情境，使学生能够研究现实并用理论分析解释问题，加速知行转化，提高实践能力；它也能够提供客观环境，为学生实现情感、态度和价值观的内化提供现实社会情境。

思政课第二课堂和第三课堂的主要形式如下。

第一，小组活动。把学生分成学习小组，以小组为单位开展课外实践活动。如学术沙龙、时事论坛、问题讨论、社会热点焦点评述等。

第二，报告会。请相关领域的专家、教师或有代表性的学生做报告，然后进行交流讨论或写感想。也可以围绕某一主题，组织学生开展读书报告活动。

第三，专题性活动。是结合课堂教学内容对大学生进行思想教育的一种重要形式，有专题报告、传统教育活动、主题班会、知识理论竞赛、辩论会、情景剧表演等内容和形式。

第四，写小论文。这是培养大学生理论联系实际、提高思想理论水平的有效形式，既可以提高学生的学习能力、思考能力，又可以提高学生的写作能力和创造性思维能力。

第五，参观访问。大学生进行参观访问可以直接接触社会实际，见世面，开阔视野，增长知识，加深对课堂教学内容的理解，培养和锻炼观察社会和分析实际问题的能力。大学生可以参观先进的企事业单位、各种展览会、纪念馆、博物馆、名胜古迹等，还可以访问老一辈革命家、英雄模范人物、改革家、企业家、科学家、先进的社会团体等。

第六，志愿服务和公益活动。志愿服务、公益活动是培养大学生公德精神和社会责任意识的一种有效形式。不求回报，自愿付出个人的时间及精力从事服务活动改善社会，既能锻炼提高大学生的能力与觉悟，也能促进社会的和谐进步。适合大学生的志愿服务和公益活动，有社区服务、环境保护、知识传播、帮助他人、社会援助、慈善活动、社团活动、专业服务、文化艺术活动等。

第七，社会调查。结合课堂教学的内容，确定相关主题，对某一地区、某一行业的相关状况进行调查研究，可以调研思想道德、经济发展等社会状况，也可以进行先进人物与事迹的个案调研，在社会调查之后撰写调查报告，研究总结，形成书面成果。

### 三、教学评价阶段

思政课的教学评价即教学考核，就是对思政课的教学质量与价值的判断、评定和测量。教学评价的对象主要是学生与教师。

#### （一）对学生的教学评价

教学成果主要体现在学生身上，学生是思政课教学评价的核心对象。对学生的评价是对学生思想素质的整体评价，包括知识理论、思想观念、态度立场、情感情操等各方面。常用评价形式有学生自评、学生互评、教师评价，其中教师对学生进行评价是基本方式，包括平时的过程性考核与期末的课程考试。

#### （二）对教师的评价

教师是教学的主导，对思政课教师的评价包括思政课教师的思想政治修养、师德状况、知识理论水平、教育教学能力等多方面内容，但主要是对教师的思想道德评价和教育教学评价两个方面。

对教师进行教育教学评价的方式主要有：第一，教师自评；第二，教师听课互评；第三，领导听课评价；第四，学生的教学评价。概括起来，对教师教育教学评价的核心是评课。评课的目的就是通过对授课教师的课堂教学实例的评价，交流教育与教学思想，总结教育教学经验，探讨教育教学方法，帮助授课教师和参与教师提高教育教学能力。

对教师的评价一般包括以下内容。

第一，教学目标。看教师根据教材内容所确定的教学目标是否全面、明确、合理，具体要求是否符合实际，是否体现知识理论、能力培养、立场觉悟等各方面要求，课堂教学是否围绕目标进行，并实现教学目标。

第二，教学内容。看教学内容是否具有科学性、逻辑性、教育性，能否抓住重点、难点。教师对概念、理论、观点、结论的讲授及运用是否准确、完整；对知识理论的讲解是否逻辑严密、条理清楚、深入浅出；对重点、难点的教学是否恰当；理论联系实际的事例材料是否科学、典型，是否贴近社会现实；教学内容的分量与密度安排是否合理适当。

第三，教学方法。看教学方法的实效性，教学方法是否符合认知规律，是否具有启发性，是否灵活有实效；是否面向全体学生，能激起学生的学习兴趣，启迪思维；是否有效使用现代化教学手段；是否有师生情感交融，体现民主，教师能否交流互动，教师是否善于倾听；是否有学生学习活动的恰当载体和平台。

第四，教学结构。教学环节是否合理、紧凑，教学节奏是否合适和谐，师生双边互动是否和谐恰当，学生是否有思考的时间和空间；知识理论的容量和密度是否适当。

第五，教学素养。教学素养即教师的基本素质，通常由理论功底、仪表教态、教学语言、板书、教案等几部分组成。教师的理论功底，主要看其理论素养是否深厚，知识理论讲解是否准确，立场方向是否明确，无知识性、政治性错误。仪表教态，主要看其着装是否大方整洁，仪表是否端庄自然，教师应举止优雅、教态从容、态度热情、尊重学生。教师课堂上的教态应该是明朗、庄重，富有活力和感染力。教师的课堂语言，首先要准确清楚、说普通话、精当简练、清晰条理、生动风趣有启发性。其次，教学语言的语调要抑扬顿挫、高低适宜、快慢适度、富于变化。教学板书和课件应简洁明了、条理清楚、重点突出、合理规范，与教学内容完美统一。

第六，教学效果。其主要看学生能否积极参与学习活动，并富有成效，看学生的知识理论学习、思维能力锻炼、价值观提升等方面能否全面实现教学目标。

高校思政课的课堂教学设计往往是多种多样、不拘一格的，贯穿其中的就是教学设计思路。有些教师教学效果不好、课堂教学效率低，往往就是因为教学思路不清或教学思路不适合教学内容和学生实际。所以评课必须注重对教学设计思路进行评析。评价教学设计思路，一是要看教学设计思路是否适合教学内容、是否符合学生实际；二是看教学思路的脉络层次是否清晰流畅；三要看教学设计思路是否有一定的独创性和新颖性，是否体现了教师的个性，能够给学生以鲜明的学习感受。

# 第三节　思想政治理论课教学设计的基本程序

思想政治理论课的教学设计，以分析教材和教学需要为基础，进而确立教学目标，选择教学内容，安排教学的方法和步骤，然后评价反馈和检验教学实施效果。思政课教学设计的这一系列工作内容，从基本程序上可以分为教学设计的前期准备、中期设计、后期完善三个阶段。

## 一、教学设计的前期准备

教学设计的基础是前期准备。前期准备充分，就能顺利进行恰当的具体设计。前期准备越充分，具体设计就越能够胸有成竹。思政课教学设计的前期准备，主要包括研究教学内容、分析学生情况、分析社会实际、开发课程资源等。

### （一）研究教学内容

研究教学内容，就是要研读思想政治理论课的教材文本，善于用思政课的教材"教"。在教学设计中，研读教材的"文本"是首要的，这里的教材"文本"，主要包括思想政治理论课的课程要求、教材和教学参考资料。研读这些教材"文本"有利于沿着正确的方向进行教学设计，有利于积累丰富的案例资料，有利于借鉴他人的经验提升自身的教学能力，有利于设计出合理有效的教学方案。

### 1. 分析课程要求

研读课程要求，要领会思想政治理论课的课程意图，从宏观上确定思政课教学设计的基本理念。思政课教学设计的逻辑起点是分析课程要求，把握国家对大学生思想政治教育的基本要求、对思想政治理论课的基本要求。比如，教师要研读 2004 年中共中央、国务院发布的《关于进一步加强和改进大学生思想政治教育的意见》，2015 年中共中央宣传部、教育部印发的《普通高校思想政治理论课建设体系创新计划》，2016 年中共中央、国务院印发的《关于加强和改进新形势下高校思想政治工作的意见》，2018 年教育部印发的《新时代高校思想政治理论课教学工作基本要求》，2019 年中共中央办公厅、国务院办公厅印发的《关于深化新时代学校思想政治理论课改革创新的若干意见》，2020 年中共中央宣传部、教育部印发的《新时代学校思想政治理论课改革创新实施方案》，2021 年教育部印发的《高等学校思想政治理论课建设标准（2021 年本）》等，学习全国加强和改进大学生思想政治教育工作会议的精神，学习领会党和国家有关思想政治理论课的宏观要求。

2018 年教育部发布的《新时代高校思想政治理论课教学工作基本要求》对思政课有着明确的规定："思想政治理论课承担着对大学生进行系统的马克思主义理论教育的任务，是巩固马克思主义在高校意识形态领域指导地位、坚持社会主义办学方向的重要阵地，是全面贯彻党的教育方针、落实立德树人根本任务的主干渠道和核心课程，是加强和改进高校思想政治工作、实现高等教育内涵式发展的灵魂课程。"① 优秀的思政课教师都会仔细研读国家对于课程的要求以及国家加强和改进大学生思想政治教育的意见，作为备课的前提和教学的指南。

为什么要研读国家的课程要求与相关文件呢？因为这是课程设置、教材编写、课堂教学、考试命题和教学评估的依据，是国家设置、建设和管理思政课的基础。许多一线教师不习惯研究和学习这些文件，也不知道国家对思政课的具体要求，更不习惯对大学学段思政课的知识理论进行整合，而是习惯于对某一个知识点或章节进行深钻细研，这就会导致只见树木不见森林。教师如果一头扎进课本里，就像走进了一片森林，不知道森林有多大，边界在哪，路在何方。研究国家的课程要求与相关文件，应该像旅行前先研究地图一样，从宏观上俯瞰森林、大地、河流、山川、道路和村庄，整体面貌和路径就会清楚明了。

通过研读国家的有关文件，第一，能够把握思想政治理论课的课程宗旨与基本理念；第二，能够增强教学的目标意识；第三，能够把握教育教学内容；第四，能够抓住教学的重点和关键。总之，教师在教学设计时要以思政课的有关规定为指导，把握思政课教学的总体方向和总体教学目标，这样才能构建恰当的教学设计理念，进行有效的教学设计。

### 2. 研读教材内容

研读分析教材，把握教材设计的意图与结构，这是教师必备的基本功。主要包括五

---

① 教育部. 新时代高校思想政治理论课教学工作基本要求 [EB/OL]. http://www.moe.gov.cn/s78/A13/moe_773/201804/t20180426_334273.html.

个方面。

第一，分析教材的地位。教师在宏观研读教材的过程中，应分析各部分的地位和作用，明了不同的编、章、节、目的地位，明确各部分在学生学习与思想发展中的意义，充分地理解和把握教材所体现的课程目标和教育理念。

第二，中观分析教材的逻辑结构。教师应分析教材的前后联系、逻辑结构，把握教材的框架结构与体系。思想政治理论课教材中编与编之间、章与章之间、节与节之间，都具有一定的关联性、过渡性、系统性，都存在着一定的内在联系与逻辑关系。因此，教师要通过阅读教材和分析教材的基本内容，掌握教材的知识理论体系及其内在联系。

第三，微观分析把握教材的五个要点：知识点、能力点、教育点、重点、难点。思想政治理论课的知识要点由一系列基本概念、基本原理、基本观点、基本问题等构成，这些内容就是教师教学时的主要内容。教师在分析教材内容时，必须找出这些知识理论要点，并牢牢抓住这些知识理论要点。同时，教师自己对思维方法、情感态度价值观等要求，也要熟练把握，这样才能在教学设计时胸有成竹。

必须着重讲清教学重点和难点。教学重点，是教学内容中最核心、最基本、最重要的部分，通常包括：其一，基本概念、基本理论、基本观点、基本问题；其二，大学生的思想倾向性和价值观培养问题。教学难点，是学生学习中的主要障碍，通常包括：其一，学生难以理解、难以把握、难以接受的知识理论问题；其二，学生易于混淆的关键点；其三，学生难以接受的思想观点。这是教学所要解决的关键性问题，也是教学取得最优化的重要因素。教学重点是由教学内容自身的地位决定的，反映教学内容的重要性；教学难点是从学生学习的角度确定的，是教师对学生学习状况的预判。

第四，深入挖掘教材内容蕴含的思想、观点和方法。挖掘教材，指的是教师备课时向自己问为什么。只有深入挖掘教材，把握教材设计的意图，感悟和领会教材内容背后所蕴含的情感和价值，才能设计出有思想、有深度、有个性的教学方案。

教学过程的基本要素中，教材起桥梁和纽带的作用。教育学者认为：教材就是一个例子，教师才是教材的主人。一方面，教师要研读教材，对教材要有自己的理解和思考；另一方面，教师还要跳出教材，具有创新精神。思政课教师深入把握教材、挖掘教材，才能灵活运用教材，把教材作为教师与学生沟通的桥梁，吸收生活中的材料和学生的实际经验，将其有机融合到自己的教学设计中。叶圣陶先生说："教材只能作为教课的依据，要教得好，使学生受益，还要靠教师善于运用。"[1] 因此，教师在备课时必须根据学生和学校的实际活用教材。

3. 阅读教学资料

广泛阅读教学资料，才能参考借鉴他人的设计，长善救失。思想政治理论课教师可以通过阅读教学资料更新自身知识，积累专业案例，帮助理解教材，把握教学目标。想要提高自身的教学设计能力，阅读教学资料并借鉴他人所长是必不可少的。

需要注意的是，教学资料具有双重作用，使用得当，它是教师教学设计的参考资源，可以提供教学设计思路；使用不当，它是阻碍教学设计创新的"祸根"。一些教师过度依赖教学资料，不顾自己的实际，则会束缚设计思路。所以，要正确地运用教学资料，发

---

① 叶圣陶名言摘录 [N]. 中华读书报，2014-11-19（08）.

挥教师的主动性，提高教学设计的有效性。

"一千个人读出一千个哈姆雷特"，不管读什么书，读者的个人经历、知识积淀、文化底蕴不同，读出的东西会大不相同，对同一句话的理解也会不同，教师对教材的研读、对教学资料的理解也是如此，必然带有自身的个性特征。

（二）分析教学对象

要提高教学的有效性，必须要考虑教学的针对性。思政课教师要充分考虑学生的身心发展特征、学生的特点和学习规律，这样的教学设计才能符合学生的需要，为学生喜爱，并行之有效。《新时代高校思想政治理论课教学工作基本要求》也强调思政课教师要"充分了解学生思想政治状况，提高备课针对性"①。

第一，了解学生的身心发展特征。思政课教师了解学生的心理特征是极其重要的，教师了解学生的心理特征就会根据学生的心理特点来设计自己的教学方案，要考虑到学生的兴趣和价值观对学习效果的影响，做到因材施教，进行有效的教学设计。

第二，关注学生的生活体验。教学的对象是学生，教学不是教师个人的行为，所以教师要研究学生，关注生活体验，了解学生的学习环境、生活背景和文化娱乐消费状况，这样做是为了了解学生的需要，把教学内容与学生的现实生活结合起来，最终提高教学的有效性。

第三，把握学生的学习状况。学生的学习状况包括学习基础与学习能力，比如他们已经掌握的知识、尚未了解的知识，他们接受知识的态度、学习方法、学习兴趣和学习习惯等，这些都影响着教学设计的有效性。

第四，把握学生的思想状况。教育学和心理学研究都表明，只有外部因素触及人的内在需求时才能引发人的积极接受，并顺利形成内化。因此教师要发现学生既有的思想观念，找到与思政课教学内容的结合点，并从这个结合点出发进行教学设计。

（三）社会实际分析

第一，分析党和国家的大政方针。教师应把握党和国家有关的路线、方针、政策，掌握正确的政治方向，把思政课教学与国家发展需要结合起来，保证思政课与国家需要同向同行，为现实服务，提高时效性。教育部也强调："要组织教师集中学习党中央重大方针政策和决策部署，及时将党的理论创新最新成果贯穿融入教学，充分体现课程的思想性理论性时效性。"②

第二，分析社会热点、焦点。社会的热点、焦点是社会的普遍关注点，也是大学生关心的问题，如果教师将理论联系实际，合理引入教学，则易于引起大学生的学习热情。所以，社会的热点和焦点往往会成为思政课的教学热点。抓住教学热点，就是抓住与教材内容相联系、现实普遍关心的社会问题，这会增强教学的时效性，引导学生关注国家

---

① 教育部关于印发《新时代高校思想政治理论课教学工作基本要求》的通知（教社科〔2018〕2号）［EB/OL］. http://www.moe.gov.cn/srcsite/A13/moe_772/201804/t20180424_334099.html.

② 教育部关于印发《新时代高校思想政治理论课教学工作基本要求》的通知（教社科〔2018〕2号）［EB/OL］. http://www.moe.gov.cn/srcsite/A13/moe_772/201804/t20180424_334099.html.

和社会，也会深化学生的理论学习。

第三，学校教育教学计划。把握学校的整体教学计划与安排，与学校的教育教学要求相互协调。

(四) 开发课程资源

开发课程资源以获得教学的内容要素来源，是进行教学设计的必要条件。说理是思政课教学的突出特征，而说理就要凭事实、讲道理，就要有充分的事实依据和理论依据，这都有赖于参考资料。因此，思政课教学设计的一个必备环节就是开发课程资源，广泛地收集与教学内容相关的资料和事实，保证获得足够的教学信息和资料。

教师的一项必备教学技能，就是收集教学资料，有足够的教学资料才能使课堂教学生动丰富，从而有效完成教育教学任务。一般在日常中收集教学资料，所有与教学有关的故事例证、时政新闻、理论文章、警句格言、统计数据、思考练习题等，都是教学素材，都是要留意的教学资料。

思政课教学设计需要各种各样的教学素材，丰富的教学素材也是提高思政课教学实效性的基本条件。目前不少大学生对思政课的学习热情不高、兴趣不大，一个重要原因就是课堂教学未能满足学生获取新知的需求。课堂教学的"新"从何而来？是从大量新颖翔实的资料中来。这要求思政课要用最新的信息阐释和丰富教学内容，通过新颖丰富的教学信息阐发思政课抽象的知识理论，既满足学生的求新、求知的需要，增强教学的吸引力，也突出了理论教学的现实性。丰富的教学素材能够大大丰富思政课的教学内容，避免笼统和枯燥乏味的说教，是提高思政课教学实效性的重要保证。

思想政治理论课需要搜集和积累的教学资料各种各样，大体包括：①教学设计的参考资料，包括备课、上课所运用的资料，比如教材分析、重点难点分析、精彩教案、与教学内容相关的各类案例等。②思考题类，包括各类练习题、思考题、试题及试题分析等。③音像图片资料，教学内容相关的视频、音频、图片等。④时事政策资料，如各种法律法规、政策文件、通知、报告、党和国家领导人讲话、时事新闻等。⑤教师和学生亲身遇到过的一些生动事例，教师要注意及时进行反思和总结，并撰写成具体的案例。

资料要筛选整理。首先，要从内容上进行筛选，必须去粗取精、去伪存真，把一些典型的、重要的资料抽出来，以发挥最佳作用。其次，要从时效上进行筛选。思想政治理论课特别强调教学内容的时效性，所以教学资料必须紧跟时代，保持鲜明的时代感，过时的材料要淘汰。

收集整理资料是为了使用资料，恰当使用教学资料能够充实和深化思政课的教学内容，调节课堂气氛，实现教育教学目标。所以，思政课教师要根据教学内容与教学需要，恰当择取和编排教学资料，以理论联系实际，充分阐释教学内容，保证思政课教学的有效性。优秀的思政课教师都非常注意搜集整理教学资料，也都非常注意恰当使用教学资料，事实上，这往往也是普通教师与优秀教师的重要区别。

随着网络的普及，新时代的网络课程得到了迅猛发展，思政课的网络课程资源也日益丰富，正成为越来越重要的教学资源，推进优质的教学资源共享也成为思政课建设的重要内容。教育部也要求："成立全国思想政治理论课网站信息共享联盟，整合各地各高校优质网络教学资源，……系统总结凝练优质教学资源。"①

## 二、教学方案的中期设计

### （一）设计教学目标

思想政治理论课的教学目标，通常包括三个方面：知识目标，即知识、理论等认知目标；能力目标，即实践能力目标；价值目标，即情感、态度、理想信念、价值观等目标。三维目标的有机结合是思政课的重要特征，在备课、分析教材、制定教学目标时，这三个方面不可偏废。对于每一次课的教学来说，教学目标的侧重点是不完全相同的，有些章节侧重于价值目标，有些章节侧重于能力的提高或知识理论的传授。教师要根据具体的课程、具体的教材内容有所侧重。

### （二）设计教学组织形式

哪些教学内容适合课堂教学，哪些教学内容适合课外实践活动，要从总体上统筹把握和安排。一般而言，在限定的课堂时间内，比较适合面向全体学生，教学内容确定、效率较高的内容，如集中讲授、讨论、交流、展示或总结。而需要发挥学生的独立性、创造性，难以集中完成，耗时较长且不确定，结果也难以确定的教学活动，适合安排为课外实践活动。

### （三）设计教学内容与方法

第一，教学内容要进行取舍安排，即教学内容要根据教学实际进行调整重组、充实丰富，实现内在的逻辑化，突出重点和难点，并通过各种素材合理呈现，生动阐释。

第二，教师要全面考虑，选择灵活多样、科学适当的教学方法：首先，要考虑教学方法是否符合本课程，与具体的教学内容和教学目标是否匹配；其次，要考虑教学方法是否适应学生；最后，要考虑到教学方法是否符合教师自身的特点。教师要设计综合的、灵活多样的教学方法。没有一种教学方法能够适合所有情况的教学，也没有一种教学方法能解决所有的教学问题，所以要选择灵活多样的教学方法，以适应各种教学活动。

### （四）设计教学环节与过程

课堂教学的各个环节中，具体选择哪些教学环节、如何分配各环节的时间，要根据教学内容与教学方法等综合决定，注意各环节相互之间的逻辑联系、合理衔接。一般要通过温故知新、创设问题情境、教师讲授、互动对话等环节，完成学生的知识理论构建，课堂上或课外往往还有巩固应用、深化理解等教学环节。通过各个教学环节，学生能够理解有关知识理论，逐步归纳总结出相关概念，形成立场观点，提高思考能力。

① 中共中央宣传部、教育部. 普通高校思想政治理论课建设体系创新计划（教社科〔2015〕2号）［EB/OL］. http://www.moe.edu.cn/srcsite/A13/moe_772/201508/t20150811_199379.html.

### (五) 设计教学课件与板书

教学课件是目前教学的一般工具，多媒体教学课件的设计应该抓住重点，根据需要使用文字、符号、图形、图像、动画、音频、视频等多种方式，扩大信息量，充分利用学生的视觉、听觉等器官感受和体会教学信息，使课堂教学内容更加直观、丰富、生动。设计完课件之后，还要设计黑板板书。有了多媒体课件，黑板板书的内容就不用太多，可以只写出画龙点睛、提纲挈领的主旨内容，当然上课时教师常常还会随手书写一些辅助性的内容。

### (六) 设计教学评价

教学评价是教学设计中的最后一项内容。教学评价有三个基本类别：诊断性评价，形成性评价，终结性评价。日常教学中的教学评价，一般是诊断性评价和形成性评价。在教学思政课的内容之后、下课之前，教师可以设计相应的思考题或分析题，对当堂的教学效果进行测试，以诊断学生的学习效果。课堂的教学评价方式灵活多样，可以现场提问、现场回答，以此获得教学反馈，促进学生掌握和理解教学内容。

教学方案的设计都有基本的程序与要求，每一个教师针对一定的教学内容完成了教学设计的基本程序之后，也就写出了个人的教学设计方案，形成了自己的教案。一个教案设计初步完成了，备课教师就形成了一个完整的课堂教学方案。

## 三、教学方案的后期完善

要上好课必须有一个好的教案，所以一个教案设计完成后，还要不断修改完善。一般来说，教学设计的修改完善主要采取三种途径。

### (一) 自我审视

反思自己的教学设计的各个部分，即目标设计是否全面，内容设计是否准确，方法设计是否具体合理，整体思路是否统一，教学顺序是否明确。通过反思，审视和斟酌自我设计是否合理，有没有疏漏。比如在学生讨论时，要明确讨论什么？学生怎么讨论？讨论到什么程度？讨论的最终结果可能是什么？讨论过程中可能会出现什么问题？这些问题都需要仔细思考。如果教学设计不细致，就会在课堂上出现预料不到、不好应对的情况，甚至节外生枝、偏离主题，教学目标就不能很好地达成。

### (二) 交流研讨

通过教师集体的教研活动，改进和完善教学设计。教师可以通过公开课求教于同行，在此基础上进行改进。教师也可以通过相互的分析、讨论，对教学设计进行修改完善。国家要求加强集体备课与交流研讨："普遍实行思政课教师集体备课制度""遴选学科带头人担任各门课集体备课牵头人""建立思政课教师'手拉手'备课机制，发挥思政课建设强校和高水平思政课专家示范带动作用"①；"定期组织集体备课，准确把握教材基本精神，研究确定教学进度和内容，形成统一的参考教案"②；并且要求"组织骨干教师讲示范课""组织教学经验丰富的教师说课""组织教师互相听课"③。这些都是为了促进思政课教师互学互鉴。为此，国家还加强了全国高校思政课教师网络集体备课平台建设，提供了备课服务支撑系统。

（三）实践完善

教学设计不可能一劳永逸，需要在实践中不断完善。通过教学实践，可以检验教学设计的可行性和实效性。教师可以通过课前试讲，反思与修改完善，也可以在课堂教学完成之后根据实际修改完善，即使在课堂教学中，教师也可以根据现场情况及时调整预设的方案，这样才能让课堂迸发活力。所以，思政课的教学设计具有弹性，不能以不变应万变，而应该根据教学实际随时进行修改完善。修改完善教学设计方案，主要针对以下方面进行。④

第一是纠正错误。抄录错误或者理解错误，引用的名言或数据也可能有失误，理论的理解阐释也有可能出现偏差，一旦发现谬误应立即改正。

第二是改进不当。教学方法如果达不到预期，要及时调整和改进，转换其他合适的方式方法。

第三是删除冗余。教师下功夫准备的"重点、难点"却发现学生已知或易知，就需要删繁就简。引用的案例、事例等教学材料，如果学生不感兴趣也要删改替换。

第四是补充不足。教学难点和重点没有讲透彻之处，要补充完善；抽象的理论应该添加生动事例或形象说明，来帮助理解掌握；原理教学要添加联系实际的内容，使理论更加丰满完整。

通过系统优化和不断完善，教学设计才能达到比较理想的水平：教学内容科学规范；教学素材新颖，吸引学生；教学目标明确，教学内容的选择和教学方法的安排，都为实现教学目标服务；方法手段切实可行；教学取得良好效果，教学轻松愉快，师生互动良好。

---

① 中共中央办公厅、国务院办公厅. 关于深化新时代学校思想政治理论课改革创新的若干意见［EB/OL］. http://www.gov.cn/zhengce/2019-08/14/content_5421252.htm.

② 教育部关于印发《新时代高校思想政治理论课教学工作基本要求》的通知（教社科〔2018〕2 号）［EB/OL］. http://www.moe.gov.cn/srcsite/A13/moe_772/201804/t20180424_334099.html.

③ 教育部关于印发《新时代高校思想政治理论课教学工作基本要求》的通知（教社科〔2018〕2 号）［EB/OL］. http://www.moe.gov.cn/srcsite/A13/moe_772/201804/t20180424_334099.html.

④ 王志国. 如何修改和完善教案［EB/OL］［2022-2-1］http://www.china.com.cn/chinese/zhuanti/xxsb/963756.htm.

# 第二章　思想政治理论课教学设计的理论基础

高校思政课有自己的理论基础，主要有以下三个方面：一是马克思主义关于思想政治教育的基本理论，二是教育教学的基本理论，三是马克思主义的青年观与关于青年工作的理论。教学设计必须从总体上以这些基础理论为指导和依据。

## 第一节　马克思主义关于思想政治教育的基本原理

思想政治理论课作为高校"加强和改进高校思想政治工作的灵魂课程"[1]，有自己坚实的专业理论基础，这就是马克思主义关于思想政治教育的理论。马克思主义是一个十分完整而严密的理论体系，思想政治理论课是高校思想政治教育的主干渠道和核心课程，马克思主义的一系列重要原理是思想政治教育的根本指导思想，也为思想政治理论课提供了直接的理论依据。下面择要述之。

### 一、社会历史发展总趋势理论

马克思主义关于社会历史发展总趋势以及由此而来的无产阶级历史使命的理论，是思想政治理论课设置的理论依据，也是思政课存在的理论基础。

马克思主义认为，经济基础和上层建筑的统一是社会形态的基本内容，社会形态的发展是由经济基础和上层建筑的矛盾直接推动的，而经济基础和上层建筑的矛盾又是受生产力和生产关系的矛盾制约的，社会生产力的发展是社会形态更替的根本动力和根本原因。由于社会历史是一个自然历史过程，所以社会形态的更替有着内在的必然性，不取决于人们的主观意愿。资本主义的没落是生产的社会性和生产资料的私人占有这一资本主义制度的基本矛盾决定的，这一矛盾最终必然使社会生产力遭到极大破坏。解决这一矛盾的唯一出路是消灭私有制，实现生产资料的社会占有。

马克思通过分析得出了"两个必然"的结论：资本主义必然灭亡，社会主义必然胜利。资本主义的灭亡和社会主义的胜利是历史发展的必然趋势。当然，社会主义取代资本主义是一个漫长的、复杂的、曲折的历史过程。"两个必然"的实现条件是"两个决不

---

① 教育部. 新时代高校思想政治理论课教学工作基本要求 [EB/OL]. http://www.moe.gov.cn/jyb_xwfb/gzdt_gzdt/s5987/201804/t20180426_334273.html.

会"："无论哪一个社会形态，在它所能容纳的全部生产力发挥出来以前，是决不会灭亡的，而新的更高的生产关系，在它的物质存在条件于旧社会的胎胞里成熟以前，是决不会出现的。"①

由此无产阶级必须承担自己的伟大历史使命。消灭资本主义并最终实现共产主义这一实践任务的历史承担者是无产阶级，无产阶级不仅是资本主义社会的埋葬者，而且是社会主义社会的建设者。这是由无产阶级的历史地位决定的，它具有其他劳动群众所没有的优秀品格：无产阶级是先进生产力的代表，是最有前途的阶级；无产阶级的革命性最强；无产阶级的革命性最彻底；无产阶级最团结，最富有组织性和纪律性。只有无产阶级才能代表历史发展的趋势，承担起消灭资本主义和实现共产主义的伟大历史任务。

上述理论就是设置思想政治理论课的理论基础，从总体上决定了思政课的基本性质与历史任务，决定着思政课的基本样貌，这就是思想政治理论课的基本规定性。

第一，思想政治教育是无产阶级革命事业的重要组成部分，是为实现无产阶级的历史使命服务的。思想政治理论课是高校思想政治教育的基本途径，由此决定了高校思政课的地位和作用。

第二，无产阶级政党要通过思想政治教育、思想政治理论课来提高人们对世界的认识能力和改造能力，培育一代又一代社会主义的合格建设者和可靠接班人。由此决定了高校思政课的课程目的和任务。

第三，思想政治教育的基本内容也是思想政治理论课的基本内容，就是帮助人们掌握历史发展规律，树立和坚定社会主义、共产主义理想信念。这就规定了高校思政课的基本内容。

第四，思想政治教育的标准也是思想政治理论课的评价标准，以能否促进社会历史发展的必然趋势为旨归。思想政治理论课的教学效果如何，归根到底要看它能否促进大学生树立社会主义、共产主义的理想信念，能否增强大学生的历史自觉性与社会使命感，能否激发大学生的积极性、能动性与创造性。这就规定了思政课教学评价的基本标准。

## 二、社会存在与社会意识辩证关系原理

马克思主义认为，社会存在就是人们的实际生活过程，就是社会物质生活条件；社会意识是社会生活的精神方面和精神过程。社会存在决定社会意识，社会意识来源于社会存在。马克思和恩格斯指出，人们所产生的思想观念都是现实关系和活动、生产和交往以及以之为基础的社会组织和政治组织的有意识的表现，而且"发展着自己的物质生产和物质交往的人们，在改变自己的这个现实的同时也改变着自己的思维和思维的产物"②。在阶级社会中反映经济基础的那部分社会意识即意识形态，意识形态具有阶级性。"统治阶级的思想在每一时代都是占统治地位的思想"③，占统治地位的思想是占统治地位的物质关系在观念上的表现。

与此同时，社会意识具有相对独立性，社会意识能动地反作用于社会存在，是社会

---

① 马克思恩格斯选集（第2卷）[M].北京：人民出版社，1995：33.
② 马克思恩格斯选集（第1卷）[M].北京：人民出版社，1995：73.
③ 马克思恩格斯选集（第1卷）[M].北京：人民出版社，1995：73.

意识独立性的最突出表现。人们的思想、情感、意志支配人们的行动，反作用于社会的经济形态以及政治结构。这种反作用的质，表现为是促进还是阻碍社会发展；这种反作用的量，即它影响社会发展的程度深浅、范围大小、时间久暂等，主要取决于它实际掌握的群众的广度和深度。

社会存在与社会意识辩证关系原理，充分说明了思想政治理论课的社会意义与作用。

第一，统治阶级的思想在每一时代都是占统治地位的思想，我国社会主义条件下，社会的主导思想必然是也只能是以马克思主义为指导的社会主义意识形态，因此要切实加强思想政治教育，在思政课需要理直气壮地宣传马克思主义理论、宣传社会主义思想，用社会主义思想去占领一切思想阵地，从而建立、巩固社会主义思想的主导统治地位。

第二，社会意识的反作用，集中体现了思想政治理论课的存在价值。进步的思想促进社会发展，落后的思想阻碍社会发展，思想政治理论课要广泛深入地实现理论掌握群众，促进社会发展。所以要高度重视思政课，反对思想政治教育"无用论"。

第三，要准确地把握大学生的思想状况以及产生根源，就必须从根本上研究其现实的社会生活状况，尤其是其现实的物质生活状况，因为人们的思想状况由现实的社会物质生活状况决定，要想彻底解决思想问题，归根到底要通过消除产生它的物质根源才能实现。所以，只有从现实的社会物质生活状况出发，才能准确探寻到产生思想问题的最终根源；也只有改变现实的社会物质生活条件，才能从根本上改变思想问题。也就是说，在思想政治教育和思想政治理论课教学中，必须考察大学生的社会存在，把解决思想问题和解决实际问题结合起来，才能最终解决思想问题。

### 三、关于政治与经济辩证关系的原理

马克思主义认为，经济指物质资料的生产方式或生产关系，有时也单指生产力；政治是耸立于经济基础之上的上层建筑，包括政治法律制度及政治法律设施，政治法律设施包括政府机构、军队、警察、法庭、监狱等国家机器。经济是基础，经济决定政治，政治是经济的集中体现。政治是上层建筑的核心，在上层建筑中起着主导作用，比道德、文艺等思想上层建筑更直接、更集中地反映经济。政治通过武装斗争、法律斗争、思想理论斗争等形式，反作用于经济基础。一个阶级想要实现自己的经济目的，必须借助政治手段，这是一般的社会规律。

第一，思政课就是通过"讲政治"服务于国家政治的课程。在无产阶级革命时期，政治的主要形式是阶级斗争，是武装夺取政权、为建立社会主义经济关系开辟道路；在无产阶级政权建立和巩固后，阶级斗争虽然依然存在，但已经不是政治的主要表现形式，政治的主要形式成为政权建设、政党建设、民主法治建设、处理人民内部矛盾、国防外交等，从一定意义上看，思想政治教育、思政课是国家政治的一部分，服务于现实的政治需要，发挥讲政治、固政权的政教作用。

第二，从国内环境看，坚持以经济建设为中心，思政课从总体上要服务和服从于社会主义经济建设。要保证经济建设的社会主义性质和方向，坚持政治与经济的统一。在社会主义初级阶段，最大的政治任务是发展生产力，以巩固政权、增强综合国力、满足人民美好生活需要。

第三，从国际环境看，必须高度警惕与自觉应对国际意识形态领域的思想斗争。在国家政治斗争中，对社会主义国家的思想意识的渗透与侵入早已经是美西方的惯用日常。美西方对社会主义国家的经常性的政治侵略方式：其一，通过对社会主义国家的民众进行日常的思想宣传，直接攻心。美西方通过各种日益发达的媒体，不断宣传资本主义的社会生活方式和社会价值观，否定共产党与社会主义的作用，虚化历史，同时渲染和夸大社会主义国家的内部矛盾，挑动社会对共产党、对社会主义制度的不满，从根本上动摇人们的社会主义信念。其二，通过有意识的留学活动与文化交流，培养亲西方、亲资本主义的青年一代。1956 年美国总统艾森豪威尔提出同苏联进行大规模"人民对人民交流"，以实现美国难以实现的政治意图，此后的历史已经充分表明，用吸引年轻人赴美留学的方式，使美国在苏联培植了亲美反共的势力。其三，利用非政府组织，在社会主义国家内部制造、资助和扶持破坏性力量。其四，利用经济制裁等手段，遏制社会主义国家的发展。其五，通过"民主""人权"等话语，利用民族关系、社会问题，资助和发展社会主义国家内部的反对势力，离间民族关系，分裂社会主义国家。

习近平总书记指出："政治引导是思政课的基本功能。"① 思想政治理论课必须高度警惕，并从教学内容上自觉应对国际意识形态领域的思想斗争，促进学生思想理论上的成长，培养大学生的政治辨别力，培养大学生的政治自觉性，提高大学生在国际政治斗争中的抵抗力。

## 四、关于正确处理人民内部矛盾的学说

在社会主义改造基本完成以后，阶级斗争已不再是我国社会的主要矛盾，处理人民内部矛盾成为我国社会生活的主题。毛泽东在《关于正确处理人民内部矛盾的问题》中阐述了正确处理人民内部矛盾的基本原理。毛泽东指出，首先要区分敌我之间的矛盾与人民内部矛盾这两类不同性质的矛盾。"敌我之间的矛盾是对抗性的矛盾。人民内部矛盾，在劳动人民之间说来，是非对抗性的；在被剥削阶级和剥削阶级之间说来，除了对抗性的一面以外，还有非对抗性的一面。一般说来，人民内部的矛盾，是在人民利益根本一致的基础上的矛盾。"② 当然，两类社会矛盾虽然有本质的不同，但是并不是凝固不变的，在一定条件下是可以相互转化的。其次，敌我矛盾和人民内部矛盾的性质不同，解决的方法也就不同。"简单地说起来，前者是分清敌我的问题，后者是分清是非的问题。"③ 解决敌我之间的矛盾必须采用专政的方法，对敌人必须实行专政；解决人民内部矛盾必须采用民主的方法。"凡属于思想性质的问题，凡属于人民内部的争论问题，只能用民主的方法去解决，只能用讲理的方法、批评的方法、说服教育的方法去解决，而不能用强制的、压服的方法去解决"④。为了维护社会秩序，发布适当的带强制性的行政命令和规章制度，同说服教育是相辅相成的。要坚持以说服教育为主、法纪处理为辅的方针，在执行法纪中也要伴之以说服教育。这就是将毛泽东"惩前毖后，治病救人"的民

---

① 习近平. 思政课是落实立德树人根本任务的关键课程 [J]. 求是，2020 (17)：1-8.
② 毛泽东文集（第七卷）[M]. 北京：人民出版社，1999：205.
③ 毛泽东文集（第七卷）[M]. 北京：人民出版社，1999：206.
④ 毛泽东文集（第七卷）[M]. 北京：人民出版社，1999：209.

主方法概括为"团结—批评—团结"的公式，意即从团结的愿望出发，经过批评或思想斗争，分清是非，使矛盾得到解决，从而在新的基础上达到新的团结。

第一，思想政治教育、思政课是解决人民内部矛盾特别是意识形态领域人民内部矛盾的基本途径。必须从调动一切积极因素，建设社会主义现代化强国、实现中华民族伟大复兴的高度，来认识思想政治教育和思政课的战略地位与战略功能。

第二，在思政课教学中，必须坚持采取讨论、说理等民主方法。习近平指出，"思政课的本质是讲道理"，要以理服人，以平等的态度对待受教育者；要善于引导大学生，坚持疏导，把发扬民主与正确引导结合起来。

## 五、人的本质学说

质是一事物区别与他事物的内在规定性，其中根本的方面就是本质，表现为本质属性。马克思主义从人的社会性上来认识人和界定人，认为："人的本质不是单个人所固有的抽象物，在其现实性上，它是一切社会关系的总和。"①

第一，人有双重属性，即自然性和社会性，人的本质属性是社会性。马克思主义认为，人是自然的存在物，具有和其他动物类似的生物属性和本能，如生理组织、生物构造等。但是更重要的，人还有社会性。社会性是人在物质生产和社会交往基础上形成的社会特质，人的本质属性是人的社会性。

第二，人的社会性归根到底是劳动基础上结成的社会关系决定的。人的社会性主要表现为三方面：一是劳动；二是意识，包括语言、思维；三是社会联系，即社会关系。其中，起总体决定和制约作用的是社会关系。

第三，社会关系是复杂的，人的本质就是由各种社会关系形成的合力共同决定的。社会关系主要有经济关系、政治关系、法律关系、文化关系、伦理道德关系等，分为物质关系和精神关系两类，在诸多社会关系中，最基本的是经济关系。因而人的本质也就是由以生产关系为主导的各种社会关系形成的合力决定的。

第四，社会关系的具体内容是历史的、变化的，人的本质的具体表现也是历史的、变化的。因此，人的本质的具体表现具有历史性和可变性，各个社会里的人的本质的具体内容有差异。

第五，人在社会关系中有一定的能动性和选择性。一方面，人可以推动社会关系的变化。另一方面，在具体的社会关系中，人可以在一定程度上决定接受哪些社会关系的影响、接受程度如何；拒绝哪些社会关系的影响、拒绝程度如何。因此，社会生活中既有"近朱者赤，近墨者黑"，又有"出淤泥而不染"。

第六，人的自然属性受社会属性的规定和制约。人的自然属性总是受着社会属性的规约，因而成为社会化的自然属性。

马克思主义关于人的本质学说十分深刻，指导着思想政治教育和思政课。

第一，人们所处的社会关系决定人们的思想，因此要分析把握人们的思想，就要着力了解人们所处的各种社会关系。一方面，要注意对人们所处的各种社会关系的影响进

---

① 中共中央编译局. 马克思恩格斯文集（第一卷）[M]. 北京：人民出版社，2009：501.

行全面考察分析，从而了解人们思想的全貌，防止片面地把人的思想归结为某一社会关系的产物。另一方面，又要注意主要社会关系对人们思想的制约作用，防止思想分析的笼统化和抽象性。

社会关系是复杂的和具体的，它决定了人们的思想也是复杂的和具体的。所以要从人们所处的社会关系的特点和差异中去把握人们思想的特点和差异。在同一时期的不同生活、工作环境中，社会关系不尽相同；即使在同一生活、工作环境中，个人的社会关系也会有所不同。这种具体的、变化的社会关系决定了人们思想的具体性和差异性。要把握各种社会关系的发展变化，因为社会关系的变化或迟或早地改变着人们的思想，正所谓"时位之移人也"。

第二，反对"人的本质自私论"。人的本质即人的本质属性；自私的概念虽然使用广泛，但却是一个模糊的概念。通常人们在下述意义上使用"自私"的概念：其一，从人的自然本能上理解自私，常指凡人都有的求生欲望、趋利避害的生物本能。这一意义上的所谓"自私"，始终是自然真实的客观存在，就如春风秋雨一样自然，不容否认和反驳。其二，从人的生存发展需要上理解自私，把"自私"理解为自我获得衣食住行的生活资料需要和自我精神追求等利益需要。这些正当的个人需要与个人利益，也是客观存在的，这是人类普遍具有的生存发展的正常需要，无可厚非。其三，从伦理道德的社会关系上理解自私，指后天社会生活中形成的为人处世的态度和观念，也可称为利己主义，此意上的"自私"有两个特点：一是只要利益不要责任，追求个人权利，逃避个人义务；二是只顾自己不顾他人，损人利己，为了自己损害他人、社会和国家。

显然，通常要批判和反对的，是第三种意义上的自私，是"以自我为中心"的自私，通常要批驳的"人的本质自私论"，也是就这一方面而言。人的本质是自私的吗？答案是否定的。

第一方面，"人的本质自私论"是抽象的人性论。某些历史时期、某些时候、某些人是自私的，这是客观现象，但是不论时间和情况笼统断定人是自私的，是典型的抽象人性论，所以"人的本质自私论"与"人的本质无私论"一样，都是抽象人性论，是错误的。

第二方面，自私不是普遍现象，"人的本质自私论"是以偏概全。世上有自私的人，也有许多无私的人，但人们常常会以偏概全。遇到自私的人，会悲观认为"人性就是自私的"；遇到高尚的人，就会想"世上还是好人多"，实际上这都是经验主义的以偏概全。

第三方面，自私不是永恒的现象，"人的本质自私论"是僵化观点。自私是人类社会某一些历史阶段出现的历史现象，原始社会没有自私的现象，因为人类的自我意识尚未觉醒，人类还没有分化出自我利益的意识，是不可能出现自私的现象的；未来的共产主义社会，生产力极大发展，社会财富公共占有，实现了按需分配，也不会再存在自私的现象。

为什么要反对"人的本质自私论"？其一，这是社会主义的必然要求。公有制的经济基础和人民民主专政的政治结构，在思想意识上必然提倡为人民服务和集体主义，也必然反对自私自利和利己主义。其二，如果人们广泛认同此观点，会带来严重的社会影响。如果一个人认同"人是自私的"，他会如何对待他人？如果大多数人认同"人是自私的"，社会生活又将会如何？毫无疑问，从内心里认为"人是自私"的人，会心安理得地以自私心对人、以自私心防人。因为"人的本质自私论"为自私自利的现象制造了理由和借口，为自私自利者进行了辩护，把"自私"的现象定义为天经地义的、普遍存在的。其三，思想政治理论课教师如果同意此观点，则会丧失培养高尚人格的教育教学信念，打击教育教学热情。人的本质是在后天社会中形成的，是社会影响与社会教育的产物，也是个人自我修养的结果。自私与崇高的不同品质，是个人修养的不同和社会影响的差异造成的。基于此，思政课教学才能形成崇高的教育教学理想，培养"担当民族复兴大任的时代新人"①。其四，教育的根本任务就是立德树人。"人只有通过自身的劳动活动，才能使自己不断地生成为人"②。教育教学特别是思政课教学，就是促使学生摆脱"小我格局"形成"大我境界"、培养提升学生思想觉悟的工作。

### 六、人的全面发展的学说

马克思、恩格斯在创立科学社会主义的过程中，深刻揭露和批判了阶级对立的旧社会对人的生存和发展的束缚与压迫，指出一切民族最后都要达到"在保证社会劳动生产力高度发展的同时又保证人类最全面的发展的这样一种经济形态"③；"一个更高级的，以每个人的全面而自由的发展为基本原则的社会形式"；"在那里，每个人的自由发展是一切人自由发展的条件"④。因此，每个人全面而自由的发展，不仅是共产主义的核心价值，也是人类历史发展的必然趋势。

"人的全面而自由的发展"，指"每个人"即"社会的每一个成员"的发展，相对于社会发展而言，人的发展是"人以一种全面的方式，也就是说，作为一个完整的人占有自己的全面的本质"⑤。而马克思关于人的本质主要有三个命题：一是"劳动或实践是人的本质"，二是"人的本质是一切社会关系的总和"，三是"人的需要即人的本质"。人的全面而自由的发展即人"占有自己的全面的本质"，所以，人的全面而自由的发展的含义是：其一，个人能力的全面发展，指人的智力、体力、才能等全面发展，成为恩格斯所说的"各方面都有能力的人，即能通晓整个生产系统的人"⑥，即列宁希望的"使人成为会做一切工作的人"⑦。其二，个人社会关系的全面丰富发展。"个人的全面性不是想象的或设想的全面性，而是他的现实关系和观念关系的全面性"⑧。个人社会关系的全面性发展包括人的关系的普遍性发展和全面性发展，达到马克思所希望的"人所具有的我都具有"。其三，个人需求的全面发展，成为列宁所说的"具有尽可能广泛需要的人"⑨。其四，个性的自由而全面发展。人们能按照自己的意愿、兴趣和社会的需要自主地、多方

---

① 习近平. 决胜全面建成小康社会 夺取新时代中国特色社会主义伟大胜利——在中国共产党第十九次全国代表大会上的报告 [N]. 人民日报，2017-10-28（1）.

② 金建萍. 人的全面发展：新时代中国特色社会主义的核心要义 [J]. 郑州轻工业学院学报（社会科学版），2018，19（6）：25.

③ 中共中央编译局. 马克思恩格斯全集（第19卷）[M]. 北京：人民出版社，1963：130.

④ 中共中央编译局. 马克思恩格斯选集（第1卷）[M]. 北京：人民出版社，1995：294.

⑤ 中共中央编译局. 马克思恩格斯全集（第42卷）[M]. 北京：人民出版社，1979：123.

⑥ 马克思恩格斯选集（第1卷）[M]. 北京：人民出版社，2012：308.

⑦ 列宁专题文集（论社会主义）[M]. 北京：人民出版社，2009：145.

⑧ 中共中央编译局. 马克思恩格斯全集（第46卷下册）[M]. 北京：人民出版社，1980：36.

⑨ 列宁全集（第39卷）[M]. 北京：人民出版社，2017：337.

面地发展和丰富自己的个性，最大限度发挥其独特个性。

马克思、恩格斯提出了人的全面发展的条件，包括两个方面：一方面，生产力前提和社会关系前提是人的全面发展的前提条件。生产力的发展、科技水平的提高都会不断缩短必要劳动时间，扩大剩余劳动时间。在社会主义和共产主义社会，剩余劳动时间会转化为自由支配时间，自由支配时间是人全面发展的生产力前提。社会关系前提，是指必须消灭私有制，消灭旧的分工，生产资料归社会所有。这可以保证一切社会成员都有富足的物质生活，劳动不再是谋生的手段，而成为每一个人全面发展和表现自己全部能力的机会。另一方面，全面的教育是人全面发展的重要条件。人是教育的产物，人的全面发展必然依赖教育的全面发展，而全面的教育主要是德育、智育、体育、美育、群众观点教育等。全面的教育，可以帮助人们摆脱社会分工所造成的发展的片面性。

"生产劳动同智育和体育相结合，它不仅是提高社会生产的一种方法，而且是造就全面发展的人的唯一方法。"① 造就全面发展的人的途径，是教育同生产劳动相结合。1989年第38届联合国教科文的教育会议上通过的决议也指出："教育与生产劳动一体化的重要性不仅在于这样做可造就熟练的劳动力，而且可使教育与日新月异的劳动条件更紧密地联系起来，并且有助个人的全面发展。"②

人的全面发展包括三个阶段：第一阶段，自然阶段的人。在原始社会，生产力低下，每个人既是物质资料生产者，又是精神产品生产者，个人发展具有原始的丰富性。第二阶段，旧式分工使人畸形发展阶段。奴隶社会后出现脑体分工，一部分人从事管理、教育、文学、艺术等活动，获得了发展的垄断权；另一部分人不得不成为生产工具，失去了发展的可能。到资本主义社会，在资本主义的工厂里，工人"成为某种局部劳动的自动工具"。第三阶段，共产主义社会使人全面发展阶段。共产主义社会消灭了阶级差别、城乡差别和脑体劳动差别，劳动成为人们生活的第一需要，每个人都能获得符合自己意愿的丰富多彩的发展。"在共产主义社会里，任何人都没有特殊的活动范围，而是都可以在任何部门内发展，社会调节着整个生产，因而使我有可能随着自己的兴趣今天干这事，明天干那事，上午打猎，下午捕鱼，傍晚从事畜牧，晚饭后从事批判，这样就不会使我老是一个猎人、渔夫、牧人或批判者。"③

第一，马克思主义关于人全面发展的学说是我国教育教学的根本指导，促进人的全面发展是我国教育教学的根本宗旨。由于历史条件的限制，社会主义初级阶段不能完全实现人的全面发展，但应该着眼于推进人的全面发展。"推进人的全面发展，同推进经济、文化的发展和改善人民物质文化生活，是互为前提和基础的。……社会生产力和经济文化的发展水平是逐步提高、永无止境的历史过程，人的全面发展程度也是逐步提高、永无止境的历史过程，这两个历史过程应相互结合、相互促进地向前发展。"④ "促进物的全面丰富和人的全面发展"⑤，也是中国式现代化的应有内涵。

---

① 中共中央编译局. 马克思恩格斯全集（第23卷）［M］. 北京：人民出版社，1972：520.
② 钟洪. 当代国际教育体制改革的几种新趋势［J］. 思想政治课教学，1989（01）：25.
③ 马克思恩格斯选集（第1卷）［M］. 北京：人民出版社，2012：165.
④ 江泽民. 论"三个代表"［M］. 北京：中央文献出版社，2001：179-180.
⑤ 习近平. 高举中国特色社会主义伟大旗帜 为全面建设社会主义现代化国家而团结奋斗［M］. 北京：人民出版社，2022：23.

第二，思想政治理论课要从根本上着眼于促进人的全面发展。我国的教育方针是："教育必须为社会主义现代化建设服务、为人民服务，必须与生产劳动和社会实践相结合，培养德、智、体、美等方面全面发展的社会主义建设者和接班人"①。教育方针集中回答了"为谁培养人""培养什么人""怎么培养人"等具有战略意义的核心问题：必须为社会主义现代化建设服务、为人民服务，是教育工作的总方向；必须与生产劳动和社会实践相结合，是教育的根本途径；德、智、体、美、劳全面发展，是培养目标的根本标准；培养社会主义事业的建设者和接班人，是教育的总的培养目标。

教育方针是所有教育教学活动的根本指针，也是思政课确定根本任务的根本依据。立德树人、促进人的全面发展是思政课的根本目的，把大学生培养得"有理想、有本领、有担当"，成为担当"民族复兴大任的时代新人"是思政课的根本任务。

第三，坚持全面教育，反对片面教育。片面教育是目前我国教育领域存在的一个明显偏向，偏重智育、偏重考试科目的现象目前依然存在。学生片面发展的不良后果在大学阶段明显显现，比如学生的心理素质问题、学习动力与兴趣问题。在思政课教学中，偏重知识理论教学，忽视学生实际品德培养的现象也存在。所以必须反对片面教育，贯彻全面的教育，促进学生的全面发展。

### 七、关于社会主义意识必须灌输的理论

19世纪末20世纪初，在列宁的领导下，俄国工人运动发展迅猛，开始了反对沙皇政权的政治斗争。这时，俄国社会民主工党中的机会主义经济派，反对工人阶级进行推翻沙皇制度的政治斗争。他们认为，应该重视工人运动中的自发成分的意义，工人不应推翻沙皇制度，而应该"与厂主及政府作经济斗争"，社会民主工党不应该向工人宣传社会主义意识，因为自发的工人运动能够创造出独立的社会主义意识。对此列宁坚决反对。列宁认为无产阶级政党必须坚持将社会主义意识从外面灌输给工人，克服工人运动的自发性。因此，列宁系统论述了著名的"社会主义意识必须灌输"的理论。

列宁指出："工人本来也不可能有社会民主主义的意识。这种意识只能从外面灌输进去，各国的历史都证明：工人阶级单靠自己本身的力量，只能形成工联主义的意识。"②"社会主义学说则是从有产阶级的有教养的人即知识分子创造的哲学理论、历史理论和经济理论中发展起来的""它的产生是革命的社会主义知识分子的思想发展的自然和必然的结果。"③

灌输论的基本理论观点：第一，自发的工人运动不能形成科学社会主义理论，只能形成工联主义意识。第二，科学社会主义理论是在工人运动和前人一切优秀理论遗产的基础上，在自发的工人运动之外，由出身于资产阶级、具备了理论研究条件并转变了世界观的社会主义知识分子创造出来的。第三，没有革命的理论，就不会有革命的运动。工人运动离不开科学社会主义理论的指导，科学社会主义理论可以由工人阶级政党从外面灌输到工人运动中去。第四，不坚持灌输科学社会主义思想，就等于接受资产阶级思

---

① 中华人民共和国教育法 [EB/OL]. http://www.gov.cn/zhengce/2015-12/28/content_5029900.htm.
② 中共中央编译局. 列宁选集（第1卷）[M]. 北京：人民出版社，1995：317.
③ 中共中央编译局. 列宁选集（第1卷）[M]. 北京：人民出版社 1995：317-318.

想。第五，必须积极对工人阶级进行思想政治教育，发展工人阶级的政治意识。"没有革命的理论，就不会有革命的运动"①，在社会主义革命、建设和改革中，必须不断学习和掌握科学理论。

第一，思政课教学的实质是坚持主流意识形态的主导和灌输。马克思主义认为：每一个社会都必然有它的主流意识形态，主流意识形态必然要进行灌输。资本主义国家如此，社会主义国家亦如是。马克思在《政治经济学批判（1857—1858 年手稿）》中警示说："如果从观念上来考察，那么一定的意识形态的解体足以使整个时代覆灭"②。习近平强调："经济建设是党的中心工作，意识形态工作是党的一项极端重要的工作"③。思想政治教育的本质就是坚持主流意识形态的主导和灌输，思想政治理论课作为高校思想政治教育的主渠道，其主要任务就是坚持社会主义主流意识形态的灌输："思想政治理论课承担着对大学生进行系统的马克思主义理论教育的任务，是巩固马克思主义在高校意识形态领域指导地位、坚持社会主义办学方向的重要阵地"④，思想政治理论课的一个重要职能，就是"坚持巩固壮大主流思想舆论"。

第二，正确理解"灌输"的本质含义与具体形式。实际生活中，灌输概念在多重含义上被人们使用着。俄语里将"灌输"直译为"充实"，汉语里解释为输送思想、知识等，比喻为"把流水引导到需要水分的地方"。列宁本来意义上的"灌输"，指的是政治宣传和教育，即领导者或教育者向人们传播、输送先进的政治思想和理论，克服政治自发性，提高政治自觉性，其实质是革命理论和群众实践相结合。而常用的"灌输教育法"，则是系统传授理论知识的教育教学方法，其特点是系统讲授和介绍。另外还有被广为诟病和批判的"机械灌输式"，现实中存在的机械灌输式教育，即压服式的说教——强迫接受、生塞硬灌。灌输与机械灌输式的区别是什么？简言之，灌输是一种教育原则、教育原理，是针对放任的自发式而提出的，是需要自觉坚持的基本原则；机械灌输式则是一种具体教育方法，是强制性、填鸭式的硬灌，是需要摒弃和批判的。

第三，反对价值中立。西方教育界有人反对灌输，认为那是对人的自由的侵犯，认为教育教学中应该保持价值中立，按照自然科学的模式，只坚持科学性和客观性要求，就事物的本来面目进行客观的描述。道德与价值观教育也应该让学生自由地进行价值选择，教育教学中应该排除一切价值判断，这就是所谓的"价值中立论"。教育教学真的能保持价值中立吗？答案是不能。教育应该尊重人，但是教育对人的尊重不是无限顺从，没有价值观的教育引导就没有真正的人的教育，如果教育教学中对学生的价值观念不判断、不指导，学生就不可能形成良好的社会人格。

## 八、群众观点和群众路线的理论

群众观点是唯物史观的基本观点，主要包括人民群众是历史创造者的观点，向人民

---

① 列宁全集（第 6 卷）[M]. 北京：人民出版社，2013：23.

② 马克思恩格斯选集（第 1 卷）[M]. 北京：人民出版社，1995：98-99.

③ 习近平：意识形态工作是党的一项极端重要的工作. [EB/OL]. http://www.xinhuanet.com/politics/2013-08/20/c_117021464.htm.

④ 教育部. 新时代高校思想政治理论课教学工作基本要求 [EB/OL]. http://www.moe.gov.cn/jyb_xwfb/gzdt_gzdt/s5987/201804/t20180426_334273.html.

群众学习的观点，全心全意为人民服务的观点，干部的权力是人民赋予的观点，对党负责和对人民负责相一致的观点，党依靠群众又要教育引导群众前进的观点。群众路线是共产党的根本工作路线，主要是指"一切为了群众，一切依靠群众，从群众中来，到群众中去"的工作路线。

群众观点和群众路线也为思想政治理论课提供了基本的工作方法。

第一，代表人民群众的根本利益是思政课的生命力之所在。马克思说："人们奋斗所争取的一切，都同他们的利益有关。"① 毛泽东说："马克思列宁主义的基本原则，就是要使群众认识自己的利益，并且团结起来，为自己的利益而奋斗。"② 所以中国共产党关心群众利益，代表群众利益，坚持利益原则是教育引导群众的基础，正如马克思所说："'思想'一旦离开'利益'，就一定会使自己出丑。"③ 思想政治理论课也不例外，教学内容应代表人民的利益，教学着眼点从人民的利益出发、从大学生的现实需要出发，才能被普遍接受。

第二，从大学生的实际出发才能上好思政课。这就必须深入学生，了解学生的实际生活、实际需要和实际思想，这样才能有的放矢，设计恰当的方式方法进行教育教学。

第三，尊重学生，相信学生，依靠学生。人民群众是历史的主体，学生是教学的主体，教师必须相信学生，依靠学生，充分尊重和发挥学生的主体作用，发挥大学生的自我教育作用。群众之中有差别，有进步、落后、一般等各种类型，大学生也一样，思政课也可以发挥进步大学生、骨干大学生的积极作用，教育和带动一般学生。

## 第二节　教育教学的基本理论

教育教学的基本原理所揭示的种种教育教学规律，是高校各科教学的基本理论依据，也是思想政治理论课教学设计的理论基础，起着指导、启发和帮助教学实践的作用。

### 一、教育学与高等教育学

（一）教育学为思政课教学设计提供基本理论指导

教育学的一系列基本理论，如教育、国家、社会之间有着内在的本质的联系，教育与政治、经济、文化之间的关系，教育与人的发展之间的关系，学校教育与家庭教育、社会教育之间的关系，小学教育、中学教育、大学教育之间的关系，教育与教学之间的关系，德、智、体、美、劳之间的关系，教育者与受教育者之间的关系，学生的学习动机、学习态度、学习方法与学习成绩之间的关系等，都是思想政治理论课进行教学设计

---

① 中共中央马克思恩格斯列宁斯大林著作编译局. 马克思恩格斯全集（第 1 卷）［M］. 北京：人民出版社，2001：82.

② 中共中央文献编辑委员会. 毛泽东选集（第 4 卷）［M］. 北京：人民出版社，1991：1318.

③ 马克思恩格斯文集（第 1 卷）［M］. 北京：人民出版社，2009：286.

的理论指导。思政课教学要遵循教育教学的基本规律。

第一，要适应发展的顺序性，循序渐进地促进学生的身心发展，既不要"拔苗助长""陵节而施"，也不要消极地迁就学生现有的发展水平。第二，要适应个体发展的阶段性规律，注意各阶段之间的"衔接"。第三，要适应个体发展的不均衡性，加强学生身心发展、思想形成的关键期教育。第四，要注意个体学生身心发展的个别差异性，注意因材施教。

（二）思想政治理论课必然受高等教育规律的直接制约

高等教育作为一种专业性教育，在教育体系中处于最高层次，其培养目标、培养对象、培养方法都具有自己的特点。第一，高等教育是高级专业教育，培养目标是高级专门人才，思政课教学服务于对各专业人才的培养。第二，高等教育培养的对象大学生，在生理上已发育成熟，心理上趋向成熟或已达到相当高的水平，个性特征比较稳定，世界观正在形成或渐趋定型，独立思考能力较强，思政课教学必须研究把握大学生的特点，并适应这些特点。第三，高等教育要开展科学研究，所以应将科学研究引入教学过程，思政课在教学中也必然要引导学生在学习中学会发现和创新创造，培养学生的创新性思维。

（三）我国的教育方针决定着思政课教学设计的根本方向

教育方针决定并且表达了教育目的，教育目的决定培养目标，培养目标决定课程目标，课程目标决定教学目标。所以，我国的教育方针、教育目的决定了思政课教学设计的根本方向。我国的教育方针是："教育必须为社会主义现代化建设服务、为人民服务，必须与生产劳动和社会实践相结合，培养德、智、体、美等方面全面发展的社会主义建设者和接班人。"① 思政课教学必须从根本上把握好立德树人，培养德智体美劳全面发展的社会主义建设者和接班人这一根本要求。促进人的全面发展是思想政治理论课教学设计的基本方向，思政课在设计教学目标时必须明确德与才的关系，两者之间既不可偏废又不可相互替代，而是应该有机结合。

## 二、心理学与教育心理学

（一）教育心理学为教学设计提供依据

思想政治理论课教学是一项复杂而又细致的培养人的工作，要切实有效地实现立德树人的目的，必须借助于心理学特别是教育心理学的指导。教育心理学研究教育教学情境中学与教的基本心理规律，以及研究师生在教与学过程中相互作用的心理过程、心理现象。比如在教育、教学影响下，受教育者学习和掌握知识、技能、发展智力和个性的心理过程与规律；形成道德品质的心理特点；教育教学和心理发展的相互关系等。熟悉心理学特别是教育心理学，研究教育教学情境中的种种心理现象及其变化规律，以深入

---

① 全国人大常委会关于修改《中华人民共和国教育法》的决定（主席令第三十九号）[EB/OL]. http://www.gov.cn/zhengce/2015-12/28/content_5029900.htm.

掌握学生的生理心理状况与发展规律，思政课才能够更科学地确定某一阶段教育教学的目标，选取恰当的教学内容和方法。

### （二）研究掌握大学生的学习心理

研究掌握高校教学心理，了解概念、原理、心智技能等不同范畴的教学的不同规律，才能根据实际需要选择不同的教学策略，提高思政课教学的质量与效率。第一，研讨大学生认知与记忆发展的规律，教材的概括与知识的理解，知识信息的编码，知识的保持与信息的存储等；第二，把握学习策略，心智技能的实质、特点及其相互关系，心智技能的形成与培养途径，学习策略的应用等；第三，研究问题解决的实质、理论模型，问题解决的过程与条件，创造能力及其培养等。

思政课教学也必然要研究大学生的学习心理：第一，研究大学生学习的实质、类型与特点，探讨高等教育的联结学习理论、认知学习理论等；第二，探讨学习动机的结构、类型与作用，学习需要的培养，学习动机的激发等；第三，探讨学习迁移的实质，学习迁移的影响条件，学习迁移的有效促进等。思政课教师掌握大学生的学习心理，才能保证教学设计建立在大学生的学习规律之上，提高教育教学的科学性与实效性。

### （三）研究掌握德育心理

思政课的教学设计，必然以德育心理学规律为基础。思政课教师只有研究掌握高校德育心理，了解大学生自我意识、道德品质的形成发展规律，明确大学生群体对个体心理的影响及其对健康心理的维护，才能提高教学设计的自觉性，提高教育的有效性。第一，研究掌握大学生自我意识的基本结构，自我意识的发展规律，大学生自我意识的培养途径等；第二，掌握态度与品德的基本结构，态度与品德发展的基本理论，态度与品德培养的主要途径等；第三，掌握群体及其相互作用的种类，大学生班集体心理的形成与发展，大学生人际关系的建立与调适等；第四，掌握大学生心理健康理论，懂得大学生常见的心理问题以及掌握引导咨询方法等。

## 三、课程与教学论

### （一）课程论

思想政治理论课是国家规定的高等教育的正式课程，必然符合课程建设的一般要求。思想政治理论课的课程表现形式，一方面是文本形式，另一方面是实践形式。

从思政课的文本形式看，思政课包括：第一，课程计划，比如 2020 年中共中央宣传部、教育部印发的《新时代学校思想政治理论课改革创新实施方案》，就是目前国家对高校思政课的最新课程计划。第二，课程要求，是国家对思政课的基本规范和质量要求，是编写教科书的依据，是测评教学质量的依据，是教师教学工作的指南。第三，教科书，是课程要求与内容的具体化。它是教师对学生进行教学的主要依据、主要材料。第四，其他教学材料，包括参考书、教师收集的资料、各种辅助性材料，是教师进行教学的必要知识补充。

从思政课的实践形式看，课程也是其规划的实施过程，就是教师和学生依据课程总体规划而进行的教与学的过程，包括课堂教学、课外学习、实践活动、学习交流等。

根据美国研究者古德莱德的课程理论，课程可以分为五个层次：第一，理想的课程，即教学论专家或研究机构所设想的课程，它往往是完美的设想，表现为观念形态。第二，正式的课程，是国家教育行政部门设计颁布的课程计划、课程要求、教材等，表现为文本形态。第三，理解的课程，是教师在阅读教材等文本形态的课程以后所理解的课程，它表现为教师的观念形态，带有教师的个人风格和个性特点。第四，运作的课程，是教师通过设计在课堂上具体实施表达的课程，表现为教学的实践形态。第五，经验的课程，是学生实际感受到、理解到的课程，表现为学生的观念形态。在以上五个层次中，各上下层次之间都可能会出现落差甚至是巨大偏差。所以从国家的课程设计到最后学生的课程收获，有时可能相去甚远，其间的关键，就是教师。从课程设计到课程实施，每一个环节都需要教师去理解、去设计、去落实。

思政课在当代课程改革中呈现出以下趋势。

第一，在课程的主导价值取向上，思政课强调知识本位、学生本位、社会本位三者合一。一方面，尊重思政课知识理论本身的逻辑关系，另一方面，从学生的思想发展和实际需要出发，同时还强调教学要关注社会现实。如今的思想政治理论课正力图把三者有机结合，使课程的知识理论既能够服务学生的发展需要，又能够服务国家的战略需要。

第二，从课程内容的属性上，思政课既突出课程的学科性，又强调课程的实践性。思政课具有学科课程的特点，知识理论具有完整性、系统性和严密性；思政课具有实践课程的特点，力求知识理论与生活实际相联系，培养学生获得全面的知识。思政课在教学改革中越来越多地涉及实践活动，有的高校甚至过多地偏重于实践教学，甚至以学生的实践活动替代了课程教学，其中的得失优劣值得深入思考和研究。

第三，从课程内容的组织方式看，思政课既是综合课程又是分科课程。分科课程按学科分类，分门别类形成不同的课程。综合课程则是合并相关学科，把几门学科的教学内容组织在一门综合课程之中，优点是坚持知识理论的统一性，困难则主要在教材编写和师资问题方面。自"2005方案"以来，思想政治理论课把原来的7门课通过整合成为目前的4门，总体上偏于综合课。在具体的课程中，又数"思想道德与法治"课的综合性最为明显。经过十几年的整合，"思想道德与法治"课的教学内容已经融为一体。

第四，从课程内容的呈现方式看，思政课既重视显性课程又重视隐性课程。思政课在学校正式的课程计划中，以常规方式进行教学；与此同时，思政课又重视学校和班级情境对学生潜移默化的影响作用。学校的地理布局、建筑格局、学习生活设施等物质环境，学校的纪律管理、学风校风、各种活动、纪念仪式等文化环境，以及师生关系、同学关系等人际环境，都具有教育意义，都会对学生形成或隐或显的影响。思想政治理论课不仅需要显性课程的明示，也需要隐性课程潜移默化的影响。

第五，从课程的实施要求看，思政课既重视必修课程又重视选修课程。必修课程，体现了课程大众化、民主化，培养了学生的共性，可以保证教育教学的基本质量。选修课程，体现了对学生学习兴趣和需要的尊重，为学生的个性发展提供空间。本科生的思想政治理论课开设了"思想道德与法治""中国近现代史纲要""马克思主义基本原理概论""毛泽东思想与中国特色社会主义理论体系概论""形势与政策"等五门必修课，还有"当代世界经济与政治"等选修课。

第六，从课程的开发设计看，既重视国家课程又重视地方课程与校本课程。目前的思想政治理论课，是由国家统一安排和编制教材的国家课程，具有极强的权威性和强制性。地方课程与校本课程，则是满足地方需要、体现学校特色的课程。各高校的思想政治理论课，除了统一开设国家规定的课程外，还会根据地方和学校的实际，开设一些地方课程和校本课程，如临沂大学利用沂蒙老革命根据地的红色文化资源开设的课程"沂蒙红色文化与沂蒙精神"。这是权威性与灵活性的统一。

（二）教学论

从宏观层次上看，思政课的教学过程是课程的实现过程；从中观层次上看，教学过程是教师与学生之间的活动与交往过程；从微观层次上看，教学过程是学生的认识过程。

第一，教学过程是教与学的统一。教与学是师生的共同活动，这是教学论的起点。只有教师的教与学生的学相结合，教学活动才有意义。陶行知认为："好的先生不是教书，不是教学生，乃是教学生学，而教的法子也必须根据学的法子，就是把教和学联系起来，即要教学合一。"[①] 把教学过程视为教与学的统一，无论是理论还是实践都有重要的意义。如果把教学过程等同于教师的教授过程，则教师只会专注于自己，忽略学生，会导致对知识的片面生硬灌输。如果把教学过程等同于学生的学习过程，则会削弱教师的指导作用，导致学生学习的放任自流。教师的教不一定引起学生的学，所以思想政治理论课教师必须注意引起、激励和组织学生的学习过程，教是为学服务的。教学目标的实现取决于学生积极主动地参与认识和实践。

第二，教学过程是教学与教育的统一。任何教学过程都不仅仅是提高学识的过程，而且是一个教育过程。学生在此过程不仅会增长知识、提高能力，而且会形成或改变情感、态度、立场、价值观。教学往往引起学生的四个基本变化：一是知识理论增长，二是认知水平和思维水平的发展变化，三是人格及其心理水平的变化，四是思想、观念、态度、行为的变化。教学具有教育性是一个基本规律。那么教学通过什么发挥教育性？首先，教学内容具有教育性。学生在获得知识、技能的过程中，自然而然会随之形成对自然、社会、人生的态度、立场和价值观。其次，教学方式具有教育性。再次，教学风气具有教育性。最后，教师的言行具有教育性。所以，学生在教学过程中不仅会增长知识、提高智力能力，而且会影响内在的价值观。所以教师在教学过程中要高度自觉地正面培养学生的理论素养与思想品德。

第三，教学过程是教学认识过程和人类一般认识过程的统一。首先，教学认识过程总体上符合人类认识发展的一般规律，通常按照直观经验（感性认识）—抽象理论（理性认识）—运用（实践）—深化认识（再认识）的规律进行。其次，教学认识过程又不同于人类一般认识过程，人类要解决未知的东西，按"实践—认识—再实践—再认识"的认识过程去探索与研究；而教学认识过程的实质是对人类一般认识成果的再认识过程。教学过程是以掌握人类已知的科学文化知识为主，是对人类一般认识成果的再认识过程，需要教师调动、激发学生的学习需要和动机、兴趣，在教师帮助下学生可以迅速而直接

① 中央教育科学研究所. 陶行知教育文选［M］. 北京：教育科学出版社，1981：4.

地把人类已有认识学到手。这是教学认识过程不同于人类一般认识活动的特点。

思想政治理论课教学过程是师生认识与实践的活动，是教师的价值引导与学生的思想政治素质自主建构的统一。一方面，教学过程是教师的价值引导过程，教师主导着思想政治理论课教学，引导着学生的思想发展方向。另一方面，教学过程是学生思想理论与品德自主建构的过程，学生的思想观念形成是自主的、能动的，不是由外部力量决定的，人的思想理论体系与思想品德不是通过单纯的教形成的，更不是硬性规定和强制完成的，而是学生在教学过程中通过观察、体会、感悟、思考、模仿，不断地实现了自我认识、自我选择和自我塑造、自我提升。

当代思政课教学改革的趋势如下。

第一，从强调教学内容的体系完整到强调学生的感受体验。思政课的教学内容有严格的设定性和简约性，这与复杂的千变万化的真实社会生活是难以简单匹配的，所以教学内容可能远离学生的实际生活。教学强调学生的感受体验，并非排斥理论知识的系统性，而是关注学习者活生生的现实感受，在学生现实经验的基础上整合教学内容，体现教学与现实的联系。

第二，从强调教师教到强调学生学。过于强调教师教，就必然强调教师对课堂教学的控制性，忽视教学过程中学生的主体因素，排斥教学过程中学生作用的发挥。强调学生学，并非放弃教师的主导，而是强调学生的课堂参与，把学生的学习思考因素整合到课堂教学中，发挥师生双方的主动性。

第三，从强调教材的单因素到强调教师、学生、教材、环境多因素的整合，进而强调教学的互动本质。过于强调教材，则教师的工作成为解释教材、注释教材，导致了教材控制教师、教师控制课堂和学生。强调教师、学生、教材、环境多因素的整合，进而强调课程的会话本质，就是以教材为根据，强调师生在具体教学情境中的互动性和生成性，强调师生在课堂上的思想情感交流。

第四，从强调显性教学到强调显性教学与隐性教育并重。显性课程是国家教育行政部门颁布的"正式课程""官方课程"，隐性课程是学生在学习环境中学习到的非预期性的、非计划性的、隐蔽性的知识、态度和观念。从强调显性课程到强调显性课程与隐性课程并重，就是要创设宽松的、自由的教育环境和教学情境，注重正面的环境影响，减少负面的环境影响，发挥隐性课程潜移默化的积极作用。

第五，从强调学校课程到强调学校课程与校外课程的整合。在当前的信息社会，知识理论的更新速度加快，社会、家庭、学校趋于一体化，所以要注意富有教育意义的社会环境和自然环境的作用，体现课程的开放性和广阔性。大思政课的理念正是基于此。

## 四、系统理论

系统论在思想上、操作上都对教学设计有着深刻的影响。系统的基本概念、研究方法作为教学设计的思想指导，系统的工程技术则作为教学设计的方法指导。

美籍奥地利理论生物学家贝塔朗菲创立了系统论，其核心思想是系统的整体观念。整体性原理或者说联系原理是系统理论的首要观点。所谓系统，是指由两个或两个以上的要素相互作用而形成的整体。所谓相互作用，主要指非线性作用，作为整体的系统在性质上发生跳跃，获得了超出各部分及各部分之和的属性，整体性是系统最显著、最重要的特性，换言之，整体性质不等于部分性质的简单相加。不仅如此，系统之中的各部分由于受到系统的制约而不再具有各自的独立性，失去了其原本的性质。系统方法为解决现代复杂问题提供了有效的思维方式。

整体性原则是系统科学方法论的首要原则。整体性原则要求研究者必须从非线性作用的普遍性出发，突破直线思维与局部思维，始终从整体出发，考察构成整体的各部分的相互联系、相互影响，实现对事物的全面认识与整体把握。系统论反映了现代科学发展的趋势。

从系统论的角度看，教学设计就是为实现教学目标，以系统方法调动和整合各种课程资源，以整体思维安排各个教学要素，为教学效果最优化而对教学过程作出的整体构想与策划。现代教学观认为教学是一个系统化的过程，其中每个成分，如教师、学习者、教材和学习环境，对于学习都很关键。这种认识通常叫作系统观，即提倡采用系统化方法设计教学。思政课的教学设计必须采用系统化方法。

基于系统观的教学设计，各个环节及其要素都是整个教学系统中的关键组成部分。系统中各要素相互联系、相互影响、协调一致，才能发挥整体作用。教学系统中各个环节都应该以系统思想为指导，使用系统方法进行设计并实施。

这个系统的目的就是鼓励学生学习。这个系统的组成要素有学生、教师、教学材料和学习环境，这些成分之间相互作用影响目标的实现。例如，老师在安静的课堂上讲解教学内容、指导学生，为了判断学习是否发生，就要进行提问，如果学生的表现不能令人满意，就必须修改系统使之更加有效，以便产生出期望的教学结果。以这样的思维方法设计教学，教学结构就成为一个动态的开放性过程，任何环节、任何时间都可以根据实际的反馈和具体的变化，对教学活动作出调整和修改。

## 五、传播理论

思政课教学就是一种信息传播活动。它按照确定的教育教学目标，通过教育教学媒体将相应内容传递给学生。传播学的研究者提出了一些代表性的传播模式，如"拉斯韦尔传播模式""香农—韦弗传播模式""贝罗传播模式"等。其中贝罗的传播模式比较适合于研究和解释教学传播系统。贝罗的传播模式把传播过程分解为四个基本要素：信源（S）、信息（M）、通道（C）和信宿（R），每一个基本方面又有各种构成要素，如图 2 所示。

贝罗详尽地研究了传播过程中的各个要素的具体构成，并说明了影响信息源、接受者和信息实现传播功能的条件，说明信息传播可以通过不同的方式和渠道。教师要有效地传播知识与价值观，影响学生的思想与行为，就必须掌握传播的基本规律，成为一个良好的传播者。

思政课教学就是一种信息传播活动。思政课教学是由教师按照一定的要求，选定合适的信息内容，通过有效的媒体通道，把知识、能力、思想、感情、观点等传递给特定的教育对象的一种活动，是师生之间的信息交流活动。上述传播模式中的四个基本要素"S—M—C—R"，相当于教育教学中的"教师—课程—手段—学生"四个基本要素。与

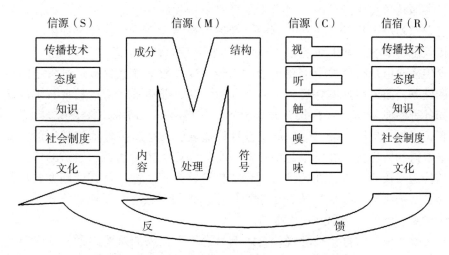

**图 2　贝罗的传播模式"S—M—C—R"示意图**

其他传播活动相比，思政课教学具有自己的特点：明确的目的性，即教育教学传播是以培养人才为目的的；内容的严格规定性，即教学传播的内容是按照教学计划和教学大纲的要求严格规定的；受众的特定性，即思政课教学有特定的受众，就是大学生；媒体和传播通道的多样性，即在思政课教学中，教师可以充分发挥各种各样的媒体和通道的优势进行面对面的传播，线上教学也可以远距离进行传播。

老师可以以传播理论揭示的规律为依据，联系思想政治理论课教学的实际场景及要素，研究传播规律以预测教学效果，发现存在的问题，提高思政课的教学效果。

思政课教师是信源，是编码者。研究思政课的信源和编码者，需要考虑思政课教师的态度、知识水平、所处的社会系统及自身的文化背景、传播技术等。态度，包括教师是否喜爱传播的主题，是否有明确的传播目的，对受传者是否有足够的了解和关注；知识，即思政课教师对传播的内容是否透彻了解，是否有丰富的相关知识；社会系统，即思政课教师在社会中的地位、影响与威信如何；文化，即教师的学历、经历和文化背景；传播技术，包括语言、文字、思维、手势、表情等。思政课教师无论以说话还是其他方法进行传播，必须保持信息的真实性和趣味性。教师是教学内容的组织者、传播者和控制者，"教师"包括讲台上的老师和隐于背后的教育管理者、教材编制者。在思政课教学中，教师是"把关人"，决定传播内容和传播方式，必须做好设计、组织、传递等工作。

教学内容就是信息。思政课教学是一个信息交流过程，自始至终充满了信息的传递、获取、交换、加工、储存和输出。在教学信息传播过程中，影响的因素有符号、内容、处理等方面：符号，包括教师所使用的语言、文字、图像、音频、视频、音乐等；内容，是为教师达到传播目的而选取的材料，包括信息的成分、信息的编排层次与结构；处理，是教师对符号和内容所做的种种选择及安排。

大学生是教学信息的接收者，是教学信息的受传者与解码者。信源、编码者与受传者、解码者，虽然处于传播过程的两端，但是影响受传者与解码者的因素与传播者、编码者相同，也是如上所述传播技术、态度、知识、社会系统与文化背景诸项。作为受传者，学生首先要接收信息，如阅读教科书和参考书，听取教师的课堂讲授，听视多种教学信息，参加教学实践活动等。然后学生要对所接收的信息进行加工与储存，并将这些信息和已有经验进行比较、分析、判断，理解信息的含义。在教学过程中，学生对教学信息的接收是主动的，学生往往有选择地去接收与理解教学信息。

教育传播通道是教育教学信息传递的途径，教育教学信息只有经过一定的通道才能完成传递任务，通道包括图像通道、声音通道和文字通道等。传播教育教学信息的各种工具，如各种感觉器官，各种教育教学材料，如教科书、PPT、指导书、电影、录音录像、图画、图表、报纸、杂志等，都是教育传播媒体，是连接教师与学生的中介物，是人们用来取得和传递教育教学信息的工具，是教育教学传播通道。通道的选择会直接影响信息的传送与接收效果，在传播过程中，信息的内容、符号及其处理方式均会影响通道的选择，必须明确哪些信息适合于语言传送，哪些信息适合于视觉方式传送，哪些信息适合于触觉、嗅觉、味觉方式传送。

教育传播环境。教育传播环境，是影响教育传播效果的重要因素，其内容是复杂和多方面的。社会、经济、科技、文化背景、风俗习惯以及各种自然物、人工物等，都是教育传播环境中不可忽视的因素，其中影响较大、较直接的有校园环境、教室环境、社会信息、人际关系、校风、班风、电、光、声、色、空气、温度等。良好的教育传播环境能对教师的教学组织活动产生促进作用。

研究传播规律能够提高思政课的教学效果。威尔伯·施拉姆是传播学科的创始人和集大成者，他的代表作《传播学概论》深入浅出、文笔生动，能够使读者轻松地阅读并理解，适合思政课教师进行阅读研究。在思政课教学过程中，存在很多传播规律，如传播选择规律、传播效用规律、传播接近规律等，这些是教学应该遵循的基本规律。任何完整的信息传播过程，都是活动双重主体选择的过程和选择的结果，这就是传播选择规律，教育教学过程也是师生双方的信息选择过程。完整的传播过程是在传播者追求传播效果、接受者追求精神满足的互动中进行的，这种效用互动是任何传播不可避免的、客观必然的、稳定的关系，因而效用规律是传播的重要规律之一，教育教学能够满足学生的身心发展需要，才能被广泛接受。传播过程直接表现为主体间的事实信息分享或共享过程，而要达到传播主体与接受主体之间的精神交流与接近，才能产生思想感情与行为上的某种一致，这也是传播过程遵循的一条重要法则，即传播接近规律。

## 第三节　马克思主义青年观与青年工作理论

青年是一个独特的社会群体，也是一个备受关注的群体。青年是人生年龄分期中的一个阶段，是从少年到成年的过渡。在这个过渡性的阶段，青年的身体开始发育成熟，心理迅速发展，思想逐渐形成，完成学业并获得职业，开始迈进成人生活。世界各国对青年年龄界限的规定各不相同，但规定青年的年龄下限和上限的标准却相当一致：下限始于性的成熟，上限止于社会成熟。随着社会的发展，青年的年龄界限在逐渐往两头延伸。2017 年中共中央、国务院印发了《中长期青年发展规划（2016—2025 年）》，其中界定的青年年龄范围是14～35周岁。[①] 通常而言，14～18 岁之前为青年初期，18～24 岁为青年中期，25～35 岁为青年晚期。大学生处于青年中期，是典型意义上的青年。

## 一、青年是社会主义事业的未来和国家民族的希望

"未来是属于青年的"，马克思主义一直非常重视青年的作用，对青年工作也非常重视。人类是世代的依次更替，无论什么社会，青年永远都是国家的未来和民族的希望。亚里士多德说："国家的命运，有赖于对青年的教育。"[②] 梁启超在《少年中国说》里把年轻人和国家直接连在一起。马克思主义者一直把青年看成社会主义事业的未来和希望，把青年教育作为培养事业接班人的大问题。

马克思说："最先进的工人完全了解，他们阶级的未来，从而也是人类的未来，完全取决于正在成长的青年一代的教育。"[③] 列宁也指出："我们是未来的党，而未来是属于青年的。"[④] 毛泽东 1957 年在莫斯科大学会见中国留学生时说："世界是你们的也是我们的，但是归根结底是你们的。你们青年人朝气蓬勃，正在兴旺时期，好像早晨八九点钟的太阳，希望寄托在你们身上。"[⑤] 进入新时期，中国共产党更是满怀希望地培养教育青年。邓小平说："青年是我们的未来，是我们的一切事业的继承者。"江泽民说："青年兴则国家兴，青年强则国家强，青年的茁壮成长决定着我们民族和国家的未来。"胡锦涛说："一个有远见的民族，总是把关注的目光投向青年；一个有远见的政党，总是把青年看作是推动历史发展和社会前进的重要力量。"[⑥] 习近平说："无论过去、现在还是未来，中国青年始终是实现中华民族伟大复兴的先锋力量！"[⑦] 青年是祖国的未来、民族的希望，也是中国共产党的未来和希望。青年要"以实现中华民族伟大复兴为己任"。

马克思主义为什么如此看重青年？因为青年人具有承前启后的作用，上有继承前人事业和文化遗产、更替老年劳动力的作用，下有繁育后代、传递文化遗产的作用。"长江后浪推前浪"，青年是社会生活中的新生力量，即将走上社会成为社会的中流砥柱，这是不可抗拒的自然规律。马克思说："一个时代的精神，是青年代表的精神；一个时代的性格，是青年代表的性格。"[⑧] 青年代表着社会主义的未来、民族复兴的希望，是社会主义的建设者和接班人。培养好青年，才能保证国家和民族的未来。

---

① 中共中央、国务院. 中长期青年发展规划（2016—2025 年）[M]. 北京：人民出版社，2017：1.
② 亚里士多德. 政治学 [M]. 吴寿彭，译. 北京：商务印书馆，1997：338.
③ 马克思恩格斯全集（第 16 卷）[M]. 北京：人民出版社，1986：217.
④ 列宁全集（第 14 卷）[M]. 北京：人民出版社，2017：161.
⑤ 毛泽东同志论青年和青年工作 [M]. 北京：中国青年出版社，1960：11—12.
⑥ 胡锦涛. 在庆祝中国共产党成立 90 周年大会上的讲话 [EB/OL]. http://news.cri.cn/gb/27824/2011/07/08/107s3300189.htm.
⑦ 习近平. 在纪念五四运动 100 周年大会上的讲话 [EB/OL]. http://www.xinhuanet.com/politics/leaders/2019-04/30/c_1124440193.htm.
⑧ 马克思恩格斯全集（第 49 卷）第二版 [M]. 北京：人民出版社，2016：115.

## 二、青年需要特殊的教育和培养

### （一）青年是各种政治势力争夺的对象

从自然规律看，青年代表着人类的未来，青年的思想观念、政治观点决定着人类社会未来的发展趋势。青年是一支最积极最富有创造精神的社会力量，争得了青年就争得了未来，失去了青年也就失去了未来。因此，各种政治势力都会把青年作为争夺的主要对象。事实正是如此，以美国为首的西方国家始终把和平演变的希望寄托在青年身上，他们通过各种渠道进行政治渗透，影响、争夺青年，以实现他们的政治目的。青年总是和未来连在一起，国际政治斗争中，各种政治势力都会把青年作为争夺的主要对象，因为谁争得了青年谁就争得了未来。

### （二）青年需要特殊的教育和培养

李大钊说："青年者，人生之王，人生之春，人生之华也。"青年时期是人生中全面成长的最重要阶段，青年体魄健壮，生命力旺盛，头脑敏捷，善于学习，富于开拓精神，人类的许多优点都集中于青年一身。

第一，青年可塑性强。

第二，青年有长处，又有不足。

第三，青年是一个人一生中打基础的关键阶段。从个人发展看，青年时期正处于生理心理剧烈变化的时期，是一个人为一生发展打基础的关键阶段。在这一时期，青年要明确生活目标，掌握社会规范，学习各种技能，培养社会角色。

第四，青年是价值观形成的关键时期，可塑性强。青年是世界观、人生观、价值观、道德观、政治观形成的关键时期，2014年5月4日习近平在北京大学师生座谈会上发表讲话指出："青年的价值取向决定了未来整个社会的价值取向，而青年又处在价值观形成和确立的时期，抓好这一时期的价值观养成十分重要。这就像穿衣服扣扣子一样，如果第一粒扣子扣错了，剩余的扣子都会扣错。人生的扣子从一开始就要扣好。"[1]

正因为青年处于成长时期，可塑性强，所以对青年的培养教育就显得特别迫切与重要，所以青年是思想政治教育的主要对象，党和国家历来十分关心对青年一代的培养教育。习近平说："我们党始终代表青年、赢得青年、依靠青年，始终重视青年、关怀青年、信任青年。"[2] 中共中央、国务院在《中长期青年发展规划（2016—2025年）》指出："青年是国家的未来、民族的希望。青年兴则民族兴，青年强则国家强。促进青年更好成长、更快发展，是国家的基础性、战略性工程。"[3]

---

[1] 习近平北大行勉励学生"人生就像扣扣子"引热议［EB/OL].https://www.chinanews.com.cn/gn/2014/05-05/6135481.shtml,2014-5-5.

[2] 习近平.在同各界优秀青年代表座谈时的讲话［EB/OL].http://cpc.people.com.cn/n/2013/0505/c64094-21367227.html.

[3] 中共中央、国务院.中长期青年发展规划（2016—2025年）［M].北京：人民出版社,2017：1.

（三）高校思政课要培养青年成为全面发展的社会主义建设者和接班人

习近平说："中国的未来属于青年，中华民族的未来属于青年。青年一代的理想信念、精神状态、综合素质，是一个国家发展活力的重要体现，也是一个国家核心竞争力的重要因素。"① 立德树人是教育的中心环节，高校思政课要培养青年大学生成为德智体美劳全面发展的社会主义建设者和接班人，引导大学生在奋进中践行时代的使命与担当。

早在改革开放初期，邓小平同志就多次强调，选好接班人"是个战略问题，是决定我们命运的问题"②，并提出要将青年培养成为社会主义的"四有"新人。习近平指出："广大青年要成为实现中华民族伟大复兴的生力军，肩负起国家和民族的希望。""衷心希望每一个青年都成为社会主义建设者和接班人，不辱时代使命，不负人民期望。"③ 在纪念五四运动一百周年大会上，习近平明确要求，"新时代中国青年要珍惜这个时代、担负时代使命，在担当中历练，在尽责中成长……努力成为德智体美劳全面发展的社会主义建设者和接班人。"④

"育人的根本在于立德"，习近平强调："学生在高校生活，少则三到四年，多则九到十年，正处在人生成长的关键时期，知识体系搭建尚未完成，价值观塑造尚未成型，情感心理尚未成熟，需要加以正确引导。这好比小麦的灌浆期，这个时候阳光水分跟不上，就会耽误一季的庄稼。高校毕业生走入社会，他们的思想和言行往往影响他们这一代年轻人。高校思想政治工作，面上看做的是学生思想政治工作，实际上将影响一代青年的思想观念、价值取向、精神风貌。所以，高校必须引导学生铸就理想信念、掌握丰富知识、锤炼高尚品格，打下成长成才的基础。"⑤

## 三、研究把握青年大学生的特征

大学生处于青年中期，具有典型的青年特征。人是有个性差异的，即使同一年龄阶段的大学生，其特征也不可能完全一样，但就其年龄阶段的最基本特征而言，还是大致相似的。思政课教学必须研究掌握青年大学生的典型特征。

（一）青年的一般特征

1. 身体发育成熟健壮

青年的生理发育正处于迅速走向成熟的时期。从出生到成熟，生长发育要经历两次高峰。第一次是一岁左右，第二次是从十一二岁到十七八岁。在生长发育高峰期，身体的形态、机能等会迅速变化。经过第二次快速生长期，大学生到了生长稳定期，身体形态日趋定型，身体机能日益完善成熟，从而精力充沛，朝气蓬勃。生理发展会直接影响到心理发展，青年大学生的成人感增强，心理发展迅速走向成熟，但又未完全成熟，在

---

① 习近平在中国政法大学考察：德法兼修抓好法治人才培养［N］. 人民日报，2017-05-04（01）.

② 邓小平文选（第二卷）［M］. 北京：人民出版社，1994：384.

③ 习近平. 在北京大学生座谈会上的讲话［M］. 北京：人民出版社，2018：2-3、11.

④ 习近平. 在纪念五四运动100周年上大会上的讲话［M］. 北京：人民出版社2019：8-9

⑤ 习近平出席全国高校思想政治工作会议并发表重要讲话［EB/OL］. https://qnzz.youth.cn/zhuanti/shzyll/tbhdp/201612/t20161230_8999207.htm.

心理上呈现出了一系列鲜明特征。

### 2. 智力发展达到全盛

根据科学研究，人的智力在 25 岁左右达到一生的顶峰，此后开始缓慢下降。因此，青年期是人的智力活动最活跃的时期，此时，他们的观察力精确而持久；记忆力强，而且以意义记忆为主，记忆容量大；思维能力有了质的飞跃，思维的独立性、灵活性、敏锐性、深刻性和批判性都迅速发展。所以青年大学生思维敏捷，思想活跃，青年期往往是一生中创造性思维的高峰时期。比如《共产党宣言》发表的时候，马克思 30 岁、恩格斯 28 岁；孙中山成立兴中会时 28 岁；中共一大召开时毛泽东 28 岁，中共一大代表的平均年龄不到 28 岁。许多伟人在青年时期就做出了巨大成绩，中国俗语也说"自古英雄出少年"。

### 3. 情绪情感丰富多变

具有强烈而多变的情绪情感是青年期的突出特征，为此可称青年期是人生的"狂风暴雨时期"。青年在情绪情感上有两个明显特点：首先，表现出突出的两极性，极易于出现正面和负面的极端情绪，一方面极容易出现强烈的兴奋、激动，另一方面也容易出现极端的愤怒、绝望，而且两者之间很容易转换。积极性倾向和消极性倾向都很容易出现，豪情万丈与消沉万分会常常出现，而且往往是稍遇刺激即刻爆发，容易出现极端行为。说明青年的理智对情绪的控制力还不够，要把青年的热情引导到正确方向上，去从事建设性学习和工作，避免产生破坏性结果。其次，青年出现了明显的闭锁性心理。少年儿童大多不隐藏自己的感受，而青年则有了内心的秘密，往往把自己的真实情感隐蔽起来，而表露出一种与内心体验并非一致甚至截然相反的情绪状态，青年人能够做到"咽泪装欢"，戴上情绪的"假面具"，所以了解他们的真实内心并不容易。也因此，青年人经常出现孤独的感觉和忧郁的状态。再次，青年的情绪情感出现了延续性。少儿的情绪常常喜怒无常、变化迅速，而青年的情绪则比较持久。一件事情引起的情绪反应可以久久停留心头，虽然事过境迁，但这种深刻的情绪体验却很难消退，所谓"才下眉头，却上心头"。这种情绪的延续性可以影响到整个行为表现，所以青年常常出现迁怒或移情现象，出现情绪辐射，高兴时看一切都顺眼，不高兴时觉得全世界都和自己作对。最后，青年的情绪情感充满了社会性。青年人更多会因为各种社会性需要而触动感情，比如希望赢得社会的尊重，关心社会、他人对自己的评价，道德感很强，对正义、邪恶、高尚、庸俗等问题关心。

### 4. 自我意识强烈

青年的自我意识开始觉醒，在对自身的认识以及对自身与他人关系的认识上表现出三个特点：首先，青年对认识自我、评价自我有浓厚兴趣，自我认识和评价的水平也大为提高。少儿时期认识外部世界，青年时期认识内部世界，青年对自我形象十分关心，对自己的体形、长相、性格、气质、智力、能力、品格等，经常进行自我观察、自我确认，也很关心别人对自己的评价和看法。其次，青年自我体验的强度大。青年人对自己的行为举止极易产生强烈的内心体验，自尊心强而敏感，内心反应十分强烈，当受到表扬或责备时都会在内心进行深刻的自我剖析，产生强烈的感受和体验。再次，青年自我控制的意向强烈。青年意识到自己的独立地位，要求自主和独立，要求摆脱成人的约束和强制，所以经常进行自我鼓舞、自我监督、自我命令、自我禁止。与此同时，青年的逆反心理较重。因为自我意识强烈，所以对强制、命令容易产生逆反，情感、心理易走极端。教师在教育教学过程中必须十分注意方式方法，尊重青年，适应青年大学生的这些特点。

5. 性意识觉醒

进入青年期，伴随着生理发育，青年的性心理也发展成熟起来，对两性关系比较敏感。所以青年人向往爱情，愿意接近异性，渴望和异性交往，对爱情有强烈的向往和需要。青年性心理的发展，一般经历三个阶段：第一阶段是疏远异性期，在青春期刚开始时，十一二岁到十四五岁之间。此时男女生由两小无猜发展到相互躲避、避免接触，对异性表示反感，特别在少女身上表现尤为明显。小学高年级常常出现的起哄现象，就是这种心理特点的反映。第二阶段是接近异性期，从十五六岁开始，普遍愿意接近异性，在内心深处开始编织具有浪漫色彩的爱情故事，把爱情和异性看得神秘而完美，理想主义色彩浓厚。第三阶段是恋爱期。从十八九岁开始，对异性的关注便集中于某一个异性，对其他异性的关心显著减少，开始和自己中意的异性单独活动，友谊圈明显缩小，之后就开始考虑婚姻和家庭问题。青年大学生一般处于第二到第三阶段，对爱情充满向往与追求，并且通常都开始了与青春萌动期不同的实质性恋情。

6. 人生观动荡不安

青年大学生的人生观正处于形成过程中，处于激烈的矛盾斗争中，他们的价值观尚不稳定，时常处于波动、迷惘、抉择之中。人生观的形成是对各种人生矛盾进行认识、分析和综合的过程，其中，既有书本知识与实践经验的矛盾、他人认识与自己认识的矛盾、经验与教训的矛盾，又有社会要求与个人愿望的矛盾、理想与现实的矛盾、正确与错误的矛盾。面对这些矛盾，青年大学生往往要经过长时间的观察、思考、比较和检验，经历思想的动荡不安，才能完成对人生的认识，明确自己的人生目的、人生态度、人生价值观，达到思想成熟。

综上所述，青年大学生在身心、思想与社会性上逐渐接近成人。他们智力成熟，抽象逻辑思维已从"经验型"向"理论型"转化，善于辩证思维和批判思维；他们的高级情感即社会情感有了深刻发展，关心社会和国家；他们的自我意识正在形成过程中，所以理想自我与现实自我还经常发生冲突，常常还不够理智；他们意志的坚强性与行动的自觉性获得了明显的发展，所以在他们的努力下，也常常会给人带来惊喜，达到意想不到的结果。

（二）青年大学生的一般特征

我国大学生多数处于 18～22 岁，这一年龄阶段是青年中期，而青年中期是人走向成熟的关键期。在这个阶段，个体的生理发展已接近完成，已具备了成年人的体格与生理功能，但心理与思想发育尚未成熟。大学生面临的一个重要任务就是促使心理思想成熟，以便成为一个身心健康的成年人。与此同时，由于大学生心理与思想的未完全成熟，也决定了其消极特点，如滥用充沛的精力与蛮干；对情绪、情感缺乏控制时，易成为情感的奴隶；自我意识强，情绪体验深，在外界的不良影响下，易陶醉于低级情绪；在客观条件未具备时，急于求成而导致失败；在缺乏正确理想指导时，求知欲与敏感性强烈易导致自以为是，喜欢追求"新知识""新思潮"，但相对缺乏辨别真伪的能力等。

　　大学一年级是新生适应大学生活的时期，大一新生面对入学后不同于高中的生活环境、学习方式、人际关系，会在不同程度上普遍出现心理与行为的不适应。这常常使他们苦闷消极，甚至可能会出现心理障碍。这一阶段的大学生往往有以下几个特点：第一，一方面踌躇满志，另一方面还没有明确的目标和理想，选择能力不强，盲从性强，参加活动时基本随大流；第二，新旧不同的学习方式和思维方式正在发生冲突，自觉自律与自发随意的矛盾比较明显，比较缺乏自制和自立能力；第三，渴望交往，需要温暖和友谊，希望获得认可；第四，愿意担任学生干部，积极参加集体活动，希望得到自我尝试和能力锻炼。

　　大二和大三进入了大学生活的稳定发展时期，也是大学生的人生观、世界观逐步确立、思想逐步成熟与定型的时期。大二的学生基本适应了大学生活，逐步明确了自身的发展定位，开始规划自己的发展目标，学生之间开始出现层次分化，人生目标、学习方式、人际关系等方面也越来越明显地有了差别。他们的自我把握能力已经提高，能够有目的、有选择地参加社团活动和社会活动。大三的学生，人生目标趋于稳定，自我发展目标更加明确，学生差异性增大，分化明显。他们的个人独立性进一步增强，显示出越来越强烈的个性。由于个人目标强化，集体意识开始淡化，集体活动热情减弱，同学关系开始疏远，有的还出现"小团体"现象。大二大三阶段有以下几个特点：第一，人生观和世界观开始确定，但是还具有不稳定性；第二，独立能力和自我意识增强，活动的自主性提高；第三，学生之间开始出现层次分化，差别日益明显；第四，爱情需要增加，希望获得爱情的体验。

　　大四到大学毕业，是大学生走向社会的心理准备期，也是本科学习的最后阶段。他们的人生观、价值观已经普遍比较成熟，能够比较客观和现实地看待、处理各种问题，能够理智地观察、分析和解决问题。即将毕业，学生会更加关注自己的未来，关注的中心基本上围绕个人事务，围绕自己的毕业去向和个人前途，个人要面临并做出各种选择，心理上常处于矛盾冲突中，受此左右，情绪也易于起伏，较为不稳定。与此同时，学生的集体观念变得冷淡，参加集体活动的积极性急剧下降。学生之间因为目标和去向各异而各自疏离，越来越趋向单独活动，但临近毕业又相互依恋，希望留住同窗情谊，毕业以后也能够相互照应和帮助。在学习上，去向不同的学生的关注焦点已然明显不同。此时的学生关注的是如何顺利完成学业，走向下一段人生。这一阶段的大学生有几方面特点：第一，思想成熟，自主意识强，抽象思维、逻辑思维占主导。第二，生活的紧迫感和社会责任感增强，对事情能够做出较理性、辩证的分析，批判性思维增强，基本不会盲从。第三，关注毕业去向，关注考公、考编与工作应聘等切身问题，关注研究生推免、研究生考试及录取等现实问题。

# 第三章 思想政治理论课教学设计的直接依据

高校思政课有不同于其他课程的鲜明的课程定位，有独特的课程性质、课程功能、课程地位和课程任务，同时思政课有相应的教学规律、教学方针和教学原则，有特色鲜明的教材，这些是思想政治理论课进行教学设计的直接依据。

## 第一节 思想政治理论课的课程定位

思想政治理论课是高校教育教学计划中的一门必修课，其通过科学的教学计划和正规的教学组织形式来进行教育教学，是高校德育工作的核心和主要途径，也是培养社会主义事业合格建设者和可靠接班人的主阵地，在高校中居于主要地位，发挥着重要的作用。思想政治理论课的中心任务是立德树人，主要的教育教学目标是培养学生的思想政治素质和道德素质，实现人的全面发展。思政课与其他课程相辅相成，共同实现对大学生的政治、思想、道德等方面的教育和培养。

### 一、思想政治理论课是落实立德树人根本任务的主干渠道和核心课程

现行的国民教育体系中，小学和初中开设"道德与法治"课，高中开设"思想政治"课，大学开设"思想政治理论课"。目前大学本科思想政治理论课有五门课程，专科有三门课程。以上就是我国大中小学的思想政治课，简称政治课。

"人无德不立，育人的根本在于立德"，习近平多次强调把立德树人作为教育的中心环节，思想政治理论课是高校立德树人、进行思想政治教育的德育课。2005 年 2 月中共中央宣传部、教育部指出："马克思主义是我们立党立国的根本指导思想，是全党全国人民团结奋斗的共同思想基础。高等学校思想政治理论课承担着对大学生进行系统的马克思主义理论教育的任务，是对大学生进行思想政治教育的主渠道。"[①] 2015 年中共中央宣传部、教育部对高校的思政课在高校立德树人工作中的战略地位是这样形容的："思想政治理论课是巩固马克思主义在高校意识形态领域指导地位，坚持社会主义办学方向的重要阵地，是全面贯彻落实党的教育方针，培养中国特色社会主义事业合格建设者和可靠

---

① 中共中央宣传部、教育部. 关于进一步加强和改进高等学校思想政治理论课的意见（教社政［2005］5 号）［EB/OL］. http://www.moe.gov.cn/s78/A13/sks_left/s6387/moe_772/201005/t20100527_88480.html.

接班人，落实立德树人根本任务的主干渠道，是进行社会主义核心价值观教育、帮助大学生树立正确世界观人生观价值观的核心课程。"[1] 在此基础上，2018 年 4 月教育部在《新时代高校思想政治理论课教学工作基本要求》又概括强调："思想政治理论课承担着对大学生进行系统的马克思主义理论教育的任务，是巩固马克思主义在高校意识形态领域指导地位、坚持社会主义办学方向的重要阵地，是全面贯彻党的教育方针、落实立德树人根本任务的主干渠道和核心课程，是加强和改进高校思想政治工作、实现高等教育内涵式发展的灵魂课程。"[2] 概括来说，思想政治理论课是对大学生进行思想政治教育的课程，是全面贯彻党的教育方针、落实立德树人根本任务的主干渠道和核心课程。从教学目标看，思想政治理论课最根本的教学目标就是"立德树人"，就是"以德育人"，国家开设思想政治理论课的目的是培养大学生的思想政治品德，提高大学生的思想政治素质。

德育的含义，在我国有狭义与广义之分。狭义的德育本是道德教育的简称，这与西方国家的习惯一致。但是，在长期的实践中，我国习惯于把道德教育、思想教育、政治教育等统称为德育，这就是广义的德育。广义的德育成因有二，第一，从现实看，人的精神世界是一个整体，其中的世界观、人生观、价值观、道德观等往往是交织联系在一起的，难以分割。第二，从历史看，我国古代就以德来囊括社会意识形态，至今保留这种传统，仍以德育包容整个社会意识形态的教育。近代，康有为、梁启超、蔡元培等在论及思想道德教育时，也都包含着政治教育、思想教育、道德教育。

从中国共产党的历史看，不管是选拔干部还是培养人才，德才兼备一直是根本标准。习近平提出干部选拔要"坚持德才兼备，以德为先"，此"德"，是广义的概念，并非单指道德品质。现实语境中"德"的含义包括思想、政治、道德几个方面。德育包括政治教育、思想教育、道德教育等几个方面。国家教育委员会 1995 年颁布的《中国普通高等学校德育大纲》规定："德育即思想、政治和品德教育。"[3] 1995 年颁布的《中学德育大纲》对中学德育的基本界定是："德育即对学生进行政治、思想、道德和心理品质教育。"[4] 1998 年《中小学德育工作规程》规定："德育即对学生进行政治、思想、道德和心理品质教育。"[5] 2004 年教育部印发的《中等职业学校德育大纲》对德育做的界定又增加了法律教育："中等职业学校德育是对学生进行思想、政治、道德、法律和心理健康的教育。"[6] 这种理解在教育界和理论界得到一致认同，德育就是学校的思想政治教育，其外延主要包括：第一，思想教育，即对马克思主义的世界观、人生观、价值观方面的教

① 中共中央宣传部、教育部. 普通高校思想政治理论课建设体系创新计划（教社科〔2015〕2 号）[EB/OL]. http://www.moe.edu.cn/srcsite/A13/moe_772/201508/t20150811_199379.html.

② 教育部. 新时代高校思想政治理论课教学工作基本要求（教社科〔2018〕2 号）[EB/OL]. http://www.moe.gov.cn/srcsite/A13/moe_772/201804/t20180424_334099.html.

③ 国家教育委员会关于颁布试行《中国普通高等学校德育大纲》的通知（教政〔1995〕11 号）[A]，1995-11-23.

④ 国家教育委员会关于关于正式颁发《中学德育大纲》的通知（教基〔1995〕5 号）[A]，1995-2-27.

⑤ 中华人民共和国教育部. 中小学德育工作规程（教基〔1998〕4 号）[EB/OL]. [2021-2-12]. http://www.moe.gov.cn/srcsite/A02/s5911/moe_621/199803/t19980316_81872.html.

⑥ 教育部关于印发《中等职业学校德育大纲（2014 年修订）》的通知 [EB/OL]. [2021-2-12]. http://www.moe.gov.cn/srcsite/A07/moe_950/201501/t20150107_183069.html.

育；第二，政治教育，即对社会主义的政治理论、政治观点、政治立场、政治态度、政治信仰方面的教育；第三，道德教育，即对社会主义主流道德及职业道德、家庭美德、社会公德、个人品德等方面的教育；第四，法治教育，主要是对社会主义法治理论、法律体系与法治思维的教育；第五，心理健康教育，即心理素质教育。

高校思政课的教学，就是"立德树人"的过程，也是马克思主义理论教育的过程。由此根本性质决定，大学生思想政治理论课的课程性质有以下主要方面。

（一）整体性与综合性

现实社会是包罗万象的综合体，对任何一个社会问题、社会矛盾和社会规律的认识，都不可能仅仅依靠一门学科或仅仅依靠马克思主义基本理论的某一个方面就可以完成，马克思、恩格斯等也都是将马克思主义各个方面统于一身的革命家和理论家。马克思主义理论一级学科，下设六个二级学科，其后又增加了党的建设，其着眼点也正是为了体现马克思主义理论的整体性特征，以便推动人们对马克思主义理论体系完整、准确把握。

高校思政课的课程设置，也突出了其教学内容的整体性和教学方法上的综合性，内容上互有交叉，理论上相互支撑，既需要进行分门别类的研究，更需要整体把握和综合运用。思政课教学涉及多学科的知识，主要包括哲学、伦理学、法学、政治学、经济学、历史学、教育学、心理学等，思政课的教学与研究，要综合借鉴和利用多学科知识与方法才能深入进行。整体性和综合性，是思政课教学首先要把握和体现的学科特性。整体性和综合性不仅是思政课教学内容的特点，也是其教学对象的特点。每一个人的思想和行为都受到现实生活中的各种社会关系的制约，因此，要把握大学生的思想实际，也需要多角度、多侧面地进行整体分析与把握，需要注意相关的各种社会因素、心理因素的综合影响。

（二）政治性与科学性

思政课具有鲜明的政治性，具有鲜明的意识形态性。思政课承担着明确的政治任务，要增进大学生的政治认同，培养大学生明确的政治意识、正确的政治立场和政治辨别力，使之成为社会主义的合格建设者和可靠接班人。这是思政课同其他课程的根本不同。但与此同时，思政课所揭示的社会规律又是客观的，所要分析的社会现象和社会问题也是客观的，是不以人的意志为转移的，这就使思想政治理论课同时具有了明确的科学性。这是思政课同其他课程的相同之处。

强调思政课的政治性，是要解决"为谁培养人""培养什么人"的立场问题；强调思政课的科学性，是要解决"怎样培养人"的方法问题。思想政治理论课的政治性和科学性是统一的，只强调政治性而无视其科学性，教育教学就会成为政治宣传，而不是一门科学；只强调科学性而无视它的政治性，就是无视它的本质属性。

（三）理论性与实践性

思想政治理论课以马克思主义的基本理论，启迪和引导学生理解唯物主义的基本立场、观点和方法，树立科学的世界观、人生观和价值观。思政课教学本身就是马克思主义基本理论的应用过程和实践过程，马克思主义理论教育教学与大学生的生活实践紧密相关，以指导大学生的生活实践为目的。思政课的教学，归根到底是为了使大学生掌握马克思主义的立场、观点和方法，用科学理论认识、分析当代社会，指导中国特色社会主义实践。对理论的学习，归根到底是为了指导实践。所以，思政课教学要坚持理论和实践的统一，一方面要提高大学生的理论素养，使他们熟悉马克思主义的理论体系、理论内涵和思维工具；另一方面要理论联系实际，关注社会热点问题和大学生的生活世界，自觉运用马克思主义的立场观点方法认识问题、分析问题和解决问题。

## 二、思想政治理论课的功能

思政课对大学生乃至整个社会都能够产生积极的作用和影响。思政课的教学内容在本质上是关于社会与人的哲学，它的直接对象是现实的社会与现实的人，其基本职能是以科学的内容与方法去丰富、完善和促进社会与人的生存发展。

（一）思想政治理论课的社会功能

1. 政治功能

高校思政课具有鲜明的政治性和意识形态性，政治功能是其首要的功能。思政课通过传递政治理论、政治技能，培育政治态度和政治价值观，帮助大学生了解社会的政治生活规则，把握社会的政治发展需要，按照社会主义的政治方向健康成长，实现政治社会化，做社会需要的人。

政治社会化蕴含两个层面：个体层面，是个人为将来的政治参与而学习政治知识和技能、培育政治态度、政治信仰的过程；社会层面，是为维护政治文化的稳定和传承而对社会成员进行的政治知识教育、政治技能培养、政治态度培育。[①] 思政课是我国高等学校社会主义性质的集中标志，必然承担着政治社会化的功能。思政课能够培养大学生的政治意识，塑造大学生的政治人格，实现政治文化的代际传播与传递，维持政治文化的稳定与发展。

第一，对大学生进行政治教育，使大学生理解社会的政治观念，形成社会所向往的政治理想，并形成维护政治体制运行的政治观念与素养。第二，为国家培养专门的政治人才。各国都极为重视高等教育在培养高层次政治人才方面的作用。我国除了有相应的大学专门培养政治人才，还有更为广泛的培养途径，即思想政治理论课。思政课不仅决定了人才培养的政治方向，而且面向全体大学生，为国家和社会培养对政治生活有兴趣的各学科、各专业的人才，培养将来从事各项实际工作的政治人才。第三，推进民主政治的发展。民主问题始终是教育与政治之间关系的核心。民主化进程必须依靠具有民主意识的人来推动，高校思政课能够通过传播先进的政治理论、民主观念和法治精神，促进国家和社会的政治民主与文明进步。

2. 经济功能

劳动力是生产力的主导因素，劳动者的知识能力状况与思想精神状况决定了劳动力的总体质量。中国共产党一直认为思想政治工作对经济工作具有至关重要的作用，毛泽

---

① 周平. 政治社会化：涵义类型、实现方式和作用 [J]. 云南行政学院学报，1999（04）：12.

东说："政治工作是一切经济工作的生命线，在社会经济制度发生根本变革的时期，尤其是这样。"① 思政课能够通过教学影响社会经济发展的各要素，从而作用于社会经济的发展。

思政课的经济功能主要表现如下：第一，能够提高劳动者的综合素质，特别是思想政治素质。人的劳动能力主要取决于人的素质，思想觉悟和道德品格对人的劳动能力具有巨大的推动作用。第二，思政课不仅能够传播现代科技意识，为经济发展提供世界观和方法论指导，促进社会形成尊重科学、崇尚科学的风尚，还能够通过激发大学生的探索精神为科技发展注入精神动力。第三，能够促进大学生对人类社会发展的认识，形成对国家经济制度、经济体制的正确认识，培养现代经济精神，形成适应经济社会发展的思想观念。第四，现代社会的经济活动规模宏大，整个社会的生产过程需要从社会整体利益出发进行宏观协调和管理。思政课能够提高学生的思想政治素质，传播正确的思想导向，从而提高人们行动的自觉性和组织性，有效协调人际关系，提高经济管理的实效。

### 3. 文化功能

高校思政课会紧跟时代需要和国家的发展方向，对以往的文化成果进行价值评判和筛选，有选择地进行继承和借鉴，进行文化整合和文化更新。在教育教学过程中，思政课也必然会有相应的理论研究，从而在文化筛选、文化创新和文化变革方面起到推动作用，促进社会思想理论的创新和文化观念的发展。

思政课能够进行文化传承与文化创新。第一，教育教学是传承既往文明成果的主要渠道，思政课教学是人类思想文化传播的重要途径。高校思政课的教育教学内容，主要集中在哲学理论、政治理论、道德理论和法治理论等方面，对这些思想文化成果的保存和传承起着重要作用。第二，高校是社会上从事精神生产的最重要部门之一，高校思政课教学是文化创新的重要途径。大学既具有培养人才的职能，又具有科学研究的职能，高校思政课能够通过广泛的学术研究来增加新知识和新思想。第三，高校也是国内外学术交流的最主要领域，思政课教学能够选择、引进优秀的外来思想文化，促进思想文化的撞击，创造出新的思想文化。第四，高校思政课还可以通过文化素养教育，提高学生的文化批判与文化创造能力，推动思想文化迭代更新。

### 4. 意识形态功能

"统治阶级的思想在每一时代都是占统治地位的思想。"② 尽管在社会中总是会存在多种多样的思想体系、理论流派、政治观点、道德观念，但占据主导地位的思想却只有一种。

荀子说，国家权力"得道以持之，则大安也，大荣也，积美之源也；不得道以持之，则大危也，大累也，有之不如无之"。③ 所以，"安之者必将道也"。高校思政课的基本功能就是进行意识形态的社会整合，实现社会凝聚。法国社会学家杜尔凯姆认为，社会团结的核心和基础是社会成员的共同价值观和共同的道德规范。④ 社会的凝聚整合由内而外

---

①　中共中央宣传部. 毛泽东邓小平江泽民论思想政治工作 [M]. 北京：学习出版社，2000：3.
②　马克思恩格斯选集（第1卷）[M]. 北京：人民出版社，1972：52.
③　荀子 [M]. 曹芳，译. 沈阳：万卷出版公司，2020：15.
④　埃米尔·杜尔凯姆. 论社会分工与团结 [M]. 石磊，译. 北京：中国商业出版社，2016：46.

有三个层次：思想整合、规范整合、行为整合，其中思想整合是基础。缺乏内在思想统一的外在行为整合是机械整合，而思政课能够通过思想理论的整合实现社会凝聚。正因此，国家强调要"坚持正确政治方向，强化思想政治理论课价值引领功能"①。

（二）思想政治理论课的个体功能

思政课的教学活动，对学生个体的知识智力发展、思想品德形成发展、维护心理健康、实现社会化有明确的功能与作用。

1. 实现个体的社会化

人是社会的动物，必须与他人、群体和社会保持合理的关系才得以生存和发展。人的社会化包括很多方面，其中与思政课密切相关的主要是政治社会化、道德社会化和法律社会化等。政治社会化是社会个体认识政治现象、掌握政治规则、形成政治态度的过程，它是个体参与政治生活、行使政治权利和履行政治义务的前提；道德社会化是个体认识、了解和遵守社会道德准则，并按照这些道德规范生活和活动的过程；法律社会化是使人们认识法律并形成法治精神，形成遵法守法的意识，能够用法律调节自己的行动。由于法律具有极大的强制性和权威性，因而法律社会化是现代社会成员社会化的必备内容。

思政课作为个体思想政治等方面社会化的一个基本途径，主要是通过主流政治文化、思想道德文化和法律文化的传播，提高个体对现存社会思想政治、道德法律制度的认知，掌握社会政治生活、道德生活和法律生活的知识与技能，形成相应的价值观念和思想品德。思政课能够提高学生的社会适应能力和生存能力。

2. 培养社会认识能力和社会实践能力

思想政治理论课用马克思主义的立场、观点、方法，去科学地认识和分析社会问题，提高学生的社会认识能力，例如用联系的观点看问题的方法；用运动、发展的观点看问题的方法；全面、整体、系统的分析方法；具体问题具体分析的方法；两点论和重点论的方法等。思想政治理论课帮助学生掌握这些思维方法，培养和训练学生形成马克思主义的抽象思维、逻辑思维、哲学思维和历史思维，运用这些科学的思维方法，可以对纷繁复杂的各种现象特别是各种社会现象进行去粗取精、去伪存真、由此及彼、由表及里的认识分析，把握事物的本质和规律，形成正确的认识和判断。

思想政治理论课还能够培养和提高大学生的社会实践能力。思想政治理论课有各种各样的社会实践活动，既有课堂内实践教学，也有课堂外实践教学。课堂内实践教学，可以通过问题讨论、案例分析、演讲辩论、翻转课堂、情景表演等形式，引导学生亲身参与和体验，锻炼各方面的能力。课堂外实践教学包括校内实践教学和校外实践教学，可以使大学生获得直接参与社会生活的经验，加深对理论知识的领悟和理解，同时实现由书本到现实的跨越、由知识向能力的转化、由理论到实践的飞跃。大学生通过参加各种实践活动，能够促进理论知识的深化和实践能力的形成。

3. 培养大学生的人文素质和道德风貌

从内容上看，以马克思主义理论为轴心的思想政治理论课，涉及大多数人文社会学

① 教育部. 新时代高校思想政治理论课教学工作基本要求 [EB/OL]. http://www.moe.gov.cn/jyb_xwfb/gzdt_gzdt/s5987/201804/t20180426_334273.html.

科，包括哲学、政治学、法学、伦理学、历史学、经济学、社会学、美学、文学等，这些学科几乎涵盖了人文素质教育的主要门类。思想政治理论课对大学生进行系统的马克思主义世界观、人生观、价值观教育，进行社会主义的理想、信念、道德、法治教育，将人类优秀文明成果内化为大学生的人格、气质、心理、修养，培养学生的高尚情操和人文精神，成为稳定的内在品质。

"马克思主义基本原理"，要讲解以人民为中心的观念，人的自由全面发展的理想，人民创造历史的立场，真、善、美的追求，人和自然和谐相处等人文观念；"思想道德与法治"，要引导学生确立积极的人生态度、崇高的人生抱负、正确的价值追求、高尚的道德情操，使他们明辨是非与善恶，增强社会责任感和法律意识；"中国近现代史纲要"，要讲解中国社会发展的历史必然性，中国人民积极进取、抵御外侮的爱国主义精神，志士英烈为国家独立、民族解放、人民幸福前仆后继的情怀，使学生树立历史意识和社会责任感；"毛泽东思想和中国特色社会主义理论体系概论"，要讲解中国的国情、中国的发展道路，几代领导人的务实与创新，从实际出发、理论联系实际解决中国问题的科学态度。这些教育教学内容，包含着对大学生的审美教育，包含着对大学生的情操陶冶，包含着对大学生的个性心理品质的培养，包含着对大学生的认知提升，可以增强大学生的社会责任意识、思想政治觉悟、道德法治观念，使人文精神逐渐渗入大学生的心灵中。

4. 促进个人的幸福

有正确的思想观念，才能拥有幸福的人生。思想政治理论课既教人把握物质世界，又教人把握精神世界，通过启发人们对人生意义和生命价值的思考，帮助人们解决人生的困惑与矛盾，超越"物"的束缚，寻求人生真正的精神归宿，从而获得生存的意义，促进个人的人生幸福。

第一，帮助大学生思考人生意义，追求积极、健康、有意义的生活。人的本质、人的价值、人生意义、人生理想等终极性问题，是人生思考的基本内容，思政课能够为学生的人生思考提供系统的理论指导，为学生提供人生的精神支柱。第二，帮助大学生正确处理各种关系，帮助解决人生课题。个体除了必须要处理人与自然、人与社会、人与人、人与自我等各种人生关系，还要面临学业、事业、爱情、婚姻、家庭等各种人生课题，思政课能够帮助大学生正确认识和处理各种关系，科学解决各种人生课题，确立合理的人生意义，实现自己的人生价值。第三，促进大学生获得崇高感、价值感和幸福感，思政课能够促进大学生在追求理想、陶冶情操、提升境界、不断发展和完善品性的过程中，得到自我肯定和超越现实的精神满足，获得崇高感、价值感和幸福感，得到精神的愉悦和享受。

## 三、思想政治理论课的地位

### （一）德育在学校教育各方面居于首要地位

古典教育都以培养多才多艺、有理想人格的人为目的。中国古代教育也强调文道结合、文以载道，以培养君子人格为根本目的。近代以来，教育强调知识技能，但德育仍然是教育的最高目的："道德普遍地被认为是人类的最高目的，因此也是教育的最高目的。"① 美国教育家杜威也曾经指出："道德目的应当普遍存在于一切教学之中，并在一切教学中居于主导地位——不论是什么问题的教学。"② 在我国，教育分为德、智、体、美、劳五个基本方面，其中德育在学校教育中居于首要地位，德育的重要性高于其他方面，是学校立德树人工作的核心。

从人的素质结构来看，思想政治素质是人的灵魂，统率和决定着人的综合素质的性质，是学生全面发展的核心内容，是人的素质的根本方面。德育就是培养灵魂的工作，德育是教育的核心。思想政治理论课作为德育课，以培养和造就社会主义建设者和接班人为根本目标。我国高校曾经长期存在重专业教育轻通识教育、重智育轻德育的不良现象，这是违背教育规律的。近年来党和国家根据社会发展需要，不断提高思政课的地位，符合教育"立德树人"的规律。

（二）思政课是高校马克思主义理论教育的主阵地

马克思主义是我国立党立国的根本指导思想，"思想政治理论课承担着对大学生进行系统的马克思主义理论教育的任务"③，是高校马克思主义理论教育的主阵地。思政课是进行马克思主义理论教育的必要途径。

思想政治理论课以马克思主义理论为核心教学内容，用科学理论武装大学生的头脑，从根本上提高学生分析问题、解决问题的能力，并提高他们的思想政治觉悟，培养具有科学世界观和正确政治立场，致力于社会主义建设并为实现共产主义远大目标而奋斗的社会主义的合格建设者和可靠接班人。

（三）思政课是高校思想政治教育的主干渠道和核心课程

中共中央宣部、教育部明确指出："思想政治理论课是巩固马克思主义在高校意识形态领域指导地位，坚持社会主义办学方向的重要阵地，是全面贯彻落实党的教育方针，培养中国特色社会主义事业合格建设者和可靠接班人，落实立德树人根本任务的主干渠道，是进行社会主义核心价值观教育、帮助大学生树立正确世界观人生观价值观的核心课程"④，"是加强和改进高校思想政治工作、实现高等教育内涵式发展的灵魂课程。"⑤ 党和国家的文件中明确规定，在所有的德育途径中，思想政治理论课是高校落实立德树人根本任务的主干渠道、灵魂课程。为什么？原因如下。

第一，高校能够系统、完整、确定地进行德育的方法，只有思政课教学。高校德育有多种渠道和途径，比如党团活动、报告会、班会、时事政策教育、榜样教育等。但这

---

① 赫尔巴特. 西方资产阶级教育论著选 [M]. 北京：人民教育出版社，1964，249-250.

② 转引自：黄向阳. 德育原理 [M]. 上海：华东师范大学出版社，2000：33.

③ 教育部. 新时代高校思想政治理论课教学工作基本要求 [EB/OL]. http://www.moe.gov.cn/jyb_xwfb/gzdtgz_dt/s5987/201804/t20180426_334273.html.

④ 中共中央宣传部、教育部. 普通高校思想政治理论课建设体系创新计划 [EB/OL]. http://www.moe.edu.cn/srcsite/A13/moe_772/201508/t20150811_199379.html.

⑤ 教育部. 新时代高校思想政治理论课教学工作基本要求 [EB/OL]. http://www.moe.gov.cn/jyb_xwfb/gzdtgz_dt/s5987/201804/t20180426_334273.html.

些渠道都是即时性的德育方式，通常是随机的，教育内容都不够系统、完整、确定。思政课是大学生的必修课，有系统、完整、确定的教学内容，通过科学的教学计划和正规的教学组织形式来进行教育教学，能使教育效果更有保证。

第二，思政课的主要任务就是进行德育。高校德育也可以通过课程思政等形式进行，但是毫无疑问，只有思政课是以"进行社会主义核心价值观教育、帮助大学生树立正确世界观人生观价值观"为核心目标的课程，其他的课程虽然也要立德树人，但是不可能把主要目标放在德育上，只能根据课程内容的"德育元素"而临时进行德育。

## 四、思想政治理论课的任务

"立德树人"是党和国家关于人才培养的核心理念，同时也是高校思政课的根本任务。高校思政课以"立德树人"为根本任务。

德，不可能自然形成；人，不可能自发成才。立，是培育、践行，立德就是树立美德；树，是培养、造就、锻炼，树人就是培养人才。立德是为了树人，而树人先要立德。"立德树人"的教育追求，既有中华文化的深厚根基，又体现着时代的发展要求。立德树人是为久远的未来打算。在社会主义的今天，"立德"就是要树立社会主义核心价值体系、社会主义核心价值观和社会主义道德；"树人"指我国教育事业要努力培养和造就高素质劳动者、专门人才和创新人才。

新中国成立以来，中国共产党始终坚持"立德树人"的思想和要求，进入新时代，党和国家把"立德树人"作为教育的根本任务，培养担当民族复兴大任的时代新人，这为高校思想政治理论课明确教学任务提供了根本依据。立德树人，是我国教育事业的根本任务，是高校思政课的根本任务。

### （一）系统的马克思主义理论教育任务

进行马克思主义理论教育是高校思政课的基本任务。马克思主义理论是中国共产党改造思想、改造世界的强大思想武器，毛泽东说："我们的党从它一开始，就是一个以马克思列宁主义的理论为基础的党。"[①] 马克思主义是我们立党立国的根本指导思想，坚持马克思主义理论教育是中国共产党的传统。"国家培育接受其意识形态主张的接班人，培养能够融入社会、建设国家的合格成员，必须明确告知受教育者它的价值取向及其社会规范；大学生要成长为能被国家和社会接纳的心智整全的'成人'，在接受专业技能知识之'成才'教育的同时，必须认真修读富含国家价值主张、基本信念和信仰的马克思主义理论。"[②] 思想政治理论课就是要向大学生传授科学理论，提高理论素养。马克思列宁主义、毛泽东思想、邓小平理论、"三个代表"重要思想、科学发展观和习近平新时代中国特色社会主义思想，都是思想政治理论课教学的基本内容和基本教学任务。

---

① 毛泽东选集（第3卷）[M]. 北京：人民出版社，1991：1093.
② 王习胜. 高校实施马克思主义理论教育的合法性与合理性 [J]. 安徽师范大学学报（人文社会科学版），2016，44（04）：404.

（二）社会主义核心价值观教育的任务

社会主义核心价值体系是社会主义意识形态的集中体现，社会主义核心价值观是对社会主义核心价值体系的高度凝练和集中表达。社会主义核心价值观，集中体现了社会主义性质，是在社会生活中占主导地位、起指导作用的价值理念，是社会判断是非曲直的价值标准。培育和弘扬社会主义核心价值观，是巩固马克思主义在意识形态领域指导地位的必然要求，是提高国家文化软实力的重要途径，是团结全国各族人民共同奋斗的思想基础。毛泽东强调，党要有"共同语言"，社会主义国家要有"统一意志"；习近平指出，"人民有信仰，民族有希望，国家有力量"。思政课可以对未来的建设者和接班人明确说明，国家所持的价值主张是什么，理由是什么。这就是思想政治理论课是"理论"课的原因，因为这门课要"讲道理"。思政课承载着社会主义核心价值体系和社会主义核心价值观的教育内容，贯穿培育和践行社会主义核心价值体系和社会主义核心价值观的全过程。

（三）促进学生全面发展的教育任务

塑造学生的健全人格，促进学生的全面发展，是思想政治理论课的重要任务。人，只有经过教育才能成为人，人的全面发展，主要包括德智体美劳等多方面的发展，而思政课主要承担思想政治素质培养的任务。思想政治素质包括：第一，社会主义的政治素质；第二，马克思主义的理论素质；第三，马克思主义的世界观、人生观、价值观等思想素质；第四，社会主义的道德素质；第五，辨别是非善恶的能力素质；等等。思政课引导学生形成正确的思想觉悟、政治觉悟和道德品质，培养高尚的情感、价值观，丰富精神世界，满足人的高尚精神需要，满足人的自我完善的需要。

# 第二节　思想政治理论课的课程设置与改革

设置以马克思主义理论教育为主要内容的高校思政课，是社会主义大学的本质要求，也是社会主义大学的根本标志。中华人民共和国成立以来，高校思政课已经走过 70 多年的发展历程。

## 一、思想政治理论课课程设置的历程

（一）高校思政课初步确立阶段（1949—1956 年）

《中国人民政治协商会议共同纲领》规定："中华人民共和国的文化教育为新民主主义的，即民族的、科学的、大众的文化教育。"[①] 进行马克思主义的政治教育，成为新中

---

① 沈壮海，徐海蓉，刘素娟. 中华人民共和国学校德育大事记 [J]. 思想理论教育，2005（21）：78.

国学校教育的主要工作，以马克思主义理论课取代旧政权设置的政治课，也是我国高等教育转向社会主义性质的重要标志。

在课程设置上，教育部取消了"国民党党义""军事训练"等旧课程，设立了新民主主义的政治课程。1952年10月教育部发出指示，明确规定各类高校必须开设三门马列主义理论课程，即"'新民主主义论'、'政治经济学'及'辩证唯物论与历史唯物论'"①。从此，以马克思主义理论为主要内容的政治课，成为高等学校各专业学生的公共必修课。1953年起又新开了"马列主义基础"课，1953年秋季起"新民主主义论"改为"中国革命史"。四门政治理论课的开设初步建构了我国高校思想政治理论课的基本形态。

1950年10月教育部规定，各高校成立政治课教学委员会（或教学研究指导委员组），作为政治课教学的领导机构。政治课教学委员会由全体政治课教师及学生代表组成，必须由一名学校校长或副校长亲自领导马列主义教研组的工作。教育部指示在教学方面不要采取思想总结、思想检查、整风、坦白反省及斗争大会的方式，必须着重用系统的理论知识联系思想实际，以提高学生的思想政治水平。理论学习应酌量配合实践，如参加劳动生产、群众斗争及社会活动等。评定学生成绩时，应以理论学习为主要标准，不要只采取民主评定的方式。

在师资队伍的建设上，1951年9月教育部决定从各校抽调一部分"辩证唯物论与历史唯物论"的任课教师，集中研究半年，以培养专业师资。1952年9月，中共中央发出培养马列主义理论师资的指示，决定选拔高校助教和高年级学生中的优秀党员、团员，将他们培养成为高校和中学的政治理论课教师。同时，在中国人民大学创设马列主义研究班，以解决高校政治理论课的师资问题。中央要求各级党委的宣传部部长或副部长亲自领导此事，动员政治理论水平较高的干部到高校兼任政治理论课，并帮助教师备课，以缓解当时师资量少质低、青黄不接的局面。

1955年，高等教育部拟定了加强师资培训的工作计划，通过适当增加综合性大学文、史、哲专业的招生名额，以增加培养对象的来源；举办假期讲习班或组织苏联专家和有经验的教师到各地讲学，以及组织教学经验座谈会等方法，以提高在职政治课教师的理论教学能力。同时还提出了教师对学生全面负责的思想，要求所有教师都结合教学内容对学生进行政治思想教育和道德品德教育。经过这一时期的建设，高校思政课的地位初步确立起来，初步形成了课程体系、组织体系、教学体系和师资队伍。

（二）高校思政课曲折发展阶段（1957—1976年）

1957年至1976年的20年，是我国社会主义建设经历诸多波折的时期，这也不可避免地给高校思想政治理论课带来极大的冲击。先是简单合并，1957年12月教育部发出指示，全国高校停开四门政治课，一律改上"社会主义教育"课程，全体学生包括研究生必须无一例外地参加学习。课程以毛泽东《关于正确处理人民内部矛盾的问题》为核心，加上一些经典著作和党的文件，结合各校的实际问题，确定学习重点。在成绩的考核上，改变了过去的方法，而是在学期末或学年末结合学生平时的思想表现、行动表现进行学习总结。

鉴于取消政治理论课后学生不能掌握和运用马列主义基本原理的事实，后来教育部

① 沈壮海，徐海蓉，刘素娟. 中华人民共和国学校德育大事记（续）[J]. 思想·理论·教育，2005（23）：75.

进行了局部调整，增加了马克思主义理论的课程。先是 1961 年恢复了"马列主义基础"课，1963 年又规定，对当年入学的研究生开设"马克思列宁主义理论""思想政治教育报告"两门课。1964 年 10 月中央明确规定除"形势与任务"课外，各高校必须开设"中共党史""哲学""政治经济学"三门公共政治理论课。这一阶段，毛泽东著作成为政治理论课的基本教材。学校党委必须把抓好政治理论课当作自己的主要任务之一，党委书记应当尽可能地兼课。政治理论课的考试，不提倡死记硬背，而是引导学生密切联系国内外阶级斗争和自己的思想改造。教师会提前把试题发给学生，使学生进行充分的思考和准备；也可通过让学生提交学习心得、思想小结等方式进行考试。政治理论课教师既要教书，又要做学生的思想工作，还要有计划地从头至尾参加一到两期农村和城市的社会主义教育运动。

"文化大革命"期间，全国遭受了一场浩劫，学校的政治理论课也被彻底破坏。1966 年全国高校停止招生，课程全部停开。1971 年复课后，讲解马列著作和毛泽东著作成为政治课的主要教学内容，教学成为政治运动的附属，直到"文革"结束。

（三）高校思政课改革与完善阶段（1978 年至今）

1. 恢复阶段（1978—1983 年）

随着高考的恢复，特别是党的十一届三中全会后，全国各高等院校根据教育部的统一要求，开始恢复正规化的马列主义理论课，开设了四门课程，即"中共党史""政治经济学""哲学"和"国际共产主义运动史"，四门课的学时都是一学年，成为各专业的必修课，而且考试制度也严格起来，学习成绩直接关系着学生能否升级和毕业。同时，各高校都恢复建立了马列主义教研室，设置为系（处）级的教学单位，直属校党委领导，由党委的一位书记或常委分管，学校的党政领导尽可能兼课。

积极补充和培养师资队伍，具体措施有：一是尽快使那些调离了教学岗位而又不能用其所长的理论课教师归队；二是迅速恢复中国人民大学，立即着手招生，为全国高校培养理论课教师；三是每年选留一些毕业生，充实高校马列主义课的师资队伍；四是恢复"文革"以前的有效方式方法，利用暑假举办全国理论课骨干教师的讲习会、理论讨论会、教学经验交流会及巡回辅导等，提高广大马列主义理论课任课教师的马列主义理论水平和教学能力。经过教师努力改进教学方法，高校马列主义理论课在短短几年时间迅速得到恢复。

2. 第一轮改革发展（1984—1990 年）

为了适应新时期社会主义现代化建设与改革开放的需要，根据 20 世纪 80 年代大学生的思想特点，我国对高校思政课的课程设置和教学内容、教学方法进行了改革，形成了政治理论课和思想品德课的"两课"课程。

吸收清华大学开设"中国革命史"代替"中共党史"的教学经验，1985 年 8 月中共中央下达《关于改革学校思想品德和政治理论课程教学的通知》：将高校公共政治理论课设置调整为"马克思主义哲学""马克思主义政治经济学"和"中国革命史"；提出了高校思政课改革的原则——理论联系实际方针。① 《关于改革学校思想品德和政治理论课程

---

① 教育部社会科学司. 普通高校思想政治理论课文献选编：1949—2008 [M]. 北京：中国人民大学出版社，2008：106.

教学的通知》还要求"增强课程体系和教材内容的科学性和现实性"，从根本上改变理论教学脱离社会实际、脱离学生实际的弊端，真正使理论成为学生"认识世界和改造世界的思想武器"。

为贯彻中央精神，全国各高校纷纷开始改革试点工作，从 1986 年到 1990 年，经过上下艰苦努力，全国多数高校逐步开设了新的四门思政课程："中国革命史""中国社会主义建设""马克思主义原理""世界政治经济和国际关系"，基本实现了中央的开设要求。

高校的思想品德课同样经历了不断探索完善的过程。20 世纪 80 年代初，有个别学校如大连理工学院开设了"思想修养"课，引起了高等教育界和国家教育行政管理机关的高度重视。1982 年教育部发出通知，在全国高校推广这一做法。1984 年教育部又下发文件，要求高校成立共产主义思想品德教研室，开设"共产主义思想品德"课。政治理论课是系统的马克思主义理论教育，很难涵盖学生普遍关心的各种社会与人生等具体认识问题，1987 年国家教委（现为教育部）在总结经验的基础上，规定开设必修课"形势与政策""法律基础"，并有选择地开设"大学生思想修养""人生哲理""职业道德"，以针对学生的思想实际，在形势与政策、人生观、道德观等方面加强思想教育。这就形成了政治理论课和思想品德课的"两课"课程。

我国在改革的过程中十分强调以下三项工作：一是各省、自治区、直辖市和各院校的评审委员会均要设置马列主义课教师职称评审小组来负责有关事宜；二是中央成立全国马克思主义思想理论课教材编审委员会，统筹规划课程、教材、教学资料研究等工作；三是明确规定了教学时数，并要求不得随意减少或侵占。

3. 第二轮改革发展（1991—2004 年）

苏联解体、东欧剧变，证明我国必须提高警惕，从政治斗争的高度来认识和看待高校思政课的战略意义。1991 年国家教委下发文件，以加强和改进高校马克思主义理论教育；1995 年又下发文件，以促进高校"两课"教学改革，特别强调"把马克思主义理论教育和思想政治教育作为人文社会科学的重点学科加以建设，把'两课'作为学校的重点课程加以建设。"[①] 1997 年 12 月，国家教委成立了普通高校"两课"的教学指导委员会，这是加强"两课"教学和学科建设的一项重要举措。

为贯彻党的十五大精神，教育部决定单独开设"邓小平理论概论"课程，1998 年 4 月 23 日中央研究同意思想政治理论课设置的"98 方案"，"98 方案"设置了本科生的 7 门必修课程，包括 5 门马克思主义理论课程和"思想道德修养""法律基础"2 门思想品德课程。[②] 此外，对所有学生都要开设"形势与政策"课。"98 方案"使思政课的整体水平明显提高。党的十六大后，从 2003 年秋季开始，"邓小平理论概论"课改为"邓小平理论和'三个代表'重要思想概论"课，同时要求在其他课程中全面渗透"三个代表"重要思想。

在新的"两课"课程的教学运行方面作出了七点规定：第一，教育部制定"两课"的教学要求和教学大纲，作为教学工作的基本依据和主要规范；第二，要认真贯彻理论联系实际和"学马列要精，要管用"原则，全面地反映中国实际和时代发展，着力于提

---

① 国家教委. 关于高校马克思主义理论课和思想品德课教学改革的若干意见 [Z]. 1995.
② 中共中央宣传部、教育部. 关于普通高等学校"两课"课程设置的规定及其实施工作的意见 [Z]. 1998.

高教学效果，开展"两课"教学内容改革；第三，要大力推进教学方法改革，积极采用读书、讲课、研讨和运用相结合的方式进行教学；第四，要认真抓好师资培训工作和教师培训基地建设，尤其要注意对青年教师的培训；第五，要抓好教材建设和教材管理，教育部组织编写各课的示范性教材，除经教育部批准的教材编写试点学校外，各高等学校都不再自编"两课"教材，所需教材应从教育部或本省推荐教材中选用；第六，要总结和继承新中国成立以来的教学经验和近几年教学改革的成果，体现工作连续性和开拓性的统一，注意各课程的衔接以及和中学课程的衔接，减少重复；第七，要在改革的实践中不断总结经验，加强课程建设，提高"两课"教学质量。

在教学方法上，强调教师在课堂教学中要在各方面同党中央保持高度一致，绝不许利用课堂散布资产阶级自由化观点。我国应努力创造条件，逐步实行小班教学，适当组织学生参加社会实践活动，积极开展电化教学，严格考试制度，继续改革考试方法。

在教师队伍建设上，教育部提出"马克思主义理论课教师必须同党中央保持高度一致，坚信马克思主义，具有坚定的马克思主义理论基础、比较丰富的人文社会科学知识和必要的自然科学基础知识，并经过一定的实践锻炼"①，要求"青年教师到基层挂职锻炼""担任一段时间的学生班主任或辅导员"②。同时规定了生师比，"文科院校为1∶80，理工农医院校为1∶100"。

"98方案"把课程建设和教学问题作为重要课题，列入国家教育科学研究规划和高校人文社会科学研究规划。为了提高硕士以上学位的"两课"教师比例，1999年教育部安排"两课"教师在职攻读硕士学位③，以期提高"两课"教师的综合素质和教学能力。

（四）第三轮的纵深改革（2005年至今）

"98方案"实行了七年，党的十六大后党中央加强和改进大学生思想政治教育，2005年2月中共中央宣传部、教育部下发文件，将"两课"更名为"高等学校思想政治理论课"，并确定了课程设置内容。④ 同年3月，中共中央宣传部、教育部又发布了相应的《〈中共中央宣传部 教育部关于进一步加强和改进高等学校思想政治理论课的意见〉实施方案》（教社政〔2005〕9号），提出新的课程设置，这就是"05方案"。

"05方案"设置课程如下：本科课程设置4门必修课，"马克思主义基本原理""毛泽东思想、邓小平理论和'三个代表'重要思想概论""中国近现代史纲要""思想道德修养与法律基础"。另外，开设"当代世界经济与政治"等选修课。专科课程设置必修课："毛泽东思想、邓小平理论和'三个代表'重要思想概论""思想道德修养与法律基础"。同时，本专科都要开设"形势与政策"课。⑤

"05方案"在充分吸收了"98方案"成功经验的基础上又有新的发展，"05方案"统合了原来的7门必修课为4门必修课，课程数目减少但课程的覆盖内容并没有减少，调整之后的新教材更严谨、更科学、更规范，也更贴近社会现实、贴近大学生思想实际。

① 中共中央宣传部、教育部. 关于普通高等学校"两课"课程设置的规定及其实施工作的意见［Z］. 1998.
② 中共中央宣传部、教育部. 关于普通高等学校"两课"课程设置的规定及其实施工作的意见［Z］. 1998.
③ 教育部，国务院学位委员会. 关于开展高等学校教师在职攻读硕士学位工作的通知［Z］. 1999.
④ 中共中央宣传部、教育部. 关于进一步加强和改进高等学校思想政治理论课的意见［Z］. 2005.
⑤ 中共中央宣传部、教育部.《关于进一步加强和改进高等学校思想政治理论课的意见》实施方案［Z］. 2005.

同时，思政课教学由过去的规定学时改为规定学分。

根据 2018 年教育部的规定，本科生"马克思主义基本原理概论"课为 3 学分、"毛泽东思想和中国特色社会主义理论体系概论"课为 5 学分、"中国近现代史纲要"课为 3 学分、"思想道德修养与法律基础"课为 3 学分、"形势与政策"课为 2 学分。专科生"概论"课为 4 学分、"基础"课为 3 学分、"形势与政策"课为 1 学分。① 在高校教学中，1 学分通常可折算为 15~18 学时，如果按 16 学时计算，则 5 门课程共 256 学时。

2020 年中共中央宣传部、教育部印发《新时代学校思想政治理论课改革创新实施方案》（教材〔2020〕6 号）（以下简称"20 方案"），把"思想道德修养与法律基础"课改为"思想道德与法治"。"20 方案"规定，大学阶段开设"思想政治理论课"必修课程和选择性必修课程：

"1. 大学阶段必修课程

本科课程设置：（1）马克思主义基本原理 3 学分；（2）毛泽东思想和中国特色社会主义理论体系概论 5 学分；（3）中国近现代史纲要 3 学分；（4）思想道德与法治 3 学分；（5）形势与政策 2 学分。在全国重点马克思主义学院率先全面开设"习近平新时代中国特色社会主义思想概论"课，学分按有关要求执行。

"高等职业学校专科课程设置：（1）毛泽东思想和中国特色社会主义理论体系概论 4 学分；（2）思想道德与法治 3 学分；（3）形势与政策 1 学分。

"硕士研究生课程设置：新时代中国特色社会主义理论与实践 2 学分。

"博士研究生课程设置：中国马克思主义与当代 2 学分。"②

"2. 大学阶段选择性必修课程

"各高校结合实际，统筹校内通识类课程，围绕马克思主义经典著作，党史、新中国史、改革开放史、社会主义发展史，中华优秀传统文化、革命文化、社会主义先进文化，宪法法律等，开设本科及高等职业学校专科选择性必修课程，确保学生至少从'四史'中选修 1 门课程；围绕习近平新时代中国特色社会主义思想专题研究、马克思恩格斯列宁经典著作选读、马克思主义与社会科学方法论、自然辩证法概论等，开设硕士、博士研究生选择性必修课程，硕士研究生至少选择 1 学分课程。各高校要安排选择性必修课程必要学时，充分发挥马克思主义学院统筹审核把关作用。"③

"20 方案"还要求：各高校要规范实践教学，把思想政治教育有机融入社会实践、志愿服务、实习实训等活动，提高实践教学实效。

《新时代学校思想政治理论课改革创新实施方案》对大中小学思政课课程目标进行了一体化设计，突出了几个要求：一是坚持用习近平新时代中国特色社会主义思想铸魂育人，加强"四个自信"教育，实现全覆盖、贯穿全过程；二是推进一体化，纵向各学段层层递进，横向各课程密切配合，必修课、选修课相互协调，实现课程的有效贯通；三是突出创新性，优化教材内容，创新教学方法，改进、加强、创新、提高；四是增强针

---

① 教育部. 新时代高校思想政治理论课教学工作基本要求［Z］. 2018.

② 中共中央宣传部、教育部. 新时代学校思想政治理论课改革创新实施方案（教材〔2020〕6 号）［EB/OL］
［2022-2-2］. http://www.moe.gov.cn/srcsite/A26/jcj_kcjcgh/202012/t20201231_508361.html.

③ 中共中央宣传部、教育部. 新时代学校思想政治理论课改革创新实施方案（教材〔2020〕6 号）［EB/OL］
［2022-2-2］. http://www.moe.gov.cn/srcsite/A26/jcj_kcjcgh/202012/t20201231_508361.html.

对性，编写不同教材，进一步增强课程的思想性、理论性和亲和力、针对性；五是总体推进，分类指导，分步实施。①

党的十九大后，中共中央办公厅、国务院办公厅印发文件，要求以习近平新时代中国特色社会主义思想引领高校思政课建设。从 2019 年秋季学期开始，中国人民大学本科生开设"习近平新时代中国特色社会主义思想概论"课程。2020 年下半年，一些地市先行先试开展"习近平新时代中国特色社会主义思想概论"课教学试点，北京市将"习近平新时代中国特色社会主义思想概论"课定为必修课，纳入北京高校 2020 级全体本科新生培养方案。2021 年 7 月，国家教材委员会印发了《习近平新时代中国特色社会主义思想进课程教材指南》，"习近平新时代中国特色社会主义思想"全面进入高校思政课课堂。

## 二、思想政治理论课的课程要求

"20 方案"从 2021 年秋季开始，在全国大中小学普遍实施。"方案"要求围绕课程内容，"根据不同类型学校和不同层次人才培养要求，进一步增强教学的针对性和实效性"②。

本科及高等职业学校专科的各门思想政治理论课的课程内容要求如下。

### （一）"马克思主义基本原理"

"05 方案"对"马克思主义基本原理"的课程目标和教学要求为："着重讲授马克思主义的世界观和方法论，帮助学生从整体上把握马克思主义，正确认识人类社会发展的基本规律。"③

"20 方案"的要求：" '马克思主义基本原理'，主要讲授反映马克思主义世界观和方法论的最基本的原理，帮助学生深刻领会、准确把握马克思主义的根本性质和整体特征，学习掌握贯穿其中的马克思主义立场观点方法，提升运用马克思主义基本原理分析世界的能力，增强对人类社会发展规律、特别是中国特色社会主义发展规律的认识和把握，树立共产主义远大理想和中国特色社会主义共同理想。"④

2021 版教材要求大学生：第一，领会马克思主义的精髓要义，努力学习和掌握马克思主义的基本立场、观点、方法，提高分析问题和解决问题的能力。第二，努力学习和掌握马克思主义中国化的理论成果，把握马克思主义在中国的运用和发展，加深对马克思主义基本原理的理解。第三，坚持理论联系实际的马克思主义学风，紧密联系我国社会的客观实际特别是要联系新时代的新实际，紧密联系自身的实际，提高自身的素质。第四，自觉将马克思主义内化于心、外化于行，牢固树立远大理想和坚定信念，树立科

---

① 中共中央宣传部、教育部. 新时代学校思想政治理论课改革创新实施方案（教材〔2020〕6 号）[EB/OL] [2020-12-22]. http://www.moe.gov.cn/srcsite/ A26/jcj_kcjcgh/202012/t20201231_508361.html.

② 中共中央宣传部、教育部. 新时代学校思想政治理论课改革创新实施方案（教材〔2020〕6 号）[EB/OL] [2022-2-2]. http://www.moe.gov.cn/srcsite/A26/jcj_kcjcgh/202012/ t20201231_508361.html.

③ 教育部社会科学司. 普通高校思想政治理论课文献选编：1949—2008 [M]. 北京：中国人民大学出版社，2008：218-221.

④ 中共中央宣传部、教育部. 新时代学校思想政治理论课改革创新实施方案（教材〔2020〕6 号）[EB/OL] [2022-2-2]. http://www.moe.gov.cn/srcsite/A26/jcj_kcjcgh/202012/t20201231_508361.html.

学的世界观、人生观和价值观，自觉为实现中华民族伟大复兴的中国梦奉献青春、智慧和力量。

（二）"毛泽东思想和中国特色社会主义理论体系概论"

"05方案"的课程目标和教学要求："'毛泽东思想、邓小平理论和"三个代表"重要思想概论'，着重讲授中国共产党把马克思主义基本原理与中国实际相结合的历史进程，充分反映马克思主义中国化的三大理论成果，帮助学生系统掌握毛泽东思想、邓小平理论和'三个代表'重要思想基本原理，坚定在党的领导下走中国特色社会主义道路的理想信念。"[①]

自2008年秋季学期开始，高校思想政治理论课"毛泽东思想、邓小平理论和'三个代表'重要思想概论"课程名称调整为"毛泽东思想和中国特色社会主义理论体系概论"。[②] 党的十九大后，"毛泽东思想和中国特色社会主义理论体系概论"教材内容大幅度增加了习近平新时代中国特色社会主义理论的内容。

"20方案"的要求："'毛泽东思想和中国特色社会主义理论体系概论'，主要讲授中国共产党把马克思主义基本原理同中国具体实际相结合产生的马克思主义中国化的两大理论成果，帮助学生理解毛泽东思想、邓小平理论、'三个代表'重要思想、科学发展观、习近平新时代中国特色社会主义思想是一脉相承又与时俱进的科学体系，引导学生深刻理解中国共产党为什么能、马克思主义为什么行、中国特色社会主义为什么好，坚定'四个自信'。"[③]

2023年版教材《毛泽东思想和中国特色社会主义理论体系概论》在前言中写道，开设"毛泽东思想和中国特色社会主义理论体系概论"课程："目的是为了使我们大学生对中国共产党领导人民进行革命、建设、改革的历史进程、历史变革、历史成就有更加全面的了解；对中国共产党坚持把马克思主义基本原理同中国具体实际相结合、同中华优秀传统文化相结合，不断推进马克思主义中国化时代化有更加深刻的理解；对马克思主义中国化时代化进程中形成的理论成果有更加准确的把握；对运用马克思主义立场、观点和方法认识问题、分析问题和解决问题的能力有更加明显的提升。"[④] 这可以看作是对本课程目标和教学要求的最新描述。对课程学习，教材有以下要求："一是掌握基本理论。……全面理解马克思主义中国化时代化理论成果的科学内涵、理论体系、思想精髓、精神实质、实践要求，深刻认识中国化时代化马克思主义既一脉相承又与时俱进的理论品质，系统把握马克思主义中国化时代化理论成果所蕴含的马克思主义立场、观点和方法"；"二是培养理论思维。学习把握理论背后的思想，思想之中的战略，以及战略之中

---

① 教育部社会科学司. 普通高校思想政治理论课文献选编：1949—2008 [M]. 北京：中国人民大学 出版社，2008：218—221.

② 教育部办公厅. 关于将高校思想政治理论课"毛泽东思想、邓小平理论和'三个代表'重要思想概论"课程名称调整为"毛泽东思想和中国特色社会主义理论体系概论"的通知（教社科厅函〔2008〕15号）[Z]. 2008.

③ 中共中央宣传部、教育部. 新时代学校思想政治理论课改革创新实施方案（教材〔2020〕6号）[EB/OL]〔2020-12-22〕. http://www.moe.gov.cn/srcsite/ A26/jcj_kcjcgh/202012/t20201231_508361.html.

④ 本书编写组. 毛泽东思想和中国特色社会主义理论体系概论（2023版）[M]. 北京：高等教育出版社，2023：13.

蕴含的智慧，……不断提高自己的思想理论水平，不断提高分析问题、解决问题的能力"；"三是坚持理论联系实际。……把理论与实践、理想与现实、主观与客观、知与行有机统一起来，自觉投身于中国特色社会主义伟大实践，为实现中华民族伟大复兴作出应有贡献。"① 可以看出，这些要求也可以大致分为三个方面：掌握马克思主义中国化理论成果的科学内涵、理论体系、基本观点等知识理论目标；理论联系实际，以马克思主义立场、观点和方法认识问题、分析问题和解决实际问题的能力目标；关于为中国特色社会主义和中华民族伟大复兴作出贡献的理想信念目标。

（三）"中国近现代史纲要"

"05 方案"对课程目标和教学要求："'中国近现代史纲要'，主要讲授中国近代以来抵御外来侵略、争取民族独立、推翻反动统治、实现人民解放的历史，帮助学生了解国史、国情，深刻领会历史和人民是怎样选择了马克思主义，选择了中国共产党，选择了社会主义道路。"②

"20 方案"的要求："'中国近现代史纲要'，主要讲授中国近代以来争取民族独立、人民解放和实现国家富强、人民幸福的历史，帮助学生了解党史、国史、国情，深刻领会历史和人民选择马克思主义、选择中国共产党、选择社会主义道路、选择改革开放的必然性。"③

《中国近代史纲要》教材于 2007 年出版，先后于 2008 年、2009 年、2010 年、2013 年、2015 年、2018 年、2021 年对教材进行过修订工作。目前教材是由高等教育出版社出版的《中国近代史纲要（2021 年版）》。

在 2021 年版教材中，学习此课的主要目的是："认识近现代中国社会发展和革命、建设、改革的历史进程及其内在规律，深刻领会历史和人民是怎样选择了马克思主义、选择了中国共产党、选择了社会主义道路、选择了改革开放，深刻领会中国共产党为什么能、马克思主义为什么行、中国特色社会主义为什么好，更加坚定地在中国共产党坚强领导下为实现中华民族伟大复兴而不懈奋斗。"④

具体要达到以下教学目的与要求：第一，了解外国资本主义、帝国主义同中国封建势力给中国人民和中华民族带来的深重苦难，了解近代以来中国人民接续奋斗的历史，懂得新民主主义革命取代旧民主主义革命的历史必然性，懂得中国共产党领导中国人民走上社会主义道路的历史必然性。第二，了解近代以来中国为救亡图存而探索奋斗的历程及其经验教训，认识历史和人民怎样选择了马克思主义、选择了中国共产党、选择了社会主义道路、选择了改革开放，懂得红色政权来之不易、新中国来之不易、中国特色社会主义来之不易、今天的幸福生活来之不易。第三，了解开创和发展中国特色社会主义的伟大进程和重大意义，了解新时代中国特色社会主义的伟大成就和重大意义，坚定

---

① 本书编写组. 毛泽东思想和中国特色社会主义理论体系概论（2023 版）［M］. 北京：高等教育出版社，2023：14.

② 中共中央宣传部、教育部.《关于进一步加强和改进高等学校思想政治理论课的意见》实施方案（教社政〔2005〕9 号）［Z］. 2005.

③ 中共中央宣传部、教育部. 新时代学校思想政治理论课改革创新实施方案（教材〔2020〕6 号）［Z］. 2020.

④ 本书编写组. 中国近现代史纲要（2021 年版）［M］. 北京：高等教育出版社，2021：9.

中国特色社会主义的信念，增强中国特色社会主义的道路自信、理论自信、制度自信、文化自信。第四，了解马克思主义中国化的历史进程，自觉用中国共产党的创新理论武装头脑。第五，树牢唯物史观，提高运用科学的历史观方法论分析问题和解决问题的能力，警惕和反对历史虚无主义。①

（四）"思想道德与法治"

"思想道德与法治"原称"思想道德修养与法律基础"，教材于 2006 年出版后，于 2007 年、2008 年、2009 年、2010 年、2013 年、2015 年、2018 年分别对教材进行了七次修订。现行教材是 2021 年进行了第八次修订、由高等教育出版社出版的《思想道德与法治》。

"05 方案"对课程目标和教学要求："'思想道德修养与法律基础'，主要进行社会主义道德教育和法制教育，帮助学生增强社会主义法制观念，提高思想道德素质，解决成长成才过程中遇到的实际问题。"②

"20 方案"的要求："'思想道德与法治'，主要讲授马克思主义的人生观、价值观、道德观、法治观，社会主义核心价值观与社会主义法治建设的关系，帮助学生筑牢理想信念之基，培育和践行社会主义核心价值观，传承中华传统美德，弘扬中国精神，尊重和维护宪法法律权威，提升思想道德素质和法治素养。高等职业学校结合自身特点，注重加强对学生的职业道德教育。"③

2021 年新版教材对课程性质的说明："思想道德与法治"，是一门融思想性、政治性、科学性、理论性、实践性于一体的思想政治理论课。课程任务是，"本课程针对大学生成长过程中面临的思想道德和法治问题，开展马克思主义的人生观、价值观、道德观、法治观教育，帮助大学生提高思想道德素质和法治素养，成长为自觉担当民族复兴大任的时代新人"④。"思想道德与法治"，主要的教学内容是思想教育、道德教育、法治教育。课程的学习意义表达为三个方面，即"学习本课程，有助于大学生领悟人生真谛、把握人生方向，追求远大理想、坚定理想信念，继承优良传统、弘扬中国精神，培养和践行社会主义核心价值观；有助于大学生遵守道德规范、锤炼道德品格，把正确的道德认知、自觉的道德养成和积极的道德实践结合起来，引领良好的社会风尚；有助于大学生学习法治思想、养成法治思维，自觉尊法学法守法用法，从而具备优秀的思想道德素质和法治素养。"⑤

（五）"形势与政策"

"20 方案"对"形势与政策"课的要求："主要讲授党的理论创新最新成果，新时代

---

①　本书编写组. 中国近现代史纲要（2021 年版）［M］. 北京：高等教育出版社，2021：9-10.

②　中共中央宣传部、教育部.《关于进一步加强和改进高等学校思想政治理论课的意见》实施方案（教社政〔2005〕9 号）［Z］. 2005.

③　中共中央宣传部、教育部. 新时代学校思想政治理论课改革创新实施方案（教材〔2020〕6 号）［EB/OL］〔2020-12-22〕. http://www.moe.gov.cn/srcsite/ A26/jcj_kcjcgh/202012/t20201231_508361.html.

④　本书编写组. 思想道德与法治（2021 年版）［M］. 北京：高等教育出版社，2021：10.

⑤　本书编写组. 思想道德与法治（2021 年版）［M］. 北京：高等教育出版社，2021：10.

坚持和发展中国特色社会主义的生动实践，马克思主义形势观政策观、党的路线方针政策、基本国情、国内外形势及其热点难点问题，帮助学生准确理解当代中国马克思主义，深刻领会党和国家事业取得的历史性成就、面临的历史性机遇和挑战，引导大学生正确认识世界和中国发展大势，正确认识中国特色和国际比较，正确认识时代责任和历史使命，正确认识远大抱负和脚踏实地。"①

## 第三节　思想政治理论课的教学规律

　　思政课的定位与性质决定高校思想政治理论课必然有其特有的教学规律。比如，知行统一规律、灌输与疏导相统一规律、间接经验与直接经验相结合规律等，概述如下。

### 一、知行统一规律

（一）知与行的关系

　　知与行是关乎人的思想品德的两个重要范畴，思政课教学领域中的"知"，特指在世界观、人生观、价值观、政治观、道德观、法治观等意识形态方面的思想意识。通常表现为两个层次，一个层次为理性认知，另一个层次为感性倾向。其中理性认知是核心，主要是对相关内容的自觉看法和观点，是理性认识；感性倾向则是以理性认识为核心而产生了相关的动机、立场、态度、情感、意志等非理性的心理倾向。

　　思政课教学领域中的"行"，是指在一定的思想认识基础上，通过情感、意志、信念等因素的参与调节而表现出来的思想政治行为，通常表现在行为活动与行为习惯两个层次。黑格尔说过："一个人做了这样或那样一件合乎伦理的事，还不能说他是有德的，只有这种行为方式成为他性格中的固定要求时，才可以说他是有德的。"② 思想政治行为形成了相应习惯，是一个人思想政治素质形成的最终标志，"行"是思想品德的最终表现与反映。

　　思想政治意识和思想政治行为的一般关系如下。

　　第一，认知是行为的先导，认知会转化为行为。意识支配行为，意识调节行为。人作为社会存在物，制约其行为的外部因素有很多，但人作为能动的存在物，对行为起支配、调节作用，通常情况下，人的思想是行为的调节器。除了人的非条件反射行为外，人的绝大多数行为都是由思想支配的。这种控制作用表现为两点：一是价值判断作用。人的需要和动机形成后会不会表露出来，受个人价值准则的判断和制约，如果符合个人的或公认的价值准则，就会表露，相反，则可能消退或在内心潜伏下来。二是选择合适的行为方式。需要和动机形成后还必须通过合适的行为方式才会表现出来。如果找不到

---

　　① 中共中央宣传部、教育部. 新时代学校思想政治理论课改革创新实施方案（教材〔2020〕6 号）〔EB/OL〕〔2020−12−22〕. http://www.moe.gov.cn/srcsite/ A26/jcj_kejcgh/202012/t20201231_508361.html.

　　② 黑格尔. 法哲学原理〔M〕. 北京：商务印书馆，1981：109.

合适的方式，需要动机可能消退、放弃或转换新的动机。人的行为受认知支配，其反映认知、表现认知。

第二，认知转化为行为常常受到客观条件的制约。首先是客观需要。如果没有外在形势的需要和激发，人不可能产生采取相应行动的动机。比如，没有发生紧急情况，人们不会表现见义勇为的内在品质。其次是社会环境。尤其是社会风气、社会舆论、社会习俗等环境因素。如果人的思想认知和外部社会大环境大相径庭，而环境势力又明显强大，个人自感"孤掌难鸣"，思想意识就难以转化为外在行为，一般会采取"蛰伏"于心的方式等待时机。最后是以前人们相似行为的后效影响。如果以前的这种行为效果良好，产生令人愉快的结局，那么人们就会强化这种思想意识；反之，先前的某种行为效果差，令人沮丧，那么这种思想意识就会被弱化或消退。

第三，行为对认知的形成发展具有反作用。认识来源于实践，先前的行为实践是新的思想意识形成发展的基础和动力。行为会加深和巩固正确的思想意识，修正调整错误的思想意识，或者改变思想认识。

行为以一定的意识为基础，这是人类思想活动的基本规律。因而提高思想意识是一切思想政治教育的基础。知，是基础和起点；行，是目标和归宿。若只有起点没有归宿，则知行不能统一；若没有起点，归宿也就不存在，知行仍然不能统一。知行统一规律揭示的是，在思想政治理论课教学中知识教学、思想教育、行为培养三者之间的统一联系，是一种内在的、本质的、必然的联系。

（二）思政课教学必须遵循知行统一规律

知行统一规律是思政课教学的基本规律，因此必须坚持教学中的科学性和思想性的统一，传道和授业相结合，知识传授与信仰培育相统一。

1. 思政课教学要提高学生的思想认识

思政课教学要将社会规范与要求内化为受教育者的思想意识，然后将这些思想意识外化为行为并产生良好的行为习惯。将社会规范与要求转化为学生的思想意识、提高认识的过程就是内化。在内化过程中，受教育者在教育者的影响帮助下，认识并接受社会要求的思想、观念、规范，成为自己认知和态度体系的有机组成部分。概括而言，内化一般经历三个环节：注意、理解、接受。

①注意，即个体对教学内容产生心理活动的指向性和集中性，从而感受教学信息。引起个体对教育教学内容产生注意的条件有内部因素和外部因素。内部因素有：第一，个体的需要。如果教学内容符合个体的需求，个体就比较容易产生注意；个体需要越强，注意越集中。反之，则不易产生注意，如与大学生谈如何对待和处理爱情关系，易引起注意；谈如何处理夫妻关系、如何教育子女，则不易引起注意。因为，大学生处于爱情需要高峰期而非婚姻育儿需要期。所以，了解学生的需要才能使教育入脑入心。第二，特殊情感。指个体在以往经验中对思政课所形成的肯定性或否定性情感，它会促使个体对新的教学产生注意或产生相反的感情。如果大学生以往在个人生活过程中，从思政课中受益很大，或得到了某个教师的关心爱护帮助，则对思政课抱有好感，易于产生注意，反之，则态度冷淡甚至排斥。第三，兴趣。如果个体对认识、思考某一问题有兴趣，而思政课能使人获得这方面的新知识、新经验，则易引起注意。即在学习活动中，学习兴

趣比智力重要，学习兴趣能够使学生努力学习，并伴随着愉快的情绪体验。第四，精神状态。教学经验说明，如果学生心情愉快、精力充沛，则注意能持久、稳定；如果学生心情低落、精神疲惫，人就易于走神。

从引起注意的外部因素看：第一，强烈的刺激物。生动形象、情感强烈的讲课与演讲，易于引起关注并留下深刻印象。思政课采取主题鲜明、形式生动的教学方式更易引起人的注意，而内容平淡、形式死板的教学则让人昏昏欲睡。第二，变化的刺激物。新奇刺激多次重复也会令人兴趣大减，所以教学要不断创新，保持教学内容的新颖性和教学方法的多样性。不断创新，是思政课教学引起人们注意的重要条件。大学生的学习动机常常是在丰富多彩、新颖的教学内容中得到激发的。教学内容不断更新，可以使学生产生更高水平的求知欲，引起学生的探究活动。在保证教学内容新颖性的前提下，还要采用灵活多样的教学方法。教学中要避免单调的重复，应该使教学活动尽量生动、有趣、富有吸引力。

②理解，即"懂得""领会"教学内容的含义。理解是在注意的基础上对教育教学内容的继续认识。理解从低到高一般可分为三个不同层次：改述、归纳和外推。改述是一种较低层次的理解，它指受教育者用自己的个性化语言去表述教学内容。很明显，不理解就不可能准确改述，而只能机械背诵、照本宣科。所以，改述本身就表明新知识、新理论已经和旧知识、旧理论有机融合了；归纳是进一步的理解状态，它是在把握精神实质基础上的"长话短说"，就是抓住要害，一语中的；外推则是做到了举一反三，触类旁通。由点到面的类推，是理解之后个人的创造性发挥。孔子说："举一隅不以三隅反，则不复也。"不能举一反三表明还没有理解，没有抓住事物本质。所以，教学需要随时停下来帮助学生弄明白，而不宜一直继续推进。

③接受，就是学生通过对教学信息的比较、鉴别，最后选择、接纳，并与原来的思想意识融为一体的过程。分析、选择之后的接受必须具备一定的条件，这些条件主要有：第一，教学信息具有社会意义和个人意义，也就是教学内容只有具有价值，个体接受才具有合法性和正当理由。第二，教学信息基本符合个体原有的认知结构和意识体系。教学内容与个体原有的认知结构一致或即使有一定矛盾，但不至于冲击原有的认知结构时，人就易于接受。因为对符合自我同一性的信息，人们更加容易产生共鸣和认同。第三，教学信息的表达方式好。如生动形象的、活泼有趣的、文学艺术的教学方式，通常易被大多数学生接受，而高深枯燥的理论阐释则往往只被少数特别好学的学生接受。第四，经常、反复进行的教学内容会令人潜意识中不知不觉留下印记。有些并不新奇的教学内容多次重复，就会在人的潜意识中留下印记，商品广告就是如此。所以对教学重点进行反复的、经常的呈现，是符合认知规律的。

总之，经过注意、理解和接受三个环节，就会变"社会要我这样"为"我要这样"，这就完成了内化过程，形成了学生的思想意识。

学生的思想意识形成后，会对相应的问题产生情感反应，进行态度回应，进行自己的价值评价，形成自己的价值观和信念，并以此指导自己的行动，形成自己的思想品格。

2. 思政课教学要关注学生的行为表现

形成了学生的思想意识只是第一步，思政课教学还要关注学生的行为表现，培养学生的良好行为与习惯，这个过程就是外化。外化就是在内化基础上将个体思想意识转化为行为表现和行为习惯的过程。一定的思想意识要转化为行为、形成思想品格，一般经过几个环节：形成动机、选择行为方式、采取行动、形成行为习惯。

①形成动机。思想意识转化为行为必须由一定情境引发动机，形成行动的冲动和愿望。形成动机常常和情感有关，知道应该如何并非就会如何，人必然是在一定的客观情境之下内心被触动、被激发，才会引起行动的冲动。思想政治理论课教学可以通过设计案例与话题引发讨论，增强大学生对社会思想问题、政治问题、道德问题的关注和兴趣，鼓励他们实际参与到社会建设中。

②选择行为方式。挑选行动的方式方法，寻找恰当的方式方法。有行动的动机但找不到合适的方式方法，行动就无法完成，只能作罢。师生可以对普遍关注的社会问题进行交流对话，来帮助学生思考并形成一些社会技巧，开阔学生的思路，建立积极的互动关系。

③采取行动。主观上准备好了，客观上又有合适的方式方法，在思想主导下就会采取行动。思想政治理论课教学要注意增强受教育者的行为能力，在教育教学过程中可以创设关于为人处世的生动情境，帮助大学生思考和选择正确的处理方法，培养学生独立抉择并完成正确行为的能力。

④形成行为习惯。如果行为的效果良好，则容易反复进行类似行为，形成一种稳定的行为模式，即行为习惯。行为习惯即由个体的偶然行为演变成经常的稳定的行为。人们在一定情境中要作出合理的反应，一般要经历认知分辨、权衡决断、选择方式、采取行为等几个阶段，各个阶段都需要一定时间进行复杂的心理反应。相似情境多次出现，经过反复实践，情境与反应之间便形成了一种稳固联系，面对一定情境就能够根据直觉迅速作出行为反应，从而使行为简约化、自动化，这就形成了行为习惯。思政课的实践教学之所以非常重要，是因为实践能够培养大学生的社会责任感，从实践锻炼中学生能够感受行为的价值，形成良好的行为习惯。

思政课教学遵循知行统一规律，需要特别注意两个方面：第一，教学必须以提高学生实际的思想意识和觉悟为基础，但又决不能满足于学生只知道相关的知识理论。教学不仅要重视知识理论的阐释与理解，同时必须重视培养学生的情感、态度、价值观，从知、情、信、意、行各方面培养和要求学生，最重要的是提高学生的思想觉悟。这是思政课的最终目的，也是思政课的难点所在。第二，思政课教学决不能只重视学生获得的考试成绩，最重要的是关注学生的实际品行。帮助学生形成良好的思想政治素质，才是思政课教学的最终目标。如果教学培养出来的是只会夸夸其谈、纸上谈兵、言行不一的人，那就是教育教学的失败。思政课教学不仅要使学生知道理论知识，更重要的是使他们用理论指导行动，理论联系实际，实现知行合一。

## 二、灌输与疏导相统一规律

灌输和疏导，都是思想政治教育的基本范畴，也是思政课的基本范畴，二者相互依赖、相互渗透、相互贯通。

### （一）灌输与疏导

如前所述，灌输本来指的是政治教育，其内涵是，坚持对群众进行系统的马克思主义理论的教育，向受教育者传播、输送先进的政治思想和科学理论，确立科学社会主义的意识及理论，克服自发性，提高自觉性，从根本上正确解决各种思想问题。灌输强调正确、先进的思想体系不可能在头脑中自发产生，只有通过学习、教育、实践才能形成。

思政课的一个重要职能，就是向人们灌输社会主义、共产主义思想。马克思主义高度重视、高度评价社会意识在社会发展中的作用，马克思说："批判的武器当然不能代替武器的批判，物质力量只能用物质力量来摧毁；但是理论一经掌握群众，也会变成物质力量。"① 坚持正面教育，"用科学的理论武装人"，是思政课的基本任务。革命、建设、改革都不是自发进行的，社会主义强国建设不可能自发完成，社会主义的物质文明、政治文明、精神文明、社会文明与生态文明等各项建设事业，都是党带领广大干部群众在马克思主义理论指导下进行的社会主义实践。中华民族伟大复兴也只有继续以科学理论为指导，才能正确分析国内外形势，形成科学的路线、方针、政策，也只有以科学理论为思想旗帜动员和凝聚广大干部群众，才能不断推动中国式现代化的历史进程，推动中华民族伟大复兴的历史进程，推动社会主义、共产主义不断发展的历史进程。灌输中蕴含着"自发"与"自觉"两个相对的概念，即反对自发，坚持自觉。中国革命、建设、改革的理论不是群众自发形成的，在中国式现代化的进程中，科学的思想理论仍然不可能在群众中自发地形成。因为任何科学理论都不可能在日常生活中自发形成，科学理论都是理论家经过艰苦的脑力劳动而得到的认识成果。科学理论是理论家以萃取人类优秀思想成果为基础，正确提炼实践经验而形成的理性的精神成果，不会在群众中自发产生。因此，"以科学的理论武装人"依然是思政课的重要任务，而社会主义思想理论的本性则决定了坚持"灌输"的必要性与重要性。

疏导，来源于大禹治水的传说，其原意是指开通堵塞的水道，使水流畅通。尧在位时，中国大地洪水泛滥，为解除人们的苦难，尧派鲧治水。鲧治水九年，采用"以湮防滥"的方法，筑堤挡水，结果这边挡住，那边又垮。尧派舜检查鲧的工作，看到劳民伤财，又一事无成，就处死鲧，派鲧的儿子禹治水。大禹带领助手实地考察，后采用了"未滥先疏"的方法，即凿山开渠，疏通堵塞，把洪水引入大江大河，然后入海。当时黄河中游有一座龙门山挡住了河水去路，大禹带人"凿龙门，疏九河，导洪水，入黄河"，顺应了水的流动规律，河水就畅通无阻了，从而治好了洪水。

中国共产党是在 20 世纪 80 年代初期把疏导作为思想政治工作的方针明确提出来的。提出这个方针，是为了适应拨乱反正和改革开放的新形势，纠正压制民主、堵塞言路、强行灌注、禁锢思想等错误做法，使思想政治工作对发扬民主、解放思想、顺利进行拨乱反正和改革开放有效地发挥保证作用。毛泽东早就指出，凡属于思想性质的问题，只能用民主的方法去解决，不能用强制的方法去解决。党的十一届三中全会之后，在总结历史经验教训的基础上，疏导被确定为中国共产党新时期思想政治工作的指导方针。

中国共产党在对人民群众进行思想政治教育的过程中始终坚持民主的原则，采取讨论、说理、批评和自我批评等教育和疏导的方法去解决思想认识问题。疏导中蕴含着"民主"与"专制"两个相对的概念，即反对专制、坚持民主。

思想政治教育使用的"疏导"，是指发扬民主，广开言路，通过循循善诱、说服教

---

① 马克思恩格斯选集（第 1 卷）[M]. 北京：人民出版社，2009：11.

育，把群众的思想引导到合乎人民利益、有利于社会进步的轨道上来。疏，即疏通，指广开言路，畅通渠道；导，即指导、引导，指循循善诱，引向正确轨道。对思想认识问题不能压制，而是要善于引导，帮助提高思想认识。疏通和引导互相渗透，互相贯通，疏通中有引导，引导当中有疏通。疏通是引导的前提，引导是疏通的目的。思政课教学中疏通和引导是密切相连的统一过程。

（二）正确进行灌输与疏导

疏导方针和灌输原则都是中国共产党思想政治教育的基本原则，两者都建立在历史唯物主义的基础上，但是两者的侧重点不同，适用情况也不尽相同。灌输的要义在于从外部向头脑里输入某种思想，补其缺；疏导的要义在于疏通引导头脑里已有的思想，开其流、正其向，解决矛盾。所以，灌输对教育主体的主动性、理论的能动性要求更大，要求教育者须旗帜鲜明、立场坚定地把科学理论系统、规范、有计划、有目的地输送到受教育者的思想中，武装思想，统一认识，用革命的理论指导革命的实践；疏导，则要求更多地研究受教育者的实际，要求教育者根据相信群众、尊重群众的历史唯物史观，首先对群众有一个正确的态度，发扬民主作风，广开言路，集思广益，发挥群众的积极性，分辨是非，摈弃消极思想，从而积极主动投身于社会实践。

第一，灌输是疏导的前提和基础。进行疏导的目的，是保证人们接受科学理论而排除思想障碍，疏通思想渠道。实施疏导教育，必须坚持以正确理论为指导，明确疏导的目的和方向。在实施疏导的过程中，教育者不能不向受教育者灌输马克思主义科学理论。疏导只有依靠灌输，才能掌握武器，把握方向。如果不以正确理论为指导，忽视科学理论的灌输，无论怎样疏导，最终都难以达到思想政治工作的目的和效果。灌输的目的是把革命理论输送给广大人民群众，树立科学的世界观和方法论，提高认识能力。可见，疏导和灌输的目的完全相同。由此可见，两者的目的完全一致，相辅相成，疏导中包含着灌输，灌输的运用中又贯彻着疏导。

第二，疏导是灌输的必要条件。正确的思想和科学理论不可能在人们头脑中自然形成，必须从外部进行灌输。这种从外部施加的教育要取得成效，靠的是提高被教育者乐于接受、善于接受的自觉性，而要做到这一点，就必须通过疏导，排除人们的各种思想障碍，保证思想渠道畅通，从而为卓有成效的灌输铺平道路、准备条件。没有疏导来开辟道路，科学理论的灌输就会受阻，甚至产生"阻抗"与"逆反"。实施灌输主要是外部的注入和输送，而实施疏导则是诱发工作对象的"接受机制"和增强"消化功能"。只有充分发挥受教育者的主观能动作用，才能保证灌输被顺利接受。

强调疏导，并不是针对灌输。疏导与灌输恰恰是相辅相成的。一方面，对思想问题的疏导，以正确的思想灌输为前提。因为对基本理论和路线方针政策的灌输本身就是疏通引导的一种常用方法，通过灌输能够提高思想觉悟，思想觉悟的提高也为排除思想障碍铺平了道路，所以灌输也是疏导的一种方式。另一方面，灌输绝对不是强制性的，绝不是生硬的教条式的生塞硬灌，灌输需要讲究启发式教育，需要针对思想障碍，循循善诱地进行。在思想政治理论课的日常教学中，必须坚持相互尊重的平等原则，把握大学生的特点，依靠启发式，突出互动性，调动大学生的主动性，把深奥的理论灌输设计为师生双方愉快地进行情感互动的过程，把深奥的理论灌输设计为师生双方进行信息交流与形成思想共鸣的过程。

灌输与疏导各有侧重，尽管在方法、途径上有一些区别，但是两者是相辅相成的，不可偏废。思政课要坚持灌输，进行正面教育；同时，思政课更要坚持疏导，积极进行疏通和引导，疏通模糊认识和错误思想，有针对性地引导学生的思想认识与发展方向。

### 三、间接经验与直接经验相结合规律

思政课教学的内容以知识理论为主，以间接经验的方式呈现，但是这并不意味着教学可以脱离学生的直接经验。恰恰相反，思政课教学更应该重视学生通过亲身实践获取的直接经验在认识中的作用，这就是理论联系实际。

（一）间接经验与直接经验相结合

教育心理学研究证明，当学生的认知水平处于具体思维阶段的时候，他们对新知识的学习以自己的具体经验为基础，教学依赖于学生自身的感性经验；而当学生的认知发展水平达到抽象思维阶段的时候，当刚刚开始一个新的学科或一个新的学习领域时，教学在一定程度上仍然需要以他们的具体的、感性的经验为基础。事实证明，系统的理论知识是前人或他人的经验成果，学生对这些理论知识缺少直接的、亲身的体验，要想把间接经验转化为自己的思想意识，转化为自己能够理解和应用的思想认识，就必须以一定的直接经验作为基础。

中国古代的墨家学派提出了人们获取知识的三种主要途径：亲知、闻知、说知。《墨经》记载"知：传受之，闻也。方不彰，说也。身观焉，亲也。"闻，是传授而来的知识；说，是推论而来的知识；方，是比度、推论，方不彰，是由已知推论未知的结论；亲，是亲身观察的知识。也就是说，亲知，是指人们亲身实践得来的知识，它是从个人的实践经验中得来的；闻知，主要通过传闻、传授，从别人如古人、前人、他人的文字记载或言谈里，耳闻、目睹获取而来的知识；说知，则是人们根据耳闻、目睹的情况、资料，通过思考、演绎、想象等逻辑推理出来的知识。亲知是一切知识的根本，没有亲身体会和应用过的思想知识，都不是自己的思想知识。从旁人得来的认识，必须要加以亲身体会才能真正变成自己的思想认识。

也就是说，只有通过亲知，才能将闻知和说知变成自己的知识。这是人类认识的一个规律。据此，陶行知先生认为，亲知是闻知、说知的基础，没有亲知做基础，闻知和说知皆为不可能。在教学中，学生总是借助于已有的直接经验去认识书本上的间接经验，陶行知先生做过一个精辟的比喻："接知如接枝。"他说："我们必须有从自己的经验里发出来的知识做根，然后别人相类的经验才能接得上去。倘使自己对于某事毫无经验，我们决不能了解或运用别人关于此事之经验。"[1] 所以，只有在一定的感性认识基础上，通过独立思考，人们才能把间接经验和直接经验结合起来，相互印证，达到对知识理论的真正理解和融会贯通。

现代研究表明，任何有效的教学都始于对学生已有经验的充分挖掘和利用。学生的

---

① 胡晓风. 陶行知教育文集 [M]. 成都：四川教育出版社，2007：193.

已有经验包括他的认知经验和生活经验。美国著名的教育心理学家奥苏伯尔有一段经典的论述，也就是他在《教育心理学：认知观点》的扉页上所写的："假如让我把全部教育心理学仅仅归纳为一条原理的话，那么，我将一言以蔽之：影响学习的唯一最重要的因素就是学生已经知道了什么，要探明这一点，并应据此进行教学。"① 这段话道出了一个教学原则——学生原有的知识和经验是教学活动的起点。

以学习传承间接经验为主，是学校教育的特点；学习传承间接经验以已有的直接经验为基础，这是学生学习的特点。在思政课教学过程中，在学生获得知识理论和形成思想品德的过程中，直接经验是不可跨越的前提条件。思政课教学必须尊重和遵循直接经验与间接经验之间的这种内在的必然联系。

（二）思政课教学要理论联系实际

遵循间接经验与直接经验相结合的规律，思政课教学必须注意理论联系实际。

第一，坚持把直接经验作为理解间接经验的基础。教学要注意联系实际，充分调动学生已有的经验和认识，借助直接经验理解和体悟教学内容。教师不能只注重书本知识，进行抽象的理论教学，那只能导致死记硬背。教学应反对教条主义地讲、教条主义地背、教条主义地考。

第二，坚持直观性教学原则。在学生缺乏直接经验的情况下，教育教学必须给学生提供直观的、感性的认识材料。先给学生形象的、直观的、感性的事实材料，然后从中概括提炼理性认识，而不能从抽象的理论解说进入教学。

第三，坚持用间接经验认识和指导直接经验。没有理论则难以看到事实，所以既要联系实际，讲生动的现实与感性的事例，又不能只停留在感性世界而不讲解抽象理论。没有理论就不能把握实质，不用理论去分析解释实际和指导实际，则只是表面上热热闹闹，实际上学生的认知能力不可能得到提高。只重视感性事实和只重视抽象理论，都违背了直接经验与间接经验相统一的规律，所以要坚持理论联系实际的教学原则。

## 四、立足传统与紧跟时代相结合规律

（一）立足传统与紧跟时代

立足传统，是指思想政治理论课以中华优秀传统文化为历史文化根基，突出民族特色；紧跟时代，是指思想政治理论课反映时代发展要求，回答时代问题。立足传统与紧跟时代相结合，就是既要传承中华文明，又要弘扬时代主旋律。

中华民族的语言习惯、文化传统是中华民族情感认同、价值认同的集中体现。2014年教育部要求："促进思想政治教育与中华优秀传统文化教育的紧密结合，以爱国主义教育为核心，深入挖掘中华优秀传统文化中蕴含的丰富思想政治教育资源，进一步丰富中小学德育课和高校思想政治理论课的教学内容，创新教学方法和手段，提升教学效果。"②

---

① 施良方. 学习论——学习心理学的理论与原理 [M]. 北京：人民教育出版社，1994：232.

② 教育部. 完善中华优秀传统文化教育指导纲要 [EB/OL]. http://www.gov.cn/xinwen/2014-04/01/content_2651154.htm.

人们总是更关注那些必然要面对的生活实际，人们更关心与自身相关的问题，人们更需要能够解决生活实际问题的答案。因此，思政课只有反映时代发展的要求，才能触动大学生的关注点，思政课也只有切合时代需要、解答时代问题，才能满足大学生的精神需要，引领大学生的发展。一言以蔽之，思政课教学必须紧跟时代，教学内容必须随着时代的发展而发展。

(二) 立足传统与紧跟时代相结合

第一，把马克思主义基本原理同中华优秀传统文化相结合。思政课教学应坚持马克思主义的立场、观点和方法，深刻认识中华优秀传统文化是中国特色社会主义植根的沃土，辩证看待中华优秀传统文化的当代价值，正确把握中华优秀传统文化与中华民族现代文明、与中国化马克思主义、与社会主义核心价值观的关系。

第二，要全面深入地了解时势和国情。思政课教学必然要面对时代的发展趋势和要求，正面研究和解答时代课题。今时今世，国内国外在经济、政治和思想、文化各方面都已然不同于过去，所谓"百年未有之大变局"，国际格局正处于深刻调整之中。政治多极化、文化多元化、科学技术迅猛发展，使整个社会生活发生深刻变化，这是广大学生生活和工作的历史条件，也是思政课教学的时代背景，所以是思政课教学必须认真关注和深入研究的问题。在全面了解与深入把握时代和国情的基础上，思政课才能够植根于深厚的社会历史之中，把握时代脉搏，扣动学生的心弦。

第三，要全面深入地了解和研究学生的思想特点与精神需要。新时代的大学生降生于日益深入的改革开放之中，身处无所不在的网络媒体中，面对瞬息变幻的社会环境，体会着不可回避的生活压力，他们思想更开放，思维更活跃，思想观念更加自由。他们的个人意识、竞争意识、权利意识更强，价值选择更加务实，对传统观念不那么认同，社会主义意识、集体主义意识比较淡漠。与此同时，还有一些人倾向于享乐主义、实用主义，对思政课教学提出了新的挑战。这些都需要认真研究和准确把握，不清楚当代大学生的思维特点，就不可能开展有针对性的教学，不可能取得好的教学效果。

建立立足民族文化传统与时代发展潮流的教学内容，引用具有深厚民族渊源的思想素材，采用更多的具有时代气息的现实材料和现代语言，密切联系当今世界的发展潮流，才能开展有历史深度、有理论高度、有时代热度的思政课教学。

## 五、实践性与时效性相结合规律

(一) 实践性与时效性相结合

思政课的教学内容具有明显的实践属性。其实践性包括两个方面：一方面，其教学内容来源于中国特色社会主义实践的实际经验；另一方面，其教学目的是使学生掌握马克思主义理论，形成理论联系实际的能力，能直接运用于个人实践和社会实践，在实践中得到检验。

高校思政课具有强烈的时效性，时效性是对思政课教学内容新旧程度的要求，主要体现的是教学内容的时间因素。"凡益之道，与时偕行"，思政课的教学内容时效性要求很高，教学内容要更新迅速，时时更新，要与时俱进。实践性与时效性相结合规律，实质就是思政课必须时时关心眼下的"正在做的事"，服务于眼下的现实实践。

第一，实践性与时效性体现了思政课的课程定位和性质。2005 年，教育部指出，思政课教学要"坚持理论联系实际，贴近实际、贴近生活、贴近学生"①，这是对高校思政课实践性的强调。与此同时，高校思政课课程设置要体现"马克思主义与时俱进的理论品格""更好地适应时代发展的要求""更好地吸收理论和实践发展的最新成果"，② 这是对高校思政课时效性的要求。

思政课的教学内容来自马克思主义、来自马克思主义在当代中国的现实实践，因此思政课对社会时政、对中国特色社会主义的现实实践具有高度的敏感性。我国经济社会的实践需要与实践成果，需要及时反映在教学中，这样才能实现思政课的社会价值。教学内容是否具有明显的时效性、具有强烈的实践性，在很大程度上制约着思政课教学的有效性。如果教学内容滞后于现实实践，就不能引导学生的现实实践。

第二，实践性与时效性体现了思政课服务社会现实的属性。思政课教学直接服务社会现实，因此必须着眼未来、立足当下。教学必须及时全面地向学生解读我们正在做的事情以及党和国家的最新理论方针政策，服务于解决现实问题，引导大学生正确面对社会现实。

（二）思政课教学要注意实践性与时效性

第一，把握思政课的实践性。思政课教学要及时反映和传递国家社会的实践要求，及时反映学生的实际生活和思想状况，从而有效服务于社会实践和学生实践。因此，正确把握思政课的实践性，既要正确把握社会实践的时代定位、当下要求，也要正确把握学生的生活需要、思想状况，两个方面都准确，才能增强思政课的教学实践性。思政课的教学内容既要符合国家社会的实践要求，也要符合大学生的发展需要。

第二，教学内容要保持鲜明的时效性。时效性，不只是日期的时效，也是时代、年代的时效。教学内容的时效性既要保证时新性，又要保证时宜性。时新性指内容要及时、迅捷，时宜性指教学的时机要合适，两者都体现为教学内容的新颖性。在掌握基本教学内容的前提下，学生自然希望能获得新颖的信息。教学时效性，定位的是教学内容的新旧程度，它要求教师必须时时关心社会、关心学生，淘汰旧知识，引进新内容，在教育教学内容上与时俱进。信息的价值会随着时间的推移而降低，越新颖及时的信息，价值越高；信息使用越及时，使用程度越高，时效性越强。因此，思政课教学应该尽量缩短信息的采集、存储、加工、使用等环节的时间间隔，提高信息的价值。

第三，教学应与当下的社会实践同步。思政课教学必须保持现实针对性，思政课的内容比较理论化，教材中知识理论的呈现比较单调和乏味，学生往往感觉枯燥无趣。思政课的教学与眼下的现实社会相结合，与学生眼下的学习生活相结合，切合实际，针对

① 中共中央宣传部、教育部. 关于进一步加强和改进高等学校思想政治理论课的意见（教社政〔2005〕5 号）[EB/OL]. http://www.moe.gov.cn/srcsite/A13/moe_772/200502/t20050207_80415.html.

② 中共中央宣传部、教育部. 关于进一步加强和改进高等学校思想政治理论课的意见（教社政〔2005〕5 号）[EB/OL]. http://www.moe.gov.cn/srcsite/A13/moe_772/200502/t20050207_80415.html.

现实，就可以提高理论的生动性与丰富性。所以，思政课应针对当下的社会现实，将理论知识结合现实事例，引导学生树立正确的价值观，使他们能正确认知自己、认识社会。

## 第四节　理论联系实际的教学方针

理论联系实际是中国共产党的思想原则，也是思政课的教育教学方针。思政课教学设计要遵循理论联系实际的教学方针。

### 一、理论联系实际方针

马克思主义理论是思政课的教学内容，理论具有抽象性、普遍性，而社会主义实践具有丰富性、生动性，理论联系实际，就是把马克思主义理论与社会主义的现实实践相结合，把现象和本质统一、共性与个性统一、抽象与具体统一。理论联系实际，符合人的认识规律，符合人类的实践规律，也是马克思主义理论品质的要求。

第一，思政课的课程性质决定要理论联系实际。思政课的教学中，既要结合社会主义实际进行基本理论的教学，又要注意引导学生把基本理论应用于实际，去观察、分析、解决实际问题。1942 年毛泽东在《整顿党的作风》中指出："真正的理论在世界上只有一种，就是从客观实际抽出来又在客观实际中得到了证明的理论，没有任何别的东西可以称得起我们所讲的理论。斯大林曾经说过，脱离实际的理论是空洞的理论。空洞的理论是没有用的，不正确的，应该抛弃的。"[①] 思想政治课是理论课，理论必须坚持联系实际。

第二，思政课的课程内容决定要理论联系实际。理论联系实际是马克思主义"活的灵魂"。高校思政课是用马克思主义、中国化马克思主义等基本知识理论对学生进行教育的课程，马克思主义、中国化马克思主义等基本知识理论是高校思政课的基本内容。这些内容本身就具有理论与实践相统一的特性。因而，教学中要引导学生正确理解理论，并形成观察问题、分析问题和解决问题的正确立场、观点和方法。

第三，思政课的课程任务要求理论联系实际。思政课不论是传授知识、培养能力，还是提高觉悟，都需要坚持理论联系实际。联系实际，知识理论的教学才能更生动；联系实际，能力培养才能落到实处；联系实际，提高觉悟才能有依托、有着落。

第四，思政课的教学规律要求必须理论联系实际。将知识转化为学生能够理解和应用的思想认识，就必须以一定的直接经验作为基础。这是间接经验与直接经验相结合的教学规律的要求，教学实践也证明，只有通过联系实际的教学，学生才能真正体会马克思主义理论的真理性；只有通过联系实际的教学，学生才能感悟马克思主义理论的现实性。有了现实基础，学生才能把间接经验转化为自己的思想意识。

---

① 毛泽东选集（第三卷）[M]. 北京：人民出版社，1966：775.

## 二、思政课教学要理论联系实际

第一，联系新时代的社会实际。教学要紧密联系中国特色社会主义现代化强国建设的新实际，联系中华民族伟大复兴的新实践，包括新时代的政治问题、经济问题、文化问题、社会问题、生态问题等，中国的内政外交，中国共产党的方针和政策等。思政课教学应该紧密联系我国社会主要矛盾的重大变化，紧密联系"两个一百年"奋斗目标和各项任务，联系新时代中国特色社会主义建设中的各种现实问题，"用马克思主义观察时代、把握时代、引领时代"①，发挥马克思主义对社会主义现代化建设的理论指导作用，引导学生以马克思主义理论认识、分析和解决各种社会现实问题。

第二，联系学生的思想认识实际。学生的思想实际，包括学生的世界观、人生观、价值观、政治观、道德观等方面的真实思想，也包括学生的知识水平，还包括学生在学习、工作、生活中所出现的一些实际问题和对一些思想政治的认识问题。新时代的大学生，有着不同以往的生长环境，也有着明显不同于以往的思想观念。教师要了解学生，做学生的朋友。

第三，联系国际政治实际。思政课的教学所能联系的国际热点问题很多。可以联系国际社会的人口问题、环境问题、资源问题、恐怖主义问题、网络安全问题、粮食安全问题等全球性问题。

第四，联系中国历史文化的实际。中国历史和中国文化是中国国情的一部分，是中国实际的一部分，"坚持把马克思主义基本原理同中国具体实际相结合、同中华优秀传统文化相结合"②。思政课教学联系中华优秀传统文化，联系"中华民族的基因""民族文化血脉"和"中华民族的精神命脉"，既能丰富思政课的教学内容，又能够继续推进马克思主义中国化，深入推进马克思主义基本原理同中华优秀传统文化相结合。

## 三、理论联系实际的基本方法

第一，真学真懂，透彻把握知识理论。只有真正把教材学懂、弄通、弄透，才有可能做到理论联系实际。透彻理解和准确把握思政课教材中的知识理论，这是一切教学的基础和前提，也是理论联系实际的第一步。

第二，要及时了解国际、国内的社会实际和学生的思想实际。了解社会实际，一方面，每天要注意收听新闻联播，通过权威网站浏览各种信息，经常关心国际国内形势，要了解重大时事政治与经济问题，从中发现与理论教学相关的现实问题；另一方面，要根据现实问题，广泛地阅读和收集各种有深度、理论性强的资料，比如通过中国知网等搜索相关研究文献，从理论上把握社会发展的基本状况和趋势，以便结合理论教学进行深度现实分析与解读。同时，还要深入社会实际生活中注意思考与观察，直接了解和把握各种现实情况和问题。了解学生的实际，最基本的途径就是与学生交往，可以通过日常的师生交流、谈话进行观察和了解，也可以开展座谈会、问卷调查，还可以通过班主

---

① 习近平. 在庆祝中国共产党成立 100 周年大会上的讲话 [N]. 人民日报, 2021-7-2 (02).

② 习近平. 在纪念毛泽东同志诞辰 120 周年座谈会上的讲话 [EB/OL] [2021-3-24]. https://china.nmgnews. com.cn/system/2013/12/26/011350963.shtml.

任、团队组织来了解和把握。

第三，要有的放矢地联系实际。要有选择，要考虑哪些理论需要联系实际，能够联系哪些实际、哪些素材，通过什么方式去联系等一系列问题。理论联系实际，一方面，必须根据教学目标，以教学内容为依据，选取教学重点，有目的地把理论的阐释与分析生活实际结合起来，提高教学有效性；另一方面，也要从学生的实际出发引导学生把握好理论知识，要根据学生的知识水平、思想状况，启发学生关心和关注实际，主动思考和研究实际。

第四，要指导学生用理论解决实际问题。抓住学生关心的现实热点问题，引导学生用理论思维去分析、研究这些社会问题。在理论应用中，一方面能够深化学生的知识理论学习，另一方面也能够提高学生解决实际问题的能力，实现理论学习和理论应用的一体化。

理论联系实际是中国共产党始终倡导的思想原则。在思想政治理论课教学当中，教师不能只注重理论阐述，而忽视对社会问题的分析和解答；不能只重视对理论知识的灌输，而忽视对学生实际能力的培养。教师要贯彻理论联系实际的原则，将抽象的思想理论与鲜活的社会生活联系起来，引导学生通过分析现实抽象出事物的本质，通过运用理论知识去剖析和研究社会热点，解决社会现实问题，最终把理论知识内化为学生的思想意识、转化为学生的能力，从而提高思想政治理论课教学的实效性。

## 第五节 "八个相统一"的教学原则

2019年习近平在学校思想政治理论课教师座谈会上提出，思政课改革创新要坚持"八个相统一"，即"政治性和学理性相统一，价值性和知识性相统一，建设性和批判性相统一，理论性和实践性相统一，统一性和多样性相统一，主导性和主体性相统一，灌输性和启发性相统一，显性教育和隐性教育相统一"[①]。"八个相统一"是新时代思政课教学的基本遵循，是思政课教学设计必须坚持的基本原则。

### 一、坚持政治性和学理性相统一

政治性和学理性相统一，要求思政课的政治属性必须以科学逻辑为基础，也就是坚持政治性与科学性相结合。

政治性原则，是指思政课在对学生传授知识理论和培养政治思想品德的过程中，必须始终坚持马克思主义的立场、观点与方法，始终坚持社会主义的正确方向，始终坚持中国共产党的领导，体现社会主义的思想、理论和政治要求，培养社会主义的建设者和接班人。

学理性原则，指思政课教师在授课过程中，一方面，必须把自己的教育教学建立在

---

① 习近平. 思政课是落实立德树人根本任务的关键课程 [J]. 求是，2020（17）：1-8.

科学性基础之上，传授给学生的知识理论是真实、准确、可信的，反映客观真理，反映最新认识成就；另一方面，教师的教育教学必须遵循教育教学规律，遵循思想政治教育规律，遵循思政课教学的规律。

政治性和学理性相统一原则，就是要求，一方面，思想政治理论课教学要以社会主义意识形态的政治性、方向性为出发点和归宿，通过思想政治理论课教学达到育人树人的教学目的；另一方面，思想政治理论课教学要以科学性为前提和基础，注重教学内容和教学方法的科学性，严肃缜密地组织和实施教学。

思想政治理论课要坚持政治性，坚持社会主义的政治方向，旗帜鲜明地对学生进行马克思主义的世界观、人生观、价值观、道德观教育。2018 年教育部在《新时代高校思想政治理论课教学工作基本要求》中，就教学工作提出要坚持基本原则的第一个就是："坚持正确政治方向，强化思想政治理论课价值引领功能"①。在其中严肃课堂教学纪律的要求中，又明确要求教师"在课堂教学中始终坚持马克思主义立场观点方法，在政治立场、政治方向、政治原则、政治道路上同以习近平同志为核心的党中央保持高度一致，坚定不移维护党中央权威和集中统一领导"②。

2019 年中共中央办公厅、国务院办公厅在《关于深化新时代学校思想政治理论课改革创新的若干意见》中要求课程要"坚持社会主义办学方向，落实立德树人根本任务，坚持教育为人民服务、为中国共产党治国理政服务、为巩固和发展中国特色社会主义制度服务、为改革开放和社会主义现代化建设服务，……努力培养担当民族复兴大任的时代新人，培养德智体美劳全面发展的社会主义建设者和接班人"③。可见，政治性应该贯穿思政课教育教学的全过程。思政课要自觉弘扬社会主义核心价值观，始终坚持社会主义的宪法和法律，维护中共中央的权威。这是思政课教学的基本任务，也是思政课教学的重要内容。

思政课要坚持学理性，就要依据马克思主义理论本身的科学力量。思政课要使学生掌握事物发展的基本规律，认清中国式现代化发展中出现的各种问题，学会用科学的立场、观点和方法去分析和解决问题，就必须依据马克思主义的科学理论，依据真理本身的力量。思政课要以学理性为基础、以政治性为统领，努力整合各种具体教学内容和教学目标，使马克思主义、社会主义、共产主义方向成为思想政治理论课的灵魂。

坚持思政课教学的学理性，首先，要确保教学中的所有理论观点都是符合马克思主义基本原理的，所有思维方法都是符合马克思主义世界观和方法论的。其次，确保教学素材的科学性，确保教学素材的真实性和准确性。要确保教学素材来自正规书刊，来自经过考证的客观史实，来自学界的统一观点，来自官方公布、认可和证实的信息、图表、数据，来自科学原理、定理和现象。④

---

① 教育部. 新时代高校思想政治理论课教学工作基本要求 [EB/OL]. http://www.moe.gov.cn/srcsite/A13/moe_772/201804/t20180424_334099.html.

② 教育部. 新时代高校思想政治理论课教学工作基本要求 [EB/OL]. http://www.moe.gov.cn/srcsite/A13/moe_772/201804/t20180424_334099.html.

③ 中共中央办公厅、国务院办公厅. 关于深化新时代学校思想政治理论课改革创新的若干意见 [EB/OL]. http://www.gov.cn/zhengce/2019-08/14/content_5421252.htm.

④ 苏立公. 论科学性和思想性原则在"两课"教学中的运用 [J]. 忻州师范学院学报, 2008 (01)：119.

## 二、坚持价值性和知识性相统一

先进的价值观不会凭空而来，它是建立在知识理论之上的，需要深厚的知识理论来孕育和滋养。价值性和知识性相统一原则，就是指思政课教学既要传授知识理论，又要进行正确价值观的引导和思想品德教育，把价值观教育与知识理论教学统一起来，把教书与育人结合起来，促使学生德才兼备，全面发展，也就是传统上一贯强调的授业与传道相结合。

传授知识，是一切教育教学的基础目标，但思政课有更重要的课程目标，就是塑造学生的价值观。正如习近平同志所强调的，思政课不仅要提高学生的知识素养，更要"引导学生扣好人生第一粒扣子"，有了正确的价值观，学生才能在纷繁复杂的社会中分清真善美和假恶丑，作出正确的价值判断和价值选择。在思政课教学中，知识理论教学固然是重要的，但更重要的是价值观塑造，从一定意义上说，知识是载体，价值观是目的。

贯彻价值性和知识性相统一原则，是教学活动两种属性的体现，即科学性与思想性的体现，这是思政课德育属性的必然要求，也是国家教育方针的要求。贯彻价值性和知识性相统一原则，才能做到既教书又育人。思政课的任何教育教学，一方面包含知识理论要素，另一方面又必然蕴含社会主义的思想教育要素、政治教育要素和道德教育要素，思政课必然以培养德才兼备、以德为先的社会主义建设者和接班人为根本目标。

贯彻价值性和知识性相统一原则，其一，必须保证知识理论教学的科学性。其二，始终注意以社会主义核心价值观为引领，注意对学生进行正确的情感、态度、人生观、价值观的培育。教学的全过程都必须注意思想品德教育，保证教学的思想性，培养德智体美劳全面发展的、致力于中华民族伟大复兴的人才。

思想政治理论课教学既不能局限于知识教学而忽视价值观引导，也不能离开知识基础而进行空洞的价值观说教，而是要在知识传授中发掘价值观内涵，将价值观塑造统一于知识理论学习之中。因为知识理论传授与思想政治品德培养既相互矛盾又相互统一，知识理论与思想品德既存在不一致性又存在一致性。

第一，知识理论与思想政治品德存在不一致性。有相应知识理论未必形成良好的思想政治品德，有知识没品德的现象并不鲜见，知行不一的现象也是常常存在的。孔子曰："巧言令色，鲜矣仁。"巧言令色、能说会道者恰恰可能品行不良，历史上的大奸大恶之徒常常不是文盲。对此柏拉图也有同感，他在《理想国》中说："优秀的天性若得不到教养，则所产生的结果愈坏，大奸大恶的事迹从不出自庸才。"① 所以，思想政治理论课不能满足于对知识理论的传授。

第二，知识理论与思想政治品德存在一致性，培养良好的思想政治品德必然以传授知识理论为基础。首先，知识理论和事实材料是正确价值观形成的根源。如果没有相对充实的事实材料以及事实材料与观点之间的有机融合，使人相信并接受一种立场观点是十分困难的。要说服人，离不开全面、客观、充分的知识理论论据和事实材料论据来证

① 弗兰西斯·培根. 培根论说文集 [M]. 北京：商务印书馆，1983：180.

明自己的论点和立场。其次，思想政治理论课教师对学生的影响力与其知识理论素养有直接关系。知识理论渊博的教师对学生的影响力强，使人信任；不学无术的人难以使人信任。最后，学生的知识理论基础会促进思想政治品德的发展。因为文化知识中往往自然而然地包含着为人处世的道理，使人受到启发，使人受到潜移默化的影响。正如英国哲学家培根在《论学问》所言："史鉴使人明智；诗歌使人巧慧；数学使人精细；博物使人深沉；伦理之学使人庄重；逻辑与修辞使人善辩。'学问变化气质。'不特如此，精神上的缺陷没有一种是不能由相当的学问来补救的：就如同肉体上各种的病患都有适当的运动来治疗似的。"所以，思想政治理论课教师必须走知识化、专业化道路，正如中国教育学会名誉会长顾明远曾经说过的，社会职业有一条铁的规律，即只有专业化才有社会地位，才能受到社会的尊重，如果一种职业是人人都可以担任的，则在社会上是没有地位的。[①]

### 三、坚持建设性和批判性相统一

建设性原则，就是思政课要正面宣传主流意识形态，弘扬社会主义核心价值观，弘扬主旋律，传递正能量，进行正面教育；批判性原则，就是思政课要批驳错误思潮，澄清模糊认识，引导学生正确看待现实问题，以有效发挥正面思想的引领作用。[②] 建设性侧重于主流灌输、正向引导；批判性侧重于针对问题、明辨是非。思政课要以正面阐释理论为主，以主动性批判错误思想为辅，两者是有机统一的、相辅相成的。

坚持建设性，是由思政课的本质属性所决定的。思政课作为进行系统的马克思主义理论教育的课程，承担着传播社会主义主流意识形态的教学任务，必然要发挥正向引导功能。思政课作为思想政治教育的主渠道，必然传导主流意识形态，进行正面教育，坚持社会主义的政治立场和价值导向，坚持社会主义意识形态的主导权。思政课要坚持建设性，用习近平新时代中国特色社会主义思想铸魂育人，引导大学生树立正确的政治立场和价值观，引导大学生增强"四个自信"，积极投身中华民族伟大复兴的历史实践。

坚持批判性，是思政课发挥思想引领作用的必然要求。思政课面对错误观点和思潮必须坚持批判性，敢于批驳错误观点与思潮，敢于进行反面教育，才能增强社会主义意识形态的引领力。在多元文化的宏观环境下，社会上出现了形形色色的观点和思潮，并通过便捷的网络传播快速蔓延。一些错误观点本质上带有明确的政治指向性，试图以隐蔽的方式消解社会主义意识形态。大学生思想活跃，对于各种社会思潮往往敏于接受，却欠缺辨识能力。因此，新时代的思政课，在坚持正向传播的同时也要不避锋芒，要强化批判性，针对各种错误观点要进行分析比较，从学理和实践的角度进行有效批判，引导大学生澄清谬误、明辨是非，引导大学生正向发展。所以思政课要在多样中确立主导，在多元中把握方向，坚持以主流意识形态统领各种思想观点。

坚持建设性和批判性相统一，要求思政课要理直气壮地传递正能量，有理有据、学

① 刘微. 教师专业化：世界教师教育发展的潮流 ［EB/OL］ ［2022-1-6］. https://www.edu.cn/edu/shi_fan/zonghe/fa_zhan/200603/t20060323_22412.shtml.

② 王韶兴，檀培培. 建设性和批判性相统一的内在意蕴及实现路径 ［J］. 思想理论教育导刊，2019 （06）：99-102.

理深入地批驳谬误，建设性和批判性相辅相成。

第一，坚定政治立场，这是进行建设与批判的前提。教师有坚定的政治立场，是坚持建设性和批判性相统一的基本前提。具备坚定正确的政治立场，是教师登上思政课讲台的政治前提。坚定正确的政治立场，一要有坚定的理想信念。这是思政课教师保持坚定政治立场的内在基础，坚定的理想信念是在大是大非面前保持政治清醒的精神力量。二要有坚定的理论自信。马克思主义是科学理论，理论上的自信和底气来自马克思主义的科学性，来自马克思主义的学理性。三要有政治勇气。要敢于同各种错误思潮和倾向进行论战，必须有捍卫马克思主义、捍卫社会主义的政治勇气，有政治勇气才能理直气壮地正面灌输，面对谬误能够亮剑发声。

第二，优化教学内容，将教材体系转化为教学体系，这是坚持建设性和批判性相统一的根本路径。通常来说，教材体系，以正面阐述理论为主，强调教学的政治性、理论性、系统性，突出的是教学的主导与灌输；教学体系则往往以现实问题切入，偏重批判，强调教学的实践性、多样性、价值性，突出的是教学的现实性及针对性。因此，一方面要加强教材体系向教学体系的转化，另一方面要强调教材体系与教学体系之间的联系。教学内容不回避现实矛盾，具有批判性，才能解决学生的困惑，才有教学实效性，有实效性的教学才具有真正的建设性。教学既要做到正面理论阐述，也要善于结合现实热点问题，强化学理性的批判，从而澄清问题、解答困惑。

第三，加强理论研究，提高理论功底。无论是正面阐释马克思主义理论，还是批判各种错误观点，都要求教师具备扎实的马克思主义理论功底，有透彻的领悟，这是坚持建设性和批判性相统一的内在要求，为此必须加强对马克思主义、对思政课教学内容的理论研究。一是要加强对马克思主义理论的研究。教师有扎实的理论功底，对本学科的基本理论有着深入到位的理解，才能有力地解释现实，否则就也不可能有效地回应各种社会思潮，生硬的宣传和武断的结论是不可能说服学生的。因而，必须加强理论研究，提高对实践问题给予有效回应的理论功力。二是要加强对社会思潮的研究。批判错误思潮更加需要扎实的理论功力，所以教师必须熟悉当代各种思潮，并能够说出道理来。为此，要着力对错误思潮的理论观点和方法论进行分析研究，"知彼知己，百战不殆"，只有熟悉错误思潮，才能澄清模糊认识。

第四，要敢于发声和善于批判。要敢于同一切否定马克思主义指导地位、否定中国共产党领导的错误思潮作斗争，敢于同各种历史虚无主义、文化虚无主义作斗争，敢于同一切假恶丑作斗争。当然，也要"善于进行自我批判，对党和国家事业中的问题、矛盾、失误进行反思、讨论"[①]，引导学生正确分析实践中的各种复杂情况。敢于正面回击谬误，回答问题，才能坚守真理。

## 四、坚持理论性和实践性相统一

"要坚持理论性和实践性相统一，用科学理论培养人，重视思想政治理论课的实践

---

吴家华. "八个统一"：新时代思想政治理论课改革创新的根本遵循 [J]. 红旗文稿，2019（07）：11-13.

性，把思政小课堂同社会大课堂结合起来，教育引导学生立鸿鹄志，做奋斗者。"① 这既是思政课的传统，也是马克思主义理论的根本要求。

思想政治理论课的理论性，要求思政课要用科学理论培养人，教师必须把基本概念、基本问题、基本观点、基本逻辑、基本思维方法讲准确、讲透彻、讲明白，提高学生的理论思维能力。同时，实践性是马克思主义理论的显著特征，这决定了思政课要重视实践教学，把思政小课堂同社会大课堂结合起来。

理论性和实践性相统一，这是高校思政课的根本要求，也是马克思主义的根本要求。思政课教学需要学理性，没有系统的理论学习作为基础和前提，实践只能停留在肤浅层面，因此要通过系统的教学体系给予学生完整的马克思主义理论。但是，思政课不能只强调理论性而忽视实践性，实践教育既是对理论认识的验证，又能够促进情感信念的升华，与理论教育相辅相成。所以思政课不能脱离实践性，理论与实践相结合，能增强理论的现实感，缩减理论的距离感。思政课必须在联系实际上下功夫，但是也不能因为强调实践性而轻视理论性。理论性与实践性有机统一，才能增强教学实效。

思政课教学必须坚持理论与实践相结合，将理论传授建立在社会实践的基础之上，将课堂的理论教学与课外的实践教学相结合，促进学生对理论的理解与认同，使其内化于心、外化于行。

第一，教学要贴近现实、贴近生活。思政课教学具有突出的服务现实的属性，其理论内容源自社会主义建设实践，因此，理论讲授要贴近现实、贴近生活、贴近学生思想实际。思政课教学首先要关注现实社会问题，用生动具体的典型事例说明理论的真理性，对正在发生的社会实践做出恰当阐释和说明。其次教学要从学生实际出发，根据学生的情况进行教育。教师应深化对学生实际问题的研究，从学生的生活实际出发，从学生困惑的问题讲起，对学生的思想迷茫、理论困惑、情感冲突、价值选择进行及时有效的解答。思政课只有能够解决学生的思想认识问题，才能够引起学生的学习热情。

第二，在研究实践中深化理论教学。深化马克思主义理论研究是推进思政课建设的首要保证，高校思政课不仅是马克思主义理论传播的主阵地，也是马克思主义理论研究的重要力量。在教学中关注实践、研究实践，可以深化理论，切实推动理论教学的不断发展。只有结合实践深入研究马克思主义理论，才能结合时代特点生动阐释马克思主义理论。

第三，实践教学内化理论教学效果。习近平要求："思政课不仅应该在课堂上讲，也应该在社会生活中来讲""'大思政课'我们要善用之，一定要跟现实结合起来"②。思政课既要重视以理服人，把马克思主义讲清、讲深、讲透；也要注重让事实说话，增强实践教学的外在感染力，把"大道理"转化为"亲身体验"，推动学生参与社会，让有深度的理论有温度。

---

① 习近平主持召开学校思想政治理论课教师座谈会强调用新时代中国特色社会主义思想铸魂育人贯彻党的教育方针落实立德树人根本任务 [N]．人民日报，2019-03-19（1）．

② "'大思政课'我们要善用之"（微镜头·习近平总书记两会"下团组"·两会现场观察）[N]．人民日报，2021-03-07.

## 五、坚持统一性和多样性相统一

坚持统一性和多样性相统一，反映了思政课既体现党和国家的统一意志，又促进学生个性化发展。思政课事关国家的政治和意识形态安全，事关民族的前途命运，思政课的课程设置、教学目标、教材编写、教学管理等各个方面有统一要求，不能各行其是。但在教学方法、教学手段、教学针对性、考核方式等方面，又要因地制宜，进行多样化探索，根据不同地域、不同学校、不同学段、不同专业学生的多方面特点，促进学生个性化发展。

第一，坚持思政课的统一性。思政课体现国家意志，有全国统一的标准和规定。思政课有全国统一的课程设置、教学规定，有党和国家统一的决策部署、建设要求，有全国统一的教材。这些统一性要求，全国高校思政课都要全面贯彻落实。所以思政课教学必须坚持统一原则，遵守统一规矩。

首先，坚持思政课统一的课程设置。课程设置决定课程的设立和安排。党和国家根据新时代人才培养需要，按照大中小学一体化思路，系统确定了不同学段思政课开设的课程名称、课程内容、课时安排和学分构成等，形成了统一的课程体系和开设规定。高校思政课要严格按照国家统一的要求，有计划地安排和开设思政课程，有序地开展规范的教学活动。

其次，坚持思政课统一的课程目标。"培养什么人、怎样培养人、为谁培养人"是教育的根本问题，也是思政课程要解决的根本问题。思政课的总体教学目标是用新时代的科学理论铸魂育人，引导学生增强"四个自信"，自觉融入建设社会主义现代化强国、实现中华民族伟大复兴的奋斗之中。思政课要围绕统一的课程目标，设计和开展教学活动，培养社会主义建设者和接班人。

再次，坚持使用国家统一的思政课教材。教材是开展教学活动的基本依据和课程资源，教学是教材的展开与落实。思政课教材的编写和使用具有极端重要的政治性，高水平的教材引领着高水平的教学。思政课必须以国家统编教材为依托，体现教材的国家意志。

最后，坚持统一的思政课教学管理。严格统一的教学管理是有效实施课程的重要保障。教育部文件明确规定了新时代高校思政课的教学管理工作，思政课要强化管控，保证教学过程、教学纪律、听课指导、考核评价、教师培训、实践研修规范有序，全方位监督、检查思政课教学活动，不断提高教学活动的规范性、科学性和实效性。

第二，坚持思政课的多样性。思政课教学的实施与展开方式是丰富多样的。思政课的多样性，就是在贯彻统一性要求的基础上，因地制宜、因材施教，结合各自学校与学生的具体实际探索不同方法和路径，在教学设计、教学模式、教学内容、教学方法等方面进行创新，在丰富多彩的思政课教学中实现统一性要求。

首先，思政课的教学设计要多种多样。思政课对课堂教学的筹划设计，应根据学校与学生的实际，在贯彻统一性要求的基础上，针对具体的教学条件，按照马克思主义普遍性与特殊性的立场观点和方法，对教学内容、教学方法、教学过程进行创造性的教学设计，促进学生全面发展。

其次，思政课的教学内容要生动丰富。思政课的教学内容传递思想政治信息，思政课的教学内容首先来自教材，也来自马克思主义经典著作，来自现实的社会热点与学生关注的焦点，这些都是教学内容的来源。同时，思政课的教学内容还来自高校的校情、学情，来自地域的历史、典故及人文精神。教学内容要以教材为依据，搜集各种教学素材，并以教学目标为中心进行科学取舍和使用，使丰富生动的教学内容服务于严肃的意识形态教育。

再次，思政课的教学模式要多样化。随着时代发展，线上—线下混合教学模式、专题教学模式、翻转课堂模式、实践教学模式等被越来越多的思政课教学所采用，增强了课堂的生动性和灵活性。按照课程的统一规划设置，思政课教学能够进一步探索形式多样的教学模式，提高教学实效性。

最后，思政课的教学方法要灵活多样。要根据学生特点，针对教学内容，选择合适的教学方法，推动传统教学方法同信息技术的融合，增强教学的时代感。恰当运用讲授式、启发式、讨论式、案例式、体验式等方法，通过感性的案例、精准的数据、真实的图像，以学生喜闻乐见的语言诠释理论知识，可以增强教学的吸引力。

新时代思政课既要强调统一性，又要鼓励多样性，坚持统一性和多样性相辅相成。坚持统一性，可以保证思政课具备足够的政治性、思想性、理论性，避免各行其是的"乱改革"，防止出现一些"耍花枪""博眼球"等肤浅的哗众取宠现象；鼓励多样性，要防止僵化教学与懒惰行为，反对以统一性为借口，僵化教材内容，照本宣科。

## 六、坚持主导性和主体性相统一

任何教育教学都是教师的教与学生的学的统一，是教师主导性与学生主体性的统一。思政课离不开教师的主导，思政课教师在传授知识、培养能力、塑造价值观方面，具有不可替代的作用。思政课同样也离不开学生主体，学生是认识规律、追求真理、认同价值观的主体，要发挥学生的积极性、主动性和创造性。

第一，教师是教的主体，主导着整个教学过程。列宁说过："学校的真正的性质和方向并不由地方组织的良好愿望决定，不由学生'委员会'的决议决定，也不由'教学大纲'等等决定，而是由教学人员决定的。"[①] 教师掌握教学目的，熟悉教学内容，又受过专业训练，在教学中发挥着至关重要的作用：教师设计教学过程，组织课堂教学，是学生学习的引导者，又是思想道德的示范者，所以，教师教的意义非常重要，必须高度重视教师的教，提高教师的教学积极性和育人责任感，保证教的质量。

第二，学生是学习和接受教育的主体，在教学中具有自觉能动性。这种能动性，一方面表现为学生学习的自为性和自主性，即学生学习有着明确的目的，并从自己的目的和愿望出发，主动地参与教育教学活动，影响和改变教师教的活动；另一方面还表现为学生学习的选择性，这主要表现为学生对教育教学方式、手段和内容能否认可，在学习活动中能否产生自觉认识和追求，对教育条件能否积极创造和利用等。学生在教育教学过程中不是消极无为的，而是积极有为的，正是在这个意义上，思政课要求教师把教的

---

① 列宁全集（第45卷）[M]. 北京：人民出版社，2017：244-245.

活动与学的活动有机结合起来，离开学生的积极性和能动性，教师的教就难以奏效。鲁迅曾把学生的学习比作蜜蜂采花酿蜜，要让学生自己做主，自己思考。人接受知识、提高素质是个能动的过程，要把教师所传授的知识和思想品德规范转化为学生的知识和品行，只有经过学生自己的认识加工才能完成，没有任何力量能够替代学生自己的内在加工转化。

坚持主导性和主体性相统一，要求思政课教师在教学过程中，要开启学生的心灵，调动学生的积极性，启发学生的学习灵感和学习兴趣。在课堂上，要让学生动起来，不但要动耳听、用眼看、动手写，而且要动口讲、动脑思考，营造课堂教学的平等和谐氛围，让学生主动地参与。只有给学生以学习的轻松感，学生的思维才能够活跃起来，才能创造性地学习；只有让学生动起来、活起来，学生才会有所创新。课堂教学活动，不仅仅是传授知识和培养能力的活动，更是师生之间、学生之间传递信息、交流情感、激发思维的过程；课堂教学活动重在让学生参与，重在让学生学会思考，学会学习；对学生的主动探索、大胆怀疑，教师应给以积极的鼓励和正确的评价、引导。

## 七、坚持灌输性和启发性相统一

习近平指出，思想政治理论课要坚持灌输性和启发性相统一，"注重启发性教育，引导学生发现问题、分析问题、思考问题，在不断启发中让学生水到渠成得出结论。"[①]

所谓灌输性，就是强调思政课教师在教学中要进行正面的、系统的思想理论传授，用马克思主义武装学生头脑。灌输是思政课的职责，思想政治理论课要把科学的理论灌输给学生，引导学生形成正确的价值观。坚持思政课的灌输性，才能理直气壮地开好思政课。

启发就是通过启迪、引导，使学生有所领悟。所谓启发性，是指思政课教师在教学过程中要启发学生积极思考，主动学习，自觉自主地做出判断，并且启发学生选择正确的方式方法，来应对各种困难和挑战。人的思想政治素质不是外界强加的，是个人自主建构起来的，只有通过启发和引导，促使学生自主领悟教学内容，才能实现从外在的知识理论向内在的思想觉悟的转化。因此，思政课要坚持启发性，通过启发的方法促使学生积极思考并自己得出正确结论，这样才能使科学的理论彻底内化。启发性是所有教育教学的一条重要原则。

日常的思政课教学既非单一的灌输，也非单一的启发，而是灌输和启发的有机统一。灌输性和启发性是辩证统一的，在人类的知识理论传递中，灌输是启发的基础，启发是灌输的延伸。一方面，通过系统性的传授，后人可以获取前人已有的知识理论，实现知识理论的世代传递，这个传授传递的过程，本质就是灌输；另一方面，在教育者的激发过程中，人们通过亲身实践、思考感悟，直接获取知识理论，并与自身已有知识理论相互印证，进而形成思想认识的升华，这个激发思考感悟的过程，本质就是启发。从个体思想政治素质形成发展规律来看，一个人思想政治素质的形成发展是一个从他律到自律的过程，外部规范的强制作用要不断减弱，而内部的自觉自制作用则不断增强。他律实

---

① 习近平主持召开学校思想政治理论课教师座谈会强调用新时代中国特色社会主义思想铸魂育人贯彻党的教育方针落实立德树人根本任务［N］．人民日报，2019-03-19（01）．

际上就是强调灌输性，自律则是在教育者的启发和引导下从他律内化而来的。

灌输重视发挥教育者的主导作用，强调通过由外向内的系统性的知识理论传授，强调受教育者认识和接受科学的理论、观点和方法；而启发则更重视学生的主体地位，侧重于教师对学生的激发作用，教师要鼓励和引导学生由内向外地主动思考与建构。灌输和启发是相辅相成的，两者各有侧重。

第一，发挥思政课教师的主导作用，坚持有效灌输。承担主流意识形态教育的思政课必然要进行灌输，这是其职责，也是其鲜明的特征。"理论只要彻底，就能说服人。所谓彻底，就是抓住事物的根本"①，思政课教师只要掌握了马克思主义理论，确保知识理论传授的准确性、权威性、系统性和学理性，就能够把科学理论、主流价值灌输给学生。

首先，发挥思政课教师的主导作用。教师是主动的一方，是思政课进行灌输和启发的主导者和引领者。"办好思想政治理论课关键在教师"，坚持灌输性的关键是思政课教师，教师要搞清楚"灌输什么""如何灌输"。

其次，灌输必须体现正确的政治立场。思想政治理论课坚持灌输，最根本的就是要坚持正确的政治立场和明确的价值导向。"我们的教育必须把培养社会主义建设者和接班人作为根本任务，培养一代又一代拥护中国共产党领导和我国社会主义制度、立志为中国特色社会主义奋斗终身的有用人才。"② 在教学过程中要时刻以社会主义核心价值观为导向，坚持社会主义意识形态，坚定"四个自信"，掌握话语权。

再次，注重理论框架的系统性。思政课坚持灌输的"底气"来自马克思主义的科学性、系统性。思政课的教学内容，是对事物的概念、本质、规律等方面的科学化、系统化认识，马克思主义理论的科学性、系统性为思政课进行灌输提供了合理性，也提供了强大的理论自信和教学底气。

最后，注重教学方法的有效性。理论科学是基础，而方法是否有效会直接影响学生的接受程度和认同强弱，直接影响灌输的有效性。思想政治理论课不能靠照本宣科、靠讲套话服人，而是应该依靠真理的力量，用彻底的理论、生动的教学打动人、说服人。

第二，发挥学生的主体地位，坚持有效启发。灌输不是"满堂灌"，而是立足于实际、贴近学生需求的知识理论传授。灌输中要坚持启发，思政课教师要充分了解学生的思想、心理，有针对性地开展启发引导，培育学生学习的主动性、探索性，注重学生在教育教学中的主体地位。启发性教学是对教师提出的更高要求。

首先，坚持以学生为中心的教学理念。学生是学习的主体，促进学生健康成长和全面发展是所有教学的目标。教学要根据学生特点和成长规律来实施，要重视调动学生的主动性。

其次，注重教学过程的对话性，实现师生的良性互动。启发性教学原则反对教师对学生进行"生塞硬灌"，合理的教学过程不应是从教师到学生的单线输送，而是教师与学生在合作基础上的彼此互动和交流。

最后，注意以问题意识为导向进行教学。坚持启发性，最关键的就是启发和引导学

---

① 马克思恩格斯选集（第1卷）［M］. 北京：人民出版社，2012：10.
② 习近平在全国教育大会上强调：坚持中国特色社会主义教育发展道路 培养德智体美劳全面发展的社会主义建设者和接班人［N］. 人民日报，2018-09-11（01）.

生学会发现问题、分析问题、思考问题和解决问题，一个好问题既是理论和实践的统一体，也是开启学生思维进行启发的突破口。一方面，打造问题情境，能够激发学生的探索热情，调动学生思考的积极性和主动性；另一方面，教师以问题意识为导向进行教学，能够使讲授和讨论有机结合，使灌输和启发有机统一。教师可以利用专题教学、实地参观、榜样示范等方法启发引导，也可以充分利用网络平台教学资源，比如"学习强国"、MOOC、网易公开课等，搜集选择其中的优秀资源，引导学生开展研究和学习，实现灌输性和启发性的统一。

## 八、坚持显性教育和隐性教育相统一

显性课程是列入学校教学计划，有目的、有组织、有计划安排的课程；显性教育是指学校有目的、有计划、有组织地开展的教育教学活动。隐性教育是相对于显性教育而言的，是指教育内容融入各种教育因素及教育方式中，以潜移默化、不被注意的方式产生影响。从横向看，人的思想的形成发展要受到外部社会生活的各种事物的综合影响，其中既有自觉因素的影响，也有非自觉因素的影响，各种外在因素影响个体内部心理，有的影响个体能够察觉，有的影响个体难以察觉，个体能够察觉的就是显性教育，个体难以察觉的就是隐性教育；从纵向看，人的思想的形成发展会有一个或多个由量变到质变的阶段，这是一个渐次发展的过程，是一个外在影响不断累积的过程，也是一个内在意识不断积淀的过程，这个过程既需要"大火快攻"，也需要"小火慢炖"，显性教育就是"大火快攻"，隐性教育就是"小火慢炖"。

显性教育和隐性教育相统一，是指既要理直气壮地讲好思政课，以确定的、直接的教学方式对学生进行明确的思想政治教育；与此同时，还要挖掘其他教育资源，通过渗透的方式潜移默化地对学生进行思想政治教育。

显性教育具有三个特点：一是系统性，显性教育的内容是有体系的，是经过系统规划的，它通过自上而下精心选择和编排设计，然后按照一定的逻辑顺序有计划地传授给学生，所以其知识理论的教育教学具有明显的整体性和系统性，这种整体性和系统性能确保理论教育的突出性和方向性，弘扬主旋律。二是直接性，显性教育强调教育者向受教育者直接"输送"思想、理论、观点，受教育者可以直接认识理论。三是正式性，即通过正式的课堂教学方式，通过正规的教育教学途径，有组织、有计划、有目的地进行。

隐性教育具有三个特点：一是潜移默化性，将社会倡导的思想观念、政治立场、道德精神，隐含在各门学科的教学内容中，隐含课外活动中，隐含在整个教育过程中，不明确显示出来，呈现出"隐蔽性"的特点，让人们在不知不觉中受到影响，寓教育于"无意、无形"。因为教育的方式方法隐蔽，不容易产生情感逆反和心理阻滞，也就比较易于学生接受。二是间接性，隐性教育并不直接提出教育要求，也不显示出明确的目的和教育内容，它一般通过主体在直观形象的具体情境中产生自我感悟来发生作用，并进而影响人的思想倾向。所以，与明确具体的显性教育相比，隐性教育表现出间接性的特点。三是广泛性，隐性教育不论是内容还是形式都比较自由，都不受课堂的拘束，能够以艺术的、文学的等各种各样的活泼生动的形式，广泛显现于学习场所和生活环境。

显性教育和隐性教育相统一具有重要的意义。首先，可以形成教育的合力。思想政治教育结合各项具体工作去做，渗入各项具体工作的各个环节，就意味着思想政治教育不再是思政课教师的"独角戏"，而成为各项业务工作人员都参与的工作，从而形成综合教育作用力。其次，可以减少阻力，易于接受。隐性教育能让人在不知不觉中受到教育，在自然熏陶下通过体验、领悟、启迪得到提高，因而经常可以收到理想的教育效果，并且影响深刻。最后，显性教育和隐性教育相统一符合学习规律，能够提高学习效果。英国哲学家波兰尼划分了"显性知识"和"缄默知识"，认为能够用语言逻辑进行表达的是"显性知识"，只可意会而不好言传的是"缄默知识"。美国的罗伯区分了人类的显性学习与隐性学习。人类在学习中，既可以进行显性学习，通过明确的语言文字交流，学习规则明确的内容；也可以进行隐性学习，通过感受以及无意识地模仿和体验、领悟，获得没有明确规则的复杂信息。人的思想政治素质的形成，本就是显性学习与隐性学习统一的过程，所以要坚持显性教育和隐性教育相统一。如何坚持显性教育和隐性教育相统一？答案如下。

第一，显性教育为主，提高思政课课堂教学质量。必须以思政课的课堂教学为主，课堂教学有着其他任何教育方式所没有的优点，是不可替代的，所以思政课教学的主体地位不可动摇，必须提高思政课的课堂教学质量。

第二，专业课教学必须发挥教书育人作用，突出"课程思政"。思政课不可替代，要旗帜鲜明地开设思政课、理直气壮地讲授思政课。但是只靠课堂教学毕竟有其局限性，因此必须以隐性教育做必要的补充。同时，学校的所有课程都有育人功能，所有教师都有育人职责，因此要发掘其他课程中的思想教育资源，每一门课程都要进行思想引导和价值观塑造。各类课程与思政课要同向同行，协同育人。专业课教师应结合课程、学科与专业的形成背景、发展历程、现实状况和未来趋势，特别是重大工程和科技发展，科学家或模范人物事迹，学科原理及其相关的生活实践、教学实践、科技实践等，挖掘其中所蕴含的使命感、责任感、爱国精神、奋斗精神、开拓创新精神等思想政治教育元素，寓德育于智育之中，通过课堂教学、实践教学、学生自主学习等，实现课程知识教育和思想政治教育的有机统一。

第三，潜移默化，寓教于无形。学生在学校所学到的东西，来自他们环境中的影响，与教给他们的东西一样多。校园里各种非预期的、没有公开表明的教育措施，教师潜移默化的身教，都会提供实际经验，影响他们的态度。学生在学校里，接收到的不仅仅是具体的知识，更重要的还有受学校潜在熏陶下养成的人格和观念，这些都是经过长时间的潜移默化之下所产生的。书本知识，也许三五年后就在记忆中消失了，但是价值观念、人格养成，影响却更深更远。

学生的学习环境与校园管理措施会时时刻刻对学生产生潜移默化的影响。学校或班级的物质环境如校舍或空间布置、学校里的社会关系如分组或编班情形、奖惩的规定、教学的规范或程序、师生的互动关系等，文化规仪如典礼、仪式等，具有潜藏却影响深远的作用。课外活动、校园文化活动和社会生活中承载着大量思想政治教育信息，这些都可以成为潜移默化、寓教于无形的教育资源。

学校的物质文化和精神文化环境可以使学生受到熏陶和感染。校园文化环境，静态文化如格言、警句、雕塑、校训，动态文化如人际关系、校风、教风、学风，都会影响学生。艺术熏陶寓教于乐，联欢会、文学音乐、美术舞蹈、诗歌影视等艺术体育文化娱乐活动，可以使学生在不自觉的情况下受到感染，潜移默化地发生改变。

## 第六节　教材是思想政治理论课设计的基本依据

教材、教师、学生是课堂教学活动的三个最基本要素，教材是教学设计的基本依据。教育部文件明确要求："思政课教师应当用好国家统编教材。以讲好用好教材为基础，认真参加教材使用培训和集体备课，深入研究教材内容，吃准吃透教材基本精神，全面把握教材重点、难点，认真做好教材转化工作，编写好教案，切实推动教材体系向教学体系转化。"①

### 一、思政课教材在教学中的地位和意义绝不能忽视

（一）随着高等教育的普及化，思政课教材的地位和作用越来越重要

我国的高等教育毛入学率 2022 年升至 59.6%②，已经超过了 50%，达到了国际公认的高等教育普及化阶段。高校思政课教学对象——大学生规模庞大，思政课的影响也是十分巨大的。思政课教师是一种职业，就从业者来说，把思政课教学当作自己事业理想的人有之，但不会是全部。素质高的思政课教师数量不少，但理论水平和能力能够超越教材之上的应该也不会很多。随着大学招生规模的逐渐扩大、高等教育毛入学率逐渐提高，天赋高、对学习感兴趣、自学能力强的学生也成了少数。对思政课爱学乐学、孜孜以求的学生有之，但比例同样不会很高。

总之，在高等教育由精英教育进入普及教育的时代背景下，高校思政课更需要一套标准、规范的教材，需要统一的课程目标、课程要求。就大规模的思政课教学而言，更强调国家意志的统一性和整体的科学性、规范性，即使是思政课教学的艺术性、个性，也是以整体的科学性、规范性为基础的。因此，由教科书与配套教学参考书构成的思政课教材，就是思政课教学的中心要素，是保证思政课基本教学质量的依靠，也是实现国家意志的基本凭借。正如我国近代教育家陆费逵在《中华书局宣言书》中明确提出的："国立根本，在乎教育，教育根本，实在教科书。"③

（二）思政课教材是思政课教学设计中真正的核心

作为思想政治教育的"主阵地""主渠道"，思政课的课堂教学具有其他教育途径不可比拟的优势，这种优势依靠的主要是教材。思政课教材是国家意识形态的"代言人"，

---

① 新时代高等学校思想政治理论课教师队伍建设规定（中华人民共和国教育部令第 46 号）[EB/OL]. http://www.moe.gov.cn/srcsite/A02/s5911/moe_621/202002/t20200207_418877.html.

② 2022 年全国教育事业发展统计公报 [EB/OL] [2023-7-6]. http://www.moe.gov.cn/jyb_sjzl/sjzl_fztjgb/202307/t20230705_1067278.html.

③ 谢俊美. 陆费逵是怎样创办中华书局的 [N]. 团结报，2020-09-14.

体现着国家意识形态教育的基本要求，规定着教师进行系统知识传授、能力培养、价值观塑造的基本内容，界定了教师教的内容，也界定了学生学的内容。所以，教材是思政课课堂教学的依据，是教师执教的依据，也是学生学习的依据。德国教育家、科学教育学的奠基人赫尔巴特早说过：在教学中总是有一个第三者的东西为师生同时专心注意。这个师生同时关注的"第三者"就是教材，是教材规定的教学内容。

从这个意义上说，教材才是教学设计过程中真正的核心，课堂教学必须以教材为依据来发挥师生的能动性、创造性，任何脱离思政课教材规定性的"教学创新""教学改革"，都不是思政课教学。思政课必须以教材为核心来组织课堂教学。不依赖教材的课堂教学，就会失去思政课的内涵，失去思政课的方向，也就失去了思政课的根基。所以，具体的课堂教学设计，必须以教材为本，忠实于教材，全面地教好教材的内容，不肢解教材，不脱离教材，不边缘化教材。对教材内容的补充、延伸、拓展和超越都要基于思政课教材本身。

教学的权威是教材，思政课教材是师生教学的核心与纽带。当然，强调思政课教材的重要性，并非让教师教死书、学生读死书。教材的内容是确定的，其功能是潜在的，教材的权威作用与潜在功能只有通过教师的创造性教学设计，通过师生的创造性使用才能实现。但是，毫无疑问，教材是思政课所有教学创造性的依据。

（三）思政课教材是马克思主义学科知识的精华

思政课教材不是一般的读物，它是由众多马克思主义理论专家和思想政治教育学科的学者根据国家的教育目的、课程设定、特定阶段大学生的身心发展状况，依托马克思主义理论的学科发展水平，专门研制和编写的教学文本。思政课教材不仅是国家意识形态的代言人，更是集中了本研究领域和教育教学领域一众专家的专业知识，代表着马克思主义理论的学科发展水平，它是马克思主义理论的学科知识凝结、思想政治教育的专业知识结晶。思政课课堂教学的核心任务就是要解决思政课教材与大学生的矛盾，教学设计的核心任务就是实现思政课教材体系向教学体系的转化。从思政课的教学实践看，脱离教材、误读教材、把教材边缘化，是思政课课堂教学有效性低的根本原因，也是出现各种教学改革乱象的根本原因。

教材是教学工作的核心要素，是思政课教学设计的基础和关键。教学的改革创新必须依据教材，国家明确要求"统一使用国家统编教材，把教材使用情况作为教学监测、评估、检查的重要内容和主要指标。组织教师加强教材重点难点的研究，准确把握教材的基本精神和主要内容。做好教材内容向教学内容的转化，组织教师编写教案、制作课件、整理案例，切实把教材体系转化为教学体系"。① 思政课教师要正确理解、辩证对待教材的地位和作用。

首先，辩证对待思政课教材的中心地位、基础地位。教材是教学设计的依据，所以，一方面，教师必须要准确地、有深度地解读教材和挖掘教材，深入地学习、领悟和体会教材的知识理论，以教材为基本依据进行教学设计。另一方面，在准确而有深度地解读

---

① 中共中央宣传部、教育部. 新时代学校思想政治理论课改革创新实施方案［EB/OL］. http://www.moe.gov.cn/srcsite/A26/jcj_kcjcgh/202012/t20201231_508361.html.

教材的基础上，教师完全可以创造性地使用教材。

其次，防止出现思政课教材使用的偏向。一方面，要防止把教材边缘化，把思政课教材边缘化的一种常见表现是，结合思政课教材内容，补充大量拓展性的资料、信息，貌似丰富了教材内容，也没有脱离教材，实则冲淡了思政课的教学主题。课堂是有时限的，有限的课堂时间首先要用在对思政课教材基本问题的教学上。把思政课教材边缘化的另外一种常见表现，就是匆匆把教材内容讲完，正所谓"水过地皮湿"，学生还达不到对马克思主义理论的深度理解，也没有掌握思政课教材的核心问题，然后教师就大量地进行视频材料播放或开展学生实践活动，似乎很生动，也很热闹，学生的参与度也很高，实则学生对马克思主义理论的理解是肤浅的，课堂的"繁荣"是虚假的。另一方面，也要防止把教材"神圣化"。教材神圣化的常见表现是，思政课教材内容直接等于思政课教学内容，没有实现从教材体系向教学体系的转化，只教教材的内容，照本宣科，一切以教材的内容和教材的表述为标准，教材怎么写，课堂就怎么教，思政课课堂上只有教材里那一点有限信息，教学内容僵化，教学思维格式化，这样做的结果就是课堂被学生厌弃。

## 二、教学设计首先要认真分析研读思政课教材

教材的建构和编制是一个创造过程，而把简练的教材体系转化为生动的教学体系更是一种再创造过程，这个再创造过程就是教学设计。思政课的教学设计是以教师认真研读教材内容、正确解读教材内容为前提的，在认真研读教材内容、正确解读教材内容的基础上，才能根据学生的实际，设计教学方案。分析研读思政课教材，是一个由浅入深、由近及远的过程，一般从两个层面着手。

（一）文本解读，理解教材的本意主旨

文本解读，就是基于思政课教材的文本并忠于教材文本的解读方法。教师应通过阅读教材文本，理解教材的本意，把握教材的主旨，掌握教材的精神实质，把握教材的内在理念，理解教材的思维方法。对教材文本进行忠实解读是教师的基本功，教师只有正确理解思政课教材的文本，把握意图和观点，才能恰当地进行教学设计，恰当地进行课堂教学。思政课教材的文本解读通常按以下步骤完成。

首先，通读教材，整体把握教材的逻辑体系。思政课教材具有严密的逻辑体系，充分体现着党和国家的教育方针，体现着思政课的教学目标。所以要通读整本教材，从各章到各节逐一进行阅读，整体上把握教材体系，掌握内在联系，厘清各部分内容之间的结构和层次关系，把握各部分内容在教材中的地位和作用，避免教学内容碎片化、孤立化。整体把握教材的逻辑体系，整体上高瞻远瞩，是教学设计能够纵横自如的基本前提。

其次，精读教材，梳理具体内容与重点。在全篇通读的基础上，教师要详细研读各部分，并仔细分析和整理出各部分教材的基本概念、基本原理、基本观点及其相互关系，把握其内涵、外延，领会隐含其中的精神实质，掌握其论证思路与方法。

最后，深度研究，思考和体会蕴含于表面文字之下的思想观点、政治立场和道德因素，抓住教材的内在意图。思政课是知识性和价值性、政治性与学理性高度统一的一门

课程，所以，教师必须透过文字表述而深入思考其背后所蕴藏着的思想意图，挖掘其中所包含的立场、观点和方法，全面而深入地领会思政课的教学目标。

（二）发散解读，领会教材的言外之意

对思政课教材进行发散解读，是基于教材又超越教材的解读方式。再好的教材也都会有一些局限性，教材编写受到篇幅等因素制约，不可能详细地完全表达，这就需要教师在备课时发挥能动性与创造性，根据时代变化与理论认识的发展，对教材进行适当延伸，以弥补教材的局限。发散解读常常从以下方面着手。

首先，联系马克思主义经典著作和文献进行解读。因为经典著作文献是人类探索真理的丰富思想成果，是马克思主义的本源，也是思政课教材的内容来源。只有追根溯源，厘清马克思主义理论发展的来龙去脉，按照马克思主义的内在逻辑去理解马克思主义理论，才能克服教材可能存在的表述缺陷，才能有深度地把握教材的实质和精髓。

其次，联系社会主义建设实践来解读。理论源于实践，只有联系党和国家的实际需要，联系社会主义现代化建设的现实实践去理解教材，才能跳出教材，明确理论的现实针对性，领会原理的现实意义，增强对马克思主义理论的理解和认同，把抽象的理论具体化。

再次，联系学生实际来解读。学生大多以自己的生活经验为基础理解和吸收教学内容，脱离学生实际的教学难以实现教育意图。为此，教师在解读教材时，要密切结合学生的生活实际和思想实际，重视学生的关注点，准确把握学生认识上的误区，提高教学的针对性和实效性。

最后，联系对立面来解读。思政课中许多理论知识都有其对立面，如唯物论与唯心论、辩证法和形而上学等，这些对立面，有的是概念的对立，有的是价值观的对立，还有的是思维方法的对立。联系这些对立面去解读教材的知识理论，才能有的放矢地引导学生识别观点，比较、鉴别、确认观点，让学生去判断，进而有效地辨别、理解、认同。

教材是思政课最主要的课程资源，但教师在充分使用教材的同时，也可对教材中的某些局限性灵活处理。教育家叶圣陶说过，"教材只能作为教课的依据，要教得好，使学生受益，还要靠教师善于运用"[1]，因此思政课教师在备课时，既要依据教材，又要根据学生和社会实际活用教材。要根据实际需要和学生的认知规律创造性使用教材，灵活地进行教学设计，改变教学内容的组织方式和呈现方式，激发学生的学习兴趣。但是，无论如何灵活地进行教学设计，其前提和依据，依然是教材。只有认真研读了教材，感悟和领会了教材，把握好了教材，才能创造性地使用好教材。

总之，思政课教学设计既要基于教材，又要钻研教材，充分挖掘教材所蕴含的教育因素，有效使用教材；同时，思政课教学设计要根据教学实际情况，不能拘泥于思政课教材，不受教材的过度束缚。

---

① 叶圣陶名言摘录. 中华读书报 ［N］. 2014-11-19（08）.

# 第四章　思想政治理论课的素材性资源

"巧妇难为无米之炊"，一个成功的教学设计，必然以教师拥有大量的教学素材为基础。如果没有教学素材，教材体系就难以变成丰富生动的教学体系。高校思政课的教学素材，来自教师日常对资源课程的自觉收集与整理。有了日复一日的不断积累，教师才能获得可直接用于教学设计的素材性资源，丰富和深化教学内容。思政课的素材性资源，来自现实中无处不在的传统文化、理论文献、新闻事件、网络信息、统计数据、现实体验等。虽然如此，但是许多教师没有形成积累课程资源的自觉意识，不留心收集和积累教学素材，备课的时候想不到或找不到合适的课程资源，这就必然导致教学信息单调，教学内容单薄，课堂枯燥乏味。同时，丰富的教学素材也会被无视和浪费。因此，思政课教师要形成自觉开发教学素材的资源意识，主动留意和积极捕捉各种现实素材中所蕴含的思想意义与教育价值，时时处处积累课程资源，才能更好地进行思政课教学设计，实现思政课教学目标。

## 第一节　充分利用思政课的常规资源

思想政治理论课有着普遍存在的丰富的教学资源，主要包括：教材资源、红色文化资源、地方文化资源、学生资源、教师资源等，本节主要论述上述几个方面。

### 一、精当使用教材资源

教材是教学的基本依据，深度解读教材是教学设计的前提，思政课教师要进行教学设计，首先必须透彻理解和深度把握教材，这是必须下功夫的第一步的工作。只有透彻理解和深度把握教材，才能充分利用教材。当然，教材只是最基本的课程资源，远远不是教学内容的全部，因此要把教材体系转化为教学体系，既要充分利用教材，又必须要"超越教材"。这都需要充分发掘和精当使用教材资源。

（一）创造性使用思政课文本教材

透彻解读教材是恰当使用教材的前提，因此教师在教学设计之前，首先要充分阅读和把握教材的基本内容，比如基本的概念、原理、观点，教材的重点和难点等；其次，还要体会和领悟教材的思想情感与价值导向；最后，还要思考教材的逻辑顺序与内容表达是否符合学生的认知特点，能否被学生顺利接受。以深入分析和理解教材为前提，以学生的实际认知水平与认知需求为根据，教师要对教材进行再加工、再创作，对不符合实际的教材内容进行合理补充和必要调整，使教材内容组织编排得更符合认知规律，更符合实际教学需要。在这一过程中，教师可以就教材内容进行材料补充和理论解说；可以把枯燥理论进行生动活泼的转化；也可以把抽象深奥的原理具体化和形象化。教材是依据，但是又不能拘泥于教材，所以思政课教师对教材应该进行再创作。这样的再创作，由于以充分发掘教材为基础，所以既不脱离教材的基本内容与基本精神，又能够超越教材。

（二）积累补充性教材资源

众所周知，教材的编写出版具有周期性，虽然国家非常注意更新思政课的教材版本，但是仍然不可能实时更新教材内容，有的内容必然有所滞后。同时，教材内容具有显著的简约性，思政课教材内容基本上以概括的理性的语言表达为主，这在一定程度上又不利于学生的感性认知。所以，教学设计必须充分吸收和利用各种教学材料。比如阅读各种参考书、教学资料、党和国家的相关文件，阅读经济、政治、文化、哲学等社会科学书籍，阅读权威性的时政新闻与书报，如《人民日报》《参考消息》等，阅读权威网站信息，如新华网、人民网等，这些都能够为思政课提供和积累最新的教学素材与思路，是思政课可靠的补充性教材资源。搜集和利用报刊及网络上的实时信息，不仅能够保持思政课教学内容的新颖性与时代性，还能够使教学理论联系实际，提高学生的社会责任感，培养学生关注现实的意识与能力。

（三）借鉴信息化教材资源

互联网是最方便快捷的教学资源平台，尤其在线上课程风靡天下、线上学习大行其道的当下，网络上的教学资源十分丰富，尤其是国家与各省的线上一流课程建设，为思政课提供了巨大的可资借鉴的信息化资源。常见的有：其一，国家线上一流课程和精品课程，因为有优良的思政课师资力量为支撑，所以这些课程资源质量上乘，内容全面，从教案、课件到作业一应俱全。其二，思政课教师自主开发的线上课程，教学设计往往更接地气，更符合教学实际，更实用。其三，线上素材资源，网上有各种各样的图片、动图、视频等零散素材，思政课教师可以根据需要随时搜集使用。其四，即时网络信息资源，每天发生的各种热点焦点问题、话题讨论，都可以成为相关教学内容的一部分素材，筛选并使用这些信息，既可以提高教学吸引力，又能够增强教学针对性。

## 二、赓续利用红色文化资源

红色文化资源越来越成为思政课的优质课程资源。中国共产党领导中国人民在革命、建设和改革的历史过程中，留下了大量的物质文化历史遗存。这些红色文化是真实历史的体现，具有鲜明的思想政治意义，其中包含着充沛的理想信念、深厚的爱国主义精神、崇高的道德情操和不容置疑的人间正气。正因此，红色文化越来越受到党和国家的重视，成为思政课教育教学的优质资源。在这样的形势下，高校思政课教师也往往能够利用假期对红色文化进行有组织的研修，从而可以亲身体验，获得直观形象的感性认识，这也为赓续利用红色文化提供了条件。分布广泛、形式多样的红色文化，对于充实和深化思政课的教育教学内容，具有重要作用，已经成为思政课教学素材的重要来源。

（一）红色物质和精神资源

艰难的中国革命、火热的社会主义建设和日益深入的改革开放留下来大量的历史印迹和实物，有革命旧址、历史遗迹、器具文物，有革命博物馆、烈士陵园、纪念碑等，这些都是真实历史的见证，自带当时的时代特点，形成了感人的教育力量，可以为理想信念教育提供直观生动的价值注解。井冈山、瑞金、延安窑洞、西柏坡、于都河、湘江、大渡河、金沙江，都有中国共产党不畏艰难的足迹，反映着共产主义的坚定信念，透着中华优秀儿女自尊自立的民族精神，这些精神资源都是思政课的宝贵教学资源，也是中华民族伟大复兴的精神来源。

（二）红色人物资源

革命、建设和改革的各个历史时期，为了民族解放、国家富强和人民幸福，有各种各样的领袖人物、志士仁人和英雄模范，这些模范有的是杰出的个人，有的是突出的群体，这些人物的思想品格、人生选择与奋斗轨迹，对于思想还处于成熟过程中的青年学生有着榜样示范和价值激励作用，能够帮助学生深入思考人生意义与人生价值，能够引导学生选择正确的人生之路。对红色人物资源的开发利用，既要侧重于对他们不同于常人的信念追求、人生足迹和精神世界进行挖掘和利用，也要注意挖掘他们与普通人一样的思想感情，从而触动人们的常理常情，获得打动人心的力量。

（三）经典理论资源

马克思主义和中国化马克思主义，都留下了丰富深刻的经典原著，其中更有着各种各样的立足道义又深沉睿智的名篇名句。这些经典理论资源既来自马克思、恩格斯的原著，来自毛泽东的著作，来自邓小平的论述，来自习近平的论著，也来自党和国家领导针对具体问题的讲话谈话。这些经典理论资源，一方面能够为思想政治课提供坚实的理论支撑，另一方面其本身又是思政课的教学内容来源。所以，这些是思政课在教学设计时必须搜集和依靠的思想理论资源。对这些经典思想理论的使用，也能够增强思想政治理论课的理论底气，增强教学的说服力。

（四）红色文艺资源

一些优秀的文学艺术作品，如《觉醒年代》《长征》《跨过鸭绿江》等红色影视作品，声情并茂、直观形象，蕴含着深厚的教育信息，红色文艺资源里重现了大量曾经真实存在过的历史人物与事件，这对思政课有着直观生动的教学意义和价值。筛选可靠的红色文艺作品，选择其中思想性与艺术性俱佳的上乘之作，使其以感性直观的方式进入课堂教学，能够给学生提供生动的情感体验和思想启迪。

### 三、挖掘利用地方乡土资源

每一所高校都有其独有的地理文化环境，都有自己的山川河流、民间习俗，这些都能够与思政课相关内容联系起来。把来自身边的乡土人物、风土人情、地方发展与生活实例运用于思政课教学，贴近生活实际，不仅独具地方特色，而且也更具可信度，能够贴近学生的思想感情，引发学生的关注。

（一）挖掘校内课程资源

高校内部往往具有丰富的人文资源，特别是办学历史比较久远的学校，会有自身的历史文化积淀，包括学校的创办与发展历史、学校人物的生活轶事、著名学者的治学遗风、学校的学习生活特点与风气等。对于学生而言，这些身边的文化熟悉而又陌生，自然而然会带来思想与行为的影响和熏陶。学校的图书馆、资料室、展览馆等，也往往蕴藏着各种可资借鉴的思政课教学素材与信息，利用它们能够增强课程的开放性和灵活性。

（二）挖掘校外课程资源

每一个地方都有其文化历史遗存，这些文化历史遗存往往是自然景观和人文景观的交融，不仅有风景名胜也有人文历史。每一个地方都有其公共文化设施，比如当地的博物馆、纪念馆、图书馆、文化馆，都可以成为思政课的校外课程资源，使学生走进社会、走进生活，学生通过调查研究、参观体验而会有所收获和感悟。比如，泰山学院地处泰山脚下，泰山不仅是自然之山，也是文化之山，有着丰富的自然人文景观，登山的起点处有"登高必自"石碑，借此，"登高必自卑，行远必自迩"也就可以进入思政课的课堂，成为教育教学素材。泰山学院地处大汶河之滨，距离大汶口文化遗址只有三十公里，学生课外可以参观大汶口文化博物馆，中华民族的人文历史发展就具体形象地呈现在眼前，借大汶口文化的考古发现，也能够实证中华民族的"一万年文化史、五千年文明史"。这些校外课程资源，使思政课的教学内容更有说服力和感染力。

（三）挖掘利用乡土文化资源

学校所在的地区一定有自己特定的风土人情、民间文化。正如全国政协委员、著名作家冯骥才所呼吁的："民间文化是一个民族精神情感的载体，是民族凝聚力与亲和力所在，是民族特征与个性最鲜明的表现，是民族文化的根基与源头。"[①] 这些风土人情、民间文化，既有自然环境的地理风貌、山川风物，又有社会的人情世故、文化习俗。民间文化具有鲜明的地方性和生动的生活性，既能使学生增长见识，也能够使学生在了解历史人物掌故和地方民俗风情后形成家国情怀。生活是思想的沃土，本土的名胜古迹能够触发学生的家国故园情，本土的历史人物能够启迪学生树立人生志向，民间文学艺术能够涵育学生的生命活力与情感情操，生老病死、婚丧嫁娶的乡土习俗能够给学生提供大喜大悲的生命体验并触发学生的生命意识。

---

① 冯骥才. 紧急呼救：民间文化拨打 120 [M]. 上海：文汇出版社，2003：259.

## 四、捕捉利用学生资源

学生在生活中会积累各种感性经验和个人认识，这是课堂学习的认识基础。捕捉学生的知识、经验，利用学生既有的认识和言行，能够现场生成课堂教学素材。苏格拉底教学法，也就是所谓的"产婆术"，就是充分利用学生资源进行教育教学的方法。这位伟大的思想家并不直接教给学生知识，而是利用学生已有的知识，经过启发讨论甚至是诘难，引发学生对比、分辨和深思，最后使学生找到答案。这就是他创造的"苏格拉底反诘法"。因为他认为自己只是"精神上的助产士"，教师教学生就像助产士帮助孕妇分娩，"帮助别人产生他们自己的思想"。

（一）充分利用学生已有的知识信息与经验体验

按照建构主义理论，新知总是在旧知的基础上建构，并且只能在旧知的基础上建构。开发利用学生的知识信息与经验体验，有利于引起共鸣，提高学习积极性。华盛顿儿童博物馆的墙壁上有这样一段话："I hear，I forget；I see，I remember；I do，I understand."亲身实践必然会产生特有的内在体验，学生自己的经验和体验虽然零散，却是生动而深刻的。教师多与学生交流，充分了解学生，可以从学生的知识信息、亲身实践和经验体验中发现具有教育价值的感性基础和素材，经过引导和点拨，就能使经验升华，达到教学目的。

（二）开发利用学生对新事物的知识信息

网络时代的大学生信息来源十分广泛，就使用网络的技术来说，教师常常不如学生熟练，所以，学生了解世界的渠道甚至比教师要广，学生在一些方面了解的信息比教师要多，学生接受时尚文化比教师要快。"生不必不如师"，教师从学生那里能够获得许多新信息，知道许多新事物，所以，教学相长，思政课教师不仅可以通过学生得到一些教学素材，也可以了解学生的思想感情，把握学生的生活特点与行为逻辑，更全面地掌握学情。

（三）善于利用即时资源

即时性的资源，是学生在教学过程中临时、临场的各种具体表现。比如学生表现出来的学习兴趣、思维方式，学生发表的观点、看法，学生提出的问题，学生回答的答案及其思路等。这些课堂信息都是在具体的教学过程中随机出现的资源，是稍纵即逝的，也是教师完全不可能提前预设的。教师要有"慧心"和"慧眼"，对这些即时出现的场景，只要有教学敏锐性，就能够及时捕捉和利用。课堂上可能会出现偶发事件，比如学生产生的质疑和反驳，优秀的教师往往能够借机深化教学。"学贵有疑，小疑则小进，大疑则大进。"学生的质疑与提问，恰恰为有经验的思政课教师提供了因材施教、深化教学的时机。重视学生的看法，抓住有价值的问题，通过充分的讨论交流，能够达到更加深入的认识。讨论交流中，学生中会出现某些有个性、有见地的意见，能够成为教师教学的直接素材；思路开阔的学生的有见地的发言，也会对其他学生产生思想影响；学生不拘一格的见解与发言，也能够反向启发教师，成为有研究价值的问题。所以要充分肯定和引导学生积极思考、敢想敢说。

（四）学生的错误也是一种资源

日常真实的课堂上不可能永远充满正确认识，错误认识也是课堂的一部分，而且有的错误还是思政课课堂最生动活泼、最有生命力的一部分。如果抓住典型错误借题发挥，进行充分的剖析论证，恰恰能够让学生记住知识理论的关键点。学生有上进的动机，有自我修正的愿望，一时的错误则会成为难忘的教训，也会引起全体学生的警惕。课堂上的这些资源自然而然，具体鲜活，可以说取之不尽、用之不竭。当然，这些资源又最容易被忽略，若非教师有心，就不会被当作教学素材加以利用，所以教师开发利用教学资源的自觉性很重要，有了自觉性，才能够留心和挖掘其中有价值的部分，及时点拨，因势利导，增强思政课教学的针对性和有效性。

## 五、反躬开发教师资源

教师既是开发利用课程资源的主体，从一定意义上说，教师又是思政课最为重要的课程资源和最为特殊的课程资源。可以说，好教师本身就是一个巨大的资源库，思政课教师是思政课最直接的影响源，甚至可以极而言之，"教师即课程"，思政课教师的思想内涵、教学特点为学生提供了感性、直接的学习资源。

（一）教师的思想理论储备是最直接的课程资源

教师自身的知识理论积累是其进行教学设计时最直接、最便捷的课程资源，可以说，教师自身的思想理论储备不仅直接决定了其对思政课教学内容的理解，也直接决定了其教学设计的思路。因为教师的知识理论储备直接决定了其思维的广度和深度，也直接决定了其教学个性。概括地说就是，思政课教师以自身的知识理论修养和见解见识来教育教学，引导学生的学习发展，所以，思政课教师的思想理论储备是教学设计最重要的资源，教师必须不断学习知识和理论，更新思想观念，防止思维固化。

（二）教师的教学活动是隐蔽的课程资源

教师在教学中往往习惯于使用某一些教学方法，在课堂的组织管理上往往有自己的一定之规，在与学生的关系上也往往会表现出比较稳定的倾向性，教师在教学活动中呈现的这种具有个人特点的教学方式、方法、技巧，也是一种课程资源。教学中经常使用的教学模式和方式方法，也会潜移默化地影响学生的思维方式和行为方式，虽然这些教学活动的教育性比较隐蔽而不易被注意。比如，教师的教学活动如果是一讲到底式，学生就会被动接受，那么就易于形成被动顺从的性格；教师的教学活动如果注重互动，强调学生的参与性，那么学生就易于形成积极主动的性格。教师留下的课外作业如果是书面作业，那么就易于培养学生的阅读与思考的习惯；教师留下的课外作业如果是调研报告，那么就易于培养学生理论联系实际的能力。同时，个人作业易于培养学生的独立性，小组作业易于培养学生的合作性。所以，教师的教学活动应该具有科学性并富有变化，才能促进学生的全面发展。

**（三）教师真实的思想情感是最具影响力的课程资源**

思政课教师在日常教学中流露出来的真实的情感、态度、价值观，教师日常的处世态度，最易被学生察觉和感知，这些也是思政课最具影响力和说服力的课程资源。如果教师讲一套做一套，不仅教学完全无效，还会成为讽刺和笑话。教师个人真实的思想感情与价值观，是一种经常性的教育影响源，优秀教师常常成为学生敬佩和模仿的对象，是思政课不可多得的课程资源。"以身教者从，以言教者讼"，所以思政课教师必须模范做人，"以身立教"。

**（四）教师的生活阅历是可信的课程资源**

"物有甘苦，尝之者识；道有夷险，履之者知。"亲身见过、听过或做过以及由此而来的人生感悟、体验和收获，因为形象具体、富有个人色彩而具有强大的感染力。所以，教师的学习经验、生活经历等人生阅历，也是思政课的课程资源，与教学内容有机结合就能够对学生产生潜移默化的影响。思政课教师如果视野开阔，不断地学习、实践和思考，其真实的经历与感受，就是学生获取社会认识的可靠材料，也是学生选择人生道路的重要参照。"读万卷书，行万里路"，丰富和挖掘思政课教师的各种经验，具有重要的教育教学意义。

**（五）教师的集体智慧是重要的课程资源**

思政课教师群体进行经常性的交流讨论，是开发课程资源时不能忽视的一个方面。个人的眼界有限，集体的力量强大，教师之间如果资源共享，就会使教学素材倍增；不同思维视角下如果进行交流讨论与碰撞，又会激发出新的认识和思考，启迪形成新的教学思路；经常性的听课与评课，还能够提供互相启迪和借鉴的机会。

生活中能否发现与利用教学素材进行教学设计，取决于教师的自觉性。归根到底要提高教师的课程资源意识与专业眼光，提高教育教学的敏感性和捕捉素材、提取素材的能力。当然，开发利用教学素材也不能走极端，绝不能无节制使用教学素材。教学设计要使用教学素材，让思政课更丰富、更深刻，但是，教学设计绝不能舍本求末，成为材料的堆积，导致冲淡主题。所以，开发利用素材性课程资源，既不能抛弃教材，也不能淹没教材，而必须以教材为核心，以课程定位为依据，突出重点，合理取舍，精心设计，更好地实现课程目标。

# 第二节　开发和利用中华优秀传统文化资源

中华优秀传统文化是在我国的自然环境、经济基础、政治结构等客观历史条件的基础上形成的文化现象与意识形态，它既体现于经典文献、规章制度之中，又存在于思维模式、知识结构、价值观念、伦理规范之中，还存在于民族心理、风俗习惯、审美情趣、行为方式之中，经过数千年的演化与发展，这种文化沉积已经深深地融进了中华民族的思想意识和行为规范之中，渗入社会生活的各个领域，这都是思想政治理论课取之不尽、用之不竭的思想文化资源。中华优秀传统文化蕴含的丰厚课程资源体现在哪里？简要而系统地进行梳理，主要体现在以下几个方面。

## 一、厚重的思想理论资源

中华优秀传统文化的内容极其丰富，其中，首先需要认真学习与挖掘的就是传统思想理论资源。中华文明博大精深，思想流派纷呈，先贤圣哲辈出，经过了春秋战国时期，形成了儒家、道家、墨家、法家等各种思想理论流派。在中国文化的轴心时代，各流派都留下了大量的思想理论著作，形成了《诗》《书》《礼》《易》《春秋》《论语》《老子》《庄子》《孟子》《韩非子》《墨子》《荀子》《吕氏春秋》等中华文化元典，这些典范性、权威性的思想理论著作记载了大量丰富深刻的思想，富含精髓真义，体现了坚毅清醒、尊道贵德的哲学理性，系统体现了中华文化的中坚理念，培养了中国人的精神世界，成为代表中国的民族元素，值得人们深入学习和挖掘。

儒家思想是中国传统文化的核心部分，儒家文化辐射到我国周边，形成了一个至今依然广泛存在的"东亚儒家文化圈"。儒家主旨在于积极入世，强调以德治国，以人为本位，把"爱人""惠人"作为首位，先有孔子"为政以德"的主张，又有孟子"民为贵，社稷次之，君为轻"的主张，到范仲淹"先天下之忧而忧，后天下之乐而乐"，黄宗羲"天下之治乱，不在一姓之兴亡，而在万民之忧乐"的治乱标准。儒家的人本仁爱精神有着永恒的积极意义，儒家倡导的中庸精神、仁爱精神、礼让精神以及自强精神，奠定了我国民族精神的基调，成为中国文化的根本标志。中华民族的许多优秀传统，都与儒家密不可分。

法家主张以法治国，强调法是治国的根本，治国之道必须建法立制，君臣共守，事断于法，令出必行，言而有信。法家的法制理论作为一种政治思想，本质上是一种君主专制思想，与今天的法治大相径庭，然而其主张"去私心行公义""法不阿贵""不别亲疏，不殊贵贱，一断于法""以法为教"以及"官不私亲，法不遗爱，上下无事，唯法所在"（商鞅《君臣》），仍然是重要的思想资源，对今天的社会主义法治建设十分有启发。

墨家认为强执弱、众劫寡、富侮贫、贵敖贱的乱世，是因为"天下之人皆不相爱"，应该建设"天下之人皆相爱""爱人若爱其身"的理想社会。他们提倡非攻、尚贤、节用、节葬，人与人之间互爱互利的"兼相爱、交相利"，追求"强不执弱、众不劫寡、富不侮贫、贵不敖贱、诈不欺愚"的理想社会。墨家有着强烈的实践精神，生活俭朴、自苦自励、严于律己，尤重高尚精神，以求"兴天下之利，除天下之害"为目的，把维护公义看作是义不容辞的责任。"墨子之门多勇士""杀己以存天下"，墨家可以"赴汤蹈刃，死不旋踵"，是侠义精神的代表。墨家的平等博爱理想和献身救世、急公好义品格，成就了中华文化中刚毅果敢、尚武重义的精神品格。

李约瑟说："中国如果没有道家，就像大树没有深根一样。"① 道家以自然为根柢，主

---

① 道家哲学是中国哲学的根基吗？[N]. 光明日报，2006-04-18（07）.

张"清静无为""返璞归真""顺应自然""贵柔守雌""自在宽容"。清静指心神宁静，无为指不轻举妄动，道家引导人们以平和的心态来对待利益，不要为声名财货等外在利益而丧失了自我，扰乱心灵的宁静。道家的"虚静"理论，主张抛却羁绊，无待、无患、无累，获得精神释放，不受外物之累，体验和享受精神解脱与自由。"尽人事，乐天命""不以物喜，不以己悲"，以一颗平常心对待生活，培养了中国人顺势而为、宠辱不惊的生活态度。道家思想对中国人的淡泊虚静、自由放达、恬淡自适的性格有很大影响。"隐逸"成为民族心理的一部分，隐藏在中国人内心，使中国人在受到挫折或失败时能坦然面对、释然解脱。

传统文化的经典，是中国历史传统中规范形态的文化，也是今天最重要的德育资源。经典是经过了历史的检验而积淀下来的原典性文献，是思想理论的集大成者，它们蕴含着超越时空的常理，具有永恒的价值，是中华文化思想的精华，是民族精神的载体。传统思想理论经典是最有价值的典范性著作，《论语》生动隽永，《孟子》气势雄辩，《老子》文约义丰，《庄子》宏博恣肆，它们哲理与诗意并备，记载了大量脍炙人口的寓言故事，思想性和艺术性完美结合，给人以智慧的启迪。人们通过阅读经典原著，细细体味其中真意，可以获得自己的理解与判断，可以获得大量益智修身、立德正行的身心滋养和思想启迪。

## 二、悠远的传统史学资源

由冯友兰撰写、闻一多篆刻的西南联大纪念碑的碑文中写道："盖并世列强，虽新而不古，希腊、罗马，有古而无今。惟我国家，亘古亘今，亦新亦旧，斯所谓'周虽旧邦，其命维新'者也。"泱泱大国，浩浩历史，中国的历史记载从司马迁《史记》所记五帝史迹开始，到夏商周历代相继并一直到明清，3200多卷的《二十四史》前后相接，几千年的发展世代连续而尽载史册，形成了世界史学上绵延不断、独一无二的中国史学。

传统史学是中国传统文化的基本载体，是民族精神和民族智慧的体现，是民族自信心和民族凝聚力的源泉。法国历史学家布罗代尔说："如果历史学消失，国民意识也将因此不能存续。"[1] 龚自珍曾经说："欲知大道，必先治史。"[2] 梁启超也说："史学者，学问之最博大而最切要者也，国民之明镜也，爱国心之源泉也。"[3] 历史人物、历史事件和历史发展轨迹承载着民族文化的根基，是爱国主义的深厚源泉，具有促进民族团结的教化作用。会通古今，开阔视野，是培养历史使命感和历史责任感的重要方式。

中国自古重视对史书的编撰，看重史学的经世功能和镜鉴意义。唐太宗在诏书中说："朕每观前代史书，彰善瘅恶，足为将来规诫。……将欲览前王之得失，为在身之龟镜。"[4] 历史能提供丰富的治国镜鉴，历代王朝治乱兴废的经验教训，是治国理政的宝贵财富。告诸往而知来者，面对历史事件深思明辨，可以总结其得失；面对历史更替警醒

---

① 曹开云，于凯，等. 百年风云：20世纪中国的世情、国情和社情 [M]. 北京：清华大学出版社，2013：III.

② 出自龚自珍《定盦文集·续集·尊史》，转引自：师英杰. 欲知大道，必先为史 [N]. 光明日报 2022-07-29（03）.

③ 梁启超. 饮冰室合集·新史学 [M]. 北京：中华书局，1989：7.

④ 《册府元龟》卷五五四《国史部·恩奖》，转引自瞿林东. 唐代史学与唐代政治 [J]. 史学史资料，1979（3）：27.

惕厉，可以把握其规律。历史承载着民族文化，中国深厚的历史渊源承载着中华文化的传统与根基。中国精神不仅体现为哲学中的清醒理性，更体现在历史人物、历史事件和历史发展轨迹中。历史具有认识功能，学习研究历史，了解过去，求得社会发展的因果关系，可以作为现代人活动的资鉴。历史是最好的老师，今天遇到的事情可在历史上找到影子，历史上发生过的事情也可作为今天治理国家和社会的镜鉴。社会历史发展有因果关系，一个人的经验有限，所以要借助于过去，"告诸往而知来者"，先辈的经验就是子孙的精神财富，前人之所知所能可以传于后人，指导后人。明白了原因，就能够预测结果，而且可以谋划改良与补救的方法。面对历史事件深思明辨，可以总结其得失；面对历史更替警醒惕厉，可以把握其规律。波澜壮阔的历史兴亡使人能够更正确地把握社会生活。从历史中学习和体悟社会生活的丰富内涵，汲取经验，会通古今，是开阔视野、丰富内涵、提高文化素质的一种方式。以史为鉴能够培养出广阔的视野，提高思维能力，拓展思考问题的方式，想问题更深入、客观。所以读史足可明智。

历史还有巨大的道德教化作用，因为史实里含着事理，《说文解字》写道："史，记事者也，从又持中。中，正也。"中国传统对于记事写史，强调"明道"和垂训的作用，中华五千年历史，强调社会道义，史学家追求大中至正、不偏不倚、秉笔直书，不虚美隐恶，所以历史记事往往事、文、义结合，"事为基础，文以表事，义从事出"，持大义、别善恶，褒贬是非得失。"考论得失，贻鉴将来"，史书中的历史典故，都包含着生动而深刻的道理，历史经验和教训可以用来指导今天的事业和人生，善可为法，恶可为戒，昔人成功之举今可为范，昔人失策之处今当警鉴。所以读史足可辨是非、明善恶。

恰如老子所言，"善人者，不善人之师；不善人者，善人之资。"历史人物的事迹言行，异彩纷呈，美丑各别，善恶各异。历史涵括了各类典型人物，既有先贤大家，也有狡诈小人；既有明君贤臣，也有市井平民，贤愚不同，忠奸各异，他们的生平与思想人格，组成了古代中国复杂绚丽的历史文化现象，以史为镜，可以洞见现实的人生和社会。从远古的三皇五帝到春秋五霸，从秦时的秦始皇、李斯、韩非、吕不韦，到汉时的刘邦、张良、萧何、韩信，从汉武帝、周亚夫、张骞、霍去病，到唐时的李世民、魏征、房玄龄、杜如梅，到宋时的赵匡胤、狄青、包拯、岳飞，从明朝的朱元璋、海瑞、戚继光、郑成功，到清朝的康熙、雍正、乾隆。有才能翘楚蔡文姬、谢道韫、李清照，有权力女性吕雉、武则天、慈禧，变法的有商鞅、王安石、张居正、康有为，狂放的有阮籍、嵇康等竹林七贤。历史上既有保家卫国、赤胆忠心的忠良贤能，也有勾结祸乱、心迹俱恶的奸诈宵小，既有侠客，又有辩士，历史人物的事迹言行善恶各异、美丑各别，体验其中的滋味，是历史留下的生动深刻的教育资源。

历史上的优秀人物具有高尚的品节，其家国忧患的情怀、凛然不二的气节、自由磊落的胸襟、自强不息的精神都具有道德教育意义，其道德文章令人感叹敬佩，是后世楷模。屈原的高洁超脱，司马迁的忍辱负重，苏轼的超然畅达，他们特有的生活态度和人格，都是传统文化中的优秀典型，大学生习染大家风范与本真品格，善可为法，恶可为戒。

## 三、深厚的伦理道德资源

中华文化以成德建业、厚德载物为理想，视道德风俗为天下大事，顾炎武更有亡国、亡天下之辨：易姓改号、王朝更替为"亡国"，"仁义充塞，而至于率兽食人，人将相食"为"亡天下"。天下，就是生生不息的众生及其世世相传的伦理风尚，伦理秩序严重败坏以至率兽食人、人人自危就是"亡天下"。顾炎武说过："保国者，其君其臣，肉食者谋之。保天下，匹夫之贱与有责焉耳矣。"① 保持伦理教化和社会秩序，是任何一个布衣匹夫的责任，即"天下兴亡，匹夫有责"。近代章太炎也认为："道德衰亡，诚亡国灭种之根基。"古代中国"服民以道德，渐民以教化"，为后世留下了丰厚的伦理道德精神，形成了中华民族的传统价值体系，成为深入人心的民族心理和民族智慧，这些都是生动深刻的教育资源。

首先，从伦理精神看，儒道两家塑造了中国人的基本道德面貌，也树立了基本的道德参照。儒家把人归之于社会，强调人的社会责任，积极进取、以天下为己任，追求仁爱精神、济世情怀、献身精神和骨气节操，奠定了中国传统思想的主流，成为中华文化共同的心理基础。这种思想对形成自立自强的民族性格产生了至关重要的影响。儒家提倡"成己而成人"，自我完善又由己及人，正是在成就他人的过程中，自我的道德境界得到了更深刻的提升。儒家对人之能动精神的强调，使人超越有限、狭隘的物质世界而进入无限、开阔的精神领域，提供了个人提升自我修养的内在动力。与之相反相成的是，道家把人归之于自然，强调淡泊超远、自由洒脱的思想，也同样成为民族性格中的基本特质。道家主张淡泊名利，平和心性，以平等平和的态度对待自然、社会和人生，顺其自然、顺乎天性，自由发展。其可以使人保持平静的心灵，培养超然物外的心态，形成平静、超脱等精神特质。道家思想孕育了中国人性格中的弹性和韧性，道家追求个性、追求自由、追求虚静的生活态度，形成了中国人虚怀若谷的宽厚与平和，也平衡了儒家自强不息而生出的紧张和疲惫，形成了中国人一张一弛、张弛有度的人生态度，是代表中国人品性的另一个民族元素。

渊源深厚的中国传统道德精神为人们建立了立命立身的参照，极其深远地影响着中国人的道德生活。孔子仁爱忠恕，至诚宽厚，辞让谦和，坦荡处世，不断完善自身修养，"内圣外王""温而厉，威而不猛，恭而安"的仁德风范。孟子"富贵不能淫，贫贱不能移，威武不能屈"的浩然之气，成为中华民族的脊梁，"仰不愧于天，俯不怍于人"的大丈夫人格，是舍生取义杀身成仁的无私，是"平治天下，当今之世，舍我其谁？"的社会责任感与"当仁不让"的历史使命感！道家强调"尊天道""法自然"、无欲无为、不争不傲，反对用外在的规范来束缚自己，向内追求以恢复、保持和发挥自己内在的自然本性，"修之于身，其德乃真"（《道德经》五十四章）"上善若水"。庄子强调清明洞察、摒弃智巧，超凡脱俗，来去自如。墨家讲的兼爱非攻，佛家讲的慈悲为怀，宋明理学家讲的民胞物与等理念，都是优秀的立命安身之道。

其次，历史形成的中华传统美德，蕴含着丰富的思想道德资源。比如说孝道，百行孝为先，古代以孝治天下，"不孝"是"大逆不道""十恶不赦"的罪过，"人不孝其亲，不如禽兽"。鲁迅先生甚至说"不孝敬的人是天底下最可恶的人"。孝敬父母，一要让父母吃饱穿暖；二要精神关怀；三要善待自己的身体，因为身体发肤受之父母，不敢损伤；四要兄弟姊妹和谐相处，《弟子规》说"兄道友，弟道恭，兄弟睦，孝在中"。再如节俭，

---

① 《日知录》卷十三《正始》，转引自张锡勤. "天下兴亡，匹夫有责"小考 [J]. 道德与文明，2000（6）：22.

《朱子家训》说"一粥一饭当思来之不易，半丝半缕恒念物力维艰"，强调爱惜人力物力。节俭不是小气，"当用万贯不惜，不当用一分不费"，这也是中华民族的传统美德。诚信，古人说诚是百行之源，进德以诚，"世宁无德，不可有假德"，没有诚实为基础就没有道德。"季布一诺，胜过千金"，商鞅立木为信，许衡不食无主之梨。至诚者感人深，孟子说："至诚而不动者，未之有也；不诚，未有能动者也。"① 庄子说："不精不诚，不能动人。故强哭者虽悲不哀；强怒者虽严不威；强亲者虽笑不和。"② 国家与社稷的大志，催生浩然之"气"，充实着自强不息的道德精神，与道义相和谐的志气使人奋发向上，"天行健，君子以自强不息"，自尊自重、刚健自强是中华民族的性格精神。这种精神足以凝聚成一个民族的大志与大德。

再次，千古流传的大量道德故事是人们品德修为的生动楷模。悠久的历史给后人留下了比比皆是的道德故事，比如勤奋好学的实例就有董仲舒、司马光、欧阳修等人的故事：董仲舒专心攻读，其书房后的花园近在咫尺，但他"三年不窥园"；司马光为改贪睡的毛病，用圆木作警枕，早上惊醒读书；顾炎武童年不幸，在母亲的教导下勤奋苦读，以过人的毅力手抄《资治通鉴》，终成一代大家。还有匡衡凿壁偷光，李密牛角挂书，欧阳修荻草代笔，范仲淹断齑划粥等。

中国传统教育是人文主义教育，教人德行与人生智慧，尤重品德修为和人格磨炼。中华民族历来重视通过"道德当身，不以物惑"的各类实例教育后人，因此有许许多多感人至深、千古流传的伦理道德故事，主人公们有的机智勇敢，有的立志高远，有的谦敬礼让，有的刚正不阿，形象具体的道德故事成为一代代中国人的立身楷模。历史上既有正气丹心的文天祥，也有持节牧羊的苏武；"时穷节乃见"的中国信念，"富贵不能淫，贫贱不能移，威武不能屈"的人格操守，艰难困苦中保持独立品节的中国情操，都是民族不屈不挠性格的集中体现。历史上的各种道德故事，具体形象，深入人心，这些典型实例不仅在传统社会发挥着榜样功能，对于今天的道德教育也能继续发挥教育作用，是高校思想政治理论课的基础性资源。

最后，行善积德的传统风尚至今仍然影响着人们的行为方式。《国语·晋语》写道："夫德，福之基也。"中国人深信厚德载物、厚德载福，行善积德是人们的口头禅，"行善"就是成别人、救人危急，"积德"就是"积善"。"积德多年元气厚"，多做好事、积累善事不仅会改善自己的生存环境，而且还能福泽子孙后代。《周易·坤·文言》写道："积善之家，必有余庆。"勤劳俭约、正直朴实、和睦安顺、读书明理、行善积德等内容，成为中国人历代家规家训里的基本内容被遵循、传承。方孝孺说："交善人者道德成，存善心者家里宁，为善事者子孙兴。"③ 被历代士大夫尊为"治家之经"的《朱子家训》写道："与肩挑贸易，毋占便宜。见贫苦亲邻，须多温恤。刻薄成家，理无久享。伦常乖舛，立见消亡。"与人为善、仁以待人等传统美德源远流长，"积德前程远，存仁后步宽"的信念至今仍然影响着百姓的行为方式。

---

① 金良年. 孟子译注 [M]. 上海：上海古籍出版社，2004：156.
② 庄子 [M]. 方勇，译注. 北京：商务印书馆，2018：581.
③ 转引自：周虹云，林元昌. 论《朱子家训》的传统美德思想和时代价值 [J]. 武夷学院学报，2019，38（05）：9.

## 四、辉煌的诗歌文学资源

中国传统文学典籍卷帙浩繁，这些文学作品与思想家的理论著作一起成为传统思想的物质载体。中华民族在历史进程中形成的民族精神和民族情感不仅体现在一些历史事件和民族英雄身上，也渗透在中国内涵丰富、形式多彩的传统文学之中。传统文学是传统文化的组成部分，从先秦的《诗经》、楚辞到唐诗、宋词、元曲，再到明清的小说，多姿多彩的传统文学以生动的形象、丰富的思想和高度的艺术成就，成为中国传统文化的重要组成部分。传统文学又是传统文化的形象载体，融入了作者的道德评价，思想感情和观念意识也通过文学艺术作品保存流传下来，并一直熏染和陶冶着一代代中华儿女，显示出了强大的影响力，而文情并茂、富含道义的古典诗词名句，也成为激励人们的格言，成为普通人生活的座右铭。

中国古典诗文内容极其丰富多彩，腾蛟起凤，俊采星驰。在各种各样的山水诗、田园诗、边塞诗中，既有塞外将士的乐观豪情，又有渔舟唱晚、山水农家的隐逸淡远；在隔朝隔代的春节、元宵节、清明节、端午节、七夕节、中秋节、重阳节等有关节日的古诗中，既有和平安定的养怡之福，又有关山难越的触景感伤；在伤怀的、咏古的、思乡思念的抒情诗、送别诗、离别诗中，既有"襟三江而带五湖"的壮阔宏景，又有委婉含蓄的清秋梦远；在爱国诗、战争诗中，既有紫电青霜、"收取关山五十州"的豪健激越，又有"但愿苍生俱饱暖"的深邃情怀；既有"老夫聊发少年狂"的热烈纵情豪迈，又有闲云潭影、风花雪月的闲情，也有民生疾苦、坎坷身世；既有"欲渡黄河冰塞川，将登太行雪满山"的困顿，也有豪迈奔放。

其中的名篇佳句数不胜数，屈原的《离骚》塑造了坚贞至诚的形象，司马迁的《报任安书》历述了先贤的发愤以自励，中国古典诗文常常透出奋发自强、不甘落后的凛然气节，忧国忧民、甘赴国难的爱国精神。陶渊明"不戚戚于贫贱，不汲汲于富贵"的淡远，李白"天生我材必有用，千金散尽还复来"的豪气，杜甫"安得广厦千万间"的沉郁，王安石"不畏浮云遮望眼，只缘身在最高层"的蓬勃，范仲淹"先天下之忧而忧，后天下之乐而乐"的情怀，陆游"僵卧孤村不自哀，尚思为国戍轮台"的热忱，李清照"生当作人杰，死亦为鬼雄"的脊骨，文天祥"人生自古谁无死，留取丹心照汗青"的风骨，王冕"不要人夸颜色好，只留清气满乾坤"的超俗；郑板桥"千磨万击还坚劲，任尔东西南北风"的坚韧，龚自珍"落红不是无情物，化作春泥更护花"的胸襟，林则徐"苟利国家生死以，岂因福祸避趋之"的胆识志节等，都是传统文学作品中具有深刻教育意义的典型。唐时的陈子昂、李白、杜甫、王昌龄、高适、岑参、白居易、刘禹锡、李商隐、杜牧，宋时的王安石、辛弃疾、陆游、岳飞、文天祥，明时的陈子龙、张煌言、顾炎武，清时的康有为、梁启超、黄遵宪、谭嗣同、秋瑾，他们关于民族尊严和气节的豪迈诗篇，一直是民族精神的蓝本。

"诗言志""诗缘情"，诗歌文学中表达的是思想、意愿与感情，倾吐的是汹涌澎湃、沸腾燃烧的热情。"闲居非吾志，甘心赴国忧"（曹植《杂诗》）；"左眄澄江湘，右盼定羌胡。功成不受爵，长揖归田庐"（左思《咏史》）；"主人赠我金错刀，我今得此心雄豪"（秋瑾《宝刀歌》）；"寸寸河山寸寸金，侉离分裂力谁任？"（黄遵宪《赠梁任父同年》）；"四百万人同一哭，去年今日割台湾"（丘逢甲《春怨》）。这些作品都反映了作者的情感。

不仅诗歌如此，中国传统文学艺术历来追求文道合一"文，所以载道也。文辞，艺也；道德，实也。笃其实，而艺者书之，美则爱，爱则传焉。贤者得以学而至之，是为教。"（周敦颐《通书·文辞第二十八》）梁启超明确指出小说具有"熏、浸、刺、提""四力"，足以移人。《红楼梦》《三国演义》《水浒传》《西游记》等中国四大名著以及其他大量的优秀文学作品，事、理、情兼备，故事性、趣味性、思想性兼具，其中的伦理蕴涵十分明显，引起人们对自身和社会的沉思，在流传过程中起到了大众"道德教科书"的作用。李白诗歌的旷达，杜甫诗歌的厚重，已经融入中华民族的血脉，成为中国人的文化基因。诗歌文学能够抒情言志，富于美感又饱含情感，咏读之间抑扬入心，其感人深，其化人速，具有独特的陶冶性情、潜移默化的社会作用。

"形神兼备"是文学形象的特征，优秀的文学经典形象生动，感人至深，又思想深厚，善者可以感发人之善心，恶者可以惩创人之逸志，是可以提升品德修养的优秀读物。中国自古就有诗教传统，重视情感教育，通过情感体验陶冶情操。诗歌文学作品启动了阅读者由此及彼、由表及里的自我感悟和自我教育过程，大学生在阅读欣赏这些作品时，会感受其高尚与低劣、美好与丑恶，体验其中精神，产生喜怒爱憎的情感共鸣，从中区分人性善恶，鼓舞人之高尚情志，沟通理性与感性，保持认知、情感和行为的协调和谐发展，达致明朗豁达的品性。

## 五、多彩的民族艺术资源

冯友兰说："一个民族只有从他自己的文学艺术里，才能充分地得到愉快。"[①] 中国传统艺术因浓郁的民族气息和生动的艺术形式越来越受到全世界的喜爱。书法、绘画、音乐、舞蹈、戏曲、园林、建筑、雕塑、刺绣等，我国的传统艺术极其丰富而辉煌，透着文明古国的深厚底蕴。梅兰竹菊与松柏象征着中国人的骨气，亭台楼阁与四合院展示着中国人的整体观念，少林武当与太极八卦包含着中国人天人合一的哲学智慧，秦砖汉瓦与桥梁水道展示着中国文化的博大精深，青铜陶瓷与玉石凝结着民族的灵性光辉。中国传统艺术作品传递着共同的思想观念和行为方式，沟通着社会成员的道德感情，体现着共同的审美追求。

比如我国的书法艺术就是世界上独一无二的文化瑰宝，它参差错落、穿插避让、朝揖呼应，体现了典型的东方之美。中国文字的点画结构迥异多姿，变化微妙，其笔法的粗细、轻重、疾徐之间意趣不一，笔随意变，长扁随形，错落多姿而又和谐统一。书法是古代人们信息沟通的中介，是文化教养的主要标志之一，是令知识分子痴醉的艺术，至今仍然具有无与伦比的群众基础。几千年来我国书法名家辈出，风格各异，佳作如林，或平正淳和或峻严方饬，或深厚圆劲或秀朗细挺，或瘦劲露骨或醉态癫狂，反映着不同的精神风骨。再比如中国绘画，它笔简而意远，画尽而意在，以传达物象的气韵神态和画家的主观情感为旨归，即使表现自然物象也常常借景抒情，托物言志。南朝绘画理论

---

① 转引自：周鲁霞. 反叛与承继［N］. 齐鲁晚报，2010-3-13（A21）.

家谢赫在《古画品录》中提出绘画能够"明劝戒，著升沉，千载寂寥，披图可鉴"，的确，中国绘画诗、书、画、印有机结合，常常在画面上题写诗文或跋语，以表达对社会和人生的认识，能够发挥"恶以诫世，善以示后"的社会意义。

中国传统艺术强调美善合一，含蓄蕴藉。比如在中国戏剧中，有京剧、越剧、评剧、豫剧、黄梅戏等五大剧种，还有地方戏剧种三四百种。各剧种的传统戏曲中展现的人物、故事，既表达着普通民众的愿望，也渗透着鲜明的人生理想与伦理评价。戏曲把演唱、舞蹈、音乐、美术、服饰、表演等各种艺术因素集于一体，具有独特的魅力，艺术作品的主题、人物、情节总是要体现社会的伦理精神，通过表演人物和故事展现其思想性和倾向性。人们观剧时，目击英雄小人、良善丑恶、各种遭际，可以体会其中的是非曲直、酸甜苦辣，会情不自禁地为之叹息、为之愤慨、为之扼腕、为之折服，甚至引为榜样和佳话，作为人生的指引。多少传统中国人正是从戏曲、故事和口头文学中吸取了做人的信念。

正是因为优秀艺术作品具有巨大的情感寄托与教化作用，因此孔子有"游于艺"之说。其认为，一部能够给予观者深刻印象的艺术作品必然包含着深刻的思想和实质性内容。优秀艺术作品能给人提供栩栩如生的形象，展现生动的人生画卷，人们在欣赏之时，在引人入胜的娱乐过程中，自然会产生情感上的共鸣，引起感悟，使人们在这种共鸣和感悟中自己对人生，对未来，对社会进行反思。朱熹说，"教人未见意趣，必不乐学"，优秀的艺术作品引人入胜，又表达了善的精神，可以从中吸取道德营养。

中国传统艺术因其浓郁的民族气息、淳厚的艺术内涵和生动的历史痕迹，越来越受到现代人的喜爱和欣赏，体现着共同的民族心理和价值追求。艺术作品传递着社会的思想观念和行为方式，沟通着社会成员的道德感情。艺术的惯例是艺术家们总是为我们展现出现实中动人的侧面，优秀艺术作品生动形象，能够给予人以深刻印象，塑造着人的情感，使人的情感获得解放，艺术作品对群众具有巨大的情感寄托与伦理教化作用。

## 六、亲和的生活习俗资源

英国人类学家爱德华·泰勒1871年在《原始文化》中说："知识、信仰、艺术、道德、法律、习惯等凡是作为社会的成员而获得的一切能力、习性的复合整体，总称为文化。文化是一个民族的各类生活方式，它由思想和行为的习惯模式所组成。"中国数千年的文化沉积已经深深地融进了民族的生活方式和生活习俗之中，为人们共同认可，体现着共同的社会心理、价值取向和审美情趣。中国自古重视风俗，"为政必先究风俗"是历代君主的施政原则，"观风俗、知得失"，统治者要考察民风民俗，将其作为制定国策的重要参照，因此《荀子·大略》说："政教习俗，相顺而后行。"政治教化与风俗习惯、世道人心相适应才能实行。

生活习俗既是观念文化，又是行为文化，是一个国家、民族、地区的民众共造、共享的精神文化，有着浓郁的乡土气息、生动的表现仪式和悠久的历史痕迹，为人们共同认可，体现着共同的社会心理和价值追求，往往与传统道德相互交织、相互融合。近年来我国把一些民俗列为非物质文化遗产进行保护，把重要的民族节日确定为法定假日，就是为了进行积极引导，弘扬其中的民族精神。

中国人的和谐意识既包括天人关系的和谐，又包括人际关系的和谐。我国人民有农事纪念、丰收庆典和祭天祭地等生产习俗，表达着把握利用自然规律、与自然保持和谐的生活智慧。中国人对天地、自然保持着敬畏感与亲切感，祈求获取物产的依靠和生活的来源。生活在山区的民族崇拜山神，生活在江海边的居民供奉河神海神。从事狩猎生产是我国不少民族主要的生产方式之一，如北方的鄂伦春、赫哲、达斡尔等族，但是各民族都有一定的狩猎规则和禁忌，一般不打产崽孵卵和哺乳的动物，春天不狩猎以保证野生动物的繁殖，秉持着天人合一的古老生活智慧。

民众日常生活中的衣食住行、婚丧嫁娶、生老病死等，都有相应的风俗仪式与礼节，代代相承，其中积聚了大量的价值寄托和追求。人生的各种重要关节点有各自的礼仪习俗，如在诞生、满月、百日、周岁、生日、成年、婚嫁、丧葬等时刻举行的仪式和礼节。诞生礼向社会郑重宣布一个成员的诞生；成年礼则承认年轻人获得独立的社会地位和权利，标志其由毫无责任能力的"孺子"转变为独立面对社会的成年人，具备了进入社会的能力和资格，也提醒受礼者的社会责任感；婚礼是人生的重要大礼，是人生第二个里程碑，是成家立业的标志；丧礼自古受到重视，亲友为死者举行的殓殡、祭奠、哀悼等仪式，于死者是安抚其灵魂，于生者则是分长幼尊卑、尽孝正人伦的礼仪。各种人生礼仪不仅标志着本人的年龄和人生阶段的变化，更标志着家庭社会对不同人生阶段的认可与期待，归根到底是对人的人格塑造和文化规范。

中国有各种各样的传统节日，汉民族的传统节日就有近 50 个，主要节日也有 10 多个。节日调节了生活、休养了身体，也给了人们精神慰藉与补偿。传统节日有强烈的凝聚力，春节、元宵节、清明节、中秋节等重要民族传统节日都体现了民族精神，都充盈着思亲团聚的家国之情。传统节令中祭祖、祭天、祭地等仪式活动，体现着对祖先的崇拜、对乡土的思恋与对国家社稷的热爱，深沉浓烈、家国和谐的感情寄托是一体化的。生活习俗有着浓郁的乡土气息、生动的表现仪式和悠久的历史痕迹，人们从中能够获得特有的情感满足和精神归属。

中国文化的精神经过几千年的演化，已经成为不言自明的价值系统。实践表明，中国人的潜意识里包含着中国的文化精神。古人说"习俗移人，贤智者不免"，习俗与观念互为表里，习俗中包含浓重的道德观念和不言自明的价值系统，人们也常常通过风俗习惯认同自己的精神存在，获得身心的归属。

习近平指出：中国思想文化以儒学为主、多向多元发展，"这些思想文化体现着中华民族世世代代在生产生活中形成和传承的世界观、人生观、价值观、审美观等，其中最核心的内容已经成为中华民族最基本的文化基因"①。这些文化基因是中华民族的独特标识，也是中国人应该把握的文化特质。传统文化是国家稳定的力量，是民族的象征，它们富有感召力，可以予人启发，是思政课珍贵的课程资源。"学优者德厚，学浅者德薄"，思想政治理论课植根于民族文化与历史典籍，具有特别的亲切感，无疑可以增强文化底气和学生认同。

---

① 习近平. 从延续民族文化血脉中开拓前进　推进各种文明交流交融互学互鉴——在纪念孔子诞辰 2565 周年国际学术研讨会暨国际儒学联合会第五届会员大会开幕会上的讲话［J］. 党建 2014（10）：7.

# 第五章　思想政治理论课教学目标的设计

"凡事预则立"，教学活动是一种有目的、有计划的活动，其目的性、计划性首先集中反映和体现在其明确的教学目标上。教学目标是教学设计中的首要问题，注重思政课教学目标的设计优化，是获得有效教学的首要前提，目标不明，教学就可能会偏离主题。

## 第一节　思想政治理论课的教学目标及其分类

现代教学论认为，完整的教学活动包括教学目标、教学过程、教学评价三大支柱，而教学目标占据首要位置，是教学活动的第一要素和基本前提。教学目标是选择教学内容与教学方法的基本依据，也是衡量教学成败的标准。在具体的思政课教学中，教学目标是一堂课的灵魂，是一切教学活动的方向。

### 一、思想政治理论课的教学目标及其功能

#### （一）教学目标的含义

目指眼睛，标指射箭的靶子，目标就如同射箭人注视着箭靶。人有主动性和自觉性，目标就是人们活动所追求的结果，它是人们的预期，是人们在活动之前预设的，整个活动过程都是围绕着目标的实现而进行。教学目标是思想政治理论课教学活动预期的结果，是教育目的、课程目标和教学目的的具体化，也是教师完成教学任务所要达到的要求和标准。其含义如下。

第一，教学目标是学生通过学习思政课所应该达到的目标。教学目标的主体是学生，思政课教学的最终结果体现在学生身上，是学生在教学中通过学习所要达到的结果。第二，教学目标是思政课教学的预设结果，也是对教学活动进行评价的标准。思政课教学成效如何，以是否实现教学目标来衡量。第三，教学目标体现着教育行政部门与思政课教师的价值选择。教学目标，既体现着教育行政部门的期待，也体现着思政课教师的教学追求，教学目标是在教育教学价值观指导之下选择的。

教学目标与课程目标是相近概念，但是又有差别。思政课的课程目标，是某一思政课课程的预期结果，是学生通过学习完整课程所要达到的标准，是国家设置课程所要达

到的总目标，它体现着特定课程的价值追求和整体目标。思政课的课程目标体现在课程设计、课程实施、课程评价的所有方面，是课程的总体标准和指南。课程目标既体现在课程编制的过程中，也体现在课程实施的全过程和课程实施的所有方面。

思政课的教学过程是课程实施的过程，所以，思政课课程目标必然体现在思政课教学过程中，从总体上决定着教学目标。思政课教学目标，是思政课课程目标的具体化，是思政课课程实施中具体的单次教学活动的单次目标。它是对某一次课堂教学、针对某一教学内容所设定的目标，是单次教学要达到的具体目标。它体现在教师的教学设计之中，体现在具体的教学活动之中。

思政课的课程目标往往是国家教育管理部门组织有关专家反复研讨、推敲的结果，具有总体指导和社会导向作用，一般比较稳定，轻易不会改动；而思政课的教学目标往往是由任课教师根据自己对课程目标的理解和对实际教学状况的把握来制定的，随着教学活动的展开，根据某个教学环节的进展情况，教师可以对教学目标随时进行适当调整。简要而言，课程目标指导整个课程，而教学目标只是指导某一课的教学过程；课程目标较为笼统抽象，是对课程在宏观上的指导，教学目标则较为具体，是对教学活动的细节要求；课程目标的实施主体，涉及教育管理部门、教材与教学参考书的编写审核机构、课程指导机构、师资培训机构、学校的任课教师和教辅人员以及全体接受课程教育的学生，而教学目标的实施主体，往往只包括承担课程教学任务的任课教师、教辅人员以及全体接受课程教育的学生。

总而言之，思政课的教学目标比课程目标更具体，是课程目标在具体的教学过程中的体现。在思想政治理论课的课堂教学中，教师需要根据课程目标和具体的教学内容来确定某一次课具体的教学目标，以便预设教学效果，选择教学内容和教学方法。

教学目标与教学目的也是相近概念，而且两者更加接近，也更加难以区分。教学目的，是教学领域里为实现教育目的而提出的要求，它是对教师教学活动的要求和说明，是对教师教学活动的一种期望，着眼于教师的教，反映的是教学主体的需要，是以教师为主体进行的描述；教学目标则是指教学活动实施的方向和预期达成的效果，是对学生学习结果的一种规定，是学生学习必须达到的要求，着眼学生学习的结果，是以学生为主体进行的描述。

教学目标与教学目的有相同之处：第一，两者提出的依据相同，两者都必须以课程定位与教材内容为依据，都必须服从和服务于培养人才这个总目标，着眼于培养"能够担当民族复兴大任的时代新人"。第二，两者对教学所起的作用相同，它们都是教学过程的出发点和归宿，都对教学过程的设计安排起着重要的导向作用。

教学目标与教学目的也有明显的四个不同之处：第一，从依据看，教学目的依据的是课程标准和教材的要求；教学目标除依据课程标准和教材的要求之外，还要依据教学目标分类理论提供的参照系和本地教学的实际水平。第二，从着眼的主体看，教学目的是以教师为主体进行的描述，是对教师教学活动的期望，适用于教师；教学目标是以学生为主体进行描述，是对学生学习行为结果的要求，适用于学生。第三，从表述看，对教学目的的表述一般采用学生能够"了解、领会、体会"等描述心理过程的内隐体验动词或"掌握、应用"等词语，比较抽象、笼统、模糊，所以教学目的是否达到，不易测量；而对教学目标的表述，则多采用学生能够"说出、归纳、说明"等表述特定动作的外显行为动词，表义具体明确，具有可操作性，因而教学目标是否达到，可用课堂上学生的随机表现和测试进行检查和检测。第四，从两者所直接作用的对象看，教学目的只对教师的教学活动有指向作用，而教学目标则对教师的教和学生的学都起指向作用，能使教和学目标一致，把教和学两方面统一起来。

### （二）教学目标的功能

教学目标是贯穿整个课堂教学的灵魂，既是教学活动的起点，又是教学活动的终点，"教学活动实际上就是确立教学目标、追求教学目标、达到教学目标的一个文化活动过程"①，所以，思政课的教学目标在教学活动中发挥着多方面作用。

第一，指向功能。教学目标指引着教学活动的方向，只有知道了活动方向，才能选择适当的教学内容和教学方法来达成预期目标。设计教学的第一步就是明确教学目标，目标是教师选择教学内容、运用教学方法、调控教学环境的依据。简言之，如果没有清晰的目标，教学则只会盲目进行。

第二，规范功能。教学目标规范着教学的内容、方法和过程。首先，教学设计要围绕教学目标选择和组织教学内容，教学内容的增减详略服务于教学目标。其次，教学目标还会规范教学方法的选择和设计，教学方式、方法、手段和教学模式，都以是否有利于实现教学目标为取舍依据。最后，教学目标还会规范和决定教学过程。一切教的活动和学的活动都要紧紧围绕教学目标来进行，教学活动的展开过程也就是教学目标逐一落实的过程，一切教学活动以有利于实现教学目标为依据。

第三，激励功能。学生明确了学习要达到的具体目标，则可以激发学习的内部动力，学生可以根据目标调整学习方式，自觉克服困难。所以，教学目标也是学习者自我激励、自我调控的重要手段。

第四，评价功能。教学评价既涉及教师的教，也涉及学生的学，但教学评价的核心主要是看学生的发展变化是否符合预期目标，教学目标是评价教学的基本依据。

思政课所有的教学安排都是围绕教学目标来进行的，这是保障教学活动有效性的基本前提和必要条件。所以，科学合理地确定教学目标，是思政课有效教学设计的首要环节，思政课的教学设计首先需要研究教学目标。

## 二、思想政治理论课的课程目标

思政课的教学目标，从总体上取决于思政课的课程目标。而思政课的课程目标，则是由思政课的课程性质决定的。"05方案"对高校思政课的课程建设要求是："立足于帮助大学生树立正确的世界观、人生观、价值观，深入开展马克思主义立场、观点、方法教育，开展党的基本理论、基本路线、基本纲领和基本经验教育，开展科学发展观教育，开展中国革命、建设和改革开放的历史教育，开展基本国情和形势与政策教育，不断增强高等学校思想政治理论课教育教学的针对性、实效性和说服力、感染力。"②

---

① 武星亮. 提高思政课质量和水平须着力增强教师的目标意识和能力 [J]. 思想理论教育导刊，2017（9）：37-39.
② 中共中央宣传部、教育部. 关于进一步加强和改进高等学校思想政治理论课的意见（教社政 [2005] 5号）[EB/OL]. http://www.moe.gov.cn/s78/A13/sks_left/s6387/moe_772/201005/t20100527_88480.html.

2015 年《普通高校思想政治理论课建设体系创新计划》明确指出："思想政治理论课是巩固马克思主义在高校意识形态领域指导地位，坚持社会主义办学方向的重要阵地，是全面贯彻落实党的教育方针，培养中国特色社会主义事业合格建设者和可靠接班人，落实立德树人根本任务的主干渠道，是进行社会主义核心价值观教育、帮助大学生树立正确世界观人生观价值观的核心课程。"① 思想政治理论课的课程性质决定了它的课程目标、课程追求。

2020 年《新时代学校思想政治理论课改革创新实施方案》要求："对大中小学思政课课程目标进行一体化设计，以了解学习、理解把握习近平新时代中国特色社会主义思想为课程主线，在政治认同、家国情怀、道德修养、法治意识、文化修养等方面提出明确要求，引导学生坚定'四个自信'，做德智体美劳全面发展的社会主义建设者和接班人。"② 其中，大学阶段思政课的课程目标是："重在增强学生的使命担当。重点引导学生系统掌握马克思主义基本原理和马克思主义中国化理论成果，了解党史、新中国史、改革开放史、社会主义发展史，认识世情、国情、党情，深刻领会习近平新时代中国特色社会主义思想，培养运用马克思主义立场观点方法分析和解决问题的能力；自觉践行社会主义核心价值观，尊重和维护宪法法律权威，识大局、尊法治、修美德；矢志不渝听党话跟党走，争做社会主义合格建设者和可靠接班人。本科及高等职业学校专科课程重在加强理论教育和学习，高等职业学校课程还要体现职业教育特色。研究生课程重在探究式教育和学习。"③

根据《〈中共中央宣传部、教育部关于进一步加强和改进高等学校思想政治理论课的意见〉实施方案》（教社政〔2005〕9 号）的明确要求，2020 年 12 月《新时代学校思想政治理论课改革创新实施方案》以及 2023 年思想政治理论课新修订教材的说明，关于各门思想政治理论课的课程目标和教学要求如下。

（一）"马克思主义基本原理"

"05 方案"要求："'马克思主义基本原理'，着重讲授马克思主义的世界观和方法论，帮助学生从整体上把握马克思主义，正确认识人类社会发展的基本规律。"④

2020 年 12 月《新时代学校思想政治理论课改革创新实施方案》的教学规定如下："马克思主义基本原理"，主要讲授反映马克思主义世界观和方法论的最基本的原理，帮助学生深刻领会、准确把握马克思主义的根本性质和整体特征，学习掌握贯穿其中的马克思主义立场观点方法，提升运用马克思主义基本原理分析世界的能力，增强对人类社会发展规律、特别是中国特色社会主义发展规律的认识和把握，树立共产主义远大理想

---

① 中共中央宣传部、教育部. 普通高校思想政治理论课建设体系创新计划（教社科〔2015〕2 号）［EB/OL］［2015-8-11］. http://www.moe.edu.cn/srcsite/A13/moe_772/201508/t20150811_199379.html.

② 中共中央宣传部、教育部. 新时代学校思想政治理论课改革创新实施方案（教材〔2020〕6 号）［EB/OL］［2020-12-1］. http://www.moe.gov.cn/srcsite/A26/jcj_kcjcgh/202012/t20201231_508361.html.

③ 中共中央宣传部、教育部. 新时代学校思想政治理论课改革创新实施方案［EB/OL］. http://www.moe.gov.cn/srcsite/A26/jcj_kcjcgh/202012/t20201231_508361.html.

④ 中共中央宣传部、教育部.《关于进一步加强和改进高等学校思想政治理论课的意见》实施方案（教社政〔2005〕9 号）［EB/OL］. http://www.moe.gov.cn/s78/A13/sks_left/s6387/moe_772/tnull_10378.html.

和中国特色社会主义共同理想。①

在教材《马克思主义基本原理概论》（2023 年版）导论中，对学生的学习要求，也就是课程的教学目标是："第一，努力学习和掌握马克思主义的基本立场、观点、方法。……培养科学的思维方式，提高分析问题和解决问题的能力。""第二，努力学习和掌握马克思主义中国化时代化的理论成果。……坚持好、运用好贯穿其中的立场观点方法。""第三，坚持理论联系实际的马克思主义学风。努力改造主观世界，进一步端正认识，健全人格，提高自身的素质。""第四，自觉将马克思主义内化于心、外化于行。……要树立科学的理想信念，自觉以马克思主义作为自己的行动指南。"② 从上述要求可以看出，"原理"课程的学习要求大致分为三个方面：掌握马克思主义立场观点方法的知识理论目标，理论联系实际、理论指导实践的能力目标，马克思主义的理想信念目标。

（二）"毛泽东思想和中国特色社会主义理论体系概论"

"05 方案"要求："'毛泽东思想、邓小平理论和'三个代表'重要思想概论'，着重讲授中国共产党把马克思主义基本原理与中国实际相结合的历史进程，充分反映马克思主义中国化的三大理论成果，帮助学生系统掌握毛泽东思想、邓小平理论和'三个代表'重要思想基本原理，坚定在党的领导下走中国特色社会主义道路的理想信念。"③ 党的十七大之后，教育部决定自 2008 年秋季学期开始，将课程的名称调整为"毛泽东思想和中国特色社会主义理论体系概论"。④

2020 年《新时代学校思想政治理论课改革创新实施方案》的教学规定如下："概论"课"主要讲授中国共产党把马克思主义基本原理同中国具体实际相结合产生的马克思主义中国化的两大理论成果，帮助学生理解毛泽东思想、邓小平理论、'三个代表'重要思想、科学发展观、习近平新时代中国特色社会主义思想是一脉相承又与时俱进的科学体系，引导学生深刻理解中国共产党为什么能、马克思主义为什么行、中国特色社会主义为什么好，坚定'四个自信'。"⑤

2021 年版教材《毛泽东思想和中国特色社会主义理论体系概论》在前言中说，开设"毛泽东思想和中国特色社会主义理论体系概论"课程，"是为了使我们大学生对马克思主义中国化进程中形成的理论成果有更加准确的把握；对中国共产党领导人民进行的革命、建设、改革的历史进程、历史变革、历史成就有更加深刻的认识；对中国共产党在新时代坚持的基本理论、基本路线、基本方略有更加透彻的理解；对运用马克思主义立

① 中共中央宣传部、教育部. 新时代学校思想政治理论课改革创新实施方案 [EB/OL]. http://www.moe.gov.cn/srcsite/A26/jcj_kcjcgh/202012/t20201231_508361.html.

② 本书编写组. 马克思主义基本原理概论（2023 年版）[M]. 北京：高等教育出版社，2023：21-22.

③ 中共中央宣传部、教育部.《关于进一步加强和改进高等学校思想政治理论课的意见》实施方案（教社政〔2005〕9 号）[EB/OL]. http://www.moe.gov.cn/s78/A13/sks_left/s6387/moe_772/tnull_10378.html.

④ 教育部办公厅关于将高校思想政治理论课"毛泽东思想、邓小平理论和'三个代表'重要思想概论"课程名称调整为"毛泽东思想和中国特色社会主义理论体系概论"的通知（教社科厅函〔2008〕15 号）[EB/OL]. http://www.moe.gov.cn/srcsite/A13/moe_772/200808/t20080806_80383.html.

⑤ 中共中央宣传部、教育部. 新时代学校思想政治理论课改革创新实施方案 [EB/OL]. http://www.moe.gov.cn/srcsite/A26/jcj_kcjcgh/202012/t20201231_508361.html.

场、观点和方法认识问题、分析问题和解决问题能力的提升有更加切实的帮助。"① 这可以看作是对本课程目标和教学要求的最新描述。对课程学习，教材有以下要求："一是掌握基本理论"，"系统把握马克思主义中国化理论成果所蕴含的马克思主义立场、观点和方法，坚定中国特色社会主义道路自信、理论自信、制度自信、文化自信。""二是培养理论思维。学习把握理论背后的思想，思想之中的战略，以及战略之中蕴含的智慧，从而得到思想的启迪、战略的启蒙和智慧的启示"，不断提高分析问题、解决问题的能力。"三是坚持理论联系实际。……把理论与实践、理想与现实、主观与客观、知与行有机统一起来，自觉投身于中国特色社会主义伟大实践，为实现中华民族伟大复兴作出应有的贡献。"② 可以看出，这些要求也可以大致分为三个方面：掌握马克思主义中国化理论成果的科学内涵、理论体系、基本观点等知识理论目标；理论联系实际，以马克思主义立场、观点和方法认识问题、分析问题和解决实际问题的能力目标；关于为中国特色社会主义和中华民族伟大复兴作出贡献的理想信念目标。

（三）"习近平新时代中国特色社会主义思想概论"

2023 年在本科生中普遍开设"习近平新时代中国特色社会主义思想概论"课程，在2023 年出版的教材前言中说："学习贯彻习近平新时代中国特色社会主义思想，是全党全国的根本政治任务，也是广大青年大学生成为担当民族复兴大任时代新人的必然要求。""开设'习近平新时代中国特色社会主义思想概论'课程，目的是帮助大学生系统掌握习近平新时代中国特色社会主义思想的主要内容和科学体系，把握这一思想的世界观、方法论和贯穿其中的立场观点方法，增进政治认同、思想认同、理论认同、情感认同，切实做到学用贯通、知信行统一。"③ 教材要求："学习'习近平新时代中国特色社会主义思想概论'课程，要掌握科学的学习方法，注重把政治性和学理性、价值性和知识性、理论性和实践性统一起来"④，着力从"坚定理想信念""提高理论水平""增强实践能力"几个方面下功夫 。

（四）"中国近现代史纲要"

"05 方案"要求："'中国近现代史纲要'，主要讲授中国近代以来抵御外来侵略、争取民族独立、推翻反动统治、实现人民解放的历史，帮助学生了解国史、国情，深刻领会历史和人民是怎样选择了马克思主义，选择了中国共产党，选择了社会主义道路。"⑤

2020 年《新时代学校思想政治理论课改革创新实施方案》对"纲要"课规定如下：

---

① 本书编写组. 毛泽东思想和中国特色社会主义理论体系概论（2021 年版）［M］. 北京：高等教育出版社，2021：5.

② 本书编写组. 毛泽东思想和中国特色社会主义理论体系概论（2018 年版）［M］. 北京：高等教育出版社，2021：5.

③ 本书编写组. 习近平新时代中国特色社会主义思想概论（2023 年版）［M］. 北京：高等教育出版社，2023：12.

④ 本书编写组. 习近平新时代中国特色社会主义思想概论（2023 年版）［M］. 北京：高等教育出版社，2023：12.

⑤ 中共中央宣传部、教育部.《关于进一步加强和改进高等学校思想政治理论课的意见》实施方案（教社政〔2005〕9 号）［EB/OL］. http://www.moe.gov.cn/s78/A13/sks_left/s6387/moe_772/tnull_10378.html.

"主要讲授中国近代以来争取民族独立、人民解放和实现国家富强、人民幸福的历史，帮助学生了解党史、国史、国情，深刻领会历史和人民选择马克思主义、选择中国共产党、选择社会主义道路、选择改革开放的必然性。"①

2023 年版教材《中国近现代史纲要》关于课程学习的要求是："学习本课程的主要目的是：认识近现代中国社会发展和革命、建设、改革的历史进程及其内在规律，深刻领会历史和人民是怎样选择了马克思主义、选择了中国共产党、选择了社会主义道路、选择了改革开放，深刻领会中国共产党为什么能、马克思主义为什么行、中国特色社会主义为什么好，更加坚定地在中国共产党坚强领导下为实现中华民族伟大复兴而不懈奋斗。"② 其后，教材又说明了课程学习的五条具体目的与要求，依次分析这五个具体目的，可以将其归类为三个方面：第一，认识近现代中国社会面临的历史任务，了解开创、发展和革命、建设、改革的历史进程、内在的伟大进程和重大意义，这是理论认识目标；第二，了解四个历史选择的历史必然性，增强拥护中国共产党的领导和接受马克思主义指导的自觉性，树立"坚定只有中国特色社会主义才能发展中国、只有坚持和发展中国特色社会主义才能实现中华民族伟大复兴的信念"的信念，增强四个自信，这是理想信念目标；第三，树牢唯物史观，提高运用科学的历史观、方法论分析问题和解决问题的能力，这是实践能力目标。

（五）"思想道德与法治"

"05 方案"要求："'思想道德修养与法律基础'，主要进行社会主义道德教育和法制教育，帮助学生增强社会主义法制观念，提高思想道德素质，解决成长成才过程中遇到的实际问题。"③

2020 年《新时代学校思想政治理论课改革创新实施方案》，对"思想道德与法治"的教学规定如下："主要讲授马克思主义的人生观、价值观、道德观、法治观，社会主义核心价值观与社会主义法治建设的关系，帮助学生筑牢理想信念之基，培育和践行社会主义核心价值观，传承中华传统美德，弘扬中国精神，尊重和维护宪法法律权威，提升思想道德素质和法治素养。高等职业学校结合自身特点，注重加强对学生的职业道德教育。"④

2023 年版《思想道德与法治》教材对于本课程的描述："是一门融思想性、政治性、科学性、理论性、实践性于一体的思想政治理论课。本课程针对大学生成长过程中面临的思想道德和法治问题，开展马克思主义的人生观、价值观、道德观、法治观教育，引导大学生提高思想道德素质和法治素养，成长为自觉担当民族复兴大任的时代新人。"⑤

---

① 中共中央宣传部、教育部. 新时代学校思想政治理论课改革创新实施方案［EB/OL］. http://www.moe.gov.cn/srcsite/A26/jcj_kcjcgh/202012/t20201231_508361.html.

② 本书编写组. 中国近现代史纲要（2023 年版）［M］. 北京：高等教育出版社，2021：11.

③ 中共中央宣传部、教育部.《关于进一步加强和改进高等学校思想政治理论课的意见》实施方案（教社政〔2005〕9 号）［EB/OL］. http://www.moe.gov.cn/s78/A13/sks_left/s6387/moe_772/tnull_10378.html.

④ 中共中央宣传部、教育部. 新时代学校思想政治理论课改革创新实施方案［EB/OL］. http://www.moe.gov.cn/srcsite/A26/jcj_kcjcgh/202012/t20201231_508361.html.

⑤ 本书编写组. 思想道德与法治（2023 年版）［M］. 北京：高等教育出版社，2023：10.

教材根据党的十九大提出的"培养担当民族复兴大任的时代新人"战略要求，对学生的培养目标是"做有理想有本领有担当的时代新人"，具体为四个方面："立大志：要有崇高的理想信念，牢记使命，自信自励"；"明大德：锤炼高尚品格，崇德修身，启润青春"；"成大才：要有高强的本领才干，勤奋学习，全面发展"；"担大任：要有天下兴亡、匹夫有责的担当精神，讲求奉献，实干进取"①。可以看出，"思想道德与法治"课的课程目标，也可以归结为人生观、价值观、道德观、法治观等方面的知识理论目标，解决成长成才过程中遇到的实际问题、培养"高强的本领才干"的实践能力目标，提高思想道德素质和法治素养以"自觉担当民族复兴大任"的担当精神与理想信念目标三个方面。

2019年中共中央办公厅、国务院办公厅印发了《关于深化新时代学校思想政治理论课改革创新的若干意见》，要求"整体规划思政课课程目标。在大中小学循序渐进、螺旋上升地开设思政课，引导学生立德成人、立志成才，树立正确世界观、人生观、价值观，坚定对马克思主义的信仰，坚定对社会主义和共产主义的信念，增强中国特色社会主义道路自信、理论自信、制度自信、文化自信，厚植爱国主义情怀，把爱国情、强国志、报国行自觉融入坚持和发展中国特色社会主义事业、建设社会主义现代化强国、实现中华民族伟大复兴的奋斗之中。"② 其中高校思政课的课程目标："大学阶段重在增强使命担当，引导学生矢志不渝听党话跟党走，争做社会主义合格建设者和可靠接班人。"③ 可以看出，在思想政治理论课课程目标的表述中，培养学生正确的世界观、人生观、价值观，形成马克思主义的信仰和社会主义、共产主义的理想信念，增强为中国特色社会主义事业和中华民族伟大复兴而奋斗的使命担当，是课程追求的核心目标。这些方面，都包含理论、能力、信念三个方面。

总括上述，虽然高校思政课的具体内容不同，课程目标也各有侧重，但是它们的共同点还是比较明确的，可以认为，高校思想政治理论课的课程目标就是三个基本方面：知识理论目标，实践能力目标，理想信念目标。"形势与政策"课的课程目标，基本也是如此。

## 三、思想政治理论课教学目标的结构分类

对思想政治理论课的教学目标进行分析和分类，可以更好地理解和把握思想政治理论课的教学目标，也有助于更具体、更准确地设计教学目标。

### （一）思想政治理论课的三维教学目标

思想政治理论课的课程目标从总体上决定了思想政治理论课的教学目标。我国2020年之前一般将基础教育阶段的思政课的课程目标三分为知识目标、能力目标和情感态度价值观目标，与此对应，其教学目标也分为这三个方面。有不止一个研究者认为，高校

① 本书编写组. 思想道德与法治（2023年版）［M］. 北京：高等教育出版社，2023：5-8.
② 中共中央办公厅 国务院办公厅. 关于深化新时代学校思想政治理论课改革创新的若干意见［EB/OL］. http://www.gov.cn/zhengce/2019-08/14/content_5421252.htm.
③ 中共中央办公厅 国务院办公厅. 关于深化新时代学校思想政治理论课改革创新的若干意见［EB/OL］. http://www.gov.cn/zhengce/2019-08/14/content_5421252.htm.

思想政治理论课的教学目标也可以直接使用中学思想政治课这三个方面的表述。① "尽管研究者对此有不同的看法，但是从这三个方面理解和把握一门课程的教学目标还是可行的。"② " '纲要' 课作为一门思想政治理论课，它包括知识目标、能力目标和情感目标。"③

对于高校思想政治理论课的课程目标，是否可以直接照搬基础教育阶段思政课的表达方式呢？换言之，高校思想政治理论课的教学目标，是否可以直接用知识、能力、情感态度价值观三维目标表达呢？笔者认为，思路和视角可以参考，但不宜简单照搬，高校思想政治理论课的课程目标与中学思政课的课程目标，毕竟在层次要求上有区别，在内容的侧重点上也不同。基础教育阶段侧重于培养基本的知识能力和正确的情感态度价值观，在此基础上，大学则侧重于提升理论能力与培养理想信念。

因此，笔者认为，高校思政课的课程目标用知识理论目标、实践能力目标、理想信念目标表达相对更恰当，如果进一步概括，也可以用理论目标、能力目标、信念目标简约表达。理论、能力、信念的概括，比知识、能力、情感态度价值观的表达，更符合高校思想政治理论课的层次要求，因此也更加恰当。当然，高校思想政治理论课的课程目标，与基础教育阶段思想政治课的课程目标实质上是一致的。

从理论目标、能力目标、信念目标三个方面进行表达的这一设想，与一些研究者的思路不谋而合，比如樊爱霞在《 "概论" 课教学目标设计探究》一文中认为："毛泽东思想和中国特色社会主义理论体系概论" 课程教学的 "基本目标是提高大学生的马克思主义理论素养；关键目标是锤炼大学生运用马克思主义基本立场、观点与方法来把握、研判社会形势的能力；核心目标是坚定大学生对中国共产党和中国特色社会主义的不渝信念。"④ 简化表达，就是理论、能力和信念三个目标。黄荣辉在《高职院校 "概论" 课教学目标的确立刍议》中认为：高职院校 "概论" 课确立教学目标，"知识性目标作为基础；以分析社会现象、社会问题的能力训练作为主要目标；以提高认识、坚定信仰为核心目标；以理论实际运用，指导解决个人问题为拓展目标。"⑤ 简化归类，就是理论目标、能力目标和信念目标。高峰在研究 "马克思主义基本原理概论" 课的前三章教学内容时，认为设定其教学目标应该："从知识和观点、方法、能力、思维方式以及信仰等五方面构建教学目标的新框架"⑥。对这五个方面进行归类总结，也可以概括为理论目标、能力目标和信念目标。

高校的思想政治理论课，立足于对大学生进行系统的马克思主义和中国化马克思主义教育，帮助大学生了解中国共产党以马克思主义为指导带领中国人民进行革命和社会主义建设、改革的历程，引导大学生树立社会主义核心价值观，养成高尚的理想情操和

---

① 钱翠玉，叶雷. 高校思想政治理论课教学目标及其实现 [J]. 常州工学院学报（社科版），2013，31（03）：117-120.

② 戴兆国. 从文化自觉视域拓展思想政治理论课教学目标 [J]. 思想教育研究，2015（02）：44-47.

③ 武艳红，李建权. "中国近现代史纲要" 课教学目标分析 [J]. 山西高等学校社会科学学报，2012，24（07）：59-62.

④ 樊爱霞. "概论" 课教学目标设计探究 [J]. 山西高等学校社会科学学报，2015，27（12）：33-35.

⑤ 黄荣辉. 高职院校 "概论" 课教学目标的确立刍议 [J]. 九江职业技术学院学报，2009（02）：58-59+57.

⑥ 高峰. "马克思主义基本原理概论" 课前三章教学目标的逻辑分析——兼论马克思主义哲学教学的目标和特点 [J]. 北京教育（德育），2015（09）：51-54.

良好的道德品质，坚定中国特色社会主义的理想信念。删繁就简，抓其紧要，思政课的教学目标，就是理论、能力、理想信念三个基本方面。

（二）知识理论目标、实践能力目标、理想信念目标

思想政治理论课的课程目标，是知识理论目标、实践能力目标、理想信念目标，或者简称为理论目标、能力目标、信念目标三个方面。

第一，知识理论目标，就是形成和提高马克思主义理论素养。主要是掌握马克思主义的基本理论、基本范畴、基本观点、基本立场。思想政治理论课可以帮助学生掌握马克思主义立场、观点、方法，马克思主义世界观、人生观、价值观、道德观和法治观等科学理论知识，中国革命、建设和改革的历史进程和历史经验，把握党的基本理论、基本路线、基本纲领和基本经验，提高大学生的马克思主义理论素养。

马克思主义理论是人类文明发展的必然产物，是人类精神财富的集大成，马克思主义理论既贯通古今，又融汇中西，其内容包括哲学、经济学、政治学、历史学、社会学、文学等多方面理论，深刻而丰富。"正如一位西方学者所言，马克思就像一架巨大的机器，吞噬和消化了他之前的大部分人类文明成果，这本身就是惊人的。"① 思想政治理论课的理论教学，不是对某一学科知识理论的教学，而是包含丰富内容的综合的知识理论教学。其中，既有马克思主义哲学、政治经济学、科学社会主义，又有社会主义核心价值观、社会主义道德、社会主义法律，既有马克思主义原理，又有马克思主义中国化的理论成果，还有马克思主义中国化的具体历史过程。

第二，实践能力目标，就是形成和提高理论联系实际、解决实际问题的实践能力。思想政治理论课可以帮助学生提高运用马克思主义理论和中国化马克思主义理论认识、分析和解决实际问题的能力，提高自我认识和认识社会的能力，提高认识国内外形势、明辨是非、独立思考的能力，提高思想素养、道德素养、政治素养和参与社会实践的能力。

马克思主义是科学的世界观和方法论，蕴含着丰富而有效的分析问题、理解问题的思维方法。马克思主义理论教学要重点帮助学生把握马克思主义世界观和方法论，提升他们的理论思维能力和社会实践能力，使他们用马克思主义的世界观、人生观和价值观认识问题、分析问题，学会用科学的理论分析和解决自身问题与社会问题，分析和解决现实问题与历史问题。

第三，理想信念目标，就是形成马克思主义信仰和中国特色社会主义的理想信念。思想政治理论课可以帮助学生进一步形成追求真善美的品格，树立马克思主义的世界观、人生观、价值观，培育和弘扬社会主义核心价值观，坚定马克思主义信仰，坚信历史发展的必然趋势，坚定建设中国特色社会主义、实现中华民族伟大复兴的理想信念。

思想政治理论课教学的最终目标，是帮助大学生塑造健康正确的价值观，形成坚定正确的价值观追求和崇高的理想信念。经典马克思主义和中国化马克思主义都蕴含着崇高的价值追求，这是迄今为止人类文明价值发展的最高成就，是中国特色社会主义的价值追求，也是所有进步中国人的价值追求。以马克思主义为指导，建设中国特色社会主

---

① 戴兆国. 从文化自觉视域拓展思想政治理论课教学目标［J］. 思想教育研究，2015（02）：44-47.

义、实现中华民族伟大复兴的中国梦，是现阶段我国各族人民的共同理想。加强思想道德锻炼，加强思想政治修养，树立马克思主义信仰和中国特色社会主义的理想信念，提高大学生的思想政治素质，是思想政治理论课教学的最终追求。

三个教学目标既是课堂教学的出发点又是课堂教学的归宿，三个方面各有差别又互为一体，在课堂教学中不能顾此失彼，而应该努力实现多维目标的整合。其中，知识理论目标是基础，实践能力目标是核心，理想信念目标是归宿，理想信念目标是在知识理论目标与实践能力目标基础上的开发开拓，对知识理论目标和实践能力目标有重要的促进与深化作用。高校思政课教学就是要通过筑牢基础，提升能力，最终实现课程的理想信念目标。

## 四、思想政治理论课教学目标的水平分类

思想政治理论课教学目标的水平分类，是在结构分类基础上，对各个教学目标进一步做的水平划分，即高低层次的划分。如果说结构分类是对教学目标各方面做出的质的区分，那水平分类就是对教学目标的每一个方面做出的量的区分。

根据前面所述，思想政治理论课教学目标的结构分类即知识理论目标、实践能力目标和理想信念目标，或简称为理论目标、能力目标、信念目标。这三个目标从水平上又可以划分为多个层次。

### （一）知识理论目标的水平分类

知识理论目标，就是学生比较系统地掌握马克思主义基本理论知识、中国近现代历史知识、毛泽东思想和中国特色社会主义理论体系基本知识、思想道德和法律的基本理论和基本知识，对国内和国际社会的政治、经济、文化和社会有一定的理性认识。

知识理论目标是学生接受马克思主义理论的理解运用方面的目标，主要标志的是学生对马克思主义理论的理解和接受。从学生理解和接受马克思主义理论的高低层次方面，知识理论目标的水平在原则上可以划分为识记、理解和应用等若干层次。

识记水平，是理论目标的最低层次，指学生通过学习马克思主义，能够回忆、再现、复述有关理论知识，能够再认和辨别基本概念、基本原理、基本观点、基本事实。识记水平的表现形式，如：再认或回忆马克思主义的理论知识；识别、辨认相关事实或证据；列举出相关例子；描述相关理论和对象的基本特征等。达到了识记水平，对理论知识能够知道、说出、背诵、回忆、再认、识别，对相关事实能够选出、辨认、列举，对理论知识能够复述、描述等。

理解水平，比识记水平高了一个层次，指学生领会了、明白了有关马克思主义理论的含义，并且能够把有关理论与自己已有的知识理论体系建立起有机联系，能够进行理论解释和话语转换，能够进行改述。理解水平的表现形式，如：把握马克思主义理论的内在逻辑联系；与已有知识理论建立联系；对理论知识进行解释、推断、区分、扩展；提供印证的相关论据、证据、素材；收集、整理相关信息等。达到了理解水平，能够对理论知识进行解释、说明、阐明、比较、分类、概述、归纳、概括、转换，对相关事实能够根据马克思主义理论进行判断、区别，对社会发展前景和个人工作学习能够进行合

理猜测、预测、估计、推断，对相关资料能够进行检索、收集、整理等。

应用水平，指面对新情况，学生能够运用马克思主义的有关理论，认识、解释、分析、说明类似性质的新问题，能够抓住实质，能够举一反三。应用水平的表现形式，如：在新的情境中合理使用马克思主义的抽象概念和原理；对新情况进行马克思主义的理论分析与总结；不同情境下与马克思主义理论建立合理联系等。达到了应用水平，能够对马克思主义的理论知识进行应用、使用、质疑、辩护，能够用马克思主义的相关理论分析、说明、解决问题，能够用马克思主义指导撰写、拟定相关工作和学习的活动计划，对马克思主义的相关理论观点能够进行检验、总结、证明、评价等。

（二）实践能力目标的水平分类

实践能力目标，主要标志的是学生对马克思主义理论的运用能力，从学生运用马克思主义理论的能力的高低强弱，实践能力目标的水平，原则上可以划分为模仿、独立掌握和迁移创造三种层次。可以根据具体情况进行更为细致的划分。

模仿水平，指学习者按部就班地仿照教材上的理论描述或者教师的理论讲解，能够基本独立地运用马克思主义理论去认识、分析和解决相应问题。模仿水平的表现形式，如：在马克思主义理论的示范作用下完成对问题的分析；根据马克思主义理论的指导对相关材料和事实进行举证、模拟、例证、扩展、缩写、修改等。

独立掌握水平，指通过模仿，学习者已经能够掌握运用马克思主义理论指导实践的步骤和过程，能够运用马克思主义理论分析解决实际问题，形成独立技能。独立掌握水平的表现形式，如：能够独立分析社会问题和自身问题，独立制定、拟定、提出解决社会问题、个人学习和生活问题的方案；能够对方案和学习工作计划进行尝试、调整与改进；与已有其他技能建立联系等。

创造水平，指能够触类旁通，创造性地以马克思主义理论分析有关问题和解决有关问题。创造水平的表现形式，如：在新的社会环境和不同情境下独立运用已有实践能力；理解同一能力和技巧在不同环境中的通用性和适用性；能够联系具体条件进行能力转换，做到灵活运用，举一反三。

（三）理想信念目标的水平分类

理想信念目标，主要体现学生对马克思主义的信仰和中国特色社会主义、中华民族伟大复兴的中国梦的理想及行动自觉性，影响着学生的情感、理想情操和道德品质，影响着学生的思想道德政治觉悟。理想信念目标因为涉及人的内心情感体验与精神世界，往往难以进行客观划分和描述。综合各种思考，将理想信念目标划分为感受水平、认同水平和内化水平三个层次。

感受水平，指学生用自己的内心获得情感感受与情感体验。感受水平的表现形式，如：从事、参加、参与、经历相关理论学习活动；讨论、交流、合作、分享自己对马克思主义理论的感受和体会；寻找、参观、访问、考察、接触、体验相关事实，思考马克思主义理论描述的社会状况；尝试建立对马克思主义理论的感性认识等。

认同水平，指学生同意、认可和接受马克思主义理论的基本立场、基本观点、基本方法，有与之相同的情感感受、立场态度和价值判断，能够做出相应的正面反应等。认同水平的表现形式，如：欣赏、称赞、喜欢马克思主义，认可、认同、承认、同意马克思主义的基本立场，接受、采用、采纳马克思主义的基本观点和基本方法；遵守马克思主义的基本要求；怀疑、反对、蔑视、拒绝、摒弃、讨厌、抵制错误观点；对学习思想政治理论课感兴趣。

内化水平，指学生把外在学习内容转化为内在要求，能够自觉运用马克思主义指导自己的思想行为，自觉遵守社会规范，形成自觉的理想信念目标，有行动的态度、决心和毅力。内化水平是非常高的要求，认同水平的表现形式，如：形成、养成良好的思想道德品质；热爱祖国，具有社会责任感和历史使命感；树立马克思主义信仰，确立追求社会主义、共产主义的理想；尊重、拥护、支持中国共产党的路线方针政策；关心、关注、重视中国特色社会主义事业的发展；致力于实现中华民族伟大复兴。在思想政治方面，形成了与马克思主义、社会主义核心价值观一致的稳定态度、一贯行为和个性化的价值观念，形成了正确的世界观、人生观、价值观，形成了稳定的理想信念等。

## 第二节　思想政治理论课教学目标的设计

明确具体的教学目标，是进行教学活动的前提，也是教学有效性的重要保证。强化目标意识是提高教学有效性的重要保证。

### 一、教学目标不明确直接影响教学有效性

明确具体的教学目标是教学有效性的保证，但是在目前思想政治理论课教学目标的设计中还存在许多问题。总体而言，高校思政课在教学设计中对教学目标还普遍不够重视，同时，对思想政治理论课教学目标的理论研究目前也比较缺乏，目前的有限研究往往处于各说各话阶段，对教学目标的理解各种各样，远没有形成统一的理论共识。教师缺少明确的理论指导，目标意识淡薄，设计教学目标的能力还都比较欠缺，在备课过程中教师也不是很关注教学目标问题。

正如某研究者所总结的："有的教师认识不到位，没能正确认识教学目标在教学过程中的重要地位；有的教师理解有偏差，没能以教学目标为统领理解课程及每一章的教学内容；有的教师把握有欠缺，没能全面有效地把教学目标落实到教学活动的追求中去。"[①]在思想政治理论课的实际教学中，许多教师还没有自觉的教学目标意识，也没有分析和把握教学目标的能力，更加不可能以教学目标为统领进行教学设计和教学实施。这导致了以下种种现象。

一些教学活动目标缺失，教学无目标或者无特定目标。一些教师的教学设计没有明确的教学目标的引领，往往只是将教材内容进行简单加工甚或原封不动、照本宣科。教学过程缺乏目标，教学内容也就缺少灵魂，课堂教学自然难以激发学生的学习欲望和探

---

① 武星亮. 提高思政课质量和水平须着力增强教师的目标意识和能力 [J]. 思想理论教育导刊, 2017 (9)：37-39.

究兴趣。

一些教学活动目标笼统，教学目标宏大抽象，或者模式化、公式化，不能发挥实际指导作用。有一些教师虽然理解思想政治理论课的课程性质和教学要求，在教学设计环节也有自己的教学目的，但是太宏大、太笼统、太抽象，难以用教学目标统领教学内容并贯穿课堂教学的全过程，这也同样不能保证教学的有效性。

一些教学活动目标片面，不能完整呈现思想政治理论课的教学内容和展现思想政治教育的魅力，比如教师重知识教学，轻实践能力培养；重理论讲授，轻情感、态度、立场和价值观的培养；重教学内容的知识理论等外在的显性价值，轻教学内容的情感陶冶、理想蕴育等内在隐性价值；重教学的最终结果，轻学生的课堂体验和领悟过程。

总之，目前尚有许多思政课教师眼里、心里"只有教学内容，没有教学目标"，或者有教学目标却又笼统含糊，又或者教学目标片面化，被简单理解为知识目标甚至是考试目标。这是思想政治理论课教学活动中的常见现象。出现这些问题的根本原因，就是教师欠缺教学目标意识，设计和实现教学目标的能力明显不足。这些问题在一定意义上具有普遍性。因此，强化思政课教师的目标意识，提高以教学目标统领教学内容和教学过程的能力，是提高思想政治理论课教学有效性的首要方面。

## 二、思想政治理论课教学目标设计的依据

"不谋全局者，不足谋一域"，教学目标，宏观上受国家社会需要和人才培养目标决定，微观上受到课程性质、教材、学生实际以及社会实际等一系列因素的影响与制约。

### (一) 依据国家社会的需要和人才培养目标

教学目标作为教学活动所要达到的一定预期结果，从形式上看是主观的，但是其内容却是客观的。教学目标由思政课教师制定，体现着教师的主观愿望和要求，但实质上它反映着国家社会的发展需要，而且也只有反映国家社会发展的客观需要才能实现思政课的社会意义和社会价值。因此，适应和满足国家社会的发展需要，是制定思政课教学目标的客观依据。

近期国家社会的发展需要是什么？对人才培养的要求又是什么？中国特色社会主义进入了新时代，这是凝心聚力实现中华民族伟大复兴的时代。根据党的十九大的战略安排，到 2035 年我国基本实现社会主义现代化，到 21 世纪中叶我国建成社会主义现代化强国。国家发展以人才为本，教育要"落实立德树人根本任务"，为民族复兴"培养德智体美全面发展的社会主义建设者和接班人"[①]。2018 年习近平在全国宣传思想工作会议上强调指出："宣传思想工作是做人的工作的，要把培养担当民族复兴大任的时代新人作为重要职责。"[②] 2018 年 9 月在全国教育大会上习近平又一次强调："我国是中国共产党领导的社会主义国家，这就决定了我们的教育必须把培养社会主义建设者和接班人作为根本任务，培养一代又一代拥护中国共产党领导和我国社会主义制度、立志为中国特色社会

---

① 习近平. 决胜全面建成小康社会 夺取新时代中国特色社会主义伟大胜利——在中国共产党第十九次全国代表大会上的报告 [N]. 人民日报, 2017-10-28 (01-05).

② 习近平. 论党的宣传思想工作 [M]. 北京：中央文献出版社, 2021：338.

主义奋斗终身的有用人才。这是教育工作的根本任务，也是教育现代化的方向目标。"①
2019年习近平在全国思政课教师座谈会上要求"落实立德树人根本任务、培养担当民族复兴大任的时代新人"，他指出："我们办中国特色社会主义教育，就是要理直气壮开好思政课，用新时代中国特色社会主义思想铸魂育人，引导学生增强中国特色社会主义道路自信、理论自信、制度自信、文化自信，厚植爱国主义情怀，把爱国情、强国志、报国行自觉融入坚持和发展中国特色社会主义事业、建设社会主义现代化强国、实现中华民族伟大复兴的奋斗之中。"②

"落实立德树人根本任务、培养担当民族复兴大任的时代新人"是教育的根本任务，也是思政课的根本任务。思政课教学的重中之重，是要以坚定的理想信念筑牢精神之基，坚定学生对马克思主义的信仰，对社会主义和共产主义的信念，对中国特色社会主义道路、理论、制度、文化的自信，这是思想政治理论课确定具体教学目标的总体依据与方向。

思政课是国家社会发展的产物，又服务于国家社会进一步发展的需要。思政课的教学目标应该始终同党和国家的奋斗目标保持高度一致，服从和服务于党和国家的奋斗目标，教师只有依据党和国家的总体需要，才能合理确定思政课的教学目标。

（二）依据课程性质与特点

2018年教育部《新时代高校思想政治理论课教学工作基本要求》对课程的性质任务有明确的说明："思想政治理论课承担着对大学生进行系统的马克思主义理论教育的任务，是巩固马克思主义在高校意识形态领域指导地位、坚持社会主义办学方向的重要阵地，是全面贯彻党的教育方针、落实立德树人根本任务的主干渠道和核心课程，是加强和改进高校思想政治工作、实现高等教育内涵式发展的灵魂课程。"③

2019年中共中央办公厅、国务院办公厅《关于深化新时代学校思想政治理论课改革创新的若干意见》中明确指出："教育是国之大计、党之大计，承担着立德树人的根本任务。思政课是落实立德树人根本任务的关键课程，发挥着不可替代的作用。"④ 其中明确要求思想政治理论课要"全面贯彻党的教育方针，坚持马克思主义指导地位，贯彻落实习近平新时代中国特色社会主义思想，坚持社会主义办学方向，落实立德树人根本任务，坚持教育为人民服务、为中国共产党治国理政服务、为巩固和发展中国特色社会主义制度服务、为改革开放和社会主义现代化建设服务，扎根中国大地办教育，同生产劳动和社会实践相结合，加快推进教育现代化、建设教育强国、办好人民满意的教育，努力培养担当民族复兴大

① 习近平在全国教育大会上强调：坚持中国特色社会主义教育发展道路 培养德智体美劳全面发展的社会主义建设者和接班人［N］．人民日报，2018-9-11（01）．
② 吴晶，胡浩．一堂特殊而难忘的思政课——习近平总书记主持召开学校思想政治理论课教师座谈会侧记［N］．人民日报，2019-03-19（04）．
③ 教育部关于印发《新时代高校思想政治理论课教学工作基本要求》的通知（教社科〔2018〕2号）［EB/OL］．http://www.moe.gov.cn/srcsite/A13/moe_772/201804/t20180424_334099.html.
④ 中共中央办公厅 国务院办公厅印发《关于深化新时代学校思想政治理论课改革创新的若干意见》［EB/OL］．http://www.gov.cn/zhengce/2019-08/14/content_5421252.htm.

任的时代新人，培养德智体美劳全面发展的社会主义建设者和接班人。"①

党和国家这些文件的明确要求，是思政课确定教学目标的宏观指导。教师在研究制定具体的教学目标时，必须体现思政课的课程性质与特点，坚持马克思主义，坚持立德树人，培养全面发展的社会主义建设者和接班人，追求理论、信念和能力的统一，体现认知、信念和行为的融合。

（三）依据教材

教材是依据国家社会的实际需要和人才培养目标，根据课程性质与课程目标而精心编写的教学材料，是课程内容的具体化。思政课教材规定着教与学的主要内容，承载着课程的目标追求，因此思政课教材内容体现着课程目标，也体现着教学目标。教师在研制具体教学目标时，必须反复研读教材，分析教材，体会教材的编写意图与内容体系，然后按照教材的意图与追求，根据教材的体系与内容，合理确定具体的教学目标。

（四）依据学生实际

学生实际也是教师进行教学设计的基本依据，因为教师进行教学设计既必须体现课程的统一要求，又必须追求教学的针对性和实效性。所以教师必须了解学生实际，根据学生的学习、生活和思想实际，着眼于促进学生的发展来确定教学目标。思政课必须为学生德、智、体、美、劳全面发展服务，促进学生体力、智力的发展，尤其是促进学生思想政治素质和道德品质的发展。

因此，确定和设计思想政治理论课的教学目标，必须考虑到学生的现实需要和实际状况，考虑到他们的接受能力和知识水平，特别是考虑到学生全面发展和可持续发展的未来需要。这样，教学目标才能为学生所接受，才能得到有效实施。从学生实际出发，兼顾教学目标的最低标准与最高追求，兼顾教学目标的统一性与灵活性，才能提高学生的学习积极性，提高教学的有效性。

教学目标设计的价值取向主要有三种：社会本位，学生本位和学科本位。在设计思政课教学目标时，要把握好价值取向。根据我国思政课教学改革的精神，教学目标的设计要努力做到社会、学生和学科三者的有机结合。思政课的教学目标，既要反映国家社会发展的客观需要，又要代表学生发展的客观需要，理论教育与学生生活相结合，社会需要与学生发展相统一，促进学生全面发展，才能够从根本上保证思想政治理论课的教学有效性。

## 三、教学目标设计的基本步骤

明确了思政课教学目标设计的基本依据，下面进一步分析教学目标设计的基本步骤。从整体上看，思政课的教学目标设计程序包括：需求分析、需求类别化、目标筛选、目标分解、目标表述五个基本操作步骤。如图3所示。

---

① 中共中央办公厅 国务院办公厅印发《关于深化新时代学校思想政治理论课改革创新的若干意见》［EB/OL］. http://www.gov.cn/zhengce/2019-08/14/content_5421252.htm.

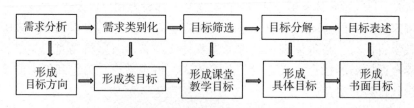

**图 3 教学目标设计的基本程序**

（一）需求分析

需求分析就是要找出学生"实际是什么"与国家社会"希望是什么"之间的差距，思政课教学就是为了缩小或消除这种差距。

第一，社会对人才的要求。社会对人才的要求往往通过教育目的、课程目标等形式体现出来。我国的教育目的是培养德智体美劳全面发展的社会主义建设者和接班人，"培养担当民族复兴大任的时代新人"；思政课的课程目标是培养"有理想、有本领、有担当的时代新人"，这些体现了我国社会对人才培养的要求。所以，我们可把教育目的、课程目标看作是国家社会对思政课教学的总要求，制定教学目标需要从这些总要求出发分析课堂教学目标。

第二，学生的需要。罗塞特提出应从五个方面分析学生的需求，即学生在学习或工作中遇到了哪些困难，学生想要学习的内容和内容的重要性顺序，学生的现有基础，学生的情感、态度或意向，学生希望采用哪种培养方案或方法。上述五个方面，基本反映了学生的实际，通过了解这些方面可以分析和确定学生的需要。例如，一部分学生在学习思想政治理论课过程中不知怎样学、效率比较低（遇到困难）；一部分学生不想学思政课，认为学了没有用（情感、态度或意向）；一部分学生认为学习思政课就是需要背诵以应对考试（现有基础）。了解了学生的实际情况，那么就可以分析和设定具体的教学目标以服务学生的学习需要，形成比较全面的需求目标，引导学生的发展方向。

（二）需求类别化

需求分析所得出的国家社会需求和学生需求是广泛而繁杂的，为了进一步明确目标，就必须把需求类别化，把需求类别化的结果就是形成类目标。

一般而言，课程的教学目标需要分类。教学目标分类，就是把各门课程的教育教学目标按统一标准分类，使之规范化、具体化、系列化。根据前面对思想政治理论课教学目标分类的探讨，可以先形成比较全面的需求目标，再把各种需求归入各类，例如知识理论目标、实践能力目标、理想信念目标等。先从学生需要掌握的知识理论方面看，再从实践能力培养方面看，最后从理想信念方面看，根据各个类别的需求，分类生成促进学生发展的教学目标。

（三）目标筛选

类别化生成的目标还需要根据客观条件和课程的性质和具体内容等因素筛选目标，目标筛选的结果是形成课堂教学目标。不同的教学内容，只能满足与本教学内容相关的需求，也只能实现与本课程内容相关的目标。所以必须结合课程的内容、特点筛选教学目标，而筛选出来的目标根据课程内容也会有主次之分。如"中国近现代史纲要"课，更重视学生领会唯物史观、领会历史发展规律，更重视培养学生分析辨别历史问题的实际能力目标，更重视培养学生对以人民为中心的价值认同，更重视培养学生对"四个选择"的认同等信念目标。同样的历史知识，在历史专业的课程教学中可能是重要的教学目标，而在思政课教学中可能就是次要目标；同样的价值目标，在历史专业可能是次要目标，而在思政课教学中可能就是主要目标。

### （四）目标分解

经过需求类别化和目标筛选后形成的目标仍然是概括性的，为了进一步明确目标，还必须对目标进行分解、细化，目标分解就是进一步使目标具体化、明确化，目标分解的结果是形成具体目标。目标分解必须结合课程的知识理论内容或是某一课题的知识理论内容进行。

### （五）目标表述

把确定好的课堂教学目标以书面语言明确具体地阐述出来，完成教学目标的书面表达，这是设计教学目标的最后一步。清楚的目标表述，既能够提示教师围绕目标对教学内容与教学过程进行设计，防止教学偏离主题与目标；也方便教师之间进行交流研讨，可以提高教学设计的科学化水平。目标表述有各种方式方法，近几十年来，有侧重于学生内部心理的阐述方式，也有侧重于学生外在行为的阐述方式，还有把上述二者结合起来的阐述方式。思想政治理论课的教学目标也有多种多样的表述方式。

## 四、思想政治理论课教学目标的表述

### （一）教学目标表述的基本要求

第一，要表述的是学生的学习行为与学习结果。现代教学理论认为，一堂好课不是看教师教了什么，而是看学生学到了什么，因此教学目标应该叙述学生的学习行为，要从学生学习的视角，描述通过教学学生应该完成的学习任务，而不是从教师的视角描述教师的教学期待。必须改变传统的表述方式，不能再以"教给学生……""培养学生……""提高学生……"的表述方式，因为这样的表述是从教师的视角描述教师的教学期待，这是教学目的的表述方式，而不是教学目标的表述方式。教学目标的表述，应该从学生角度进行述说，应是"学生通过学习能够学会……""学生认同……""学生形成……信念""学生提高……能力"等。

第二，表述要明确具体，可察可测。长期以来，人们往往把教学目标理解为教学目的，所以教学目标在表述上往往描述学生的内部心理活动，如掌握、懂得、理解、学会等，描述词语比较抽象概括，宽泛、笼统、模糊，因此往往难以观察。目前最新的教育教学要求是，教学目标的表述要明确具体，便于观察，易于检测，要具体描述学生在学习中形成的可观察、可测量的外显行为，通常用行为动词表达。

比如，在知识理论目标上，用以表述"理解"这一目标的行为动词有"解释、说明、分类、归纳、举例"等。例如，在讲授"践行社会主义核心价值观""坚定价值观自信"一节时，如果把目标表述为"通过教学，学生理解社会主义核心价值观的历史底蕴"就比较笼统，学生对社会主义核心价值观的文化渊源与历史底蕴到底是否理解，往往难以明确验证，而如果把目标具体表述为"学生能理解并举例说明和解释社会主义核心价值观的文化渊源与历史底蕴"，就比较容易确认学生是否达到了目标。再如，在知识理论目标上，用以表述"应用"的行为动词有"认识、解释、分析、说明"等。例如，在"做社会主义核心价值观的积极践行者"一节中，如果把教学目标表述为"学生能够积极践行社会主义核心价值观"就比较笼统，如果改成"学生能够归纳说明社会主义核心价值观对人生的指导意义"，就比较具体，可以操作，可以评价。

第三，要表述的是教学结果，而不是呈现教学过程。教学目标的陈述要从学生的角度出发，陈述行为结果。也就是说，教学目标不是陈述教师在课堂教学中打算做什么、怎样做，而是陈述学生学习的预期结果，教学目标要表述学生学习结果的类型和层次。

第四，表述要全面。如前面所述，思想政治理论课的教学目标分为三个纬度："知识理论""实践能力"与"理想信念"，因此在教学目标表述中应该包括这几个方面，缺一不可。三个目标不是各自孤立的三方面，而是在同一个教学活动中要达到的不同目标。学生要想学会某一实践能力，必定要经历一定的知识理论学习过程，而在经历理论学习的同时，也必然会有情感、态度的发展和理想信念的升华，所以三个方面的教学目标是统一在一个教学活动里的，因此在教学目标的设计中都应该有所涉及。思想政治理论课教学目标的设计应该全面系统，注重整体性。

### （二）教学目标表述的主要方法

根据前面所述，思想政治理论课教学目标分为知识理论目标、实践能力目标和理想信念目标，这三个目标从水平上又可以划分为多个层次。在教学目标的设计中，可以结合结构分类和水平分类，进行具体表述。

知识理论目标，主要标志的是学生对马克思主义理论的理解和接受，在原则上可以划分为识记、理解和应用等若干层次。知识理论目标的表述，比如识记水平，主要是指记忆知识理论，对学过的知识理论和有关材料能识别和再现，能够回忆具体的事实、方法、过程、理论等。这一目标要求学生做到能够确认、定义、选择、背诵等。理解水平，主要是指对知识理论的掌握，强调抓住本质，把握意义和中心思想，可以借助于学生能否转述、解释、论证等方式进行表达。应用水平，是指学生能够把所学的知识理论应用于新情境，这一目标要求学生能用马克思主义的相关理论分析、说明、设计、示范、运用、操作、解答实际问题等。

实践能力目标，主要标志的是学生对马克思主义理论的运用能力，原则上可以划分为模仿、独立掌握和迁移创造三种层次。模仿水平，指学习者能够仿照教师的示范，完成对问题的分析，基本独立地运用马克思主义理论去认识和解决相应问题。独立掌握水平，指学习者已经形成独立技能，能够运用马克思主义理论分析和解决实际问题，能够独立分析社会问题和自身问题，独立制定、提出解决社会问题和个人学习生活问题的方案，能够对方案进行尝试、调整与改进，与已有其他技能建立起联系等。创造水平，指学习者能够触类旁通，创造性地以马克思主义理论分析有关问题和解决有关问题，在不同情境下独立运用实践能力，能够联系具体条件灵活运用，举一反三。

理想信念目标，主要体现学生对马克思主义的信仰和中国特色社会主义、中华民族伟大复兴的中国梦的理想及行动自觉性，标志着学生的思想道德政治觉悟，又可以划分为感受水平、认同水平和内化水平三个层次。感受水平，指学生用自己的内心获得情感感受与情感体验。比如：参加、参与、经历相关的学习活动，讨论、交流、分享自己学习的感受和体会，建立对马克思主义理论的感性认识。认同水平，即学生同意、认可和接受马克思主义理论的基本立场、基本观点、基本方法，有与之相同的情感感受、立场态度和价值判断，认可、赞同马克思主义的基本立场和基本观点，接纳、采用马克思主义的基本方法。内化水平，指学生已经把外在学习内容转化为内在要求，树立马克思主义信仰，确立社会主义、共产主义的理想，拥护、支持中国共产党的路线方针政策，关心、关注中国特色社会主义事业，致力于中华民族伟大复兴的事业。在思想政治方面，形成了与马克思主义、与社会主义核心价值观一致的稳定态度、一贯行为和个性化的价值观念，形成了正确的世界观、人生观、价值观，形成了稳定的理想信念等。

（三）思想政治理论课教学目标表述的特殊性

就目前的相关研究看，由于高校思政课不同于其他的专业课程，在教学目标的表述上，仍然需要更加有针对性的探索。

了解国际研究就可以发现，不论中外，传统上所理解的教学目标往往比较概括，所指的基本含义接近于教育目的或教学目的，这就必然使教学目标的表达抽象而且概括，常常习惯于模糊描述学生的内部体验。这样的描述不仅含糊不清，表达不准确，而且也难以被观察到。随着时代发展，教学目标量化、可测量成为教育教学科学评价的需要，因此，教师精确描述教学目标也就成为教学设计的基本要求，这样就出现了比较精确的描述学生行为目标的表述模式。比如"三要素"表述法，就是描述学生的外在行为、外在行为产生的条件和标准。这种目标表述法强调，表达教学目标必须侧重描述学生的外在行为，这是必不可少的基本部分，也是唯一重要的部分，至于其他内容，比如条件和标准，则是可以省略的部分。

行为目标表述方式有其合理性，它有效避免了传统表述的含混不清，但它却顾此失彼，强调行为结果却完全无视学生的内在感受。这尤其不符合思政课的需要，对思政课有着强烈的不良影响，因为这通常会导致两个结果，第一，教师编写这种详细的教学目标却往往陷于一隅而不能把握整体；第二，目标用行为描述出来，写出可操作的目标虽然明确而具体，但却不明白或忽视了此目标对学生内在心理有何促进，有使教学陷于某种外在行为表象的危险。为了克服上述不足，有学者提出了"一般目标—具体行为"的表述方法，它把内部心理描述和外显行为描述两种方法有机地结合起来，表达教学目标时，教师先描述学生的内部心理过程，继之以可观察的学生外部行为作为补充描述，实现教学目标的具体化、可测化。如"理解实践的含义"是课堂教学目标的概括陈述，但是，学生是否"理解实践的含义"，从外面往往难以直接判断和评价，要具体直观，就必须用学生的行为实例来进一步说明，比如学生能够"转述、改述实践的含义"，学生能够从生活中"列举出几个实践的实例"，或者学生能够"区分实践与认识"。通过学生的行为实例说明，"理解"这一抽象的教学目标就具体明确了。"一般目标—具体行为"的表述方法相对比较科学，它既避免了单纯心理描述的含糊不清，也避免了单纯行为表述可能带来的潜在的机械性和表象化，得到了许多学者的赞同。思政课教学与一般课程教学的不同之处是，格外重视学生的价值内化，也就格外重视学生的内心情感体验和心理感受。

此外，由于思想政治理论课教学的特殊性，其还可以参考表现性目标的描述方法、生成性目标的陈述方法和体验性语言来描述。

一是表现性目标的描述方法。在思政课教学中，学生的情感、立场、信念等价值目标需要长时间的内化过程才能实现，很难在短期内立竿见影。达成这些高级教学目标往往需要通过教师对学生的长期影响，需要学生长期的自主建构。这一类复杂目标，要求学生在一两节课的学习之后就达成是不现实的，因此前述的表述方式就都不恰当，在这样的情况下，有研究者提供了另外的新的表述方法——表现性目标，只说明学生参加活动的外在表现，而不描述学生的学习结果、学习收获。这对于思想政治理论课是可以参考使用的，例如，关于改革创新时代精神的教学设计，可以这样描述学生的表现性目标："能够认真讨论反映改革创新的案例材料，并能够进一步结合现实事例说明其时代意义。"表现性目标只是教学目标表述的一种可参考的补充方式。

二是生成性目标的陈述方法。基于思想政治理论课有三个层次的教学目标，所以，教师除了运用以上所举方法进行陈述，还可以考虑以生成性目标的方式来阐述。生成性目标，不是教师在教学设计时提前预设的某一确切的目标，而是在课堂教学过程中，随着师生的现场互动，在具体教学场景下顺其自然地完成的课堂教学目标。生成性目标的根本特点是"不期然而然，莫知至而至"，它是教学过程富有教育性的客观体现。生成性目标名为目标，实际上并不预定目标，而且充分尊重学生的实际状况，尊重学生在课堂上的真实表现，并从具体情境中引导学生的兴趣，培养学生的能力。思想政治理论课的实践能力目标，比较适合于这种陈述。如：学生能在……条件下，思考并提出……问题，能对……进行综合分析与判断。

三是体验性语言描述方法。思政课的理想信念目标与知识理论目标、实践能力目标的表述虽然大体相同，但陈述的不是教学内容，而是情感、立场、态度、信念、价值观等德育范畴的内容。由于思政课的德育属性，其教学目标更加强调学生的内部感受和情感体验，即情意体验性。情意体验性目标指学生在具体的教学活动中的个性化表现，旨在培养学生的创造性，重视学生的内部感受性。由于情感体验性目标是无形的抽象目标，一般不"明确、具体、可测"，因此可以用体验性语言来描述，就是采用体验性的、过程性的行为动词，描述学生的感受、体验，或明确描述学生的表现。如"阅读自己喜欢的作品""解释自己的观点""阐明自己的感受""收藏自己喜欢的资料"等。这种方式适合无须结果化的或难以结果化的课程目标，适合在情感、立场、态度及价值观领域对目标的陈述。

# 第六章　思想政治理论课教学内容的设计

教学内容是教学系统中最具实质性的因素，教学内容设计是教学设计最为关键的环节，是教学设计的主体部分，其质量高低直接影响教学活动的成败。2010 年全国十二所重点师范大学联合编写的《教育学基础》给出的定义是："教学内容设计，是指教师在认真分析和领会把握教材的基础上，动用自己的个人经验和专业技能，合理选择和组织教学内容并合理安排教学内容的表达和呈现的过程。"[①] 是否进行了教学内容设计，带来的教学效果大不相同，思想政治理论课教师必须更加重视教学内容的设计，才能达到"有虚有实、有棱有角、有情有义、有滋有味"[②] 的教学要求。

## 第一节　思想政治理论课教学内容设计的必要性

教学内容主要体现在课程、教材和教学指导用书之中。思想政治理论课的五门必修课，核心只有一个，就是马克思主义。所以思想政治理论课的教学内容，如果极而言之，可以简称为马克思主义教育。思想政治理论课的教材内容必须经过教师的再组织、再加工、再创造，才能由言简意赅的理论材料变为生动活泼的教学内容，最终切合学生的认知规律和实际需要，内化在学生的意识体系中。因此，教师必须重视教学内容设计。

### 一、思想政治理论课的教学内容

#### （一）思想政治理论课的教学内容

目前本科的思想政治理论课有六门必修课，六门课程有中有西，有古有今，有政治有思想，有道德有法律，看起来内容多种多样，但是其本质却是一致的，其精神也是一以贯之的。这六门思想政治理论课，本质上就是以马克思主义为核心而展开的五个方面的教育教学。

第一，"马克思主义基本原理概论"——马克思主义的基本理论；第二，"毛泽东思

---

[①]　全国十二所重点师范大学联合编写. 教育学基础（第 3 版）[M]. 北京：教育科学出版社，2010：312.

[②]　教育部关于印发《新时代高校思想政治理论课教学工作基本要求》的通知（教社科〔2018〕2 号）[EB/OL]. http://www.moe.gov.cn/srcsite/A13/moe_772/201804/t20180424_334099.html.

想和中国特色社会主义理论体系概论""习近平新时代中国特色社会主义思想"——马克思主义中国化的主要理论成果;第三,"中国近现代史纲要"——马克思主义中国化的实践历史与社会进程;第四,"思想道德与法治"——运用马克思主义培养社会主义建设者和接班人的思想道德与政治人格,以马克思主义的立场观点方法进行自我认识和自我改造,把握人的内部世界;第五,"形势与政策"——以马克思主义的立场、观点和方法分析国内外形势,把握外部世界。

思想政治理论课的课程内容,以教材的基本方式规定和呈现出来。根据课程定位、课程目标,教师会在备课过程中将教材内容设计和转化成教学内容。思想政治理论课的教学内容,是教师根据课程目标和教材内容,有目的地选择并按照一定逻辑思路组织编排而成的知识理论体系。长期以来,人们总是将教材内容和教学内容等同起来,认为教材和课程标准要求什么,教师就应该教什么,但这种认识是片面的。

教材内容是形成教学内容的一个依据,是教学内容的一个基本规定,但是教师不能在课堂教学中照本宣科。对教材内容进行加工整理,使之符合教学实际、符合学生的认知规律,是教师备课的一个必要环节,也很大程度上决定着一堂课的成败。把文本教材内容转换成课堂上生动活泼的教学内容,是教学设计的重要方面。

思政课的教材内容,往往由事实、概念、原理以及它们的内在联系构成。任何学科往往都含有大量的事实资料,政治课教材中的事实,就是社会事件、历史事件的过程或者是其前因后果。教材中的事实都是已知的发生过的,不是捏造和想象的。概念,是反映客观事物本质的思维形式,是对教材中大量事实资料的理性加工、抽象思维的结果,是具有抽象性质的理性认识形式。原理,是已经被验证了的、公认的命题或观点,是教材科学性的重要标志,这些原理已经经过人类社会的验证,不需要加以论证。教材内容是有着内在联系的理论体系,事实、概念、原理之间有着固有的内在逻辑关系。

思政课的教学内容,来自教师对课程内容、教材内容、课程资源与教学实际的综合加工,是教师根据教学目标,依据教材内容,有目的地选择并按照一定逻辑思路组织编排而成的内容体系。教学内容体系中,又不仅仅包含知识理论,教师在对教材内容进行加工的同时,必然要合理地组织教学过程。所以,教学内容不仅包括教师讲解教材内容,还包括了教师对学生的学习引导、动机激励、方法指导、价值引导、错误纠正等,所以教学内容不仅仅包括教材内容,它还包括了师生在教学过程中的实际活动的全部内容。因此,教材内容虽然是教学内容的重要构成成分,但教学内容又远远超越了教材内容。教学内容经过了教师对教材的选择、取舍、组织和安排,必然体现着教师的专业水平、教学追求与教学个性。

课堂上实际进行的教学内容,包含以下含义。

首先,教学内容与教学目标有着直接而密切的联系。方向决定选择,教学目标是教学内容的选择依据,教学目标决定着对教学内容的取舍增减。反过来,教学内容体现着教学目标,也直接影响和制约着教学目标的实现。

其次,教学内容体现着教师的教学选择与安排。教师是教学活动的直接实施者,教师对教材的理解以及教师的教育理念与教学追求,都直接影响着其对教学内容的选择与编排。教学内容体现着教师的专业水平与教学个性。

再次,教学内容是按照一定的逻辑思路进行组织编排的内容体系。教学内容不是对教学材料的堆积，而是根据一定的学科逻辑、生活逻辑和认知规律，进行了有机组织、编排，是一个有意义、有层次、有利于学生理解、有机联系着的内容体系。

最后，教学内容的基本性质，是知识理论以及承载其中的思想感情，包含着直接经验与间接经验两种基本形态。直接经验是指由亲身参加现实实践所获得的经验，来自个人的社会经历，表现为个人的观察与思考所得；间接经验是指从别人、前人那里学习得来的经验，主要表现形式是系统化、理论化的书本知识。高校思想政治理论课与基础教育阶段的思想政治课的不同，就在于它更强调"理论"，即通过理论教育实现思想政治教育功能。习近平强调，办好中国特色社会主义高校必须"坚持不懈传播马克思主义科学理论，抓好马克思主义理论教育，为学生一生成长奠定科学的思想基础"①。

（二）教材内容与教学内容的关系

教材内容与教学内容是非常相近的概念，两者既相互联系又相互区别。教材内容与教学内容的区别如下。

第一，内涵不同。教材内容，是对一门学科进行系统阐述的知识理论体系，它是教材编写者按照课程目标和教学大纲的要求编写的，是教师进行教学的主要依据，也是学生进行学习的基本材料，其表现形式是比较稳定的书面文字。教学内容，则是教师在教学过程中呈现的具体内容、结构层次和教学的重点、难点等内容的总称。它是教师通过对既定教材内容进行备课与转化的成果，是师生之间课堂信息交流的内容。

教学内容与教材内容不完全相同，有补充或删减。教材内容以教材为载体；教学内容以教案为载体。教材内容体现教材编写者的意图；教学内容体现教学实施者的意图。

第二，特点不同。教材内容强调结构完整，内容全面，章节均衡，逻辑严谨，层次清晰，前后呼应，科学准确。而且，教材一旦出版，内容具有静态稳定性，相对比较稳定，基本上几年不会改变，具体内容上可能会出现一定的滞后性。

教学内容，在内容的组织上，在保证内容全面的基础上，更强调问题的针对性、重点的突出性、难点的深入性；在内容的编排上，强调适应学生的学习规律，易于学生理解和接受；在内容的选择上，强调灵活多样、丰富多彩、生动活泼。与教材内容的稳定不变相对，教学内容处于实时动态变化中，教师可以根据社会形势的变化，根据社会需要，根据学生情况，以教材内容为依据，不断对教学内容进行更新和调整，以适应现实需要。

第三，功能不同。教材内容的功能是，根据课程目标和教学大纲，按照一定的组织形式，全面、准确、严谨地阐述思想政治理论与立场观点，以完整表述思想理论体系为目的。教学内容的功能在于，教师通过课堂教学活动，帮助学生理解和接受知识理论，提高学生的认识能力、判断能力和实践创造能力，同时培养他们良好的思想品德，使他们形成坚定的理想信念。

教材内容与教学内容既有区别，又有联系。从联系看，两者的基本内容一致，教材内容是教学内容的基本组成部分，教学内容以教材内容为依据，是教材内容的反映、展

① 习近平. 把思想政治工作贯穿于教育教学全过程 开创我国高等教育事业发展新局面［N］. 人民日报, 2016-12-09（01 版）.

开与具体化。两者当中，教材内容是"根源性"的，是教学内容的依据，是教学内容的基础，教材内容规定了教学内容，教学内容的设计离不开教材内容，教材内容的变化必然引起教学内容的变化；教学内容是"派生性"的，教学内容是教材内容的拓展，是教学内容的延伸，教学内容的设计和呈现必须依托教材内容，不能脱离教材内容。

## 二、思想政治理论课教学内容设计的必要性

教学内容集中体现在教材中，而教材编写又受到书面形式、篇幅大小等客观原因的限制，因此教材的知识理论往往是高度浓缩、言简意赅的，有时候甚至是晦涩枯燥的，其知识理论结构往往隐含其中，其重点、难点往往也不可能进行详细解说和强调论述，所以教材内容必须经过教师的再组织、再加工、再创造，才能由言简意赅的抽象材料变为丰富生动的教学内容，最终切合学生的认知规律和实际需要，影响学生的认知体系和意识体系。因此，教师必须重视教学内容设计。

2008 年中共中央宣传部、教育部在相关文件中明确要求：思政课教师"要以教材为教学基本遵循，在教材体系向教学体系转化上下功夫，真正做到融会贯通、熟练驾驭、精辟讲解"①。2015 年又要求"加强对各门课程教学设计的研究""不断增强思政课的思想性、理论性和亲和力、针对性"②。目前，思政课教师已经普遍认识到教学内容设计的重要性，因为这是从国家教材体系向教师教学体系转化、并进一步向学生认知体系和价值体系转化的关键环节。

### （一）内容设计是提高教学实效的关键

首先，教师通过对教学内容的设计，能够赋予思政课以亲和力。思政课的教材内容是对马克思主义的学科知识和理论进行系统阐述的书面体系，它的表现形式是简洁而稳定的理论化文字。对教材的理论化内容进行设计，使其转化为与现实生活紧密联系的、富有现实意义的教学内容，既能够实现马克思主义的思想性、理论性，又能够增强思政课教学的亲和力和生命活力，也能够体现出教师不同的教学个性。

其次，教师通过对教学内容的设计，能够加强教学的实际针对性。通过对结构严谨、表达抽象的教材内容进行教学内容设计，教师可以根据实际进行详略处理，通过增补、删节、补充、完善、引申等个性化处理方式，能够体现教学内容的现实针对性，可以突出重点，破解难点，增强教学的实效性。

再次，教师通过对教学内容的设计，能够增强教学的生动活泼性。思政课的教材内容具有高度的思想性和政治性，马克思主义理论具有高度的抽象概括性，这就必然出现抽象的教材内容与丰富的现实之间的矛盾，出现教材的抽象性与学生认识活动的具体性要求之间的矛盾。内容没有阐释发挥，就不生动，如果教师不进行内容设计，上课照本宣科，死板地按照课本进行宣讲，那么可以肯定的是，教学不会有效。照本宣科地上课，

---

① 中共中央宣传部、教育部. 关于进一步加强高等学校思想政治理论课教师队伍建设的意见（教社科〔2008〕5 号）［EB/OL］. http://www.moe.gov.cn/srcsite/A13/moe_772/200809/t20080925_80380.html.

② 中共中央宣传部、教育部关于印发《普通高校思想政治理论课建设体系创新计划》的通知（教社科〔2015〕2 号）［EB/OL］. http://www.moe.gov.cn/srcsite/A13/moe_772/201508/t20150811_199379.html.

教师既没有教学热情，出现心理疲惫和职业倦怠，也使学生难以忍受，从而厌学逃学。所以，教师必须通过对教学内容的设计，使教学具有内容的新鲜灵活性、素材的生动多样性、学习活动的趣味性，从而"促进思想政治理论课教学有虚有实、有棱有角、有情有义、有滋有味"①，从而使教师乐教、爱教，使学生乐学、爱学。

最后，教师对教学内容的设计，也是创新教学方法的要求。为提升思政课的教学实效性，近年来上上下下都做了很多的努力与探索，特别是对教学方法进行了很多改革创新，出现了研究式教学、情景式教学、参与式教学、实践教学等各种教学方法的改革，打破了原来由教师单纯讲授式的局面。但是，众所周知，内容决定方法，方法服务于内容，教学模式和教学方法最终是取决于教学内容的，教学模式和教学方法的改革实质上决定于教学内容的改革，也可以说，教学方法的改革与教学内容的改革是一体化的。设计和调整教学内容与选择合理的教学方法，本就是一个相互联系、不可分割的过程。

（二）内容设计是更新充实教学的需要

时效性是思政课的生命力之所在，而思政课教材内容相对稳定，所以部分教材内容在具体教学中可能已经滞后于社会需要和认识的发展。增强思政课的有效性，关键是使教学内容要有鲜明的针对性和明确的现实性。针对性就是敢于面对、回答、解决那些因社会发展而不断出现的新情况和新问题，努力以马克思主义的理论和方法科学回答和解决这些问题。教学的针对性必然要求教学的现实性，现实性就是思政课教学要反映国内外发展的最新动态和我国政治、经济、文化、社会的最新实际，反映学生思想生活的实际。② 教学内容的现实性是教学针对性的基础，用马克思主义理论解决鲜活的现实问题，解决学生关注的社会热点、焦点问题，解决学生的思想困惑，是提高教学针对性和现实性的关键，也是增强思政课有效性的关键。

中共中央宣传部、教育部明确要求思政课教师要对教材内容进行调整、丰富、拓展，实现教材体系向教学体系的转化："思想政治理论课教师要以教材为教学基本遵循，在教材体系向教学体系转化上下功夫，真正做到融会贯通、熟练驾驭、精辟讲解。要紧密联系改革开放和社会主义现代化建设的伟大实践，了解和掌握大学生思想政治状况，……，多用喜闻乐见的语言、生动鲜活的事例、新颖活泼的形式，活跃课堂气氛、启发学生思考，把科学理论讲清楚、说明白。"③

可以看出，在教学中，思政课要体现教学内容的现实针对性，就必须结合社会生活中不断发生的重大现实问题，运用与之相关的理论，围绕学生关注的实际问题深入思考和研究，揭示问题实质，回答解决方向。教学内容具有现实针对性，体现时代特点、社会现实和学生的思想生活实际，才能提高学生的学习兴趣和思维热度，提升思政课的教学魅力，提升说服力，最终实现课程的思想性和导向性。

---

① 教育部关于印发《新时代高校思想政治理论课教学工作基本要求》的通知（教社科〔2018〕2 号）［EB/OL］. http://www.moe.gov.cn/srcsite/A13/moe_772/201804/t20180424_334099.html.

② 刘振强. 高校思想政治理论课教学内容的优化［J］. 中国电力教育，2011（05）：134-135.

③ 中共中央宣传部、教育部. 关于进一步加强高等学校思想政治理论课教师队伍建设的意见（教社科〔2008〕5 号）［EB/OL］. http://www.moe.gov.cn/srcsite/A13/moe_772/200809/t20080925_80380.html.

（三）内容设计是适应教学层次的需要

当前的高校思政课普遍采用由中央实施的马克思主义理论研究和建设工程组织编写的统一教材。这套教材承载着课程的基本目标，规定了课程的基本标准，明确了课程的基本内容。它理论体系完整，表述严谨，比较充分地体现了马克思主义中国化的最新成果和最新经验，体现了马克思主义研究的最新进展，具有明显的思想性、政治性、系统性和权威性。与此同时，也必然会出现统一的教材与学生的层次性之间的矛盾，不同高校的办学层次不同、学习对象不同，但是都使用统一教材，所以教学对象的差异性不可避免地会影响对教材的使用。

一方面，学生层次有明显差别。伴随我国高等教育的大众化进程，不同高校的生源出现了巨大的层次差异。2015 年我国的高考录取率达到了 74%，根据中国教育在线发布的《2017 年高招调查报告》数据，2016 年我国高考录取率已经达到了 82.5%，高等教育毛入学率快速接近 50%。① 近年来，全国高考录取率一直保持上升趋势，2019 年多省高考录取率超 90%。2020 年 12 月教育部新闻发布会介绍，"我国高等教育进入普及化发展新阶段，高等教育毛入学率不断提升，由 2015 年的 40.0% 提升至 2019 年的 51.6%"②，2022 年我国的高等教育毛入学率更是达到了 59.6%③。也就是说，目前我国已经有超过 50%、接近 60% 的适龄青年进入了大学学习。我国各高校的层次、类型不同，生源素质必然也有着天壤之别。学生差异巨大，客观上必然要求思政课的教学内容多样性、层次化，这是提高教学针对性和实效性的要求。统一编写的思政课教材即使再怎么完善，也不可能满足全国各地高校学生多层次、多样化的各种复杂需求。

另一方面，高校思政课与高中思政课之间存在内容交叉现象，虽然其间有着理论深度与层次要求的明显差异，但是相似的教材内容似乎对学生缺少吸引力，使得学生缺乏学习热情，学生自认为对课程内容熟知，从而缺乏学习动力。事实证明，真正的学习，发生在学习者与所学内容产生共鸣的时刻。如何体现高校与中学相似课程的内容差异、引发学生的学习热情、调动学生的求知欲，依然是高校思政课教学必须面对的一个问题。

所以教师必须从自己学校的实际和学生的思想生活实际出发，在符合思政课统一的教学要求的前提下，对教学内容进行设计和重构，以适应学生实际和教学现实。教师若不能根据实际情况设计教学内容，就不能引发学生的兴趣和学习热情。把抽象的理论转化成鲜活现实、能够适应不同层次学生的内容，并能够让学生轻松愉快地理解和接受，也是教师教学水平的基本标志。

（四）内容设计是实现教学目标的需要

如前所述，高校思政课的教学目标可以划分为知识理论目标、实践能力目标、理想信念目标三个层次，或者简称为理论目标、能力目标、信念目标。第一层次是知识理论

---

① 2017 年中国教育在线高招调查报告 ［EB/OL］. https://www.eol.cn/html/g/report/2017/index.shtml，2017-06-10.

② "十三五" 高等教育成绩单公布：毛入学率升至 51.6% 在学人数超 4000 万 ［EB/OL］. http://edu.people.com.cn/n1/2020/1203/c367001-31954045.html.

③ 教育部：2022 年我国高等教育毛入学率达 59.6% ［EB/OL］. https://www.eol.cn/news/meeting/202303/t20230323_2331956.shtml.

目标，就是形成和提高马克思主义理论素养，主要是掌握马克思主义的基本理论、基本范畴、基本观点、基本立场，即大学生掌握马克思主义基本原理、马克思主义中国化的理论成果和社会主义道德法治观念等理论知识。第二层次是实践能力目标，就是形成和提高理论联系实际、解决实际问题的实践能力，主要是帮助学生提高运用马克思主义理论和中国化马克思主义理论认识、分析和解决实际问题的能力，提高认识自我和认识社会的能力，提高认识国内外形势、明辨是非、独立思考的能力，提高思想素养、道德素养、政治素养和参与社会实践的能力。第三层次是理想信念目标，主要是形成马克思主义信仰和中国特色社会主义的理想信念，进一步形成追求真善美的品格，树立马克思主义的世界观、人生观、价值观，培育和弘扬社会主义核心价值观，坚定马克思主义信仰，坚信历史发展的必然趋势，坚定建设中国特色社会主义、实现中华民族伟大复兴的理想信念。高校思政课教学的最终目标，是帮助大学生塑造健康正确的价值观，形成坚定正确的价值追求和崇高的理想信念。

多层次的教学目标，必然需要多样化的教学内容来承载和支撑。知识理论目标可以通过教材内容来承载，但是，思政课还需要关注学生情感的激发、立场观念的形成和实际能力的培养，这就决定了教学过程必须丰富充实、生动活泼，从而保证教学能够培养能力，具有对理想信念的感染力、吸引力、说服力和引导力。统一规范的教材是保证教学质量的必要条件，但并不能保证有好的教学效果，不能保证实现多方面、多层次的教学目标。要实现多方面、多层次的教学目标，就必须把全面、准确、严谨的教材体系转化为有现实针对性、重点突出、富有感染力和感召力的生动教学内容，以利于学生获得知识理论，发展实践能力，形成良好的思想品德和坚定正确的理想信念。所以，思政课要实现理论接受、能力培养和理想信念培养三方面的教学目标，就必须有相应的教学内容，以教材内容为基础进行教学内容设计，是提升教学有效性的必然要求。

课本是授课之本，思想政治理论课教材包含了国家意志、国家意识形态、党的指导思想以及国家重大政策的变更与发展，这些内容都是经过专家层层筛选，最后由国家审定的。课本确实重要，思政课教师的职责就是以课本为中心，传播党的指导思想和国家意识形态，指引和指导大学生成为社会主义事业的建设者和接班人。但是，教师只研究教材肯定是不够的，如果教师上课只讲教材那么学生肯定是听不进去的。因为思想政治理论课的任何教材，无论其水平多高、内容多好，都不可能完全适应学生思想的即时变化和时事时势的随时变化。

思政课的育人功能要求把教材体系转化为学生的认知体系及信仰体系，要实现把教材思想最终转化为学生的认知，进而转化为学生的信念与信仰的这一任务，教师就必须研究教材体系及学生的认知体系，研究教材体系及学生认知体系发生联系的桥梁——教学体系，并根据教学规律、学生成长规律、知行转化规律，设计、优化与创新教学内容。

# 第二节　思想政治理论课教学内容设计的要求

党和国家要求思想政治理论课要坚持"八个相统一"①，"八个相统一"包含着对思想政治理论课教学内容设计的基本要求。

## 一、思想政治理论课教学内容设计的价值取向

教师总是在一定的观念指导下进行教学内容的甄选和组织，这种观念就是教师的教学价值观。任何教育教学活动都有一定的价值取向，教师的教学设计也都是以一定的价值追求为引领的。在教育教学发展史上，因为时代不同以及人们的思想认识和文化背景各异，出现了不同的教学价值取向。就思想政治理论课教学而言，比较典型的价值取向主要有以下几种。

### （一）学术理性取向

学术理性取向，强调教学内容的学术性，其基本观点是：思想政治理论课教学的目的，是让学生掌握马克思主义理论的基础理论和知识，以促进学生的学科智力和理性思维发展，进而继承和发展人类的优秀文化遗产。因此，教学内容的选择强调对知识理论的讲授、传递与继承，教学内容的编排重视学科逻辑的理论组织形式，以逻辑严密的理论内容的形式出现。在教学活动的设计上，以教师讲授、学生接受为主，注重学生对学科理论知识的理解、记忆和重现，并以此作为教学评价的标准。

学术理性取向的优点是，教学内容设计有助于学生掌握系统的马克思主义理论知识，教学过程与教学评价便于操作、易于管理。这种价值观指导下的教学模式历史长远，教育界也积累了丰富的教学经验和教学材料，教学内容比较丰富、充实和系统，能够为学生打下比较扎实的马克思主义理论基础。学术理性取向的缺点是，把思想政治理论课作为专业课进行教学，过于强调马克思主义学科的系统性、学科性，一定程度上偏离了高校思政课的定位，教学内容容易脱离学生的现实生活和社会实际，往往较少顾及学生的实际需要和学习兴趣，也往往脱离社会现实热点与需要，缺乏教学针对性。

### （二）人本主义取向

人本主义取向强调教学内容设计要以学生的发展为中心，其基本观点是：教学是为了促进学生的全面发展，达到学生的自我实现。因此，在教学内容的设计上，应特别注重学生的兴趣、需要、能力、经验及发展水平，从学生发展的实际需要出发去选择和组织教学内容，突出教学内容的针对性；教学内容设计应重视发挥学生的作用，注意对学生的情感、态度、价值观的培养，重视融洽、真诚、开放、相互支持的教学气氛，注意

---

① 教育部. 关于印发《普通高等学校思想政治理论课教师队伍培养规划（2019—2023 年）》的通知（教社科函〔2019〕10 号）[EB/OL]. http://www.moe.gov.cn/srcsite/A13/moe_772/201904/t20190428_379873.html.

调动学生的自主学习。

人本主义取向的优点是，教学内容设计以学生为本，突出关注学生的需要，注重培养学生的非智力因素，重视学生的自我发展，强调学生的主动性，这符合时代的要求，也是教育规律的反映。持这种价值观的教师往往更主张选取能引发学生情感共鸣和价值思考的教学内容，挖掘教材中对学生的情感、态度、意志、价值观和品格起作用的因素，以培养学生的健全人格和高尚情操。人本主义取向的缺点是，强调教学内容在学生的人格、情感、审美和意志培养等方面的作用，主张教育教学促进学生的发展，较少关注教学内容的社会需要，也不太在意学科内容的系统性与逻辑性。

（三）社会发展取向

社会发展取向强调教学要为社会的发展进步服务，其基本观点是：教学就是为了培养学生形成参与社会生产生活的技能，使学生认识社会从而适应社会进而改造社会、创造未来社会。因此，教学要围绕社会现实，并直接服务社会现实。教学既然要着眼于社会现实需要，必然要求围绕社会现实进行知识理论的教学，以分析、思考、解决现实问题为重心组织教学过程，以培养学生形成解决社会现实问题的能力为最终追求。在这种教学取向下，教学设计常常通过"现实问题"来统领教学，教学过程往往以思考讨论"解决现实问题"为重心展开，以形成"解决现实问题"的方案为结束。

以服务社会发展为取向的内容设计具有两个明显的优点，一是教学强调学生要对社会承担责任，重视培养学生的社会责任感与解决社会问题的能力，这一点尤其适配思想政治理论课教学，有助于实现思想政治理论课的社会功能；二是教学过程倾向于调动学生积极性，强调通过学生的集体讨论和探究来解决问题，也更愿意安排学生参加社会实践，了解社会现实。当然，社会发展取向的内容设计在有利于实现课程的社会作用的同时，必然也会有一定弊端，其最明显的缺点，是易于忽视学生的个人发展需要。

（四）狭隘功利主义取向

狭隘功利主义取向在思政课教学中也常常存在。在教学内容设计中，往往表现为一种极端取向，就是"考什么，教什么；考什么，学什么"。这也是一些教学领域的常见现象。以狭隘功利主义为指导，教师在设计教学内容时，优先考虑的是完成课程要求和教学任务，以帮助学生应试，如何使学生通过考试是最优先、最重要的教学目标。因此，在教学内容设计上会竭尽全力突出考点，对所有考点进行重点讲解和透彻分析，以保证学生考出好成绩。在狭隘功利主义取向下，教师往往不会组织安排或很少组织安排考点以外的内容，教学内容的呈现也往往是比较刚性的标准答案与答案解读，教学内容中不会出现轻松活泼的生活话题，也不涉及学生的情感、态度、价值观、行为、品格等方面的实际德育问题。

狭隘功利主义取向在中学政治课教学中十分常见，在研究生考试前的思政课辅导中是常态。很多中学生受了这种狭隘教学观念的影响，往往也认可了这样简单化的学习要求，并形成了以通过考试为目的的、狭隘的学习动机。进入大学后，其后遗症就会表现出来，一些大学生对思政课报以敷衍态度，以单纯通过考试作为学习目标，这在一定程度上又会影响到教师对教学内容的设计与对教学方法的选择，成为影响思想政治理论课教学的一个重要因素。

依照狭隘功利主义取向设计出的教学内容，目标明确单一，内容符合考点要求，但缺乏开放性，往往既不关心学生的发展需要，也不关心社会的现实需要，这样的教学不会促进学生的情感、态度、价值观的发展，也培养不出学生的社会责任感、学习积极性和自觉创造性。

（五）现实主义取向

现实主义取向注重教学的实际效果，主张根据社会政治、经济和科技的发展来调整课程内容，强调学生的现实生活和兴趣需要。受到这种观念的影响，教师在设计教学内容时往往会关注和联系学生的现实生活和兴趣，以帮助受教育者将来更好地适应社会。在内容的呈现方面，教师可能会更多地采用探究以及交流互动等方式而非简单的知识讲授。

不同的教学取向，使教师在设计教学内容时有不同的选择。通常情况下，教师不可能只受某一教学价值观的影响，优秀的思政课教师更能够兼顾多个方面，根据具体情况斟酌设计合理的教学内容。但是也不排除有的教师有比较单一的价值取向，教学内容设计带有明显的偏颇性。

教学内容设计是教师在教材和学生之间搭建的一道桥梁，根据学生的身心发展水平及一定时期的学习状况，把教材内容、课程内容转化为课堂教学的具体内容、具体活动。因此，一定时期内的学生身心发展水平和学习状况，教材和课程的客观规定性，社会的现实需要，三者是影响教学内容设计的客观因素；而教师对学生的认识把握以及教师自身的教学价值观，则是影响教学内容设计的主观因素。

## 二、教学内容设计的基本要求

《普通高等学校思想政治理论课教师队伍培养规划（2019—2023 年）》要求思想政治理论课要"坚持政治性和学理性相统一、价值性和知识性相统一、建设性和批判性相统一、理论性和实践性相统一、统一性和多样性相统一、主导性和主体性相统一、灌输性和启发性相统一、显性教育和隐性教育相统一，不断增强思政课的思想性、理论性和亲和力、针对性"[①]，教学内容设计要遵循和体现这些基本要求。

（一）体现思政课的性质与特点

思政课的中心任务是立德树人，教育教学目标是培养学生的思想政治素质和道德素质，实现人的全面发展。思想政治理论课具有政治性和科学性、理论性和实践性等特点，教学内容设计必须体现课程鲜明的思想性、政治性、理论性，这是思政课的鲜明特点。

思政课的根本目标是帮助大学生掌握马克思主义科学理论，形成对马克思主义的信仰，树立共产主义远大理想和中国特色社会主义共同理想，树立实现中华民族伟大复兴的中国梦的共同理想，做社会主义核心价值观的坚定实践者、中华优秀传统文化的优秀

---

① 教育部关于印发《普通高等学校思想政治理论课教师队伍培养规划（2019—2023 年）》的通知（教社科函〔2019〕10 号）［EB/OL］. http://www.moe.gov.cn/srcsite/A13/moe_772/201904/t20190428_379873.html.

传承者。所以，思政课除了必须以知识和学理为基础、为前提外，必须体现其鲜明的政治性和价值性，必须实现其意识形态功能，这是思政课同其他课程的根本不同之处。所以，思政课必须促进大学生的政治认同，培养大学生明确的政治意识、正确的政治立场以及政治信念和政治辨别力，培养社会主义的合格建设者和可靠接班人。思政课的政治性和科学性是统一的，不能只强调政治性而无视其科学性，也不能只强调科学性而无视其政治性，必须高度重视思政课的本质属性。

（二）反映教材的基本内容和精神

思政课教材包含了党的指导思想和国家的重大政策，体现了国家的意识形态要求，是国家意志的体现。教材内容往往经过专家精心设计与严格筛选，有时候甚至需要国家相关部门审定。教学必须完成对教材基本内容的教与学，必须体现教材的基本精神。所以思政课的教学内容绝不能脱离教材的基本内容，更不能背离教材的基本精神。

教材是教学之本，是教师授课之本，也是学生学习之本，教师要以教材的基本内容为依据，传播党的指导思想和国家意识形态，指引和指导大学生成为社会主义事业的建设者与接班人。当然，教学设计时要遵循教材的基本内容与基本精神，并不是、也不能画地为牢，在尊重教材内容的基础上，必须根据实际对教材内容有所增删。有个别教师不能理解思想政治理论课的这一特点，消极对待，不进行教学内容设计，照着课本念，完全照本宣科，这样的教学必然无法引起学生的学习兴趣。为了提高教学效果，教师必须根据实际对教学内容进行设计。《普通高等学校思想政治理论课教师队伍培养规划（2019—2023 年）》，要求思想政治理论课教学改革创新要坚持"统一性和多样性相统一""灌输性和启发性相统一"①，这首先就是对教学内容的规定，统一性的教材内容、教材精神与多样化的教学内容、教学内容呈现形式要统一。教学内容的设计，既要反对照本宣科，又要反对脱离教学内容的基本规定。

（三）理论和实践相统一

理论性是思政课的基本属性，系统的思想理论教学也是思政课教学的本质要求，没有系统的思想理论教学，就不可能形成对马克思主义的科学认知，更不可能形成自觉的共产主义、社会主义的理想信念和稳定的价值追求。理论的灌输和思想的教育，是思政课最基本的教学内容，思政课教学中对系统性的理论进行讲授解释和阐发是必不可少的。所以，教学内容的思想性、理论性是不可或缺的。列宁的灌输理论早已指出：社会主义意识不可能自发形成，只有通过各种形式的理论灌输，才能被人民群众所接受。

为了提高学生对理论的接受度、认知度，教师首先需要深耕教材，需要好好思考如何讲解理论、呈现理论，如何增强理论教学的吸引力、亲和力，而绝不能轻视或抛弃理论教学。有的教师在教学改革中因为学生不喜欢理论讲授就放弃了教学的理论性，把思想政治理论课变成了学生的活动课，看起来热热闹闹，实际是"表面的繁华"，这不符合思想政治理论课的本质要求。正如专家所言，"很多时候，学生排斥和抗拒的并不是理论

---

① 教育部. 关于印发《普通高等学校思想政治理论课教师队伍培养规划（2019—2023 年）》的通知（教社科函〔2019〕10 号）［EB/OL］. http://www.moe.gov.cn/srcsite/A13/moe_772/201904/t20190428_379873.html.

本身，而是教师说理的方式以及这种理论在与现实碰撞时产生的某种不适应性"①。

高度重视思想政治理论课的理论性的同时，还要高度重视其实践性。"马克思主义具有鲜明的实践品格，不仅致力于科学'解释世界'，而且致力于积极'改变世界'。"② 思想政治理论课教学内容的实践性，一方面，要加强教学内容中的实践性话题，广泛收集国内外的新闻资料、热点问题，了解人类社会实践中的重大问题，并且应和教材内容有机结合，培养学生对国家、民族生存发展的关注，培养学生的家国情怀，把马克思主义理论与社会实践相结合；另一方面，要有效开展实践教学，联系学生实际，选择理论教学的重点、难点与学生思想认识的困惑点，设计实践教学，提高思政课实践教学的针对性，促进大学生在实践活动中领悟理论，提高社会责任感，在社会参与中增长才干，在社会交往中锤炼品格。

（四）适应学生实际

"真正的学习发生在学习者与所学内容产生共鸣的时刻"③，要增强思政课的亲和力、针对性、实效性，就必须从学生实际出发。

第一，适应不同专业学生的实际。思政课与专业课的最大区别，就在于相同的教学内容要面对全校所有专业、千差万别的学生。物理、化学、生物、工程、天文、数学等理工类专业的学生，与中文、外语、哲学、历史、财经、管理等文科类专业的学生，与音乐、舞蹈、美术、表演、播音、体育等艺体类专业的学生，不仅入学时文化基础课的成绩差别较大，而且文化基础课的类别不同，文化素养、思维习惯等方面都存在着明显差别。思政课教师面对所有专业的学生，必须在遵循基本要求的前提下，从学生的实际出发，考虑教学内容的针对性。选择教学素材与案例，要结合学生知识背景，比如对理工科专业，多引用著名科学家的事例；对艺体类专业，多选择德高望重的艺术家和德才兼备的运动员的事例；对文科专业，多选择革命家、理论家、社会活动家的成功事例。

第二，适应不同层次学生的实际。大学有层次，学生有参差。一般而言，本科院校学生的文化素质和理论功底好，他们有独立探究理论的能力和愿望，教师可以与他们深入探究一些关系实际的重大原理和重要观点；而高职高专院校的学生，相对而言文化理论功底较弱，往往会对高深理论敬而远之，教师的教学内容设计就需要深入浅出，通俗易懂，多用具体生动的事例解释说明深刻的理论，通过感性素材帮助学生理解抽象理论。教学内容要适应学生的智力、能力发展水平。

（五）符合教师个性

教师差异性发展是正常现象，教师在教学中体现出个性化，是个体创新特质的体现。思政课教学要坚持"统一性和多样性相统一"④，千人一面的教学内容，易导致教学平庸化，使得课堂乏味，而内容和方法迥然出群、教学特点鲜明的教学，则令人印象深刻、

① 王易. 打造理论性和实践性相统一的思想政治理论课［J］. 中国高等教育，2019（10）：10-12.
② 习近平. 在哲学社会科学工作座谈会上的讲话［N］. 人民日报，2016-05-19（002）.
③ 李湘. 简论教学内容设计的伦理原则［J］. 教育伦理研究，2014（00）：157-163.
④ 教育部. 关于印发《普通高等学校思想政治理论课教师队伍培养规划（2019—2023 年）》的通知（教社科函〔2019〕10 号）［EB/OL］. http://www.moe.gov.cn/srcsite/A13/moe_772/201904/t20190428_379873.html.

回味无穷。培养自己独特的教学风格和独立的教学思路，才能在教学磨砺中获得持续的专业发展。

因此，在教学设计中挖掘自己的教学个性并最终形成自己的教学风格，是思政课实现有效教学的方式，也是思政课教师获得专业发展的基本路径。教师在教学内容设计中追求自己的个性，扬长避短，是有效教学的必然要求。第一，思想独立的特色教师，对学生更具影响力和感染力。第二，教师的个性魅力、内涵和气质，本身就是隐性教育的一部分。第三，教师也不可能把自己不具备的独特境界教给学生，也不可能把自己不具备的思维能力传递给学生，更不可能用自己不信的思想观念影响学生。

### （六）教的内容与学的内容相结合

教学过程是教与学所组成的双边互动活动，教学过程的双边互动性特征，要求教师在设计教学内容时把教师教的内容和学生学的内容都进行设计安排，把教与学结合起来，坚持"主导性和主体性相统一"。

第一，要设计规划好教师课堂讲授的内容，也要设计规划好与学生课堂交流讨论互动的内容，以帮助和引导学生深入探讨问题，形成开放性的课堂教学。

第二，教师要设计规划好课堂讲授的内容，也要设计规划好学生课外学习研究的内容，以帮助和引导学生自主创新学习。教师首先要认真学习、领会教材的基本精神，依据教材，规划设计课堂教学的内容，并思考安排学生自学与研究的内容。

教学内容的设计，要根据学生的实际水平和教材内容的难易程度加以选择和安排，以适应教学需要。安排学生学的内容，需要教师深入掌握教材的特点、重点和难点，厘清教材的理论和知识点，还要了解学生，为学生设计好探讨研究材料，以供学生思考、研究、讨论。教师要注意积累和编排教学材料，使之成为学生的学习研究资料，从而增强教学的针对性。

## 第三节　教学内容设计的方法

教学内容的设计，从方法上看，包括整体内容的研读划分，具体内容的研读分析，内容的选择、组织编排以及内容的呈现等几个方面。

### 一、教学内容的研读划分

单次课堂教学之前，教师要制订学期的教学计划，对学期的教学内容进行整体的划分和安排。制订学期教学计划，教师就必须对全册教材进行全面通读，进行整体研读与分析，从整体上了解和把握教材的整体内容、框架体系、逻辑结构，然后才能制订学期或学年教学计划。

首先，研读分析整本教材。应研读分析整本教材，弄清教材的结构特点、编写意图、章节内容、重点和难点、思考题的地位作用。教师首先要站在课程的高度，清晰领会课程的主干内容，把握各个章节的内容结构，并能把它们作为一个整体进行解读。充分领会了教材的总体要求和内容结构，才能把握各章节的教学意义和作用。

其次，章节教材的分析。分析了教材的总体要求及基本内容后，接下来就要进行章节教材的研读分析。了解各章节教学内容在全册教材中的总体位置，把握各章节的编排思路，分析章节的教学目标及教学重点和难点。

最后，制订学期教学计划。以教材为对象，将教材内容按照其内在结构，划分为若干相对独立的教学单位。比如根据各"章—节—目"的内容，划分为若干教学专题。然后根据教材内容的容量多寡、繁简和难易程度、学生情况、校历安排的学期教学时间等教学实际，合理划分和整体安排教学内容与教学时间。然后制订教学计划，填写教学进度表，对教学内容进行整体规划安排。学期的教学计划对教学内容进行了整体的规划安排，也就基本确定了每一次教学的内容。

## 二、教材内容的研读分析

教学计划大致确定了每一次教学的内容，单次课堂教学之前，就要进行具体备课，进一步对单次课的教学内容进行深入具体的研读分析，以准备课堂教学的内容设计。总体上，教学内容的研读分析大致从以下几个方面进行。

### （一）研读分析教材的地位、意义

教师在通读教材的基础上，领会了教材的总体要求和内容结构，以此为基础，教师还要具体研读和把握本章节的教学内容，分析和领悟其意义和作用。分析某一次课的教学内容的地位、意义，一般从三个方面着手进行：一是分析某一次课在教材体系中的地位和作用，特别要注意章节教学内容的前后联系以及对后续学习的意义和作用等。二是分析某一次课对促进学生发展的意义和作用，特别是对学生思想政治素质的提升、对学生终身发展的意义和作用。三是分析某一次课的教学内容对促进国家社会发展的意义和作用。

### （二）研读分析教材内容的基本结构

把握教学内容的整体结构和知识理论体系，在教学内容的设计中是十分重要的一步，也是基础性的工作。只有把握了教学内容的整体结构和知识理论体系，才能从全局高度认识教学内容之间的逻辑关系，把握教学内容之间的内在联系，并恰当安排本次课在课程整体中的作用。如果没有从整体上把握教学内容结构和知识理论体系，就会割裂各内容之间的逻辑关系，只见树木不见森林，导致各个教学内容之间支离破碎、散落孤立，导致教学无意义。要具体研读分析单次课的内容结构，详细把握其教学内容以及它的编排结构、思路，要总体把握教学内容的前后联系，整体把握教学内容的内在逻辑结构，把握教学内容各知识点之间的前后联系。

### （三）研读分析教材的重点和难点

要研读分析教材，确定教学的重点和难点。教学重点，指的是教学中的关键内容，也就是教学内容中最核心、最基本、最重要的部分，思想政治理论课中的教学重点，通常包括两方面：一是基本概念、基本理论、基本观点、基本问题，二是学生普遍存在的带有倾向性的思想认识问题。教学的难点，指的是学生学习中的主要障碍，通常包括三个方面，一是学生难以理解、难以把握、难以接受的知识理论与能力问题，二是学生易于混淆的知识理论问题，三是学生难以接受的思想观点、思想认识问题。教学设计中所确定的教学重点和难点，是教师在教学过程中所要把握的主要方面和关键问题。

如何找到教学重点和难点？

如果知识点是某单元或某内容的核心，是后续学习的基石，一定会得到广泛应用，那么它就是教学重点。教学重点一般由教材决定，由其在教材体系中的地位和作用决定，对所有学生是一致的。一节课的知识点可能有多个，但重点一般只有两三个。

教学难点是指学生不易理解的知识理论、思想观点，或不易掌握的技能技巧。难点要根据学生的实际水平来定，同样一个问题在不同班级、不同学生中，不一定都是难点。根据学生的知识能力实际情况，大部分学生难以理解掌握的内容，就是难点。教师要在了解学生的基础上，作出预见，预见学生在接受新知识时的困难，以便想出有效办法加以突破，否则不但这部分内容学生听不懂学不会，还会为以后的学习埋下"雷"。教学难点不一定是教学重点，教学重点也不一定是教学难点，有些教学内容既是难点又是重点。

（四）分析教材使用的科学方法与隐含的情感态度立场

教师应分析教材使用的科学思维方法，如综合、分析、归纳、演绎、对比等，在教学中引导和培养学生形成相应的分析和解决问题的能力。同时，还要注意分析教材中隐含的情感、态度、立场。教材中的态度倾向有时候会直接表达，有时候并没有明确说明，而是隐含在教材内容中。但是如果熟悉教材内容，就能够体悟到教材的情感、态度、立场。分析教材中隐含的情感、态度、立场，要注意看教材的论点和论据，更要特别注意教材上总结性的文字。

## 三、教学内容的选择与组织编排

### （一）教学内容的选择

面对教材内容，教师要提取自己平时积累的各种相关教学素材，根据教学需要进行取舍安排。教学内容的选择，要从下列方面考虑。

第一，体现教学目标。教学内容为教学目标服务，教学素材的择取要有明确的目的和意义，能够恰当表达教学目标，成功体现教学目标。应反对漫无目的地堆积教学材料，反对无联系的碎片化的内容选择。教学内容的选择要关注的是内容的恰当性。

第二，服务学生需要。教学要服务学生的需要，尤其是服务学生的终身发展需要，所以教学素材的择取要考虑学生，教学内容要适应学生的知识能力水平，适应学生的需要。

第三，突出重点和难点。教学材料要充实、丰富教学重点和难点，有利于阐释教学重点和难点。

第四，合理调整内容。根据实际教学需要，在教学内容的自主选择与调整上可以对教材内容进行换、补、删、改、并。如果出现了更合适、更新颖的案例，可以更换原有案例，以优化教学内容，这就是替换；可以补充增加铺路架桥性的过渡引导性内容，阐发解释性的内容，联系实际的内容，这些都方便学生理解和接受，这就是增添；已经过时的、完全不符合现实要求的教学内容以及重复的内容，可以删除；部分不合时宜的教学内容，可以修改；相近或相似的内容，或者零碎松散的内容，可以根据内在联系，就近合并。

### （二）教学内容的组织编排

教学内容的组织编排要建立起结构性的联系，在新旧知识之间、新知识各构成部分之间、新知识与生活世界之间相互关联，形成知识理论的整体性，使教学内容体系化。教学内容的选择要关注的是内容的恰当性，而教学内容的组织编排，要关注的是教学内容的系统性与逻辑性。因此，教学内容的组织编排既要"瞻前顾后"又要"左顾右盼"，要从整体上考虑先后次序与相互呼应。

教学内容的组织编排，主要的方式有以下几种：一是按照教材的结构进行逻辑排列组合；二是按照学生的认知次序与认知规律进行排列组合；三是以重点为核心进行排列组合。教师要系统化处理教学内容，做到学科逻辑与生活逻辑兼顾，纵向组织与横向组织结合。组织教学内容要重视以下几方面。

第一，由整体到部分、由一般到个别，或者由部分到整体、由个别到一般，相互回环。如果教学内容是以掌握科学概念为主，则基本原理和基本概念应放在中心地位。根据这个特点，可以先陈述学科中最一般、最容易概括的观点，然后按内容具体化，不断进行深入分化。因为人们在接触一个完全不熟悉的知识领域时，只有阐明了理论框架，才能借助这种框架进行分类和系统化。教学内容的编排如果从那些最一般即有最大包容性的命题或概念入手，它们往往能为学习者提供认识原点，成为学习具体知识的基点。这种教学内容的组织形式较适合从一般到个别的学习。

刚刚开始学习新内容，也可以从部分到整体、由个别到一般。人不能一下掌握所有体系，必须一部分一部分地学习，然后形成知识理论的整体结构。人们的认识也往往从个别开始，形成一般概念。所以可以按照"整体—部分—整体"、"一般—个别——般"，或者"部分—整体—部分"、"个别——般—个别"，进行回环，以巩固知识理论结构。

第二，确保从已知到未知。如果学习内容的概括程度高于原有的概念，或要学习的新命题与学生认知结构中的已有概念不产生从属关系，就要采取由浅入深、由易到难、由具体到抽象、由简单到复杂的序列，排成一个有层次、有关联的系统，使前一部分的学习为后一部分提供基础，使先学为后续学习提供"认知原点"。这适合知识结构有严密顺序的情况，如果不掌握前一个知识点，就不可能进入下一个内容，不懂前一个就不可能懂后一个。

第三，按事物发展的规律排列。如果教学内容是线性的，可以通过向前的、按年代发展或从起源出发的方法来编排。这样的组织方式与研究的社会现象、社会发展的变化顺序和客观事物本身发展的顺序相一致，符合事物的运动变化规律，能使学习者对社会事件和社会现象的发展过程有比较全面的认识。

第四，注意教学内容之间的横向联系。注意从横向方面加强概念、原理、观点之间的联系以及知识、技能、情感各部分内容之间的协调衔接，以促进学习者融会贯通地去学习。有些教学内容虽然是相对独立的，但是学习者要理解一种新的知识就必须同已知的、熟悉的知识进行联系和比较。若在对学习内容的安排中忽视对知识进行横向联系，学习者就不能区别相似教学内容之间的差异，新内容如果含糊不清，就容易被遗忘，也不利于学习的迁移。

## 四、注意突出重点和突破教学难点

在内容的选择与组织编排上，必须突出教学重点和突破教学难点。

### （一）突出重点

如何突出重点？可以采取以下方法。

一是围绕教学重点安排教学分量和时间。教学内容要详略得当，分清主次。教师对于教学重点，内容要集中，讲解要透彻，时间分配要保证，要用具体、生动、贴切的事例来说明重点内容，使学生充分理解。非重点内容可以略讲或者不讲，重点内容要重点呈现，讲解要到位，学习要透彻。

二是要围绕教学重点组织教学内容。教师应吃透教材的重点内容，合理变动顺序，在安排教学内容时要围绕中心问题、重点内容组织调动教学内容，从内容系统中突出重点，做到既有中心，又有向心力，使教学内容更加紧密地联系起来。

三是板书时重点内容要放在显眼的位置。教师在制作课件时要突出重点内容，引起学生注意。板书要强化重点，引起学生注意，加深学生印象。

四是围绕重点做必要的补充，以求课堂内容具体、深入、明确，使重点更加突出、丰满。对于非重点的教学内容，则可以适当精简，概而述之。

五是要围绕重点进行提问，促使学生对重点内容开动脑筋，进行思考，如采用疑问式、反诘式、辩论式，或运用串讲法、讨论法、图示法、阅读法等，以加深学生对重点问题的印象和理解。

六是要对重点问题予以提醒，讲究教学语言，促使学生对重点内容集中注意、认真听讲和做好课堂笔记。

七是通过小结、练习、复习等教学内容，及时实现学生对重点内容的掌握和运用。教师在课尾小结时要突出重点内容，在编制思考题、测试题时也要突出重点内容，复习时要以重点内容为中心归纳整理知识理论体系。

### （二）突破教学难点

突破教学难点的关键是：化难为易。或化抽象为具体，或化复杂为简单，或变生疏为熟悉，目的都是化难为易。化难为易，主要有以下几种方法。

一是使抽象内容形象化。对于教学难点可以采用讲故事、观看影视讲故事、观看影视视频等方式，使之接近学生的日常生活和学习水平，将理论问题形象化、具体化，由感性到理性。还可以采用多媒体辅助法。头绪多的内容，光靠口头表达，学生很难弄清楚，但如果用多媒体来辅助教学，通过视觉、听觉等多方面展示，学生就很容易掌握这些内容。

二是架桥铺路，层层引导。对于知识跨度大的，可通过有关的"中介"知识作铺垫。对于一些理论概念，如生产力与生产关系原理，由于非常宏观而且抽象，所以学生往往一下子弄不懂，有的教师就设计了一些铺垫，通过具体事实架桥铺路，帮助学生突破难点。比如我国的战国时期是由奴隶制向封建制过渡的时期，这时候让学生讨论：在战国时期这样的诸侯国纷纷争霸的"大争之世"，各国怎样才能崭露头角、起码不被其他诸侯国吞并？答案只有一个：发展生产，繁荣经济，富国强兵。那时候有了铁农具之后，奴隶的劳动效率大大提高，生产力水平获得发展，通过奴隶的铁具开荒，奴隶主获得了更多的土地与财富。但是处于奴隶制之下，奴隶的劳动成果都归奴隶主所有，在这样的生产关系之下奴隶是否会有劳动热情，是否会积极劳动呢？答案是：奴隶只是奴隶主的私有财产，既没有人身自由，也不可能拥有自己的劳动成果，即使生产再多财富，自己仍然一无所有，所以，他们不可能有劳动热情。铁农具出现之后，如果能够调动起奴隶的生产积极性，就可以生产出更多财富，在这样的情况下怎么才能调动奴隶的劳动积极性呢？答案是：部分奴隶主开始改革，他们把自己拥有的土地分成若干份，分别租给奴隶耕种，收获以后耕种人向土地所有人交纳大部分收获物作为报偿。这种新的生产方式之下，奴隶的劳动状况会如何呢？答案是：因为奴隶也能享有一部分劳动成果，所以，奴隶会积极进行生产劳动。那么，这就产生了一种新的生产关系，奴隶主不再是奴隶主而成为地主，奴隶也不再是奴隶而成为农民，生产力就是这样决定生产关系的。宏观的、抽象的理论问题，通过架桥铺路可以变得具体形象，让学生容易明白。

三是补充材料，化解难点。有的理论非常抽象，学生缺少生活经验则难以理解，对于这样的难点，一般可以通过典型的事实材料把抽象转化为形象，通过对形象的事实材料的分析，学生就比较容易理解理论，难点也就迎刃而解。例如上层建筑为经济基础服务是很难理解的，如何帮助学生真正理解？指导学生查阅《汉谟拉比法典》，学生自己就会知道当时的法律规定：奴隶主可以自由买卖奴隶，也能够以奴隶来抵债；奴隶必须服从奴隶主，如果奴隶否认奴隶主是自己的主人，要被割掉耳朵；理发的时候，如果有人擅自剃掉了奴隶头上的标志，这个理发师要承受被砍掉手的处罚；等等。学生通过阅读这些具体材料，就能够清楚地知道，《汉谟拉比法典》保护奴隶主对奴隶的所有权，惩罚所有破坏奴隶对奴隶主隶属关系的行为，那么就不难理解它的实质就是维护和巩固奴隶制。政治制度与法律制度就是政治上层建筑，它就是这样来服务当时的奴隶制、巩固奴隶制的经济基础的。通过类似的具体材料，不仅能够化解教学难点，深入浅出，还能够帮助学生形成从事实到结论的思维习惯。

四是对比分析比较法。对容易混淆的内容，可以利用比较，找出相近知识点之间的共性和个性、区别和联系。比较法是一种简便高效的认识方法，在教学中常用，通过比较分析，事物的属性会更加清晰可辨，学生也更容易把握住事物的本质。俄国教育家乌申斯基说："比较是一切理解和思维的基础，我们正是通过比较来了解世界上的一切。"[①]通过对事物相近性特征的对比分析，往往既能够同中见异，又能够异中见同，这样就可

---

① 康·德·乌申斯基. 人是教育的对象 [C]. 北京：教育科学出版社，1959：234.

以帮助学生分辨其间，把握本质。

五是层层拆分，化解繁杂。一个完整的复杂问题，一下子理解往往难度很大，那就可以把一个完整的大问题，从逻辑思维的角度或者从问题构成的角度，拆分为很多个简单的小问题，降低问题的繁复性，然后按照逻辑关系，层层递进，由易到难，由简单到复杂，最终解决问题。对于多个因素交织在一起形成的复杂问题，比较适合采取"拆鱼头"的方式，抓住主要因素，逐一拆解，把繁杂的问题破解为多个简单问题，分出层次，由浅入深，从多个角度将多个因素各个击破。

# 第四节　教学内容的呈现

教学内容的呈现方式直接影响教学效果。教学内容的呈现既是设计教学内容时要思考的问题，也是设计教学方法时要思考的问题。教学内容的呈现，既要符合知识理论本身的逻辑，又要符合学生的认识规律。除了最常用的按照知识理论的逻辑关系呈现之外，还有几种常用的呈现方式。教师要根据教学实际，有序、有效、有意义地组织编排和呈现教学内容。

## 一、教学内容逻辑化

教材内容的呈现应当体现知识理论的内在逻辑，也应该符合学生的认识逻辑。教学内容逻辑化是呈现教学内容的基本方式和基本规范。教学内容逻辑化，就是依据知识理论之间的相互联系和因果关系，按照其本身具有的内在次序来编排教学内容，推进教学进程，在知识理论的概念、原理、观点、问题等构成的有机联系和相互关系中学习认识各部分知识理论。

但是，对于基本概念、基本理论、基本观点、基本问题，教材往往是平铺直叙，直接从理论上阐述，然后以此展开论述说明实际意义，这是知识理论的内在逻辑。如果思想政治理论课按照先理论、后实践的顺序呈现教学内容，则不一定能引起学生的兴趣。教学过程中，先从现实中遇到的实际问题为出发点，提出有关的理论问题，再引导学生联系实际思考理论问题，最后观照现实的实际问题，这会激发学生的学习热情。所以教学内容的呈现应该坚持知识理论逻辑与学生的认识逻辑相统一，这样才能真正实现教学内容逻辑化。

第一，根据学生的认知规律编排有逻辑的教学内容。按照系统性原则从已知到未知，从局部到整体，运用分析、综合和归纳等思维方式有机地组织安排课堂教学内容，以保证学生目的明确地按着一定的合理顺序来获取知识和技能。[①]

第二，教学内容呈现要思路清晰、层次分明。应确保教学内容思路清晰、层次分明，引导学生一步一步进行探索，直达教学目标。正确使用标题和序号，可以表达思路和层

---

[①] 罗会兰. 谈课堂教学内容的逻辑组织 [J]. 湖南大学邵阳分校学报，1989（Z1）：223-225.

次，在遇到教学重点和教学难点时，需要通过补充内容、分散难点来呈现教学内容，更要以合适的标题和序号进行编排，以形成清晰的逻辑层次和顺序结构。

第三，内容呈现要简约。简约就是用言简意赅的语言，一目了然的课件，简要的板书，以最少的劳动和最少的时间，呈现最重要、最根本的教学内容，取得最优的教学效果。教学思路要简约，要清晰，要前后呼应，要删掉冗长与重复的成分。教学内容简约呈现，才能够使学生集中注意到最需要理解和掌握的问题上，减少干扰。

第四，根据可接受性原则精选教学内容。单次课的教学内容要合理，使学生能够接受，不能过多过繁。教学内容过于繁多，超过学生的接受能力，就会成为学生的认知负担，引起学生的烦躁。可接受性原则，就是要根据学生的认知容量，对教学内容的数量合理设限，保证学生能够完成学习任务。

## 二、教学内容情境化

知识理论是在一定的情境中形成的，任何知识理论的生命力，都存在于一定的生活场景、问题情境或思想语境中。教学内容的情境化，就是教师把教学内容中的知识理论、立场观点转化为与知识理论、立场观点的产生过程或运用过程相似的情境，使学生体验和参与类似情境，从而直观形象地理解知识理论、观点立场的现实内涵和丰富形式。

苏霍姆林斯基说过："如果教师不想方设法使学生进入情绪高昂和智力振奋的内心状态，就急于传授知识，那么，这种知识只能使人产生冷漠的态度，而不动感情的脑力劳动就会带来疲倦；没有欢欣鼓舞的心情，学习就会成为学生沉重的负担。"① 因此，课堂教学要时时注重激发学生的兴趣，催化学生的情感，情境化就是激发学生学习兴趣与催化学生情感的有效形式。

第一，设置丰富生动、切合主题的教学情境，使学生学习时身临其境，从而可以激起学生的探究兴趣，激发学生积极思考。因为知识理论和立场观点往往是在具体情境中生成的，其意义也是在具体情境中显现的，知识理论的生命力来源于现实生活，来源于问题境遇，与发现者的生活、情感与信念紧密相关。学生进入了这样的情境，就会产生情感共鸣和思想共振，就会自然而然地形成相应的认识和观点。

第二，内容情境化是引导学生积极思考、主动认识的桥梁。把知识理论、观点立场还原为现实情境，能够增强学生的感受能力和理解能力，甚至还能够激发学生的想象能力和创造能力。因为情境联结了生活世界与理论思考，沟通了抽象文字与形象世界，沟通了感性情感与理性思维。抽象的知识理论、立场观点如果抽离了其产生的直观、形象、生动的具体情境，也就丧失了其丰富生动的内涵，成为晦涩的、枯燥的理论，索然无味。事实证明，情境是引导学生积极思考、主动认识的桥梁。

第三，教学情境具有明显的育人价值。课程论专家余文森教授在《核心素养导向的课堂教学》一书中写道："情境化解决的是知识与背景、理论与实践、文字符号与实际事物之间的关系问题。"② 教学情境化，形象感性，有境有情，可以使课堂教学的理论思考和认知过程形象化、具体化、生活化，能够大大提高学生的学习兴趣和学习效果。

---

① B. A. 苏霍姆林斯基. 给教师的建议 [M]. 杜殿坤，译，北京：教育科学出版社，1984：105.
② 余文森. 核心素养导向的课堂教学 [M]. 上海：上海教育出版社，2017：191.

内容情境化是激发学生学习兴趣与情感的有效形式。教学情境的内容创设常常包括以下几点。

第一，创设故事情境。故事是展示形象的主要手段，用故事再现情境，可以把教学内容形象化。

第二，创设背景知识情境。教学内容的背景知识包括时代背景、历史条件等。背景知识越丰富生动，学生理解知识理论的兴趣就越高。

第三，创设问题情境。产生学习动力的根本是问题，没有问题就难以诱发求知欲，没有问题，人们就感觉不到知识理论的意义。通过问题，能有效地引发学生的思考，形成引导学生思考的力量。

运用直观手段创设情境教学，对学生的认知活动起着导向作用。情境鲜明，学生产生主观感受，能够引领学生进入特定的知识理论情境之中进行主动思考与学习。

教学情境的创设形式常常有：第一，通过图像创设情境。通过板书、图画、挂图、视频、录像、电影等演示情境，能够呈现相应的背景，激起学生的感受和联想。第二，语言描述情境。对于大学生，单纯运用绘声绘色的语言描述就可以带入问题情境，使他们对教学内容产生亲切感，形成内心体验。第三，音乐渲染情境。在对学生进行思想道德的情感陶冶时，音乐渲染非常有效。音乐语言以特有的旋律、节奏，给人以丰富的美感，可以把听者带到特有的意境与感情之中。用音乐渲染情境，选取的乐曲应与教学内容的基调、意境对应、协调。

## 三、教学内容案例化

教学内容案例化，就是把抽象的教学内容通过生动的具体案例进行呈现，教师与学生共同参与、共同面对案例，教师直接引导学生通过对疑难问题进行讨论，从而使学生掌握相应的理论知识并提高能力。教学内容案例化具有以下几个明显的优点。

第一，能够调动学生的学习主动性。教学案例能够鼓励学生主动思考。传统的理论教学乏味无趣，但案例教学需要学生自己去思考、去探究，使得课堂变得生动活泼。案例教学中，每位学生都要发表见解，甚至互相辩驳。通过这种交流，一是可取长补短、提高人际交往能力，二是起到一种激励的效果，产生超越他人的内动力，三是能够引导学生变注重知识为注重能力。教学中，由于不断变换教学形式，兴奋不断转移，注意力能够得到及时调节，有利于学生的精神始终维持最佳状态。所以，教学内容案例化比较生动具体、直观易学。

第二，是抽象理论联系生动实际的一种好方法。案例是具体的实例，给人以身临其境之感，易于学生学习和理解。在案例教学中，学生拿到案例后，先要进行思考消化，然后查阅各种他认为必要的理论知识，捕捉这些理论知识后，还要经过缜密思考，提出解决方案，实现能力上的升华。

第三，能够集思广益，实现教学相长。一方面，大家一起讨论思考，调动集体的智慧和力量，容易开阔思路，收到良好的效果。通过对教学案例的讨论，能够增加师生之间与学生之间的多向交流。另一方面，讨论过程由教师随时给以引导，这也促使教师加深思考。同学之间的相互辩驳与借鉴，不仅提高了学生的思考深度，教师也可以发现自己的弱点，了解更多材料。

教学内容案例化要注意做到以下几点。

第一，目的性。选择什么样的案例，要从教学目标出发，服从教学需要，教学的目的性要清晰明确，因为，案例教学是为了通过典型案例引发学生的思考、分析和讨论，以此来完成教学任务，形成良好的理论思维品质，提高学生分析实际问题和解决实际问题的能力。所以，案例只是载体，案例教学的设计要避免为了提高教学内容的生动性而偏离教学目标。

第二，真实性。案例真实才有理论说服力，案例教学要选择真实的事件，因为案例真实可信所以案例教学才真实可信，学生才能根据真实案例的分析思考过程，获得符合实际的认识。

第三，综合性。案例教学中的案例，与一般的教学举例中的例子不同，一般的例子只要符合教学的某一点需要即可，只要能够说明事物的某一项特征即可。而案例教学中的案例，需要承载的理论内涵更加丰富，应该是可以从多个角度进行思考的综合性事例。所以案例教学的分析过程也更为复杂，因为它需要师生对案例进行综合思考与深度分析。

第四，启发性。在进行案例教学时，思考与答案带有开放性，没有绝对的正确答案，只有更加合理的思考，能够启发学生独立探索、多向思维就是成功，其最终目的是引导学生掌握思考问题的根本方法，形成独立思考与解决问题的能力。

实行案例教学，第一，教师平时的积累是基础。案例来源于教师的日常积累，需要教师留意平时的教学素材，搜集、研究和编制一个好的案例，需要平时长期的积累。第二，适当使用。案例教学需要较多的讨论时间，受思想政治理论课课堂教学时数的限制，往往难以经常进行，要合理选择、恰当利用。

## 四、教学内容问题化

问题是客观知识的载体，问题在教学中具有本体论意义，学生对问题思考求解的过程，也是获得认识策略与思维方法的过程。有价值的教学一定是内含问题的，有问题才能有效地引发学生的思考。"问题化教学是指以一系列精心设计的类型丰富、质量优良的有效教学问题来贯穿教学过程，培养学习者解决问题的认知能力与高级思维技能的发展，实现其对课程内容持久深入理解的一种教学模式。"[1] 教学内容问题化，是以问题化学习为中心，把学习任务转化为系列问题，既符合学生心理发展的特点，也符合人们认知的规律，可以让学习成为学生的主动探求。

问题作为一种矛盾和冲突，它可以有效地激发学生的大脑思维空间，基于问题的学习是学生主动思考与探索的过程，可以使学生获得更为动态的知识，也可以促进课堂合作与互动，促进学生社会化的交往活动。

教学内容问题化，也就是问题化教学，主要包括内容问题化、问题系统化两个方面。教学内容问题化，就是把教学内容的知识理论还原为现实问题，既关注学生思考问题、解决问题的能力，也关注学科知识理论体系的整体建构，还强调教师的有效引导以及师

---

[1]　胡小勇. 问题化教学设计——信息技术促进教学变革 [M]. 北京：教育科学出版社，2006：50.

生的有效互动，这体现了人类解决认识问题的一般方法。问题系统化，就是通过系列的相互联系的问题系统，实现学生学习内容的整体建构，使认知活动系统化、结构化，形成伴有过程与方法等认知程序价值的全面知识体系。

教学内容问题化，关键是问题设计。设计的问题要具有目的性、适应性、新颖性和系统性。

第一，目的性，是指问题要根据教学目标，目标是设定问题的方向、依据，也是教学内容问题化的价值所在。

第二，适应性，是指设定问题的难易程度要符合学生的实际水平，以保证大多数学生在课堂上都处于思考状态。

第三，新颖性，是指问题的设计和呈现要具有时效性和生动性，能够吸引学生的思考兴趣。还能让学生有新鲜感，具有挑战性，使学生乐于参与，并且使学生能在参与问题解决的过程中感受创造的快乐。

第四，系统性。要把教学内容转化成由浅入深、由易到难的系列问题，鼓励和指导学生多角度、多侧面地发现问题、思考问题。教师在学生开放的、发散的思考基础上，引导学生自主探究、验证、应用所学，拓展学生的思维能力和实践能力。

## 五、教学内容实践化

教学内容实践化，是指把教学内容转化为生动的课堂实践活动，通过设计一些创造性、趣味性的实践活动，使学生由被动听课，变成自主实践与交流，让学生在课堂实践活动中主动探究，掌握理论，提高能力。教学内容实践化，可以突出学生的主体性，突出教学的交往性，在实践教学过程中通过深化学生对理论教学重点和难点的理解，增强亲和力和针对性。2019 年在学校思想政治理论课教师座谈会上习近平强调"要重视思政课的实践性"[①]。

教学内容实践化，使教学内容动静结合，学生既可以认真安静听课，也可以进行身心活动、积极思考，做到身动、心动、神动相结合。2015 年《普通高校思想政治理论课建设体系创新计划》也明确要求"充分调动学生学习的主动性积极性"[②]。实践化的教学内容，通过身动引起心动和神动，触发学生的学习热情，使他们进行积极思考，充分体现学生的主体性和主动性，使学生在课堂上学习知识、培养能力，体验情感和自我提升。教学内容实践化，要把教学内容设计成相应的课堂实践活动。

第一，课堂实践活动的设计要紧扣教学主题，准确针对教学内容，能够启迪学生，让学生通过实践活动思考理论问题。

第二，课堂实践活动要有用、有趣、有关。"有用"，就是有教学价值，能够提供学习意义，实践活动越有用学生越愿意参与；"有趣"，就是实践活动有趣味，兴趣是最好的驱动力；"有关"，就是实践活动与学生相关，与学生的生活有关。这样更能引发学生

①　习近平主持召开学校思想政治理论课教师座谈会［EB/OL］. http://www.gov.cn/xinwen/2019−03/18/content_5374831.htm.

②　中共中央宣传部、教育部. 普通高校思想政治理论课建设体系创新计划（教社科〔2015〕2 号）［EB/OL］. http://www.moe.edu.cn/srcsite/A13/moe_772/201508/t20150811_199379.html.

的关注，调动学生参与活动、主动思考的积极性。

第三，课堂实践活动要注意组织调控。教师要有效设疑，师生要有效地对话，留给学生思考的时间和空间，要运用合适的教学材料引导学生有效思考，积极参与实践活动。教师要设计好课堂实践活动，并提供相应的点拨与引导。

课堂实践活动，能有效地把学生带入理论思考的环境中，激起学生学习的热情，还能创设轻松欢快的学习氛围，增加师生互动，激活学生的思维，发挥学生的主体性和创造性。在轻松愉快的实践教学中，学生理解了知识理论和立场观点，也学会了思考和探索，实现了有效教学。

# 第七章　思想政治理论课教学方法的设计

教学方法的设计会直接影响思想政治理论课的教学实效性，因此在思政课的教学改革创新中，进一步明确要求"改革教学方法，创新教学艺术"①"培育推广理论联系实际、富有吸引力感染力的多种教学方法"②，"鼓励思想政治理论课教师结合教学实际、针对学生思想和认知特点，积极探索行之有效的教学方法"③ "努力实现思想政治理论课教学'配方'先进、'工艺'精湛、'包装'时尚"。④

## 第一节　思政课的常见教学方法与教学模式

思想政治理论课的教学方法，是教师为完成教学目标和教学任务而采用的教学策略、教学手段、教学方式、教学途径和操作程序。要想把思政课建设成为"学生真心喜爱、终身受益、毕生难忘的优秀课程"⑤，就必须充分重视和认真研究教学方法。

### 一、思想政治理论课的常见教学方法

#### （一）讲授法

讲授法，就是以教师讲授为主的教学方法，教师主要通过口头语言，系统连贯地向学生传授理论知识，进行思想政治教育。这也是目前日常教学中用得最多的传统的教学方法。讲授法比较适合于概念、原理、原则等比较抽象、理论性比较强的内容的教学，教师可以运用口头语言，系统地向学生描绘情境、叙述事实、解释概念、论证原理、阐明规律，面对面地向学生进行讲解。教师讲授，也并非只限于口头语言，通常还会借助

---

① 中共中央宣传部、教育部. 普通高校思想政治理论课建设体系创新计划（教社科〔2015〕2号）［EB/OL］. http://www.moe.edu.cn/srcsite/A13/moe_772/201508/t20150811_199379.html.

② 同上。

③ 同上。

④ 教育部. 新时代高校思想政治理论课教学工作基本要求［EB/OL］. http://www.moe.gov.cn/srcsite/A13/moe_772/201804/t20180424_334099.html.

⑤ 中共中央宣传部、教育部. 普通高校思想政治理论课建设体系创新计划（教社科〔2015〕2号）［EB/OL］. http://www.moe.edu.cn/srcsite/A13/moe_772/201508/t20150811_199379.html.

PPT进行讲解演示，在教学课件中还会综合运用文字、图片、视频、动画、网络资源等辅助说明教学内容。

讲授法是古老而传统的教学方法，也是课堂教学中最常用的基本教学方法，其应用最广泛，其他各种方法在运用中常常要与讲授法相结合。教师运用其他方法教学时，也常常伴以讲授，所以毋庸置疑，讲授法是其他各种教学方法的基础。大多数教师也认为，讲授法比其他教学方法更容易掌握和操控，教学效果可靠，是一种高效、系统、安全的教学方法。讲授法通常有四种具体方式，即讲述、讲解、讲读和讲演。

讲述法，是指教师向学生叙述、描述，一般针对的是事实材料。教师叙述事件发生和发展的过程，或者描述事物和现象，为后面概念或理论的学习做准备。讲解法，是教师通过清楚、明白、确切的语言，去揭示事物的主要特征和本质的教学方法。讲解法针对的往往是复杂的问题、概念和原理等，重在对理论问题进行解释、推理或论证。讲读法，是将讲解和阅读材料结合起来进行教学的方法，往往是将学生的阅读和教师的阐释相结合。讲演法，也可以说是演讲法，是针对某个具体问题，以口头语言为主，伴之以体态语言，表达自己的鲜明立场和主张，阐明事理，抒发情感，进行宣传鼓动。对某一主题或立场观点进行总结、演说，是思政课的鲜明特点，教师针对某一问题，以连贯的语言、明显的感情阐明立场进行系统阐述和激情论证，往往会产生很强的感染力。

讲授是教师的基本功。设计和运用讲授法的基本要求如下。

第一，讲授要清楚明白。首先要思路清晰，层次分明，突出重点，抓住关键。这是教师的讲授清楚明白的前提。其次，教师的课堂语言要清楚明白，简明扼要，表达流畅。

第二，讲授要遵循学生的认知规律。教师要依据教学内容和教学目标的要求，依据认知规律，循序渐进，由简单到复杂，由形象到抽象，深入浅出。

第三，讲授要有启发性。讲授法虽然是以教师讲授为主，但不是"满堂灌"，教师最好不要一讲到底；讲授法也不是"填鸭式"，教师不能生搬硬套地灌输。讲授的内容应该分成几个小片段，每一个讲授片段之间，可以适当穿插问题，启发学生积极思考，引导学生积极参与教学过程；或者组织简短的学生活动，活跃教学气氛，变化教学节奏，调整学生的紧张思维。

**（二）谈话法**

谈话法，是指教师和学生之间以相互交谈、问答或对话为中心来进行教学，教师可以讲也可以问，学生可以回答也可以提问。谈话法能够调动师生双方的主动性，体现了教与学的双边互动，可以促进教学相长，在实际教学中应用广泛。谈话法也是古代教育家孔子、柏拉图等常用的教学方法。

谈话法有多种类型。启发性谈话，主要适用于新知识的教学与疑难问题的辨析，教师在联系旧知识的基础上，根据知识理论的系统性、继承性和因果性等特点，采用谈话的方式引出新课题，诱导学生积极思考，进而使学生理解和掌握新的知识理论，它主要适用于新的知识理论的教学。问答式谈话，主要适用于复习巩固旧的知识理论和检查了解学生对知识理论的掌握程度，以教师问、学生答的谈话方式进行谈话，既可以在某个教学环节进行应用，也可穿插于整个教学过程。

运用谈话法的基本要求如下。

第一，谈话之前师生都必须做好充分准备。一方面，教师要根据教学内容设计好谈话主题，围绕主题列出详细的谈话提纲，做到有的放矢。不仅如此，教师还要安排和设计师生的谈话过程与具体程序，事先预想可能出现的问题并作出预案，保证教学按计划有秩序地展开。另一方面，也要安排学生围绕教学主题事先有所准备、有所思考，防止学生仓促之间难以应答，不能形成课堂互动，无法达成教学目标。

第二，充分激发和调动学生的积极性。学生的主动参与对课堂活动至关重要，如果学生不积极思考，对于教师的话题不感兴趣，无动于衷，谈话就不能有效完成。对于疑难问题，教师需要设计问话的技巧，一步一步启发、诱导和鼓励学生积极思考，高质量发言互动。

第三，总结概括，形成共识与结论。谈话进入尾声，教师要简明扼要地总结和评价谈话过程，概括谈话结果，形成系统化、条理化的教学结论，帮助学生从整体上掌握教学内容。

（三）讨论法

讨论法，是学生在教师的组织指导下，围绕某一问题展开论辩，各抒己见，以求得正确认识。讨论法的形式多种多样，既可以小组分散讨论，也可以班级集中讨论。讨论法的具体运用很灵活，可以在小组讨论的基础上，形成共同意见，然后各小组选出代表，代表本小组发表意见，与其他小组展开讨论。也在全班进行集体讨论，每个学生都可以发表自己的意见和见解。讨论法也可以与讲授法相结合，在讲授过程中穿插讨论环节。

讨论法是一种研究性的教学方法，能够培养学生三方面的技能和品质：一是培养学生的思维能力，特别是创新思维能力；二是培养学生的口头表达能力，培养学生的交际能力；三是培养学生开放的胸怀和民主态度，形成合作、交流、分享、尊重的品质。讨论体现了学习的主动性、独立性、体验性、问题性等特征，使学生更加投入课堂教学，更加喜欢思考和研究问题。讨论能使学生彼此启迪，深化认识，所以讨论能有效提高教学质量。

随着时代发展，课堂讨论越来越被重视。要使课堂讨论更有效，教学实践中要注意以下几方面。

第一，确定好讨论主题。讨论法的关键，是教师必须确定好讨论的主题和具体题目，题目要有针对性，要针对教学的重点、难点，联系实际问题，而且往往认识是有分歧的，需要分辨是非。选择讨论主题，一是要有效度，即讨论要切合教学内容，目的明确，直接为教学服务；二是要有难度，即讨论的主题难易适中，既不要太难而无话可说，也不要太易而不需多说；三是要有新颖度，即讨论的主题要新颖，有一定热度，是社会热点问题，或是学生普遍关注的问题，能够引发学生的积极思考和踊跃表达。

第二，做好讨论准备。一方面，教师要指导学生做好讨论准备，学生要学习与讨论和题目相关的教材内容，还要扩展阅读相关材料，学生有了自己的思考，讨论的时候才能有观点、有看法、有思路，积极发言。另一方面，教师也要认真研究思考讨论题，预测讨论时可能会出现的情况，做好引导讨论的准备，避免劳而无功。比如，冷场怎么办，讨论出现分歧怎么办，偏了题怎么引导，学生言辞激烈怎么办，出现偏激观点怎么办，等等。

第三，把握好讨论的时机。讨论的时机往往在：一是教学已做了充分的知识理论准备时，学生经过讨论能形成更深入的认识；二是在教学过程中出现问题时，学生讨论得出结论比教师讲解更加有效。

第四，分配好讨论的角色。首先，分成讨论小组，一般 4~6 人一组。实践证明，按人际关系分组，讨论效果最好。其次，分配好组内成员的任务，根据学生特点确定好发言人、记录人，使小组讨论有组织地进行。

第五，做好讨论过程的组织调控。讨论的过程需要教师根据教学目标、围绕讨论主题进行组织与把控，防止偏离主题。一般在讨论开始之前，教师要创设情境，提出问题，调动学生进入思考状态并积极发表意见。学生面对富有挑战性的、开放性的现实问题，往往会积极思考讨论。在讨论过程中，教师要针对学生的具体言论进行正确引导。学生讨论可以分为三步：一是小组内观点交流，分别表达看法；二是观点改进，小组成员改进和完善彼此观点；三是观点总结，小组内部达成一致看法，向全班表述本组观点。在讨论过程中，教师应巡回指导、参与讨论、引导方向，既要避免偏离主题，又要引导学生思考，层层深入。

第六，使用好讨论的结果。讨论结束时，师生要进行概括总结形成讨论结果，这是不容忽视的重要环节。课堂上师生讨论之后，大家都需要有一个明确的结论，教师要紧扣讨论主题进行总结，对学生发表的各种观点、思考问题的各种视角进行总体梳理和评价，形成引导性结论，帮助学生掌握知识理论，提升实践能力，深化理想信念，全面完成教学目标。对课堂讨论的后续一般有这样几种延伸性的做法：一是让讨论结果成为下一步开展教学的资源；二是将讨论题转化成书面作业，通过书写使学生的思维进一步缜密；三是引导学生进一步进行课外探究，好题目也是学生研究性学习的主题。

讨论法虽然很好，但是不适宜于低水平及缺乏有关知识背景的学生，也不适宜于对基础内容的教学。同时，讨论法比讲授法需要更多的教学时间，在课堂教学时间有限的情况下，广泛地组织学生在讨论中学习是不可能的，因为难以完成既定的教学任务。

（四）读书指导法

读书指导法，是教师指导学生阅读教材或指定的书目以及各种文献资料，使学生获得知识理论以及发展能力、开拓思维。读书指导法，既需要教师指导，更重要的是需要学生阅读。教学生学会阅读是读书指导法的关键和核心。

我国古代教学极其重视指导弟子读书，宋代理学家朱熹的弟子汇集其训导并归纳了朱子读书六法，即"循序渐进，熟读精思，虚心涵泳，切己体察，着紧用力，居敬持志"。六条读书法提供了一个完整而系统的读书法则，循序渐进是读书的量力性原则，熟读精思是读书的巩固性原则，虚心涵泳是读书的客观性原则，切己体察是读书的理论联系实际原则，着紧用力是读书的积极性原则，居敬持志是读书的目的性原则。朱子读书六法是我国古代最有影响的读书法，是对古代读书法最系统的总结，值得参考。

读书是人们获得新知识的主要途径。苏霍姆林斯基说过："必须教会少年阅读！为什么有些学生在童年时期聪明伶俐、理解力强，勤学好问，而到了少年时期，却变得智力下降，对知识的态度冷淡，头脑不灵活了呢？就是因为他们不会阅读。"[①] 读书对人的发展是至关重要的，读书指导法作为一种教学方法，完全适用于有独立学习能力的大学生，因为他们能够自己阅读教材和课外文献。他们虽然不一定对问题理解得全面、透彻，但是总能够大体明白。对于他们还不能独立把握的内涵，教师需要加以指导和帮助，进行引导和提升。

第一，培养学生读书的兴趣。教师除正面讲清认真读书的重要性之外，在教学中应经常引导学生阅读，布置必须通过阅读才能解答的问题，引导学生养成阅读的习惯、对读书产生兴趣。苏霍姆林斯基说过："判断一个学生会不会学习，一是看他有没有达到200小时的朗读积累，二是看他有没有达到2000小时的阅读积累。200小时的朗读就是念书，2000小时的阅读就是读书。"[②]

第二，选取合适的参考书。选书要适合学生的知识水平和兴趣爱好，为了激发读书兴趣，可以举办读书报告会、讨论会，使学生交流读书心得，相互促进。

第三，教给读书的方法。要教给学生勾画重点、写批注、摘录要点、列提纲、写概要、整理笔记等方法，要教给学生精读、通读、跳读、速读等各种读书方法。精读是最重要的一种读书方法，对专业书籍及名篇佳作应该精读，朱熹在《读书之要》中说："大抵读书，须先熟读，使其言皆若出于吾之口；继以精思，使其言皆若出于吾之心，然后可以省得尔。"精心研究和细细咀嚼文章的微言精义，才能愈研愈精。通读，即对文章从头到尾通览阅读，意在了解全貌，以求完整印象。对比较重要的文献书目可先通读，继而精读。跳读，即跳过无关紧要的内容，抓住筋骨脉络重点阅读。速读，即可以一目十行，只了解文章大意，忽略细节描写，这种方法可以加快阅读速度，增加阅读量，适用于阅读同类的书籍或参考书等。

（五）演示法

演示法就是教师采用实物教学和运用标本、模型、图表等直观教具，通过形象化手段来展示说明概念、观点、原理和过程的方法，体现了教学的直观原则，缩短了理论与实践的距离。人们认识客观世界是从感觉和知觉开始的，演示法把一些抽象的知识和原理形象化，通过鲜明、生动、真实的形象演示直观感受，吸引学生注意，激发学生的学习兴趣和好奇心，帮助学生获得直观的感知，加深认识和理解。演示法一般会配合讲授法、谈话法一起使用，能够发展学生的观察能力和抽象思维能力。

夸美纽斯认为，在教学的诸原则中起决定作用的是直观原则，人总是首先通过观察事物的本身，从事物的本源去获得知识。所以教学首先应从实际事物开始，如果不能得到实际事物，便可利用"代替它们的代表"，这为演示法奠定了理论基础。[③]

现代科技使演示的手段和种类日益繁多，除了实验、实物、标本、模型的演示和图片、照片、图表、地图的演示，还有了视频、音频、动画、教学课件的演示等。

运用演示法要符合教学实际情况，有明确的目的，防止喧宾夺主。课前，教师要根

① 苏霍姆林斯基. 给教师的建议 [M]. 杜殿坤，译. 北京：教育科学出版社，1984：254.
② 苏霍姆林斯基. 给教师的建议 [M]. 杜殿坤，译. 北京：教育科学出版社，1984：78.
③ 夸美纽斯. 大教学论 [M]. 傅任敢，译. 北京：人民教育出版社，1984：112.

据教学内容确定演示目的，选好演示材料，做好准备。演示开始前，教师要根据教学内容向学生进行演示说明，说明观察和感受的重点；演示过程中，教师要使全体学生能清楚地观察到演示，能清晰地感知演示的对象；教师要引导学生把注意力集中于对象的主要特征、主要方面或事物的发展过程。

演示不宜过于复杂，演示时间不宜过长，演示要简约、突出重点，防止华而不实。演示还应与讲述相结合，教师边演示、边讲述，使演示与教材中的知识理论的学习密切结合，及时得出观察结论。

### （六）社会调查法

《社会科学大词典》把社会调查法解释为"通过直接或间接的接触，用散发问卷或进行采访的方式来研究社会现象的方法。调查的目的是系统地搜集资料，为所要探究的问题提供各种基本素材"①。社会调查是研究性学习常用的方法之一，是有目的、有计划、系统地搜集有关研究对象的现实状况或历史状况的方法，在思政课教学中运用这种方法，能够使学生通过接触社会、观察社会、认识社会而取得认识，其特点是用生动形象的事实验证知识理论，学生通过社会调查得来的认识会更加深刻难忘。

社会调查法通常要面对三个主要问题：一是"是什么"，即弄清社会问题；二是"为什么"，即分析问题的原因；三是"怎么办"，即寻求解决方法。思想政治理论课教学中的社会调查，一般要求分小组进行，学生在课外完成，但是通常要在课堂上进行展示。

社会调查法符合学生的身心发展规律，能够培养学生"提出问题，分析问题，解决问题"的能力，也有利于学生良好品质的形成。第一，能够理论联系实践，促进学生运用知识理论分析和解决实际问题。第二，进行社会调查，能够提升学生的社会化水平，合作学习能够培养学生的团队精神，锻炼人际协调能力。第三，学生在社会调查过程中，会学习运用收集材料的方法，比如文献法、实地观察法、访谈法、问卷法等；也会学习和运用研究材料的方法，比如比较和分类、分析和综合、矛盾分析、因果分析等思维加工方法。第四，学生在开放环境中发现、提出、分析、研究问题，能够培养学生的创新精神和创造性品质。

社会调查法在思政课教学中的实施，一般包括四个阶段，即调查准备阶段、调查实施阶段、分析研究阶段和总结评价阶段。

第一，调查准备阶段。做好准备对于调查研究很重要，准备工作充分才能抓住关键和重点，避免盲目性，使调查研究具有更大的理论价值和应用价值。该阶段的主要任务包括两个方面，一是选择好的、适合学生的调查题目；二是帮助学生明确调查研究的任务，指导学生设计调查研究的方案，确定调查研究的方式方法，明确调查什么、向谁调查、怎样调查。

第二，调查实施阶段。调查实施阶段的主要任务是使学生通过各种方法和途径收集相关资料。教师应指导学生直接深入社会生活，按照要求，通过问卷、量表、个别访谈、座谈会、现场观察、文献收集等方法获得第一手资料并统计资料。

第三，分析研究阶段。学生分析资料，得出结论，提出建议。使学生在全面地占有

---

① 彭克宏，马国泉，等. 社会科学大词典 [M]. 北京：中国国际广播出版社，1989：807.

调查资料的基础上，通过对资料进行整理、分类、统计和分析，从整体上把握现象的本质特征和必然联系，得出理性认识。这个阶段是学生从感性认识到理性认识的飞跃阶段。

第四，总结评价阶段。根据调查研究的成果撰写调查研究的书面报告，进行理论思考与讨论。该阶段的主要工作是：一是学生撰写调研报告，阐述调研成果和结论；二是教师总结学生在调查研究中的优缺点，对学生的调研成果和表现进行评估和总结。

## 二、思想政治理论课的传统典型教学模式

某一种教学方法长期被采用，就会形成比较典型和稳定的教学范式，形成一定的教学结构和教学流程，这就是教学模式，俗称大方法。客观上，每一个教师都在自觉不自觉地按照一定的教学模式进行教学。思政课与其他课程一样，传统上使用最多的典型教学模式就是讲授式。

### （一）讲授式教学模式

讲授式教学法是一个古老的教学方法，一直被普遍采用。讲授式教学模式，又叫传授—接受模式，是以教师讲解和传授教学内容、学生理解和接受教学内容为特征的教学模式。是在 20 世纪 50 年代初，由我国的教育工作者把苏联的凯洛夫教学模式与我国一些传统的教育方式融合而成，它的主要理论依据是苏联教育家凯洛夫的教学思想和奥苏伯尔的有意义学习理论。讲授式以教师系统讲解知识为主，包括传授和接受两个方面，也就是传统的老师讲、学生听的教学方式，这种教学模式着重于讲，在讲解过程中也配合问答和思考，教学目标是使学生系统地掌握基本知识、基本理论，获得有组织的知识，促进知识内化，形成良好的认知结构。

讲授式教学模式的特点是：教师系统讲授，学生通过接受学习来理解知识、内化理论，掌握系统的知识理论和正确的思想观点。讲授式教学模式的一般教学流程是：第一，导入新课，学生了解学习目的、目标、任务，调动学习内驱力；第二，讲授新课，一般先呈现感性材料，引导学生感知相关教学内容，然后讲解、说明、分析、描述、论证教学内容，使学生理解、整合、重构，最终实现内化；第三，巩固练习，往往包括师生归纳概括教学主要内容、课堂讨论以及对原理或方法进行应用等；第四，布置课外作业。

讲授式教学模式的实质环节有四步：诱导学习动机，讲授新内容，巩固新内容，检查反馈学习情况。在思政课教学中，教师的讲授式教学很多时候只保留了前两步，即诱导学习动机和讲授新内容，练习和作业会省略或者在某一节点集中布置，让学生集中完成，直到考试前，学生再集中精力记忆背诵有关内容，应对课程考试。

### （二）讲授式模式实现有效教学的条件

讲授式模式要实现有效教学，必须有两个方面的条件：第一，教师有效的"讲"；第二，学生有效的"听"。没有教师有效的讲，知识理论的传授就不能实现；没有学生有效的听，知识理论的接受就不能实现。

教师要实现有效传授，通常要满足以下条件：第一，教师具有明确的传授目的，能够组织好教学内容。第二，教师具有较高的传授水平，掌握简约高效的传授方法，表达

清楚明白，逻辑清晰，层次分明，重点突出。第三，教师的传授必须是"有意义的传授"，也就是说，教师传授的知识应具有逻辑意义，而且与学生的已有认知相联系。

学生要实现有效接受，通常要满足以下条件：第一，学生具有明确的自觉自愿的学习目的。第二，学生具有内在的学习需要。正如宋代思想家、教育家张载所说："教之而不受，虽强告之无益。譬之以水投石，必不纳也，今夫石田虽水润沃，其干可立待者，以其不纳故也。"① 由此可知学生的好奇心、求知欲是学习的直接动机。第三，学生具有进行有意义学习的意向与能力。有意义学习，指的是学生把新知识与认知结构中原有的有关知识联系起来的学习，也就是理解学习。学生如果没有有意义学习的意向与能力，接受学习就会成为机械学习。

讲授式模式是历史悠久的教学模式，也是人们最熟悉的教学模式。我国 21 世纪以前的基础教育基本上都是讲授式模式，高等教育至今往往以讲授式为主。这种模式之所以能长期成为我国教学的主导模式，有其合理性。目前在高校教育中的各种教学改革，基本方向就是改变传统的讲授式模式。

（三）讲授式教学模式的优点

讲授式教学具有一系列明显的优点。首先，讲授式教学系统、省时、简洁，它以定论的形式直接向学生传递知识理论，避免了走弯路。在传授知识理论方面，讲授式具有无法取代的简洁高效的优点，有利于科学知识的传承，这也是讲授法长盛不衰的根本原因。其次，讲授式教学便于教师准确把握教学活动过程。讲授式教学的过程可以由教师直接控制，便于教师组织、调控整个教学进程。最后，讲授式教学对教学条件的要求比较低，比较而言，其他教学模式需要更多条件，实施起来更麻烦，而且还不能保证在有限的教学时间里完成教学任务。所以，比较而言，在教学条件落后的情况下，讲授式是十分高效的教学模式。

（四）讲授式教学模式的弊端

每一种教学方法都有它的优点，也有它的弊端，讲授式教学的不足如下。

第一，讲授式不利于学生的主动性发挥。其有利于教师主导作用的发挥，教学环节能在教师的控制下进行，由教师主宰课堂，学生主要是听讲，很少有主动性活动。

第二，讲授式易使学生产生依赖，不利于培养学生学习的独立性。讲授法以教师为中心，一切由教师传授给学生，教师常常思考怎样能讲得全面、细致、深刻、透彻，不讲就不放心，总觉得自己不讲学生就不知道，而学生也不知不觉形成了依赖，教师讲得越好这种依赖就越强，导致严重地削弱了学生学习的主动性和创造性。

第三，讲授式不利于培养创新思维和创新能力。讲授式教学有利于掌握系统知识，教师通过讲授把现成的知识教给学生，学生只要认真听讲就可径直地获得知识。但是统一化的知识传授，难以引导学生的个性学习和个性发展，不利于培养学生的独立性、创新性、求异性思维，因而在培养学生的创新精神和创新能力方面，存在比较明显的缺陷。

第四，使用不当容易导致学生机械学习，或出现注入式教学。机械学习是相对于有

---

① 张载. 张载集 [M]. 章锡琛, 点校. 北京：中华书局, 1978：286.

意义学习而言的。有意义学习指学习者有学习动机，在学习过程中将学习内容同已有知识联系起来，获得了意义和理解。实现有意义学习的条件是：一是学生保持学习需要和动机，被迫接受，常常是机械记忆；二是学习内容有逻辑，内容结构是有条理与逻辑的表达，形成了统一的整体；三是教师把学习内容同学生已有认知结构联系起来，融会贯通。机械学习则是指学习内容没有逻辑意义，学习者不能使学习内容同已有知识建立实质性的联系，只是逐字逐句地机械记忆，不能理解其含义。

讲授式教学一定导致机械学习吗？不一定。但是，如果违背学习规律进行讲授式教学，则容易导致学生的机械学习：一是学生缺少相应的生活经验，没有感性认识基础，而教师过早地用纯语言进行抽象讲授，学生无从理解讲授内容；二是学习内容没有组织好，任意呈现无关联的事实，堆砌信息，使信息之间没有联系；三是缺少必要的解释和说明，缺少必要的"桥梁"内容，没有使学习内容同以前的知识理论联系起来；四是只要求学生认识孤立的事实，简单地再现和复述学习内容，不进行变式学习，学生只认识了皮毛，把握不住问题的实质。

注入式教学，指的是不考虑学生认识过程的客观规律和学生的理解能力，将现成的知识结论生硬地传授给学生的一种教学方法，让学生呆读死记，俗称填鸭式教学。讲授式一定是注入式教学吗？不一定。但是如果教师不关注学生的课堂反应，不与学生进行互动，不调动学生的学习需要，不引导学生积极思考，只顾自己讲，一堂课从头讲到尾，讲授式教学就会成为注入式教学。所以，讲授式教学要注意激发学生学习的积极性和主动性，引导学生思考，避免成为注入式教学。

（五）恰当使用讲授式

第一，针对合适的内容进行必要讲授。概念的定义、历史等一些确定无疑的教学内容，常常需要使用讲授式方法。因为概念的定义和基本的理论基点根本不需要探究，如果让学生自己去探究概念和基本理论，既没有必要也不恰当。在涉及新知识时，最初的教学应该明确而直接，这只能使用讲授式。

第二，讲授要注意启发性。讲授过程中，教师要注意启发和引导学生思考，加强师生互动。要根据教学内容设计问题，通过有效的提问，引导学生积极思考，主动探求问题，防止不顾学生是否思考只顾自己讲授的注入式教学。

第三，讲授要恰当。首先，教师要认真熟练掌握教学内容，对讲授内容的结构、要点、层次胸有成竹；其次，教学语言要准确、精练、简要、清楚，有严密的科学性、逻辑性，音调速度适中；再次，讲授要尽可能联系学生的认知基础；最后，要注意学生的反应和反馈，随时调控教学活动。

第四，讲授要注重生动趣味性。程颐说过："教人未见意趣，必不乐学。"讲授要生动形象，有感情，有感染力，把政治的高度、理论的深度和价值的温度相统一。一方面，讲授内容要贴近学生的思想感情和生活实际，或辅助以课件演示，调动学生的兴趣，将抽象枯燥的教学内容寓于生活事例中，得到知识理论的感性认识，提高教学的吸引力；另一方面，又要引导学生从现实中总结一般规律，上升到理性认识。

第五，与其他教学方式有机结合。教学中过多讲授会令人感到单调，所以应该与其他教学方法综合运用，使教学方法多样化、综合化。多种教学方法相结合，就可以扬长避短。

综上所述，讲授法是课堂教学中普遍应用的一种教学方法，人们不应该错误地认为，提倡教学方法的改革创新，讲授法就一无是处了。一种方法不可能包打天下，各种教学方法都有其适用的对象，关键是要弄清什么时候、什么内容合适用什么方法。讲授法不排斥其他教学方法，该讲授的地方讲授，该讨论的地方就讨论，各种教学方法可以相互结合，创造多彩课堂，这并不是矛盾的。

## 第二节　教学方法的设计要求

思政课教师要想实现"教学'配方'先进、'工艺'精湛、'包装'时尚"①，就必须积极探索教学方法，努力把思政课政治的高度、理论的深度和价值的温度相统一。

### 一、思政课教学方法的设计原则

2005 年中共中央宣传部、教育部要求切实改进高等学校思想政治理论课教育教学的方式和方法，"要充分发挥教师的主导作用，提高马克思主义理论的说服力和感染力。充分发挥学生学习的主体作用，激发学生学习的积极性和主动性。教学方式和方法要努力贴近学生实际，符合教育教学规律和学生学习特点，提倡启发式、参与式、研究式教学。要研究分析社会热点。要多用通俗易懂的语言、生动鲜活的事例、新颖活泼的形式，活跃教学气氛，启发学生思考，增强教学效果"②。概括而言，思政课教学方法的设计要注意以下原则。

#### （一）更加突出学生在教学中的主体地位

国家教育主管部门要求思政课的"课堂教学方法创新要坚持以学生为主体，以教师为主导，加强生师互动，注重调动学生的积极性和主动性"③，"充分发挥学生学习的主体作用，激发学生学习的积极性和主动性"④。

建构主义认为，第一，学习是学习者以已有知识经验为基础的主动建构过程，不是学生对教师所授知识的被动接受。第二，教学就是学习的外部条件，有效的教学是依据学习规律对学习者给予及时准确的外部支持的活动。建构主义核心就是：以学生为中心，强调学习者的主动性，认为学习是学习者基于原有的知识经验生成意义、建构理解的过程，而这一过程常常是在社会文化互动中完成的。因此，建构主义强调教师提供资源创

① 教育部. 新时代高校思想政治理论课教学工作基本要求［EB/OL］. http://www.moe.gov.cn/srcsite/A13/moe_772/201804/t20180424_334099.html.

② 中共中央宣传部、教育部. 关于进一步加强和改进高等学校思想政治理论课的意见（教社政［2005］5 号）［EB/OL］. http://www.moe.gov.cn/s78/A13/sks_left/s6387/moe_772/201005/t20100527_88480.html.

③ 教育部. 新时代高校思想政治理论课教学工作基本要求［EB/OL］. http://www.moe.gov.cn/srcsite/A13/moe_772/201804/t20180424_334099.html.

④ 中共中央宣传部、教育部. 关于进一步加强和改进高等学校思想政治理论课的意见（教社政［2005］5 号）［EB/OL］. http://www.moe.gov.cn/s78/A13/sks_left/s6387/moe_772/201005/t20100527_88480.html.

设情景，引导学生主动参与，自主探究学习。

建构主义成为创新教学方法的指导理论、基本理念，它强调学生作为人的"主动性"一面，所以教师和学生的关系发生了根本性转变：学生从被动的"听众"转变为学习的主角，成为教学过程中主动的参与者、探究者和创造者；教师成为学生学习的引导者、帮助者。反映在教学模式中就是由"以教师为中心"向"以教师为主导，学生为主体"转变。所以，教学方法设计要充分发挥学生学习的主体作用，激发学生学习的积极性和主动性。

（二）与现代信息技术有机融合

现代教育技术已经越来越成为教学方法改革的突破口。信息技术的发展给教学提供了多样化的教学媒体，计算机、网络等媒体技术越来越多地介入课堂教学，为学生提供了便利的学习条件、丰富生动的学习资源和表达观点的便捷途径。充分有效地应用现代教育技术，发挥信息化优势，能够为思政课教学开辟新天地。

第一，教学信息显示多媒体化。对多媒体课件的启用改变了教学信息的显示方式，课件可以呈现多种生动形式，给受教育者带来全新的教学感受。课件甚至可以根据需要呈现大篇幅的文字材料，使教学情境发生改变。网络教学的兴起，打破了传统的课堂教学模式，提供了线上学习时空，教学时空扩延至校外、家庭、社会，甚至超越国界。

第二，强化了学生学习的自主性。学生面对丰富的网络信息资源，可根据个人需求来选择课程内容，选择学习方式，甚至选择教学资源，有利于个性化学习。教学方法的设计也要引导学生形成良好的自主学习习惯，培养学习者的自觉性。

第三，利用技术优势加强师生互动。现代教育技术具有丰富、友好的交互界面，便于进行人机交互。利用网络教学的这种交互特性，可以充分发挥学习主体的作用，激发学生学习的兴趣，调动学习积极性。目前教学信息处理十分智能化，这些现代信息技术的优势，十分有利于因材施教。

第四，课堂教学与现代信息技术有机融合。教育部《新时代高校思想政治理论课教学工作基本要求》（教社科〔2018〕2号）明确提出："网络教学作为课堂教学的有益补充，重在引导学生学习基本知识、基本理论等内容。要深入研究网络教学的内容设计和功能发挥，不断创新网络教学形式，推动传统教学方式与现代信息技术有机融合。"[1] 思政课对基本知识、基本理论的教学，已经完全能够通过线上课程实现。

（三）教学模式多样化、综合化

新中国成立以来，以系统学习学科知识为核心的"传授—接受"教学模式长期发挥作用。传统的"传授—接受"教学模式有利于系统地掌握知识，而新的教学模式注重对思想方法的教学以及学生的自主探索、个性发展与能力培养。两者各有利弊。各种教学模式适应各种教学需求，要克服教学模式的单一化、僵化倾向，提倡多种教学模式的融合互补。随着思政课教学研究的深入发展，思政课的教学模式多样化，如实践教学、问

---

① 教育部. 新时代高校思想政治理论课教学工作基本要求［EB/OL］. http://www.moe.gov.cn/srcsite/A13/moe_772/201804/t20180424_334099.html.

题探究、案例教学、情境教学等，教学方法出现多样化、综合化趋势，教学方法中的活动化、情境化、综合化增强。

为了实现教学模式的多样化、综合化，根据实际教学需要，可以通过教学方法的组合进行，比如讲授法、讨论法、演示法组合进行；也可以通过教学方法要素的组合进行，比如讲、问、读、议、看、练、评组合；还可以通过教学程序的组合、教学环节的组合等进行。

### （四）体现思政课教育教学的全方位目标

促进学生全面发展是我国教育方针的要求。思政课教育教学要为全面提高学生的整体素质的总体目标服务，立足于让学生全面发展、全体发展和个性发展，尤其是学生思想政治素质的发展。思政课教学强调"立德树人""全面提高学生的思想政治素质"，所以教学方法的设计目标是全面培养学生，培养学生形成坚定的理想信念、思想情操、法治意识、道德观念。思想政治理论课教学强调非智力因素的作用，所以教学方法的设计要格外注意教学过程的情感体验，应有助于学生的价值选择。

总之，思想政治理论课的教学方法设计要注意"五个有利于"。一是有利于提高教学效率，使教学更有效；二是有利于发挥学生的主体性，让学生参与教学过程，让学生成为学习的主人；三是有利于学生活泼地学习；四是有利于培养学生独立探索的研究精神；五是有利于形成正确的思想政治素质，提高立德树人的质量。

## 二、启发式教学是教学方法设计的根本要求

### （一）启发式教学的含义及实质

启发式教学是一种与注入式教学相对立的、以充分调动学生的积极性和主动性、使学生自觉学习的教学思想和方法。最早运用启发式教学的是孔子，"启发"一词源于2500多年前《论语》的"不愤不启，不悱不发，举一隅不以三隅反，则不复也"[1]。朱熹解释说："愤者，心求通而未得之意；悱者，口欲言而未能之貌。启，谓开其意；发，谓达其辞。"[2] "愤"，即学生对于问题急于解决而找不到方法时的矛盾状态，实乃不得其门而入，此时教师应对思考方法、思路予以指导，此谓"启"；悱，是学生对于问题有了一定思考但尚未成熟，想说又无法表达时的矛盾状态，实乃不得其门而出发，此时教师应帮助学生弄清事情的本质，然后用准确的语言表达出来，此谓"发"。"启"是通过教师开导后，学生对不清楚的问题有了正确的认识。"启发"，就是经过了开导而有所领悟的意思。启发的意思是，不到学生苦思冥想仍领会不了的时候，不去开导他；不到学生想说而又说不出来的时候，不去启发他。为什么要等到学生"心愤愤，口悱悱"的时候，才进行启发？因为正如东汉郑玄所说，"如此则识思之深也"。孔子提出的启发式教学，代表了一种理想的教育状态。

1929年古田会议上毛泽东也倡导启发式教学，在纲领性文件《古田会议决议》中他

---

① 朱熹. 四书集注 [M]. 长沙：岳麓书社，1987：135.
② 朱熹. 四书集注 [M]. 长沙：岳麓书社，1987：135.

就提出了上政治课要用十大讲授法："（1）启发式（废止注入式）；（2）由近及远；（3）由浅入深；（4）说话通俗化（新名词要解释）；（5）说话要明白；（6）说话要有趣味；（7）以姿势助说话；（8）后次复习前次的概念；（9）要提纲；（10）干部班要用讨论式。"① 毛泽东倡导的政治课"十大讲授法"的第一条就是启发式，启发式教学符合学习规律。

最初，教师在尝试启发式教学时，主攻目标在于"教师提问—启发思考—学生回答"。随着实践进一步深入，又发展为引导学生提出问题，认为启发学生生出疑问比解答疑问更重要，因此老师要激发学生提问。在启发式教学的不断发展中，人们认识到启发式教学是贯穿教学的一条基本原则，实质是突出学生的主体性和教育教学的民主性。

启发式教学的重点，就是依据认识规律，调动学生主动进行探索，激发学生主动思考，启发学生思考问题的方法和思路，激发学生发现问题、分析问题、解决问题，培养学生的独立思考能力。所以，启发式教学保证了教学过程中教师的主导地位和学生的主体地位，充分体现了学生的能动作用。这是启发式教学的本质特征，也是其实质。

（二）思政课必须坚持启发式教学

坚持启发式是思政课教学的内在要求，坚持启发式教学可以增强思政课的针对性和趣味性，从而唤起学生的学习兴趣和热情，激发学生在生动活泼和积极主动的气氛中探求新知、培养能力、提高觉悟。

第一，要吃透教材，熟练把握教学内容。启发式教学对教师而言，关键是对教学注意力的分配，因为只有在内容娴熟的条件下，教师才能够去关注学生、启发学生。所以教师必须对教学内容驾轻就熟，了然于胸，否则，一心只是想着教学内容，甚至担心忘记教学内容，如何能注意和照顾学生的反应？因此，启发式教学应建立在教师吃透教材，充分把握教材的重难点，熟练掌握教学内容的基础上。

第二，要了解学生的具体情况并根据实际进行启发式教学。启发式教学要求教师了解学生，必须充分了解学生的年龄特征、心理状态、生活经验、思维能力、知识水平和思想觉悟等。不了解学生就不可能进行有针对性的启发，最终可能导致启而不发。

第三，教师要有驾驭整个教学过程的能力。教师要具有驾驭整个教学过程的教学能力，能够及时恰当地处理教学中出现的各种问题，并因势利导，使学生始终围绕既定的教学目标进行学习。同时，教师还要善于调控学生在课堂上走偏的行为，要根据教学内容和学生的实际情况，来选择带有启发性的具体教学方法，启发的具体方式方法要灵活机动。

（三）启发式教学的基本方法

概括而言，启发式教学的基本方法就是设置问题，通过问题进行启发。教师通过不断提出问题，启发学习动机，引导学生积极思考。教师要创造有趣的问题意境，适当地制造矛盾冲突，适时地投放"诱饵"，以使提问成为学生学习的"诱导力"。启发，"贵在引导，妙在开窍"，而"引导之法，贵在善问"，"开窍之法，贵在点拨"。

---

① 毛泽东. 古田会议决议［EB/OL］. http://www.71.cn/2014/1103/786824_5.shtml.

"引导之法，贵在善问"，思维从问题开始，提问是引发思考的基本方法。那么如何提问才是善问？提出问题有多种方法，针对各类问题有各种提问方法。比如：逼近法，类似"剥洋葱"，即步步为营，层层递进，逐渐深入，打破砂锅问到底；拆分法，就像"拆鱼头"，化复杂为简单，化整为零，化大为小；归纳法，从特殊到一般进行设问；对比法，对相近的内容进行比较分析，找出共性和差别。提问后，教师不能代替学生回答，而应该引导学生思考回答，然后分析学生的回答，对正确回答予以肯定，对错误回答予以分析纠正。

"开窍之法，贵在点拨"，学生思考不得法时，教师要进行点拨，引导学生找到解决问题的关键。那么如何进行点拨？针对各类情况，点拨也有各种方法。比如：清障法，对学生思维中的障碍加以分析，帮助其突破和超越；实例法，提供给学生相应的典型事例作为思维材料，以引发学生对问题进行积极思考；类比法，不直接点破，通过有关联的问题进行暗示，旁敲侧击，使学生举一反三，触类旁通；比喻法，通过生动形象的比喻增添课堂的趣味性，赋予理论以感情色彩，从而激发学生的学习兴趣；温故知新法，引导学生回忆旧知，找出新旧知识之间的联系；显错正本法，在问题的关键处故意出错，以引起学生注意和思考，使正确答案更明了，学生印象更深刻；直观法，利用教具、图表、版画、课件、演示等直观形象、直观图表、教学课件、直观演示等，直接刺激学生的各种观感，以启迪学生思维。

启发式就是教师围绕着教学主题，围绕关键内容，设置问题，制造某种悬念，调动学生思维，引发学生好奇心和求知欲望，以此推动教学过程。启发式教学能使课堂教学更加生动，能够激发学生发现问题、思考问题、理解问题，最终有利于课堂教学效率的提高。

有一则关于启发式教学的案例《美国老师讲"灰姑娘"》[1]，载于《青年博览（下半月刊）》（2007 第 14 期），可以启发我们思考如何通过设置问题进行启发式教学。在《美国老师讲灰姑娘》这个教学片段中，这位授课老师先请一个学生上台讲述了一遍故事，然后以提问的方式开始了对全班学生的启发式教学。老师首先问全班学生：喜欢故事里面的哪一个人，不喜欢哪一个人？为什么？学生都喜欢辛德蕾拉（灰姑娘）和王子，不喜欢后妈和后妈带来的姐姐。然后，老师进一步问学生们：如果在午夜 12 点辛德蕾拉没来得及跳上她的南瓜马车会怎么样？学生通过思考后得出结论，不守时会很惨，所以生活中一定要做守时的人。老师进一步问：故事里后妈是不让辛德蕾拉参加王子舞会的，那辛德蕾拉为什么能够去，而且还成功地成为最引人注目的美丽姑娘？学生讨论后得出结论：因为灰姑娘得到了很多朋友的帮助，无论是谁都需要朋友，都需要朋友的帮助。老师又提问：如果因为后妈不愿意，灰姑娘就放弃了参加舞会，她可能成为王子的新娘吗？学生讨论后回答：如果自己不想去，即使后妈不阻止也是没有用的，是她自己决定她要去参加王子的舞会的。所以结论是：不管别人是否爱自己、是否给自己机会，自己一定要爱自己、自己给自己机会、自己要为自己负责。老师问的最后一个问题是："你们有没有发现这个故事有不合理的地方？"学生经过比较长的思考后，终于发现了故事本身的自我矛盾：午夜 12 点后所有东西都要恢复原样，可是灰姑娘的水晶鞋却没变回去。老

---

① 佚名. 美国老师讲"灰姑娘"[J]. 青年博览（下半月刊），2007（14）：42.

师对学生的发现大加赞赏，鼓励学生努力进步。

精神生活中最独特的事，是人们会不断地超越所给信息。每一个有灵性、会思考的人都能够不断超越既定的信息，带给世界更多的思考。启发式教学就是要激发和引导学生进行这样自我突破、自我成长的思考。

## 第三节　思想政治理论课新兴教学模式的设计

思政课教学要求教师"结合教学实际、针对学生思想和认知特点，积极探索行之有效的教学方法"[①]。设计教学方法时，在学校教学条件能够满足的前提下，要依据教学目标、教学内容、学生实际和教师自身的能力进行选择。首先，任何一种教学方法，都是为实现教学目标服务的。每堂课都有每堂课的教学目标，目标不同就要选择设计不同的教学方法，以达到教学方法与教学目标的一致。在知识理论目标达成时，可以用讲授法、演示法；在情感、态度、理想信念等价值观目标达成时，可以用体验式教学法、情境教学法；在实践能力目标达成时，可以用观察法、体验式、实践教学法等。其次，内容决定方法，不同的方法有各自的特性，不同的教学内容适合不同的教学方法，不同的教学方法适用不同的教学内容。再次，是学生的实际，从实际出发是设计教学方法的基本原则。最后，是教师的能力，教师要选择自己能够驾驭的方法，也要敢于不断尝试新方法。下述是近年新兴的一些思政课教学模式。

### 一、专题式教学设计

#### （一）专题式教学的含义及意义

《现代汉语词典》对"专题"的释义是"指专门研究或讨论的题目"[②]。专题式教学，就是以统编教材为基础，在把握和突出本课程重点、难点的基础上，不按照教材内容逐章逐节、面面俱到地讲授，而是以主题为核心，通过选取和设置若干专门研究或讨论的题目来开展教学。专题式教学将纷繁复杂、面面俱到的教材体系转化为主题集中的教学体系，是一种有效的教学设计方式。2019年教育部高校思政课教学指导委员会专门下发了《专题教学指南》，针对"基础""纲要""原理""概论"四门课进行专题教学指导。专题式教学的优点如下。

第一，专题式教学有助于突出重点、难点和热点。思想政治理论课涵盖的教学内容系统而周全，但课堂教学时间却有限，是典型的内容多、时间少，如果面面俱到，没有结合重点、难点和热点展开教学，既缺乏针对性，也不能透彻地讲授理论。将问题引入课堂是提升教学有效性的一种有效方法，专题式教学通过聚焦核心话题，压缩一般性内

---

① 教育部. 新时代高校思想政治理论课教学工作基本要求［EB/OL］. http://www.moe.gov.cn/srcsite/A13/moe_772/201804/t20180424_334099.html.

② 中国社会科学院语言研究所词典编辑室. 现代汉语词典（第7版）［M］. 北京：商务印书馆，2016：1671.

容，又不偏离教学要点，能够更集中而深入地讲述核心问题。对核心问题和热点、焦点问题进行拓展性的深度解答，一是能够解决内容多与课时少的矛盾，二是能够突破肤浅，把教学引向深入，引发学生的学习兴趣。

第二，专题式教学有助于结合学生实际。教材是教学活动展开的基本依据，但是教材难以全部结合学生实际，教学的专题设计，以问题为导向重新组织教学体系。在教学专题的设置以及教学实施中，有针对性地选取设计教学专题，结合学生关心的社会热点问题和思想实际，将系统性、普适性的教材体系转化成有针对性的教学体系，能够将理论联系实际，解决大学生的思想困惑。

（二）专题式教学的设计

思政课的专题式教学通常有两种实施方式，一种是个体备课、集体授课，一个教师分工负责某一个或某几个专题的备课与课堂教学，然后不同教师按轮次对同一个班级上课；另一种是集体备课、个体授课，教师们集体备课，然后共享备课成果，由同一个教师始终对同一个班级上课。当然也有介于两者之间的其他方式。比较而言，后一种方式便于教学管理，也能够建立师生之间的良好关系，更加适合思政课的教学实际。

1. 团队分工，集体备课

第一，以课程为基础，教师进行团队分工，开展专题备课。在原有教材的基础上，通过共同讨论，设置教学专题，对各个专题进行多轮讨论和修改完善，直到达到理想状态。各教学专题的主题要精心设计，既注重整体性又注重针对性，做到逻辑连续、规格统一、内容协调，才能形成既联系紧密又相对独立的系列专题，形成系统合理的专题体系。

第二，分工进行备课和教学设计。进行分工，根据教师的学科背景与专业特长，确定各专题的备课负责人。每个教师负责几个专题的备课与教学设计，包括搜集素材与案例、编写讲稿、制作课件、设计作业等。保证每个专题的教学设计既体现教材体系，又符合学生实际。

第三，修改完善教学设计。教师完成各专题的教学设计后，公开进行试讲，团队对讲稿和课件提出修改意见，完善之后，大家统一使用，使用过程中可进一步完善。

专题式教学能最大限度地整合优秀教学资源，集思广益、发挥专长。各位教师可以选择自己最感兴趣、把握得最深入的专题进行备课和教学设计，既能深化对相关教学问题的分析把握，又能突出教师的个人教学风格，打造专题精品。

2. 精心设计，突出重点

教师只有直面现实，理论联系实际，解答学生的思想困惑，才能提升教学效果。专题式教学需要教师结合教材体系和学生的实际，找准专题式教学的契合点、切入点，加强对教学重点、难点、热点的研究，以实现教学内容的深入透彻性。专题式教学设计，要遵循以下几个基本原则。

第一，明确目的。思政课专题教学内容的设计首要秉承目的性原则，以立德树人为目的，根据国家对大学生思想政治教育的方针政策和要求进行整体合理设计，以实现教育目的。专题内容要符合意识形态要求，始终坚持马克思主义的立场观点和方法。

第二，整体逻辑。教学内容的专题划分必须兼顾整体性原则，基于同一个教学目的展开独立专题设计，各部分要符合统一的逻辑关系，确保不同专题服务于统一的教学目标，保障教学体系的层次性、逻辑性和系统性。如果缺乏足够的系统研究，缺乏通盘设计考虑，专题教学设计则会出现各种各样的问题，如专题之间内容相互重复交叉，或者教学内容只顾其一，不及其余。专题式设计要特别注意防止理论体系的碎片化。每一个专题都有相对独立的内容体系，如果忽视各专题之间的内在逻辑联系，专题设计随意化、孤立化，就会导致教学内容的碎片化，学生虽然学习了课程的全部内容，但是无法形成系统完整的整体理论认识，造成碎片化的学习结果。

第三，内容科学。教学内容的重心必须始终服务于思政课的课程目标与定位，既有理论又直面实际，既符合认知规律，又符合教育教学规律。专题式教学既不能过于理论化，也不能过于专注各种实际问题，忽视基本理论知识。教学的内容设计要突出教材的重点、难点问题，要有足够的信息量。要充分利用各种教学素材，选取符合教学目标、能触发学生共鸣的案例，进行深度思考与加工。

第四，方法有效。在教学过程中，要充分运用启发式教学，重视教学的互动性，师生共同完成专题教学活动。教师既要重视学生的学习感受，也不能过于迎合学生，防止出现娱乐化、肤浅化倾向，背离思政课的定位。

3. 充分发挥专题教学的灵活性与创新性

第一，突出灵活性。专题式教学在原有教材内容的基础上进行加工凝练，在教学专题的设计与实施中，教师可以根据学生具体情况灵活设计专题，如面对不同专业的学生时，进行专题设计选取的内容可以有所侧重，以突出针对性。

第二，突出深入性。专题式教学以讲精、讲深为追求。精，指精心设计专题、精心备课、精心讲解；深是指深入、透彻地分析问题、讲解理论。在专题式教学过程中，教师能够在讲精、讲深上下功夫，提高"思政课"的吸引力，从而增强教学的实效性。

第三，突出针对性。思政课要求教师深入讲授理论，但不能脱离实际进行讲授，而是要理论联系实际，讲活、讲新，解答学生的思想理论困惑。讲活，是教师更灵活地捕捉社会热点；讲新，是教学内容更符合社会发展新动向。讲活、讲新能够提高教学针对性，能够提升思政课的教学效果。

第四，加强协调性。专题式教学需要教学团队建设，建立统一有效的协调机制是基础。通过团队建设、集体备课、交流融合，可以使所有教师都积极参与备课与教学工作，强化师资队伍。在专题教学中，还要注意收集学生的意见反馈，不断更新、调整专题教学的主题与内容。

## 二、案例式教学设计

（一）案例教学的含义

案例就是"案件实例"，就是"已有的、可作为典型事例的案件"。案例教学最早由哈佛大学法学院引入法学教育，后来陆续在商学、管理学、教育学等教育领域得到推广。简而言之，案例就是以书面形式展现的实例、事例、范例、个案等真实典型的素材，这些案例都来自实际工作中的情境；案例教学就是通过对一个真实情景的具体描述，由教师与学生一起参与、共同对案例或疑难问题进行讨论的教学方法。20 世纪 80 年代案例教学被引进我国，由于这种方法打破了传统的教师为主的定式，学生成为学习主体，教师转变成为引导者，适应了教学方法改革的需要，所以被思政课教学广泛运用。

案例教学有以下特点：第一，真实性。教学案例基本都是真实事件，虽然为了教学需要可以进行整理加工，但是案例的真实性保证了理论与实际的真实性。第二，综合性。案例通常具有丰富的内涵，学生分析案例不仅需要掌握一定的理论知识，同时还要有分析判断能力，能够根据不同情况进行识别、辨别和决策。第三，实践性。案例教学通过案例情境激发学生进行探索，让学生们直接接触和探究实际问题，自主地进行分析、思考、判断，引导学生分析问题和解决问题，不知不觉中完成了从理论到实践的转化。第四，主体性。学生在教师的指导下进行体验、分析，同学之间进行讨论交流，有助于激发学生的主体性。第五，开放性。案例教学中，教师引导学生发散性地对问题进行讨论，然后分析不同答案，选择最佳答案。这意味着案例教学没有固定的答案或解决方法。案例教学的过程和讨论结果都是开放的，这是它与传统讲授法最大的不同。

（二）案例教学法对思政课的意义

第一，适应了学生的认知规律。从形象到抽象是一般人的认知思维规律，案例教学将抽象的理论以生动的案例形式呈现出来，通过案例创造了一个现实的场景，将抽象的原理和概念具体化，使学生获取了感性经验和学习体验，又通过理性分析获得了理论思维能力。案例教学法能够使理论密切结合实际，激发学生的学习兴趣，这也是它能被思政课广泛应用的主要原因。

第二，为学生提供了开放的思维。在动态的、开放的情境中，学生查阅相关信息，通过各种方式积极寻求答案。在这样的主动学习过程中，学生发挥了主体性，提高了分析、判断能力以及解决问题的能力，积累了经验，并形成了良好的思维品质和理论结构，提高了综合能力。

第三，增强了集体的凝聚力。采用集体讨论方式，创造宽松和谐、多维互动的教学氛围，能吸引学生集体参与教学，使学生之间互相启发、互相沟通，这样不但能使学生学会交流合作，也使群体智力得到开发。

第四，当场获取教学反馈。在传统教学中，教师通常会安排提问、作业或测验，以获取学生对知识的掌握情况，但是反馈具有时间差。案例教学法可以在课堂上，当场根据学生的具体表现直接了解学生的学习态度、知识掌握情况，教师可以根据实际安排下一步的教学进程，提高教学的有效性。

案例教学法改变了传统的讲授式教学，使学生主动思考、合作学习。但由于思政课教学内容有其特殊的导向性和系统性，所以并不是所有内容都适合使用案例教学法。而在思政课的主干课程中，案例教学法的适用性也不尽相同，但是教师可以根据各课程教学内容的特点适当使用，或者在某一个教学内容、教学环节、教学片段合理使用。

（三）案例教学法的教学程序

1. 确定教学内容和目标

明确的教学内容和教学目标是实施案例教学的前提。思政课是帮助学生树立马克思主义世界观、人生观、价值观的课程，案例教学不能游离于立德树人的教学目的之外。

2. 选择典型案例进行备课

选择恰当的案例是案例教学成败的关键。选择案例一般要遵循以下标准：一是案例要有针对性，案例首先应该能够承载教学内容、符合教学目标的需要、符合学生的认知水平。二是案例要有思想性，案例选取的第一标准就是思想性和政治性，要弘扬主旋律、传播正能量，这是由思政课的课程性质决定的。三是案例要有典型性、代表性，能够体现出普遍意义。四是案例要有真实性，不可虚构。五是案例要有新颖性，新颖鲜活的案例才能唤起学生的兴趣。六是案例要有问题性，有问题才可以有探讨，才能够引发学生思考。在案例的选择准备过程中，教师要能够发现热点、挖掘焦点，这要求思政课教师要有敏锐的判断力和洞察力，从而认真筛选、搜集和整理出真实的、有效的教学案例。

确定案例之后，接下来教师要对收集到的素材进行合理加工，撰写案例。撰写案例要主题鲜明，叙述清晰，体现出思想性，设计好问题，引导学生进行思考。案例撰写时要注意运用客观、生动的内容引发学生共鸣，同时还需要兼顾呈现的方式，比如通过课件方式以文字、图片呈现，以视频呈现，或者以纯文字进行叙述。撰写案例之后，教师就要根据提出的关键问题，准备出帮助学生理解、思考案例所涉及的概念和原理，并提前制订案例讨论的组织引导计划。

3. 案例教学阶段

课堂上，教师生动陈述案例，学生进行案例分析，最后师生得出结论。

首先，教师要生动陈述案例。教师对案例的陈述会直接影响教学效果。教师要优化语言，生动准确地陈述，帮助学生抓取有效信息。可以充分利用多媒体展示案例的内容，展示图片、视频等，达到良好的感知理解效果。然后教师给出相应的思考问题，进行一定的方向性引导。

其次，科学组织分析和讨论环节。获取案例之后，师生置身于案例情境，对问题进行思考、分析和讨论，主要开展三步工作。第一步，学生独自进行案例分析，思考案例体现了什么样的原理知识、存在什么样的问题、问题怎么解决等。第二步，以小组为单位让学生进行讨论，然后在班级里交流。通过小组内各位同学的交流争论获得小组意见，之后在班里交流。再之后小组代表发言、成员补充、其他小组提问，或者全班自由交流。教师需要倾听和记录学生讨论交流的内容，对讨论偏题、气氛过激、冷场等常见情况，要及时干预与引导，围绕教学目的进行讨论，不可走偏。案例教学法的应用中，交流和讨论是最重要的环节。要想真正组织和引导好学生的讨论，收到好的教学效果，教师既要全面把握案例的背景、内容以及其中的知识理论，还要具有敏感性，能够及时发现问题并迅速作出反应。第三步，师生共同进行总结和归纳。讨论和交流后，在点评阶段教师要全面总结整体的讨论情况，客观评议。教师可以请学生做总结反思，对富有创造性的见解予以肯定；对于偏颇的认识加以纠正和引导；对于学生没有想到的、挖掘不深的问题，要予以指明。此阶段中，教师的课堂组织能力和对全局的控制能力最为重要。

最后，布置作业阶段。案例讨论之后，学生要针对案例再进一步深入思考，最终撰写出分析报告。这是案例教学的深化，也是不可缺少的一个教学环节。伴随撰写案例分析的过程，学生会静下来重新对案例进行思考，会对之前的个人认识进行自我校正、自我深化和自我完善，这个过程既是学生回顾和评价自我认识的过程，也是学生自我提升知识理论、建构完善自我思维方式的过程。从教师方面看，完成课堂交流并不是教学的结束，课后教师也要根据教学过程中学生的表现，思考案例的选择是否合理，反思教学过程是否恰当、教学目标是否达成。

案例教学法虽然有优点，但是也有自身的适用范围和局限性。一方面，教师往往很难一下子找到适合教学需要、承载教学内容又贴合学生兴趣的典型案例，这需要教师长时间的用心积累。另一方面，比起课堂讲授，案例教学法需要大量时间与精力，不仅前期师生要投入时间准备，而且课后要深化和总结，这都需要耗费时间与精力，而思政课的课堂教学时间终究是有限的，学生更希望把时间与精力投入专业课学习上，因此在思政课教学中进行案例教学会受到一定的限制，教师可以尝试与各种教学方法结合使用。此外，有学生不太适应案例教学法，面对突然增加的自主学习不知所措，需要教师"不断提醒和引导学生做学习活动的主体和主动参与者"①。

## 三、研究式教学设计

### （一）研究式教学的含义与特点

研究式教学，也称为"问题—探究"教学，是在"发现学习"的基础上发展起来的教学方法，起初是为自然学科的教学设计的，后逐渐推广到所有学科。研究式教学借鉴了科学研究的方法，教学中"创设类似于科学研究的情境，学生在教师引导下，选择和确定研究问题，用类似于科学研究的方式去探索、发现，培养学生对信息进行收集、分析和思考、判断的研究能力"②。

研究式教学把按部就班的学习活动，变成了充满不确定性的、发挥人的主动性的研究活动，适应了人的高级需要。探索研究带给人兴趣与精神满足，苏霍姆林斯基曾经说过："如果你想让教师的劳动能给教师带来兴趣，使天天上课不至于变成一种单调乏味的义务，那你就应该引导每一位教师走上从事研究的这条幸福的道路上来。"③ 相同的道理，如果教师想让学习给学生带来乐趣，就应该引导学生从事一些科学研究或者带有研究性的学习工作。思政课中的研究式教学，就是学生在教师指导下，以问题为中心，通过发现问题、提出问题、分析问题、解决问题的一系列活动，使学生完成对基本理论的理解把握，同时形成能力和提高思想觉悟。

研究式教学模式突出的是研究，锻炼的是学生的主体性和探索性，优点是集中锻炼学生的实际能力。比如，学生搜集资料的能力、筛选材料的能力、逻辑思维的能力、语言表达的能力，等等。研究式教学是学生积极学习的过程，实现了学生自己探索研究问题的需要，学生可以通过独立发现问题和调查、收集与处理信息，自主地进行交流、探索，尝试掌握方法、培养能力，以此形成探索、发现和创新创造的意识。

---

① 郑金洲. 案例教学指南 [M]. 上海：华东师范大学出版社，2000：57.
② 任者春. 思想政治理论课研究性教学理念与创新 [M]. 济南：齐鲁书社，2006：24.
③ 苏霍姆林斯基. 给教师的建议 [M]. 杜殿坤，译. 北京：教育科学出版社，1984：506.

（二）研究式教学的操作程序

1. 课题研究的准备

通常包括研究准备、组建小组、课题选择、方案设计等环节。

第一，研究准备。教师概括介绍基本要求，学生对课题研究形成比较清晰的整体性认识，明白研究的意义，把握研究的基本目标、步骤和方法；教师介绍人类社会发展中面临的一些问题，学生了解当前亟须研究的一些问题，开阔研究视野；教师介绍一般的科学研究方法，为选择课题做思想准备。

第二，组建小组。由于研究课题大都需要一定的创造性，工作复杂艰巨，不是单个学生就能够完成的，所以通常要组建研究小组，围绕课题划分任务，通过分工合作来完成研究目标。组建课题小组时，自愿组合，优势互补，就可以通过集体的分工合作顺利开展研究活动。小组规模不宜过大或过小，人数过多，不仅组织起来有难度，而且学生往往会降低个人责任感，在活动中相互等、靠；人数过少，个人承担的活动任务会比较重，小组内部也难以取长补短，完成起来也会有难度，所以一般每组3~8人为宜。

第三，课题选择。这是研究式教学最重要、最关键的一个环节，课题的难易、大小是否合适，会直接决定学生研究的成败。好的选题是成功的一半，所以教师要指导学生选择大小合适、难易合适的课题进行研究。如果学生选择的课题过于宏观，或者难度太大，或者没有研究意义，或者不具备研究条件，都会导致课题小组的研究失败。

第四，制订研究方案。学生以小组为单位，对选题进行分析讨论，明确研究的目的和意义，确定研究的重点和难点，选择研究的方法和途径，在小组取得一致认识之后，制订出具体的研究计划，设计好研究资料的搜集与调查计划，划分研究阶段与步骤。这是确保研究活动顺利进行的前提。

2. 课题研究的实施阶段

第一，收集研究资料。资料是展开思考的素材，所以进行课题研究的第一步，就是首先要广泛收集各种资料。这些资料通常有两种类型：一是学生通过文献搜集获得的文献资料，二是学生通过问卷调查、实地调查、观察等得到的事实材料和数据资料。收集研究资料是研究的基础和前提，资料收集既要全面，又要客观真实。

第二，整理分析研究资料。这是研究工作的展开，学生把得到的文献资料和数据资料进行加工处理，整理分类；对于实地调查获得原始数据，一般要经过甄别、核对、分类等整理步骤。然后，对研究资料进行分析和处理，用逻辑方法对文献资料进行研究，同时从信息池中选取可用的数据资料，按照统计方法进行数据统计，再进行详细分析。这是课题研究中的根本环节，也是课题研究中最具实质性的工作，将直接决定研究的质量，因此是课题研究中最重要的工作。

第三，形成研究结论。以文献资料的客观分析为基础，以数据资料的严谨处理为依据，通过分析综合，得出研究结果，并用简洁概括的语言，条理清晰地把研究结论表述出来。提出某些标准，概括出某些原则，提出解决问题的方案，这都是研究结论。

3. 研究成果的形成阶段

第一，选择研究成果的表现形式，确定主题。研究成果的形成通常有四步：定题、拟纲、写初稿、修改定稿。首先，在形成研究结论之后，需要以恰当的形式把研究成果表现出来。思政课教学中的课题研究，学生可选择的表现形式一般有调研报告、方案设计、学术论文。学生可以根据研究实际，提炼主题，形成题目，并选择确定合适的表现形式。

第二，编写研究成果写作大纲。先宏观提炼研究成果的题目，然后具体构思和拟定写作大纲，形成成果的框架结构。研究成果的框架一般由前言、正文、结论、注释和参考文献等部分组成，其中正文是核心部分，拟定大纲时要重点思考和合理安排正文部分，为研究成果的撰写奠定基础。

第三，撰写研究成果。围绕课题的题目，根据拟定的写作提纲，结合研究资料和研究结论，认真撰写初稿，然后经过不断修改完善，最终定稿，把研究成果合理呈现出来。

4. 课题研究的评价阶段

学生的课题研究完成以后，教师要进行评价。评价主要有两种：一是过程性评价，二是结果性评价。教师对学生各阶段的实际研究过程要进行评价，关注学生的准备工作和实施过程，查看学生研究的态度、研究的积极性、合作的精神以及能力表现情况。对学生的研究进行过程性评价，能够起到调控反馈和督促作用，也有助于形成最终研究结果。教师对研究活动的最终成绩进行结果性评价，实质是对学生的研究成果进行质量评价，主要是检验学生的研究是否完成了教学任务，是否达到了教学目标。

## （三）研究式教学模式的实现条件

### 1. 提出必要而恰当的问题是核心

教师指导学生提出必要而恰当的问题是这一模式的核心。要从思政课的教学出发，指导学生提出贴近现实、贴近学生的问题，教师必须既要精通整个课程的理论体系，还要了解社会实践中的各种问题，熟悉理论与现实的联系。

第一，选择课题要力求贴近学生，真实可信的现实问题更能够激发学生的研究兴趣和热情。使学生对学习材料发生兴趣，是最好的刺激学习的方式。研究内容来自社会现实，来自学生熟悉的实际生活，选取典型的、鲜活的生活案例就能够引起学生的喜爱与关注，增强研究的内在动力。

第二，问题研究要符合学生的思维规律和认知习惯。典型的、鲜活的生活案例，能够调动学生的研究兴趣，使学生愿意合作讨论和研究。在问题探究过程中，学生经历体验、感悟的思维过程，要遵循"感悟—探究—归纳"的一般认识过程，要符合"感性—理性—科学"的认知规律。

第三，保证问题研究的难度适宜。要依据学生实际水平指导学生提出问题。问题过于简单，不具备挑战性，难以引起研究兴奋点；问题太难，学生又难以下手，或没法完成。因此，问题的选择和设置要从学生的实际出发，把握学生的最近发展区，难易程度要合适。

### 2. 提供必要的材料资源和指导调度

教师要指导学生掌握搜集资料的方法，了解研究所需要的资料来源，如数据库、电子文献资料、参考书、活动场所等。信息时代为研究式教学提供了资料方面的无限可能，教师引导学生去搜集各种信息资料，并指导学生进行资料分析与成果撰写，调度学生的研究进程，可以锻炼学生搜集信息的能力、筛选材料的能力、综合思维的能力、文字表达的能力等。

### 3. 学生是研究式教学的主体

学生是研究式教学的主体，教师必须调动学生的积极性和主动性。一方面，教师既要加强指导调度又要学会放手，要培养学生独立解决问题的能力。学生具备思维能力和探索能力，具备一定的独立解决问题的能力，教师如果放手让学生去探讨，学生一般是可以完成研究任务的。另一方面，教师对研究结果不必要求过高，引导学生体验研究的过程、学习研究的方法，这本身就具有教育教学价值，即使学生不能完成研究任务，他们也可以从中有所体悟，得到经验和教训。

## 四、读书指导式教学设计

阅读不仅是获取知识理论的重要渠道，也是思政课教学的重要方法。武汉大学沈壮海教授认为，"在激发学生学习主体性的各类实践探索中，推进以学生为主体的经典研读，应当给予更多重视"[1]。他认为，"阅读马克思主义经典著作和中华民族的文化元典，是坚定'四个自信'的内在要求，也是启迪思想、陶冶情操、温润心灵的重要路径"[2]。引导和指导学生阅读教材和经典著作，是思政课的重要教学方法，读书指导式教学就是在此基础上发展起来的教学模式。这种教学模式强调学生阅读的主动性，培养学生独立思考能力，使学生养成读书习惯。

### （一）课堂的读书指导教学

课堂上运用读书指导法进行教学，可归纳为四个基本步骤：引导、阅读指导、检查答疑、总结归纳。

#### 1. 引导

在课堂的开始，教师把学习的内容体系、重点和难点、基本概念、关键内容等从总体上介绍给学生，并有计划地给出读书提纲，指出阅读的关键点与需要注意的重点和难点。教师一般要进行导读，导读的方法有以下几种。

第一，问题引导。教师根据学习内容，先讲一个生动事例或故事，从中提出问题，让学生在阅读中围绕问题进行思考。教师通过事例激发学生的兴趣，通过问题引导学生仔细阅读、积极思考，能够使学生加深对重点、难点的理解，提高阅读效果。

第二，提纲引导。在学生阅读之前，教师先列出内容框架，给出提纲和要点，指明学习方向、目的和要求；学生根据提纲和框架，按照提示进行阅读，就能够很容易把握教材内容，掌握知识理论的脉络和重点，提高学习质量。

第三，启发引导。在学生阅读之前，针对重点和难点，教师先做启发性的解释说明和辅导，帮助学生扫除障碍，使学生能顺利阅读。

#### 2. 阅读指导

教师要结合阅读内容对学生进行读书方法的指导，教给学生浏览、通读、精读的方法，比如，对一般描述快速浏览，对重点内容反复精读，对疑难内容仔细研读，对相近

---

① 沈壮海. 讲出思想政治理论课应有的精彩［J］. 求是，2019（16）：31.
② 沈壮海. 讲出思想政治理论课应有的精彩［J］. 求是，2019（16）：31.

内容对比阅读。教给学生运用课文本身的注释、图表以及字词典等工具书来帮助理解，引导学生做标注、做笔记、做摘要、提问题、写大纲、写心得等。学生通过阅读不仅掌握了教学内容，也掌握了读书方法，锻炼了思维能力。

3. 检查答疑

在学生精读细读的基础上，教师检查学生的学习效果，并解答学生疑问。可以通过适当的思考题、讨论题，有组织、有计划地让学生讨论，以此检验学生读书的效果，看学生是否真正理解和掌握了相关内容。通过检查，教师可以发现问题，并针对学生的疑问和似是而非、易于混淆的内容给予讲解说明，巩固知识理论，点拨学生，加深理解。

4. 总结归纳

教师或学生最后对教学内容进行归纳总结。可以采用归纳重点式，归纳出教学章节的重点和要点，得出规律性结论，加深学生的理解；也可以提出更深的问题，启发学生思索，让学生在课外进一步阅读，深化思考。

（二）课外的读书指导教学

课外阅读是课堂教学的极好补充，可以拓展学生的学习空间。在教师的指导下，学生阅读有关材料，进行讨论交流，能够达到系统掌握知识理论、培养实际能力、形成立场观点的目的。

教师安排课外阅读，也要注意进行相应的读书指导。

第一，指导学生掌握读书程序。读书人经过实践总结出了一套行之有效的读书程序，一般是：先看书名或文章标题，然后看内容提要，依次再看序言、目录、正文、结束语。书名，就是"文眼"，就是一本书的主题，仔细思考题目就可以把握主题，把握贯穿始终的核心。内容提要，是一本书内容的精简表达，看内容提要就可以了解整本书的主要内容，把握整本书的要义。序言与目录会交代一本书的写作目的与内容框架，阅读了书的提要、序言和目录后，就大概对全书内容有了基本了解，就大致可以判断书的整体价值。如果其符合自己的需要，可以细读全文，否则，就可以到此为止。掌握读书程序，能够更快地找到自己需要的书，提高读书效率。教师要指导学生按照一般的读书程序，准确选择和阅读课外书。

第二，指导学生掌握读书技巧。学会利用工具书是读书和做学问的基础，教师要指导学生通过使用工具书解决疑难问题，掌握知识，指导学生通过书目、索引等搜集和查阅文献。同时，教师要教给学生读书的常用技巧，指导学生学会精读、泛读、快读、对比读等读书方法。教材、原著等重要内容适合精读，学生精读时，教师应引导学生对材料进行全面、细致、深入的通读和研究，把重点、精华部分摘录下来，精读要仔细钻研，求其确义；学生泛读时，教师应指导学生粗略浏览，通过阅读书籍的目录、内容提要、标题、结论等，得出大致的概括认识。没有精读则不能准确理解，过于精读会使阅读速度太慢、阅读面太窄，所以一般将精读和泛读相结合，通过精读对问题达到深入理解，通过泛读提高阅读速度，通盘把握全书内容。在时间有限的情况下，也可以快速读，不必逐字逐句地仔细琢磨，通过寻找关键词，注意抓住重点句，就可以一目十行，把握主要内容，提高读书效率。面对两个以上人物的文章或观点，可以比较着进行阅读，这就是对比读，如阅读陈独秀、李大钊、毛泽东、邓小平、江泽民、习近平的著作，把他们对中国传统文化的观点进行比较，就能够看出中国共产党人对待传统文化在态度上的相同点与不同时期的不同侧重点。

第三，指导学生记笔记。教师应指导学生一边读书一边随手在书本上做标记。读书既不应该什么也不标记，也不应该满是符号，分不清重点与非重点，对于重点、难点或者疑点，应该用直线或某些符号作出标记，遇到自己强烈共鸣的句子和感悟深刻的地方，也应该标记出来。教师要指导学生学会做批注，阅读时在自己的书本上直接写感悟体会，如旁批、眉批、总批等，一般旁批写在字行的左右两端空白处，眉批写在页眉、页脚处，总批写在文章的开头和结尾处。教师要指导学生注意做摘录，将文章的精华字句抄录下来，注明出处以便于以后仔细研读或引用。再多的内容，也可以用一两句话进行概括，教师要指导学生编制提纲和要点，用自己的话将阅读的内容编成提纲，记下要点，或者整理制作出思维导图，学生通过阅读把材料的内容按逻辑关系归纳概括出来，就可以更加有效地把握主要内容。

（三）注意处理好几个问题

第一，课内阅读和课外阅读的关系。一般在课堂内，学生的阅读主要针对教材，教师在教学中可以安排一些重点章节或段落让学生仔细阅读体会。课外的阅读，一般是联系实际广泛阅读，开阔视野。通常情况下，为了引导学生正确进行课外阅读，教师往往会在课内进行简短的、必要的阅读辅导，或者在后一次课上进行阅读的检查。为了使课外阅读有利于课堂教学，成为课堂教学的一个有机部分，教师要引导学生选择与教学内容密切相关的书籍，或者直接指定阅读书目。

第二，课堂讲授和课内阅读的关系。长时间的课堂讲授会引起学生的学习疲劳，长时间的课内阅读会引起学生的懈怠，所以，最好将两者相结合，一边讲解，一边阅读，时不时地再穿插一些小讨论，通过不断更换学习方法，能够引起学生的兴趣，缓解某一种单调方法带来的学习疲劳。

第三，课外阅读要注意现实针对性。学生对思政课有厌学现象的一个原因，就是空泛的理论讲授较多，不能针对社会的难点和热点，不能用理论回答和解决实际问题，缺乏教学的现实针对性，这就出现了教师空讲理论、学生空背知识的现象。因此，教师不仅在课堂教学中要注意增强教学的针对性，在布置课外阅读时，也要注意现实针对性，引导学生分析和思考现实问题。

第四，适当进行检查和评价。要想引起学生重视，课外阅读作业就必须有具体要求，教师要对学生的阅读质量进行必要的检查，并记录和评价学生的课外学习情况。一是要求学生写读书心得，组织讲评，把写得好与写得差的，分别予以评论，奖优罚劣。二是举办读书交流会，通过在课堂上交流展示的方式，督促学生认真对待。有检查有评价，学生才会认真完成课外阅读作业。

## 五、情境式教学设计

情境教学模式是指在教学过程中，教师有目的地引入或创设具有一定感情色彩的、以形象为主题的生动具体的场景，以激发学生的情感需要，从而使学生的知识、情感、意志、行为等方面得到全面发展的教学活动模式。这种模式包括"情境教学""愉快教学""体验教学"等具体教学方法。心理学研究表明，情感和认知相互作用，情境教学的核心与实质就在于激发学生的情感，以情激智，推动认知。

（一）情境教学模式的积极意义

第一，情感对学习积极性有巨大影响。积极情感对认知活动起促进作用，消极情感对认知活动起抑制作用，情感对课堂学习有明显的强化或抑制功能，积极情感是学习的强大动力。情境教学就是要引起学生积极愉快的情感，让课堂学习成为轻松快乐的活动，激发学生的学习积极性。教学实践表明：活泼欢快的课堂能够获得更好的教学效果。

第二，情感对价值内化有明显的调节功能。情感对思想内化能够起到组织或瓦解的作用，一定强度的情感有利于内化活动的顺利进行，过弱或冷淡的情感会导致心理活动的停滞。恰当的情感能够促进学生理解认识的深化，促进知识理论的内化，促进立场、态度、价值观的形成。创设情境，就是要促进学生心理活动往深处走、往细处走，学生情感高涨之时往往是理论深化和立场内化之时。情境教学追求智力因素与非智力因素的统一。

第三，从形象感知到抽象理性是认识的一般规律。人类的一切知识都是从感官开始的，"知识的开端永远是从感官来到的"①，直观形象有助于学生感性认识的形成，也有利于学生理性的顿悟。情境教学模式就是通过给学生提供鲜明具体的形象，一则激发学习情绪和学习兴趣，二则从形象的感知达至抽象的认识。

第四，情境教学能促进情感、情操的发展。情境教学能够以情感培育情操，提高学生对思想、政治、道德的理论认识与情感认同，能够潜移默化地熏陶学生，使他们形成思想情感，以情感引导思想品德。

第五，加强教学中的情感因素能改进教学现状。思政课教学常常进行抽象枯燥的理论教学，令学生昏昏欲睡，难以提高教学实效。情境教学模式的一个本质特征，就是以形象生动的内容激发学生的情感，推动学生的情感认同。情境教学形成了交织在一起的理论交流回路和情感交流回路，这打破了理论教学的抽象枯燥，使理性和感性融为一体。

（二）情境教学的方法

教师创设教学情境，是实施情境教学模式的首要程序。在教学设计中创设教学情境、进行情境教学的一般操作程序是：第一步，研读教材并挖掘教学内容中的情感因素，设计教学的情感目标；第二步，在备课中进行教学情境的设计；第三步，在课堂上教师创设教学情境，建立师生和谐的情感关系；第四步，在特定的情理交融的情境中，师生体验情境与领悟理论；第五步，总结提升，总结转化。

其中的关键，是设计与创造教学情境。创设教学情境，必须根据教学的情感目标和教学内容的情感因素进行。只有紧密结合教学目标和教学内容，才能设计出与教学内容的情感基调、教学目标的情感要求相协调、相对应的教学情境，教学才能在协调的情境中进行。创设教学情境的常见方法如下。

---

① 夸美纽斯. 大教学论 ［M］. 北京：人民教育出版社，1984：152.

一是用语言描绘情境。可以从现实生活中选取符合教学内容的情感基调、教学目标的情感要求的某一典型场景，教师通过语言描绘，把学生带入现实场景，作为学生感受思考的情境，引导学生思考教学主题。

二是用图片或视频创设情境。多媒体技术的广泛使用使情境再现极其便捷，通过教学课件 PPT，用图片、音频或视频再现有关情境，尤其是一些真实的历史情境，可以直接把教学内容形象化，把学生带入具体场景。

三是用音乐渲染情境。音乐对感情的激发是直接而强烈的，播放相应的乐曲、歌曲，教师自己清唱，或者学生演唱、哼唱都是渲染情境的有效办法。如有关爱国主义的歌曲、有关爱父母亲人的歌曲、有关爱情的歌曲，这能够有效地激发情感、培养情感。

四是用表演模拟情境。由学生进入角色或者扮演角色，教学内容就不再是教材上的抽象文字，而成为在学生自己或自己身边的同学中发生的事，学生对教学内容必然产生亲近感，加深内心体验。

思政课的情境创设，往往要与语言描述相结合，语言描绘一方面能够引导学生的认知活动，指引着学生有目的地感知；另一方面语言描绘会使情境更加突出鲜明，学生的主观感受会得到强化。在体验情境、领悟理论时，教师要以身作则、以情育情，教师要善于用高尚健康的情感去影响和感染学生，实现教师情感与学生情感的一体化共振，培养学生的情感体验能力。

（三）教学情境的创设原则

第一，生活性。情境教学，就是把枯燥的教学内容生活化，其实质就是把抽象的理论问题变为活生生的生活问题，呈现出理论来自生活这一本质。所以创设教学情境，首先要从学生的现实生活出发，充分挖掘人们日常生活中的具体场景，使之与教学内容相联系，把生活场景变成有理论意义的教学场景。要充分利用学生已有的生活经验进行教学，因为任何有效的教学都基于对学生已有经验的充分挖掘和利用。

第二，形象性。教学情境要形象生动，情境教学就是要沟通起学生的形象思维与抽象思维，打通从感性认识上升到理性认识的通道，所以教学情境要具体可感。教学能提供大量生动形象的感性素材，一方面，可以激发学生思考的兴趣，促使学生进行探索；另一方面，提供大量生动形象的感性素材，能激发起学生的形象思维和发散性思维，促使学生从形象思维进入抽象思维，使学生的思维品质获得协调发展。

第三，理论性。情境教学的最终目的是帮助学生掌握理论，所以情境创设要体现教学的理论追求，要满足理论教学的需要，呈现理论教学的重点。教学情境要包含理论知识，能够体现理论思考的现实价值和生活意义。把现实问题与抽象理论有机联系起来的情境才是教学情境，把实际生活与理论思考联系起来的情境才有教学价值，才能帮助学生理解理论，激发理论学习的热情。

第四，问题性。内含着问题的情境才是教学需要的情境。问题情境要切合教学内容，根据一定的教学目标而提出，能够激发学生的理论学习，引导学生深入思考。

第五，情感性。教学情境要具有激发学生高尚情感的功效，因为培养学生丰富的、高尚的社会性情感也是思政课教学的目标。第斯多惠说过："教学的艺术不在于传授的本领，而在于激励、唤醒、鼓舞，而没有兴奋的情绪怎么能激动人，没有主动性怎么能唤醒沉睡的人，没有生气勃勃的精神怎么能鼓舞人呢?"① 教师的入情讲述可以创设出情感性的教学情境，引起学生的情感共鸣。

## 六、实践化教学设计

实践教学，是与理论教学相对应的一个概念，是除理论教学之外，所有与学生动脑、动口、动手相关，培养学生实践能力的教学活动。教育部明确提出："注重发挥实践环节的育人功能，创新推动学生实践教学和教师实践研修。"② 本书所说的实践化教学，指思政课课堂内的实践教学。

### (一) 课内实践教学

实践化教学，指的是思政课的课内实践教学，它是课堂教学中的实践教学，包括学生在课堂上结合理论教学随机完成的实践活动，也包括学生课外完成、课堂展示的实践活动。

社会实践教学需要的资金成本与时间成本巨大，实施难度也比较大，很多教师认为，比较而言，思政课的课堂实践教学是一种切实可行又能随堂进行的日常的实践教学模式。与课外实践教学相比，课内实践教学有几个特点：第一，课内实践教学效率高、时间短，更具有可操作性，易于教师把握。第二，便于与理论教学内容紧密结合。课内实践教学能够将理论与实践有机结合起来，以理论知识为依托设计实践活动，使学生在讨论、体验过程中促进对理论的深入理解，提高综合能力。第三，考核可以当堂进行，便于直接纳入课程的总成绩。

课内实践教学，既克服了课堂教学的理论灌输模式，又不同于专门耗时费力组织的社会实践和校园实践，它把课堂的理论学习和实践结合起来，调动了学生参与课堂的积极性，提高了他们的学习能力、实践能力、合作能力等综合能力。所以，课内实践教学是思政课实践教学的一种日常模式。

### (二) 课内实践教学的活动形式

课内实践教学，既包括课堂上随机穿插的实践教学，也包括专门安排一定课时开展的实践教学。常见的课内实践活动，包括前面介绍的读书指导、研究式学习、问题讨论、案例分析等，也包括一些其他的课堂实践教学的形式，如下所示。

第一，自学自讲。学生在自学基础上对学习内容进行课堂讲授，可以由学生个人或小组相结合进行，内容可以由学生根据指定范围自行决定。例如，"中国近现代史纲要"课可让学生收集、学习中国近现代史上的某些人物事迹、历史事件等资料，然后在课堂讲述故事，或评述历史人物、历史事件、历史现象等。可以安排学生收集和讲述有关历史人物如孙中山、毛泽东等的历史故事。在"思想道德与法治"课中可以设置社会道德现象评析、人生问题研究等话题，请同学讲述他们的观察与思考，引发学生的深思。

第二，情境角色模拟。针对具体的问题情境，在教学中可以随时进行模拟。如为使学

---

① 第斯多惠. 德国教师培养指南 [M]. 袁一安，译，北京：人民教育出版社，2001：156.
② 中共中央宣传部、教育部. 普通高校思想政治理论课建设体系创新计划（教社科〔2015〕2 号）[EB/OL].
http://www.moe.edu.cn/srcsite/A13/moe_772/201508/t20150811_199379.html.

生理解太平天国绝对平均主义的不合理，教师可以让学生模拟角色进行思考：在平均分配土地之后，大家都有了自己的生产资料，自己是否愿意把辛苦劳动所得都上交"圣库"，然后和所有人一起平分劳动成果？教师应引导大学生去体会绝对平均主义的不可行。再比如，教师选择社会普遍关注的热点事件，指导学生从各自角色思考分析行为的道德合理性。课堂教学中，教师可以随机引导学生进行角色体验，辅助达成相应的理性思考与价值认同。

第三，调研走访。结合理论教学内容，搜集关注的话题或社会热点提出调研题目，学生根据兴趣、特长组成小组，课外进行调研走访，感受社会民生，认识实际国情。教师应指导学生选择合适的调查方式，收集信息进行分析、统计，发现现实问题，针对情况提出对策、建议或者总结，并根据调查做成课件在课堂教学中进行展示。

第四，时事热点评议。在理论教学中，引导学生关注社会热点问题，并正确地分析评议社会热点问题，将课堂理论教学与时事政治结合起来，能够体现课程的针对性和时效性。学生各自收集或者小组合作收集新闻内容和素材，在每堂课某一时段用几分钟进行汇报，并用所学理论进行分析和评议。教师应注意掌控政治方向和价值取向，引导学生辩证看待问题，加深对理论的认识和理解，提高辨别是非的能力。

第五，拍摄主题微电影。根据教学内容确定主题，比如历史人物、革命记忆、社会热点、青春梦想等，学生以小组为单位，自己编写故事情节完整的剧本，自行协商和明确分工与职责，担任导演、编剧、摄影、演员等，用摄像机或手机，拍摄十分钟左右的微电影。拍摄作品经过剪辑加工后在课堂上放映，同学互评。微电影的制作涉及比较全面的技术要求，需要小组所有成员通力合作，共同面对和解决各种困难，拍摄的过程也是学生对主题的思考、讨论的过程，能够促进理论知识的理解内化。

第六，公益实践活动。学生课余参加各种社会公益活动、志愿服务等，在课堂上分享自己参加社会公益活动的经历与感受，交流活动心得体会，探讨成长与感悟，教师也要有针对性地进行引导和点评。

（三）精心设计课堂实践教学内容和过程，规范课堂实践教学

课堂教学实践宜精不宜多，反对本末倒置。为提高教学的有效性，必须精心设计课堂实践教学的内容、方式、环节，完善相应考核。

第一，制订课堂实践教学的计划，使课堂实践教学便于实现。目前，思政课教师的教学班级多为100人左右的大班，一学期所教班级少则2~3个，多则5~6个。对于学生的实践活动，从教师方面看，教师常常没有充足的时间和精力一一指导；从学生方面看，众多课程往往都有实践教学的要求，面对众多的实践教学任务，学生没有充足的时间和精力，做不到每一个活动都深度投入，往往只能是程式化完成。所以，制订课堂实践教学的教学计划时，要尽可能采取随堂进行的方式，使学生在课堂上就能完成任务，不要采取费时费力的方式，宁精勿滥，宜精不宜多。

第二，重视课堂实践教学的内容设计。2018年教育部文件指出，实践教学"重在帮助学生巩固课堂学习效果，深化对教学重点难点问题的理解和掌握"[1]。实践教学的内容

---

[1]　教育部. 新时代高校思想政治理论课教学工作基本要求［EB/OL］. http://www.moe.gov.cn/srcsite/A13/moe_772/201804/t20180424_334099.html.

必须紧密结合理论教学的要求，符合教学目标，围绕教学重点和难点，同时要贴近学生实际和社会实际，既能够深化对教学重点和难点的理解掌握，又能够反映社会实际，帮助学生深化理论学习。

第三，加强课堂实践教学的环节设计。整体规划课堂实践教学的环节，要充分考虑到课堂的时间、空间等具体特点，有全面而具体的思考和设计。课堂实践教学可以随机穿插在理论教学中，也可以安排专门的课时开展。个别因具体教学情境而随机采用的课堂实践教学形式，要与教学目标一致，并认真组织实施，使课堂实践教学有条不紊地开展。

第四，加强课堂实践教学的考核设计。当代大学生相对都比较务实，学习的首要目的往往是通过课程考核，因此课堂实践教学的考核必须被认真对待。在组织课堂实践教学之前教师就应该明确告知学生考核的重点、分值与比重，激励学生积极学习。

第五，严肃纪律，保证课堂实践有序开展。教师明白告知学生实践活动的内容、要求、具体安排和考核标准，提高学生的自觉性，引导学生自我管理。同时，教师要注意课堂纪律管理，维护课堂秩序，及时鼓励或制止学生的一些行为，保证实践教学有序开展。

## 七、网络化教学设计

### （一）高校思政课网络教学的优点

随着教育信息化深入发展，教学都带有了明显的网络化特点，网络教学、线上教学成为教学改革的新方向，也成为思政课的新兴教学模式。2018 年教育部文件提出："要深入研究网络教学的内容设计和功能发挥，不断创新网络教学形式，推动传统教学方式与现代信息技术有机融合。"[①] 相比传统的课堂教学，网络教学具有以下明显优点。

第一，扩展了教学的时空。网络教学不限于课堂教学的特定时间和地点，不需要在统一的时间和地点进行，扩大了学生的学习时空，学生能够采用适合自己的学习方式随时随地去学习，学习的自主性明显增强。同时，网络教学不局限在实体教室里，只按照统一的进度要求进行，学习可以因人而异。学生可以自行安排学习活动，增强了学习的差异化与个性化，满足了不同学生的需求。

第二，提升了教学的有效性。相比于课堂上教学的一过性，线上教学可以针对重点和难点通过点播、回放，反复听讲，只要学生喜欢学习、肯投入精力，可以反复阅读教学资料，反复学习巩固，直至完全学会。如此一来，网络教学会显著提升教学的有效性。以网络教学为基础，教师们在课堂教学中便能够提高教学的深度、高度和广度，深化课程教学。

第三，数据统计便捷，可以即时反馈，使教师全面掌握教学情况。网络技术能够将学生的学习痕迹即时地、系统地记录下来，一方面，可以积累教学数据，教师通过分析相关数据，能够迅速充分掌握学生的学习状况，进行教学评估，及时发现教学问题，有

---

① 教育部. 新时代高校思想政治理论课教学工作基本要求［EB/OL］. http://www.moe.gov.cn/srcsite/A13/moe_772/201804/t20180424_334099.html.

针对性地予以辅导，或调整教学安排。另一方面，这些数据也能让学生了解自己的学习情况，做出合理的自我调整，找到更合适的学习方法。

第四，一次建课，反复广泛使用。建设线上课程需要时间、精力和资金投入，建课的成本比较高，但是一旦建成，一是可以反复使用，突破了课堂界限，二是可以让全社会使用，突破了学校界限，社会效益巨大。

### （二）高校思政课网络教学的劣势

研究表明，线上教学也有明显劣势，线上教学"对于学生的社会实践能力、合作解决问题能力、劳动素养、艺术素养、德育、体育，以及师生面对面情感交流等方面有明显局限"[①]。线上教学的这些劣势，恰恰是线下教学的显著优势，而线下教学这些方面的功能也是决不可忽视，决不可取代的。思政课的网络教学的明显局限性如下。

第一，网络教学最明显的缺点是情感交流不足。网络教学一般是单向度的，明显缺乏师生之间的非言语交流，而非言语交流具有明显的教育作用，在思政课教学中尤其不可或缺。思政课教学是师生之间的思想与感情的沟通交流过程，信息的意义往往是由言语和各种非言语的联合作用决定的，面对面的交流互动有两类基本的沟通信息，即言语信息和非言语信息。其中，言语交流中必然伴生着目光、面部表情、手势、体势运动和互动距离等，"这些非言语沟通的信息基本上是由视觉通道接收的，这些信息被统称为非言语沟通的视觉信息。"[②] 交流中的非言语沟通的视觉信息具有重要作用，研究证明，在互动中剥夺这些视觉信息往往会造成沟通活动的"去人格化"。在教学中，优秀教师能够恰当自如地运用非言语沟通的视觉信息进行沟通，而缺乏经验的教师则难以做到这一点。非言语沟通的视觉信息往往是引发课堂气氛、师生感情和学习效果差异的一个重要原因。

北京经济学院的王二平老师早在1986年就对当时的电视教学进行了实验研究，这一研究为人们认识线上教学提供了很好的参照。研究以北京师范大学附属实验中学初一3个班的学生作为被试，设置了三种条件对被试进行了同样内容的教学：条件1，为传统课堂教学；条件2，是被试观看在条件1下摄录的教学录像；条件3，为条件1同样内容的电视教学，但录像中没有教师形象，以延长板书和图示的镜头进行填充，被试观看经过这种处理的教学录像并能听到教师的画外音。课后进行的测验和态度问卷显示：三种教学条件的结果，差异非常显著。"在电视教学中增加有关教师非言语沟通的视觉信息对学习者知识的掌握及对教师、教学内容和教学形式的态度有积极作用。"[③] 线上的视频授课与现场的课堂教学存在着两个方面的显著差异，除了沟通的单向性，还剥夺了非言语等感性信息。这一研究还同时证明：学习者对所学知识的兴趣，除了认识到其意义外，情感的支持是很重要的，失去教师的情感支持，学生对所学知识的态度会变得消极。[④]

目前，在录制网络授课视频时，一般都忽视教师的非言语信息，教学视频通常要突出逻辑层次，突出一个一个的知识点，而不需要突出情感因素。有的教学视频，甚至基

---

① 王月芬. 线上线下融合教学：在量变中实现质变 [J]. 上海教育，2020（15）：19-21.

② 王二平. 非言语沟通的视觉信息在电视教学中的作用 [J]. 心理学报，1986，|4|（04）：443-450.

③ 王二平. 非言语沟通的视觉信息在电视教学中的作用 [J]. 心理学报，1986，|4|（04）：448.

④ 王二平. 非言语沟通的视觉信息在电视教学中的作用 [J]. 心理学报，1986，|4|（04）：448

本不出现教师的形象，只出现授课的声音和课件画面，教师授课的非言语信息基本被当作无关因素排除了。在目前的大多数网络教学视频中，教师虽然显现在画面上，但由于录课时教师面对的是空荡荡的教室，没有面对学生，所以不会有情感的交流互动，授课时教师往往语调平淡，表情冷漠，姿势僵硬，既没有肢体语言，更没有情感交流和语调起伏，几乎完全剔除了非言语的感性交流。这完全不符合思想政治理论课的培养学生情感态度价值观的教学需要，思想政治理论课的德育属性恰恰需要教学的情感态度价值观等感性信息。

第二，网课的质量有的明显不如线下教学的质量，尤其是政治类课程。录课教师为了不犯和少犯政治性错误，常常干巴巴地只讲最正确的内容，虽然没有失误，但同时也没有了平时上课的嬉笑怒骂和生动幽默，视频中的教师往往像机器人一样。学生在线上学习，往往感受不到实际课堂的活泼性和趣味性，比起师生面对面的课堂授课，效果差得多了。或许正因如此，网络教学实质上更适合纯知识理论的教学，2018 年教育部文件也提出，"网络教学作为课堂教学的有益补充，重在引导学生学习基本知识、基本理论等内容"①。

第三，信息技术要求高。网络教学不仅需要建立线上丰富的教学资源，更需要互联网技术的支持，要求网络环境流畅，软件平台使用便捷，师生的信息技术素质都非常高超。这些条件是发挥线上教学优势的必要前提，缺少任何一个学生则难以进行便捷学习。

第四，学生的真实状态往往难以观测，刷课情况普遍存在。网络环境对学生的思政课学习存在诸多的诱惑和干扰，没有教师的现场督促和管理，学生需要极高的自控力，否则极易产生学习差距，带来严重的两极分化。"付费刷课"的出现就是一个严重问题。据《中国青年报》报道，2020 年辽宁省朝阳市公安局抓获了刷课平台犯罪嫌疑人 57 人，刷课平台可以控制超星、智慧树、中国大学慕课等 40 余家主流慕课平台，可以实现"刷课秒过""考试改分"等多项功能。仅 2019 至 2020 年购买刷课服务的学生超过 790 万人，刷课数量超过 7900 万科次。② 这些情况说明大学生存在严重的"虚假学习"，学习质量可能难以保证。

所以，随着网络教学的发展，课堂教学的一些功能必将被替代，但是网络教学不可能完全替代课堂教学。网络教学的优势在于传授显性的知识理论，而课堂教学在学生情感态度价值观和人格情操培养方面的功能不可能被线上教学替代。课堂教学通过集体情境自然而然出现的课堂互动，在人的社会情感培养方面更人性化，也更具有不可替代性，教师现场的真实情感、言传身教，能更好地实现育人功能。这是课堂教学的潜移默化功能，是课堂教学几千年来形成的显著优势，也是网络教学难以实现的，对于思政课来说更是不可或缺的。

（三）线上线下教学的有效融合

事实证明，思政课的知识理论学习、统一的知识理论测试、教学信息的发布与收集

① 教育部. 新时代高校思想政治理论课教学工作基本要求［EB/OL］. http://www.moe.gov.cn/srcsite/A13/moe_772/201804/t20180424_334099.html.

② 叶雨婷，韩荣，等. 花钱买高分 刷课的致命诱惑？［N］. 北京青年报，2021-08-16.

等功能，可以通过网络进行；但面对面的思想情感交流、感性的言传身教，则只能通过课堂实现。高校思政课在不断探索中，也越来越倾向于运用线上教学与线下教学相结合的混合教学模式。线上线下混合式教学，一般是基于在线课程，结合自身实际，安排一定的教学时间使学生线上自主学习，在线课程与本校的课堂教学是相融合的。2015年中共中央宣传部、教育部文件也明确要求："注重发挥教与学两个积极性，形成第一课堂与第二课堂、理论教学与实践教学、课堂教学与网络教学相互支撑，理念手段先进、方式方法多样、组织管理高效的思想政治理论课教学体系。"[①] 线上线下结合的教学设计，需要注意三个方面。

第一，优选线上课程资源，实现对知识理论的线上学习。线上教学是混合式教学的基础，学生在课前学习线上教学视频，提前完成传统课堂的知识理论教学，带着掌握的知识基础走进课堂，课堂上面对面的教学只针对教学重点、教学难点，或者在线学习遇到的共性问题。所以，高质量的线上教学资源，是提升混合式教学实效性的前提。对教学资源进行仔细甄别，谨慎筛选，才能保证思政课线上课程资源质量可靠。

第二，精心设计线下课堂教学活动，检验、巩固、转化线上学习效果。通过在线学习，学生已经掌握了基本的知识理论，在线下的课堂教学中，就要实现更加高级的教学目标。一方面，教师要查缺补漏、重点突破，帮助学生形成整体的知识理论认识，巩固在线所学的知识理论；另一方面，要通过精心设计的课堂教学活动，让学生更多地参与交流讨论，引导学生把在线所学的知识理论进行灵活应用。

第三，注重线上学习和线下教学的过程评估，建立反馈机制。无论是线上学习还是线下教学，都需要及时反馈，反馈能够让教学活动更有针对性。首先，学生要及时将学习情况反馈给教师，教师要及时关注学生反馈，调整教学进度和方法。线上学习既要关注结果，更要关注过程，扎扎实实的学习过程必然带来可靠的学习结果。教师对学生的学习也要及时反馈，让学生学得明明白白。师生及时相互反馈交流，能使师生都得到不断激励，共同提高教学有效性。

---

① 中共中央宣传部、教育部. 普通高校思想政治理论课建设体系创新计划（教社科〔2015〕2号）[EB/OL].
http://www.moe.edu.cn/srcsite/A13/moe_772/201508/t20150811_199379.html.

# 第八章　思想政治理论课教学环节的设计

思想政治理论课各教学环节的设计是整体之下的微观设计，整体决定细节，而细节决定成败，微观设计也直接影响着整体的教学质量。整体是着眼点，细节是下笔处；整体决定细节，细节也直接影响整体，某些关键细节甚至能颠覆整体。所以教学设计既要注重整体思维，也需要注重细节设计。教学设计要从整体到细节、从细节到整体，经历多次不断优化的过程。本章从教学导入、教学语言、课堂举例、课堂提问、教学课件、教学板书、教学小结、课外作业等方面，探究教学的微观设计。

## 第一节　教学导入的设计

教学导入即导入新课，也叫课堂导入，简称导课，就是上课之初，教师引入新的学习内容，这是一个必要的教学步骤，是新授课的开端。课堂导入是课堂教学不可缺少的一个基本环节。

### 一、教学导入要有明确的教学意图

"好的开端是成功的一半"，一堂课的开端直接影响着整堂课的基调，富有启发性的教学导入可以激发学生的学习兴趣和积极的心理状态。苏霍姆林斯基说过："如果老师不想办法使学生产生情绪高昂的智力振奋的内心状态，就急于传授知识，那么这种知识只能使人产生冷漠的态度，而给不动感情的脑力劳动带来疲劳。"[①] 所以，上课伊始，教师应当通过精心导入来激发学生的学习主动性，用引人入胜的开头拉开一堂课的序幕。教学导入要达到的教学意图如下。

第一，安定情绪，吸引注意。学生课前往往喜欢活动打闹，如何把哄哄嚷嚷的学生引导到安静上课，这中间有个过渡转换。教师以清晰的语言、新颖的内容引起学生的注意，用三言两语快速控制全场，调动学生集中在教学任务上来，并开启积极思考状态，这就是课堂导入应该发挥的作用。学习需要集中注意力，集中注意力才能调动感觉、知觉、想象、思维等各种心理活动进入认知状态。通过导课成功引起学生的注意，使学生

---

① 苏霍姆林斯基. 给教师的建议 [M]. 杜殿坤，译. 北京：教育科学出版社，1984：217.

把兴奋点转移到学习内容上，在这样的情况下进行教学，才能声声入耳，句句入心。

第二，衔接旧课，沟通感情。课堂导入常常要把新课与旧课的教学内容衔接起来，把新的理论知识与旧的理论知识衔接起来，使学生明白理论知识之间的逻辑联系。导课也意在沟通师生感情，教师一上课登台，通过简短的话语赢得学生好感，那便打开了思想情感通道，为师生思想信息交流畅通了道路，使教师在学生的积极期待中开始教学。

第三，明确目的，激发动机。目的性是人类实践活动的根本特性之一，有经验的教师在导课中会让学生预先明确学习目的，便于学生自觉调控学习活动。成功的导入具有明确的指向性，能够帮助学生了解学习目标、学习任务，让学生尽快把握认知核心，围绕学习任务积极思考。所以，教师要通过富有创意的开讲，激发学生的学习动机、求知欲望，调动学生的积极性，启迪学生的思维。当学生思维活跃时，教师展开教学内容，引导学生的思维集中于问题，探索问题的本质。

第四，确定基调，明确主旨。导入宛如一首乐曲的前奏，要实现内容定旨、情感定调、语调定格，让学生把握这堂课的主旨和基本旋律。教学导入奠定了教学的基调：一是内容定旨，概括教学内容，明确教学目的与要求；二是情感定调，明快或者低沉，辩驳或者陈述，为学生做好情感准备和酝酿；三是语调定格，确立全课的基本语调，沉潜还是激越，高昂还是深思。俄国文学家高尔基曾在《我的创作经验》中说："最困难的是开头，就是第一句话，如同音乐上一样，全曲的音调都是它给予的。"① 导入为全课定音，对整堂课给出了总体模式，应该精心设计。

## 二、教学导入的设计方法

第一，直接导入。教师通过口头表述的方式，直接点明课题而进入新课。直接导入法开门见山，单刀直入，是最直接也是最常用的一种导入方式。教师一上课就直接阐明课堂教学的目标和任务，交代清楚教学的内容和环节，迅速集中学生的注意力，自然地导入教学内容。为了增加文采，直接导入可以使用引文，通过引用诗文、名言、谚语、谜语等，引导学生直接进入新课。

第二，温故导入。温故导入也叫复习导入，是通过复习提问旧知识，抓住新旧知识之间的内在联系而导入新课。学习是一个循序渐进、连绵不断的知识积累过程，新知识的学习需要原有知识作铺垫，所以应抓住已有知识与新内容之间的联系，以复习前一次课的教学内容为开端，温故而知新。这样既温习了已学内容，提高了教学重点的复现率，巩固了原有知识理论，同时也使学生感到学习新知识顺理成章，便于学生将新内容纳入原有的认知结构之中，降低学习新内容的畏难情绪。

第三，问题导入。问题导入，即教师抛给学生一个有价值的疑问，使学生步步紧跟，探求真相。思维永远是从问题开始的，所以制造悬念和疑问是一种很有效的导入方式。教师根据学习主题，精心设计一个富有启发性的扣人心弦的问题，以问题为中心，引发学生的困惑，使学生欲罢不能，并引导学生回忆、联想、预测，急于探索。教师所设的问题要有一定的难度，能够触发学生思考，使思维活跃起来，使学习活动超越随意性；

---

① 转引自：徐松竹. 调查报告导语写作五式［J］. 办公室业务，1998（05）：22.

问题又不能过难，过难会使学生丧失探索的勇气。因此，教师要掌握设置问题的方法与技巧，营造一种"心求通而不能通，口欲言而不能言"的情境，能够引导学生步步思考，自己解决问题。

第四，情境导入。教师设置富有美感的教学情境，能够烘托情感和气氛，引起共鸣，引导学生愉快地进入新课的学习之中。教师一般运用满怀激情的朗读、演讲，或者通过具体事例的讲述，或者通过视频播放，创设出生动的情境，引发学生的情感反应，使学生情不自禁地进入思考学习状态。情境导入法通过情境触及学生的内心，使其思想感情与教学内容形成联结，使学生沉浸于情境之中，往往意识不到是在学习，不知不觉中受到教育、获得知识。

第五，故事导入。通过一些典型故事、童话、神话、生活事件等，对新课内容进行形象描绘，以此导入新课。故事导入利用了人们普遍爱听故事的特点，通过具有科学性、哲理性的小故事，引导出新的教学内容。教师平时要留意和收集实际生活中寓意深刻的故事，如神话、寓言、民间故事等，备课时就可以选取与教学内容有内在联系的故事，引出教学内容。

第六，时事导入。通过新闻、时事等导入，是思政课的常选，根据教学内容和教学目标，用最新的时事和新闻材料导入新课，化抽象为生动，有利于激发学生学习理论的兴趣，增强教学感染力。以时政新闻导入，能将抽象理论和概念联系上具体生活，极利于理解与巩固。

此外，还有各种各样的导入方法，比如直观导入，教师借助直观信息的投影、录像、图片等媒体，展示视频、图片或放映录像，自然地导入新课，帮助学生获得感性认识，并进而引导学生产生疑问进行思考。再比如，即兴导入法，教师根据上课时的现场情境，抓住当时的情境与教学内容之间的联系，即兴导入新课。

### 三、教学导入的设计要求

第一，要有针对性。教学导入的针对性和教学内容直接相关，要直接针对教学内容来进行设计，直指教学主题，能够引导学生迅速进入学习。其反对为了生动而离题万里、生硬地为了导入而导入。教学导入要有目的性，紧紧围绕主题，与教学内容、教学目标有强关联。

第二，要有新颖性。导入新颖才能吸引学生，形成学习内驱力。导入的新颖性也是教学内容的新颖性，主要是：一，材料新，材料新能够引发学生的注意，也能够体现思政课的时代性，比如现实生活中出现的新问题，新事物，新现象。二，角度新，同一个事物，从中发现新的意义和新的角度，会给人启发。三，方法新，教师要根据教学需要，采用不同的方式方法进行导入，能够入情、入理、入时。

第三，要有趣味性。苏联教育家巴班斯基说过："一堂课之所以要有趣味性，并非为了引起笑声或耗费精力，趣味性应该使课堂上掌握所学材料的教学活动积极化。"[①] 趣味性的导语就如鲜花含露，引人入胜，带给学生积极的情境体验，树立学习的信心。所以，

---

① 巴班斯基. 论教学过程最优化 [M]. 吴文侃，译. 北京：教育科学出版社，2001：76.

导入既要充满情趣，又要有隽永的意味，既生动又活泼。充满趣味的教学内容、教学手段引人入胜，学生在轻松愉快的课堂中可以感受知识理论，体会知识理论的奥妙。

第四，要有简洁性。教学导入为教学目标服务，应以最精练的语言，简短有效地表达，不要拖沓冗长。因为导入虽然重要，也只是教学的序幕，如果过于冗长，会使人迷惑，也会喧宾夺主，所以要抓住主题，简洁明快，快速有效地导入。就像吃包子，要开口咬到馅儿，如果皮又薄、馅儿又多则味道美，如果皮又厚、馅儿又少则不美。无关的素材要舍弃，否则只会干扰学生。课堂导入宜短小精悍，时间最好控制在三两分钟之内，在学生的学习兴趣被调动之后，教学应及时自然地过渡，迅速引入教学内容，进入正题，使学生快速地进入学习状态。

# 第二节　教学语言的设计

语言是教师向学生传递教学信息的最基本方式，是师生之间互动的最主要媒介，也是实现课堂教学有效性的最重要载体。思政课的教学语言有其独特性，而课堂具有明确的时间界限，因此，在有限的课时内进行最有效的表达，是思政课设计教学语言的首要要求。

## 一、思政课教学语言的独特性

第一，坚定的政治性。政治性是高校思政课的首要特性，思政课的教学语言必须首先保证坚定正确的政治方向，传播马克思主义理论的最新成果。处在"拔节孕穗期"的大学生，其政治观正处在即将形成的关键阶段，政治教育至关重要。思政课教师的教学语言要旗帜鲜明，谨言慎行，政治方向、政治立场要明确，语言要有理有据，有条不紊地讲政治、说政治，引领学生坚定马克思主义信仰，形成正确的政治方向，引导学生正确分析世界形势、认识社会问题。思政课教师以"四个自信"为基础，说话才有底气，才能理直气壮。习近平要求思政课教师要"善于从政治上看问题，在大是大非面前保持政治清醒"[1]，"无论是通过讲故事、讲历史还是讲理论的方式讲思政课，都要体现思政课的政治引导功能"[2]。

第二，深邃的思想性。思想性是思政课的鲜明特性，进行思想理论教育是思政课的基本任务，深邃的思想性、透彻的理论性是高校思政课的魅力所在。马克思说过："理论只要彻底，就能说服人。所谓彻底，就是抓住事物的根本，而人的根本就是人本身。"[3]理论的彻底性就是要抓住"事物的根本"、要抓住"人的根本"，以透彻的学理分析回应

---

① 习近平. 用新时代中国特色社会主义思想铸魂育人 贯彻党的教育方针落实立德树人根本任务 [N]. 人民日报，2019-03-19（01）.

② 习近平. 思政课是落实立德树人根本任务的关键课程 [J]. 求是，2020（17）：1-8.

③ 马克思恩格斯选集（第1卷）[M]. 北京：人民出版社，1995：9.

学生的需要，把道理讲透彻，以彻底的理论说服学生。"势服人，心不然；理服人，方无言。"① 教师应研究基本原理，挖掘其中的理论深度，并以通俗易懂、思想鲜明的语言进行表达，提升教学亲和力，赢得学生的喜爱，达到教学目的。

第三，强烈的情感性。思政课要有感染力，教学语言就必须有强烈的情感性，即俗称的"讲课有激情"。思政课教学是师生之间思想情感的深度交流过程，教师如果态度平淡、语言冰冷，课堂气氛必然沉闷无聊，学生就不可能产生思想感情的共鸣，更加不可能"亲其师，信其道"。教育心理学研究不断证明，教育教学是一项富有情感的工作，调动学生的情感因素才会有良好的教学效果。教学实践也证明，只有触及学生的情感意志领域，激发起学生的情感认同，才能实现价值认同。思政课的教学语言不宜过平，如果平铺直叙就会缺乏吸引力，教学的强烈情感性，应通过教师不断变换语气和语调，通过语音的高低、强弱、快慢、轻重体现出来。高低有致、急缓交错、语调起伏、抑扬相间，能够明确表达教师强烈的情感立场，也能感染学生，增强教学有效性。

## 二、教学语言设计的基本要求

规范的普通话是教学的通用语言，思政课教学一方面必然要求教师的教学语言规范清晰、逻辑合理，能够准确严密地表达教学内容，另一方面又要生动形象、富有情感，符合人的认知规律与思想接受规律，能够激起学生的求知欲。

### （一）力求严谨准确

语言严谨准确，首先是指用严谨的学科术语进行准确无误的教学表达，杜绝含糊不清、模棱两可、似是而非的表述。严谨准确是教学语言的重要特点，正确地表达概念，科学地进行判断，严密地进行推理，这是帮助学生建立正确的概念，形成科学的判断，构建科学认识体系的前提。要使语言表述准确严谨，教师必须准确把握教学内容，透彻理解知识理论，才能做到用词准确、用语严谨。否则，教学中就会词不达意，似是而非，难以保证教学效果。

语言严谨准确，也指表达的条理性和层次性，教学内容的表述要逻辑严密。教学是知识内容和语言形式的高度统一，科学知识必须以科学语言来表达，尤其是对概念、判断、推理的表述，一定要符合基本的逻辑规则。教学内容都有严密的逻辑性，只有逻辑严密，才能保证知识内容的科学性，新旧知识之间、整体与局部之间、各章节内容之间，都需要教师深入钻研和分析，掌握其内在联系，掌握其来龙去脉，把握其逻辑体系。只有心中井然有序，清晰把握知识理论的脉络与结构，教师的课堂表达才能够层次分明、条理清楚、重点和难点明确。抓住知识理论的内在联系，在表达上根据两个部分之间的关系使用一些衔接语或过渡句，就能够呈现知识的整体性和理论的严谨性。

### （二）力求简练明了

简练是指语言简洁清楚，这是教学语言与日常语言的重要区别。恩格斯说过："言简

---

① 李毓秀. 弟子规［M］. 北京：北京理工大学出版社，2014：7.

意赅的句子一经了解，就能牢牢记住，变成口号，而这是冗长的论述绝对做不到的。"①讲课应当简明扼要，简洁清楚、干净利落的语言可以使人听得明白，抓得住要害。特别注意应避免用"口头禅"、无效信息等冗余语言。有的老师习惯夹杂着一些口头禅，比如"这个""那个""是不是""然后"等冗余语言，影响教学的流畅性。教学语言与写文章一样，"意则期多，字则唯少"。

教学语言明了，就是深入浅出、言简意赅地表达教学内容。教学就是根据课程要求将知识信息教给学生，使学生学会知识、掌握技能、发展智力、提高觉悟。教师的语言如果弯弯绕绕，晦涩不清，啰里啰唆，就会使学生听起来云里雾里，稀里糊涂，抓不住根本，无法实现教学目标。

（三）力求生动形象

生动形象的东西最吸引人，为此教师要将枯燥抽象的教材内容转化为生动活泼、富有趣味的课堂语言，将深奥的原理形象化，将抽象的内容具体化，讲出情感，讲出意趣。通过教师描述的形象画面、生动形象、具体形态和悠远意境，让知识理论、思想观点在脑中"活"起来，才能架起由形象到抽象的思维"桥梁"，也才能给学生开辟一条沟通心灵的情感"通道"。白居易说："感人心者，莫先乎情"，挖掘教学内容中的情感因素，表达起来就能够身临其境，可以轻声细语，可以慷慨激昂，可以激流湍湍，可以细雨沙沙，教学语言可以创造出一定的教学氛围，让学生对知识理论的体会更生动、深入而充满意趣。

（四）力求节奏适宜

教学语言应该有一定的节奏，应该是张弛有度，快慢适宜。教学语速既不宜过快也不宜过慢，学生接受教学内容需要时间来进行理解和反应，教师的语速如果像放机关枪一样急促，教学节奏就会急迫，使学生来不及反应，没有时间理解，会严重影响教学效果；讲课语速太慢，则会降低教学时间的利用率，也容易使学生精神涣散，昏昏欲睡。教学语言应该富有变化，重点突出。为了突出重点，教师往往运用重音、重复以及适当的停顿等表述方法，重音是老师强调重点的有效手段，有意地重复也是强调重点的有效手段，适当的停顿"无声胜有声"，不仅能够引起学生注意，强调重点，还能够体现教师不必直言的态度，也能够体现教学内容之间的过渡，体现上下内容之间的逻辑性。

教学语言的表达类似于奏乐，按照主旋律，抑扬顿挫，疏密相间，相互照应，浑然一体。何时用快速轻松的语调进行叙述，收到大珠小珠落玉盘的效果；何时要放慢语速字斟句酌，一字一句都落到学生心里；何时要"留白"，以便积淀感情体验，这些都得仔细思考和研究设计。

（五）力求幽默风趣

风趣幽默人人喜欢，富有幽默感的教学语言能够使课堂轻轻松松、高高兴兴，使学习充满乐趣。语言的幽默风趣往往在情理之中、意料之外，使学生在愉快之中欣赏语言

---

① 陈家根. 浅谈新闻语言的简炼朴实和清新活泼 [J]. 新闻通讯，1987（04）：21.

美，又能从春风化雨中获得知识，受到教育。当然，教师的主要任务是"传道、受业、解惑"，必须是以学识和风雅为前提，杜绝低级趣味和庸俗的笑料。

### 三、教学语言设计的创造性转化

#### （一）把抽象语言转化为形象语言

思想政治理论课的教材内容必然具有明确的意识形态性和深刻的思想理论性，作为"落实立德树人根本任务的关键课程"，作为面向全体大学生的公共政治理论课，思政课教学如果直接以教材上严肃的政治话语和抽象的理论语言来面对学生，必然会有一些理解接受的难度，也会产生过于严肃、晦涩乏味的感觉，影响学生对思想理论的理解、对政治立场的认同，也容易使学生对思政课"敬而远之"。教学要产生吸引力，就需要将抽象的理论语言转化为形象的生活语言，增强课堂教学的生动性。"理论源于实践，又回归实践"，教师要结合社会实践，用现实丰富的生活图景来阐释令人望而却步的"思想""政治"，用现实生活来阐发抽象晦涩的"理论"。因此教师日常要注意收集生活素材，用现实故事、事实案例、形象化图景展现原理的内涵，让生活元素融于思想理论的教学，"讲好中国故事"，用活生生的故事和案例解说深奥的理论，引起学生的学习热情与思想共鸣。

#### （二）把教材语言转化为教学语言

教材语言是书面语言，书面语言的特点就是内涵深刻、逻辑严密、理论性强，而思想政治理论课教材尤其注重理论体系的统一性、整体性和权威性，因此在遣词造句、逻辑结构方面必然十分严密严谨。同时由于篇幅有限，文本的生动性、趣味性往往难以顾及。教学如果沿用教材语言，不将其转化为生动形象、雅俗共赏的教学语言，是很难提起学生的兴趣的，因此教学语言必须基于大学生群体的接受特点进行设计，从教材语言向教学语言转化。首先，充分理解教材，深刻挖掘教材。只有全面深刻理解教材的理论内涵，把握其实质，才能够在语言表达上举一反三。其次，从"文本表达"逻辑转向"认知接受"逻辑，把教材的理论表达方式从语法、句法各方面进行口语转化，用学生易于理解、能够接受的形式进行表达和揭示。最后，教师根据学生的认知状况、思想实际和人的接受规律，把书面语言转化成学生喜闻乐见的教学语言。

#### （三）把传统语言转化为时代语言

时代在发展，语言也在不断更新，这需要教师把教学语言从传统语言转化为时代语言。教学内容要紧扣时代旋律、切近时代，语言表达也应该适当使用学生喜闻乐见的流行热词，包括一些新出现的网络热词。新词语是时代发展的符号标志，每年都有流行用语和社会大事出现，身处快速发展的"微时代""网络时代"，师生都不可避免地经常遇到一些网络热词和流行语。这些网络热词，因为适应了时代环境的特定意义，容易引起时代共鸣，是使用频率很高的新兴词汇。有的网络热词因为抓住了时代热点，已经成为经典词汇。为适应学生的时尚化需要，思政课教学中适当地使用一点经典热词和新词汇来表达教学内容，可以与学生保持思想感情的同步，也能够增强理论的时代感和时尚感，获得大学生的心理认同。当然，将教学语言转化为时代性语言，并非否定传统语言，更非脱离理论术语，传统语言中的理论术语和特有经典表达是必须坚持的，否则就失去了思政课的理论特色，脱离了课程的规定性。

（四）把平淡语言转化为艺术语言

文学、播音、演讲、辩论等语言艺术，因为运用了艺术语言，所以可以予人以美的享受。艺术语言鲜明生动、丰富多彩、精练含蓄，于鲜明的情感性中表达思想性。语言的情感性越浓烈，越能感染受众，越富有艺术魅力，思政课教学同样蕴藏着情感性，离不开教师炽热的感情，在高校思政课教学中适当学习和运用艺术语言，提升语言表达能力，在传播信息时，语言生动，优美动听，情感丰富，就会让人如沐春风，产生情感上的共鸣，能够改变人们对课堂沉闷、枯燥、乏味的刻板印象，有效提升教学的吸引力。教师通过语言技巧能够使得教学内容表达得更真实、更深刻、更有感染力。

教学可以追求语言美，思政课最富有思想性，在教学时，教师以优美生动、声情并茂、起伏有致的课堂语言，辅以神态、动作、姿势和表情等体态语言，用具有准确性、鲜明性、生动性和形象性的教学语言表达深刻的思想，更能够吸引和感染学生，有效调动课堂活跃度，提升思政课的教学有效性。

# 第三节　课堂举例的设计

举出实际事例来说明事物，借用具体的、容易理解的实例进行阐述，使抽象事物具体化，以便学生理解，把比较复杂的事物或抽象的事理说得具体明晰、通俗易懂，这是教学中常用的教学方法。举例时，例子前面常有"比如""例如""如"或某年某月等标志性词语。

## 一、课堂举例要起作用

举例子的价值主要是印证观点，其生动性、说服性大于抽象的理论阐述，所以举例是理论联系实际的重要方式。

第一，举例有助于将抽象理论形象化。举例用列举事实的方法，能够深入浅出地说明高深的问题。从抽象道理上进行讲解说明而不容易使人理解的时候，就需要举一些既通俗易懂又有代表性的例子来加以说明，使知识理论明白清晰，帮助学生理解抽象事物。举例不仅有助于学生对抽象事物、抽象理论的理解，还会给人留下深刻的印象，许多年之后，有些人忘记了当时学习的具体内容，但是对老师列举的生动精彩的例子却念念不忘。

第二，举例有助于提高学习兴趣。例子生动形象，将陌生理论转化为具体事实，能够增加课堂教学的生动性，增加学习的趣味性，引发学生兴趣，留下的印象更加深刻。

比如，一位思政课教师在教学中讲到马克思对待理论研究的严谨性，用了这样的事例："为了《资本论》手稿马克思费尽心血，他读了又读，改了又改，第二卷第一部分的原稿现在保存下来的，就有八种之多，可见他严谨的工作态度。马克思有这样一个特点，'要是隔一个月重看自己所写的一些东西，就会感到不满意，于是又得全部改写'。写作《资本论》第三卷时，马克思打算以俄国为实例研究地租问题，为了能阅读第一手资料，他在 50 岁时开始学习俄文。俄文十分难学，但不到两年，他就能顺利地阅读俄国文献了。马克思逝世后，恩格斯吃惊地发现，马克思的稿纸中竟有超过两立方米的材料是俄国的统计数字。马克思还用细小的字体写满了 3000 页纸的阅读笔记。"① 这样一来，常人难以想象的马克思的严谨性，就这样通过具体的生动形象的例子呈现出来了，而且引人入胜，使人受到感染，乐于接受。

第三，举例有助于增强说服力。举例子是为了反映一般情况，具体、有力地论证观点、说明问题。通常来说，论证的方式主要是事实论证与逻辑论证，举例就是事实论证的重要方式，运用真实可靠的事例证明论点，是一种从个别到一般、从事实到理论的论证方法，比较符合人们的认识规律。教学中的举例，通过运用实际案例与实际数据，或者使用历史事实与历史材料，并运用相应理论进行分析说明和论证，从而得出普遍性结论，这是事实论证的重要方式。在理论论证的过程中，根据需要举一个恰当的例子进行说明，或者作为逻辑论证的事实论据，也可以更好地论证有关观点，增强说服力。

## 二、课堂举例的设计要求

第一，举例要有科学性。首先，举例必须尊重客观事实，例子必须具有科学依据，真实准确，思政课教学不能用胡编乱造、缺乏依据的虚假"事例"进行举例。其次，例、理要一致，所举例子要与所说明的问题、道理、内容一致，不能似是而非，更不能张冠李戴，否则就起不到说明事物的作用。

第二，举例要有典型性。典型性也就是普遍性和代表性，对于类似事物，举出一二典型事例，就足以说明其余。所以，教师要精选最能揭示事物普遍本质的、最能反映事物普遍特点的事例。典型事例能够以一当十，对基本原理最具证明力，使得论证基本问题更充分、更全面。

第三，举例要有启发性。思政课讲授概念和原理时，所举事例要包含深刻的哲理，寓理于例。例子蕴含丰富细腻的道理，自然而然会引发思考，选用这样的例子来论证和说明理论，才能开阔思路，加深理解，收到良好的教学效果。

第四，举例要有趣味性。在同样能够说明问题的例子中，教师要选那些充满情趣的事例，这能带来轻松愉悦的课堂气氛，提高教学效果。教师举例越具体形象、生动有趣，越能吸引学生，激发学习热情。

第五，举例要有针对性。例子的针对性主要指两方面：一方面是例子要针对教学内容、适合教学内容；另一方面是例子要针对学生实际，要接近学生的学习和生活，有时代感，适合学生的学习需要，适合学生的认知状况。

---

① 周良书. 马克思为《资本论》耗尽一生心力 [EB/OL]．[2020-12-22]．http://politics.people.com.cn/n1/2018/0429/c1001-29958132.html.

### 三、例子的收集与使用

思政课教师日常应随时注意留心和收集教学例子，并进行分类、整理，方便必要时使用，这是教师平时的教学积累，也是所有优秀教师的共同特征。

（一）例子的收集积累

第一，保持思考，保持好奇心，保持对生活的敏感。例子来源于实际的工作生活之中，每天都会大量涌现。如果没有敏感性，对潜在的例子视而不见、听而不闻，很多优秀案例虽然发生了，但是没有人去收集，或者没有人提供，就不会有可用的例子。

第二，筛选整理例子。收集大量的例子，其质量可能参差不齐。身为教师，需要注意筛选整理例子。筛选整理例子，一要看是否真实可信，根据信息来源，选择信源可靠、威信高的媒体披露的数据、事实，对于不准确的信息要核实，只有确信无疑的事例才能在教学中使用。二要看是否典型，例子应该能够集中代表所要说明的事物与道理，或者是经常出现的普遍性问题，有显著的代表性。三要看是否符合思政课的思想性，是否符合社会主义核心价值观的指向，是否符合正确的意识形态导向，教师应将符合课程定位与教学需要的恰当例子挑选出来。要注意例子中的思想因素，不能为了知识教学选择思想道德方面有瑕疵的例子。

第三，分析提炼例子。筛选整理出来的例子，如果内容不够翔实具体，可以进行进一步深入搜集，了解各种相关信息，了解事情的来龙去脉、前因后果，然后进行提炼、分析、挖掘与相关教学内容的联结点。

（二）例子的恰当使用

第一，要恰当把握例子与教学内容之间的联系，例子的使用是为了说明事理，所以，例与理之间必须有直接联系。有代表性的经典例子，在具体使用时，要对事例进行裁剪加工，而不是原样端出。例子的使用必须与教学内容匹配起来，必须符合教学需要，符合教学目标的要求。

第二，例子使用前要有设计，要将其放在恰当位置，不能盲目乱用。同一个例子，放在知识理论之前，是导入和铺垫；放在知识理论之后，则是知识理论的具体化；与知识理论同时出现，是为了帮助学生理解理论。所以例子的使用要根据教学目进行清晰的设计，正确安排出现的位置与顺序，服务于教学需要。

第三，要准确把握叙述事例的侧重点，同一个事例用于说明不同问题时，事例叙述的侧重点则会不同，必须突出与教学内容紧密相关的方面，以最有利于说明教学内容的方式进行描述。事例叙述要详略得当，与教学内容紧密相关的重点方面应详细描述，次要方面应一般叙述，没有关联的方面不必叙述。

第四，注意用例子启发学生思考。挖掘例子中蕴含的启发点与知识理论的延伸点，抓住理与例的联结点，提出问题，启发学生思考，引导学生分析其中的道理，加深学生的理性认识。

第五，举例子宜精不宜杂，高校思政课以思想理论教学为特点，举例是为了直观形象地说明理论问题，是为了帮助学生理解理论问题，是为了由具体到抽象、由抽象到具体地理解思考理论问题。所以，反对为了生动而生动，举例子要有明确目的，服务于教学目标，宜精不宜杂，不能喧宾夺主。

第六，要高度注意例子中的思想教育因素。不能为了知识教学而带来思想道德的负面影响。应坚持正面教育为主，多用正面例子，利用例子中包含的思想因素进行思想熏陶。反面例子要慎用，为了纠正错误、批判错误现象而使用反面例子时，要进行明确透彻的分析与引导，要充分注意防止反面例子中可能存在的思想道德方面的误读或不良暗示。

# 第四节　课堂提问的设计

课堂提问分为两部分，包括课上教师对学生的提问和学生对教师的提问，此处课堂提问的设计特指教师对学生提问的设计。谢利民在其主编的《教学设计》中提出："课堂提问是教师根据学生的知识经验，提问学生，并引导学生经过思考，得出结论，从而获得知识、发展智力的教学方法。"[①] 提问是教师常用的一种教学方法，师生通过问答相互交流，检查学习，巩固和运用知识，促进思考，实现教学目标。所以，课堂提问是启发式教学的重要形式，应该用心设计。

## 一、明确课堂提问的作用

### （一）引起注意，激发学生的学习积极性

课堂提问要引起学生注意，引导学生集中注意力，使学生自觉参与教学活动，与教师一起完成教学任务。教师设计的提问，要能够打破课堂教学的平淡节奏，使课堂教学一张一弛形成起伏，给学生以外部刺激，使学生产生紧迫感，从而保持有意注意，能够集中精力思考分析问题，然后进行归纳整理、做出回答，防止学生注意力分散。实践证明，通过提问引导学生积极参与教学活动，由此所获得的认识会更加深入；通过提问教授的知识，因为与提问的场景联系在了一起，学生的印象就会非常深刻，记忆也更加牢固。同时，课堂提问面向全班同学，学生的回答体现了个人的能力和水平，因此提问能激起学生的自尊心，学生回答问题时总是希望得到教师的肯定和称赞，获得高自尊。这能促使学生积极思考，激发学生的学习积极性。

### （二）增进师生交流，活跃课堂气氛

教学活动不仅是师生知识的传递，更是师生思想感情的交流，课堂提问就是教师与学生互动交流的有效方法之一。教师的一个问题就像一块石子扔进了平静的水面，会激

---

① 谢利民. 教学设计 [M]. 北京：中央广播电视出版社，2005：211.

起学生的很多回应，师生之间的认识和感情借此进行交流沟通，课堂气氛借此活跃。传统的单向"注入式"教学，教师一人讲课，学生静静听课，无发言、无交流，表面看课堂秩序良好，实际教学效果却无从考证。教师设计课堂提问，要激发学生互动的积极性，学生的回答又可以使课堂教学紧张而活跃，形成严肃又活泼的教学氛围。

（三）开阔学生思路，强化学生认知

问题总是引发人的困惑、焦虑，这种心理状态又驱使个体积极思考以解决问题。亚里士多德提出："思维自惊奇和疑问开始。"朱熹也说："读书无疑者须有疑，有疑者却要无疑，到这里方是长进。"① 疑问是积极思考的内部动力，实践证明，疑问是开启学生思考的钥匙。在课堂教学中，教师要用一个一个问题，牵引着学生的思路，来调动学生积极思考，直至找到问题的答案。提问要打开学生的思路，倘若教师没有提问，学生又提不出问题，学生的学习往往就停留在认识的表面而不深入，对重点、难点问题的认识也会很肤浅。教师进行课堂提问，不仅要带领学生进行深度思考，还要鼓励和督促学生对课程进行及时的消化，认真复习。经过提问又可以优化学生的认知结构，回答对了，其原有的认知结构就得到了肯定和强化，回答不对了，就可以及时帮助学生调整和改变有欠缺的认知结构。

（四）及时反馈，合理调整教学活动

教师设计提问，意在改变课堂形态，使教学活动成为教师与学生积极互动的双边活动，打破教师积极输出、学生懒于接受的被动状态。通过提问，要使学生了解本课的学习重点、注意本课的学习重点，把精力集中到对主要问题的学习上；通过提问，教师也能了解哪些内容学生已经理解掌握，哪些内容是难点，从而查漏补缺，适当应对；通过提问，教师还能了解到哪些学生积极思考，哪些学生需要加强监督指导。教师应根据学生的反馈及时调整教学活动，学生也可以根据教师提问及时调整自己的学习活动，分清重点与非重点，合理分配注意力。

## 二、分层次设计问题

美国当代著名的心理学家、教育家布鲁姆，将教育目标分为三大领域："认知领域、情感领域和动作技能领域"，他又将认知从低级到高级分为"知识、领会、应用、分析、综合、评价六种层次"②。由此，教学中的课堂提问的问题也可以按教学目标的要求，从简单到复杂，分层次设计。按照布鲁姆认知性问题六种层次，提问也可以分为以下六种。

第一，知识性提问。也就是识记性问题，这一类问题比较简单，答案是现成的，学生根据记忆回答即可，它只是回忆或再现所学知识，主要考查学生对基础知识的识记情况，考查学生对概念、原理、法则等基础知识的记忆情况。这是一种最简单的提问，也可以叫回忆性提问。比如，"社会主义核心价值观包含哪些内容""物质的定义是什么""中国近代史的起点在哪里"等，学生面对这样的问题，不需要进行思考，只需回忆已经

---

① 黎靖德. 朱子语类（卷第十一）［M］. 北京：中华书局，1986：15.
② 皮连生. 从教育目标分类学看语文学科核心素养论［J］. 课程. 教材. 教法，2022，42（02）：4-11.

学过的知识即可。

第二，理解性提问。理解，也被称为领会，理解性提问，主要是检查学生对问题的理解和掌握情况，这是比知识性提问深入一点的提问，学生要用自己的言语进行回答、描述和解释，如果学生能够用个性化的语言清晰表述概念、原理的基本内涵，表明学生已经抓住了问题的实质，理解了事物的本质。理解性提问多用于检查学生对已学知识及技能的理解和掌握情况。

第三，应用性提问。给出情境和问题，要求学生运用所学针对具体情况加以运用，用基本原理分析说明实际问题，或从实际问题中总结概括出基本结论。应用性提问，是将原理与实际问题相结合的应用，也就是要求学生用所获得的知识理论来解决具体问题，目的是检查学生把所学概念、原理和规则等知识理论适用于具体情境、分析解决具体问题的能力水平。

第四，分析性提问。要求学生通过分析具体情境各因素之间的关系，弄清事物的因果联系，厘清概念之间的逻辑关系，梳理知识理论之间的逻辑结构，最后得出结论。分析性提问的重点在于学生需要识别事情的条件与成因，或找出条件之间的关系，判断前因与后果之间的内在联系，如"五四运动和新文化运动的联系与区别是什么？"问题往往没有既定答案，需要学生自己独立形成观点、寻找根据，并且自己组织材料、表达思想。

第五，综合性提问。综合性提问难度较大，需要学生进行多方面的思考，既包括记忆、理解，也包括分析、运用等，一般要求学生在理解相关知识理论的基础上，把看似无关、实则存在内在联系的知识理论加以联系并进行综合运用，这样才能成功地分析和解决问题。综合性提问能够激发学生的想象力和创造力，比如"意识什么情况下会转化为物质？"综合性问题的重点，是促使学生发现知识理论之间深藏的内在联系，并在此基础上把相关的概念、规则糅合，形成新的组合。

第六，评价性提问。要求学生运用一定的准则对事物、行为、事件、观念等进行价值分析和价值判断，或者进行价值选择和态度表达的一种提问方式。比如"你如何评价中国共产党的群众路线？"评价性提问对于思政课教学有着特殊意义，借此教师可以了解学生的实际看法，把握学生的情感、态度和价值观，从而更有针对性地进行教学。

## 三、有效课堂提问的设计

### （一）设计准确恰当的提问

著名教育家陶行知先生在《每事问》一诗中写到：发现千千万，起点是一问。智者问得巧，愚者问得笨。提问是课堂教学的重要手段之一，教师要设计准确、恰当的课堂提问。

准确、恰当的课堂提问才是有效的提问，问题设计要体现教学的思路，提问要有明确的主题。教师对课堂提问要有充分的准备，一定要经过精心思考和筛选，只有问题得当才能激发学生思考，激发学生探索；反之，随心所欲地提问，提问不当，会毁了一堂好课。因此教师在备课时要设计合理有效的课堂提问，控制提问的数量，提高问题的质量，避免提问的随意性。

设计课堂提问要有明确的目的和针对性。提问针对的是教学的重点和难点，提问不应离开教学目标，节外生枝。如果突然冒出一个与教学内容风马牛不相关的问题，就会把教学内容搞得支离破碎，更会打乱教学节奏。所以，提问要紧扣教学重点和难点，围绕教学目标与要求，将问题集中于那些牵一发而动全身的关键点上。教师要在知识的关键处，理解的疑难处，思维的转折处，规律的探求处设问。设计提问，必须把握以下几点。

第一，问重点。使学生明确学习目标，思考并掌握重点知识，从而保持思维的条理性、连续性和稳定性。第二，问盲点。盲点即往往不被注意但又有重要影响的地方，教师应通过提问，引导学生发现盲点。第三，问关键点。设计课堂提问要抓住关键，问题要突出教学的核心，问题必须围绕教学中的"主要观点""基本原理"等教学内容，紧扣教学重点和难点，将问题集中在那些牵一发而动全身的关键点上。第四，问模糊点。在教学中，常有一些与其他内容相似、容易混淆的知识，提问有利于澄清问题，针对学生的疑难点、模糊点，通过提问与点拨，起到拨云见日的作用。通过提问，学生对模糊认识加以澄清，理解记忆会更牢固，效果会更好。第五，问发散点。发散性问题旨在激发学生的创造性思维，对同一问题，教师通过多方面设问，引导学生打破思维定式，纵横联系各种知识理论进行广阔视域之下的思考。

## （二）问题表达要简明扼要

首先，注意课堂提问的逻辑性。要恰当表达问题，问题的表达必须符合认知规律。问题表达有事例引发式、递进式、比较式、聚合式、反话式等，表达问题要由浅入深，之间有逻辑性，一环紧扣一环地提问，从而使学生的认识逐步深化。教师可以围绕核心问题，设计由浅入深、层层深入的阶梯式问题系列；也或者围绕教学重点，设计一连串的问题，形成一个思路清晰、具有内在逻辑的"问题链"。

其次，问题的表达要清晰明确，不能含糊不清，也不能笼而统之。问题表达要清晰简练，问题如果清晰、明确、简洁，学生一听就知道是什么问题，就会期待着进行回答。笼统的问题没有思考的方向性，使学生不知道从哪里下手，不好回答。教师如果提问"请大家观察一下多媒体上的图片，你看到了什么？"回答则可能五花八门，但始终没有人回答到点子上。如果教师这样问："请大家观察一下多媒体中的几个图片，看一看面对同样的问题，不同人有何不同反应？"教师给出了明确的指示性，学生的观察思考也就有了明确的方向和思考重点。

再次，问题的表达要简明扼要。提问时要注意选词的准确恰当，语句应简洁明了，避免啰嗦，避免刻意修饰，以免学生抓不住要害或产生歧义。有的教师在提出问题时，没有好好地提炼概括，语句不简要，又担心学生听不懂，就用另外一些语句或事例进行补充说明，这样问题显得很冗长，教师提供的信息很多，反而使学生抓不到关键信息，找不到问题的重点，学生无从进行思考。所以问题的表达要简明扼要，一语中的。

最后，问题的表达要有启发性。有启发性才能够引发学生更深层次的思考和把握。常见的启发性提问有两种，一种是问题具有发散性、开拓性，正确答案不止一个，引导学生从不同角度、不同侧面去思考、解决问题，有利于发展学生的开放性思维；另一种是问题是综合性的，学生需要把学过的知识纵横联系，灵活地运用。

（三）掌握提问时机

在教学过程中，提问要注意课堂节点，选择合适的时机，以组织教学，调动学生。过早提出问题或过迟提出问题，都达不到应有效果。课堂教学之始学生的注意力处于最集中的时段，在此时率先设疑提问，可以快速激发学生。课中提问，能够打破课堂的单调，使学生转化学习状态，激起疑问的火花，缓解脑力劳动的疲劳，触发学生思考。在课尾提问，既可以考查学生对知识理论的掌握程度，便于查漏补缺，又可以复习和巩固所学内容，一举两得。

注意三种情况下可以运用提问使课堂生动灵活：一是课堂气氛沉闷时，可以采取趣味式提问，激活课堂气氛；二是学生觉得内容简单时，采取设疑式提问，给学生深入思考的引导；三是学生精力涣散精神疲惫时，通过提问，换一种学习方式，集中学生的注意力。

（四）难易适度，面向全体

提问要面向全体，一方面，问题要难易适度，与大多数学生的知识能力相符合，问题既不能太难，也不能太易。心理学研究发现，问题过易或过难都是无效的，太难会使学生感到高不可攀，使学生产生畏难与放弃的情绪，挫伤他们的积极性；太易又会使学生感到没有意思，产生轻视和厌倦心理。所以，提问应考虑大多数学生的接受程度，引起大多数学生的思维共鸣，使学生积极思考，并跃跃欲试。另一方面，提问要面向全体学生。同时，要先说问题，再叫学生回答，要给学生留出思考的时间，这就是"候答"，应在学生思考之后，再叫学生起来回答。

（五）提问方法要灵活

提问方法可以不拘一格，要善于灵活运用多种方式。例如，学生自由讨论自由发言，不点名提问，可以活跃课堂气氛；可以将复杂问题分解为几个比较简单的问题，引导学生自己得出答案；也可以提供材料，使学生从材料中得到启示，从事实中得到答案；还可以使用比较式提问，通过比较性问题，让学生在比较中辨别是非。

教师应设定好开放性问题和封闭性问题的比例，开放性问题的答案不是唯一的，每一个观点都能引发新的思考，一环接一环下去，是一个严密的逻辑思考过程。比如，"你认为这会出现什么后果？""这一后果是由什么导致的？""应该如何解决这一问题？"等，这些是开放性的问题。封闭性问题严格限定了学生该回答什么，这类问题指向的是某一些特性信息，答案是确定无疑的。

（六）提问后要进行评价

提问后学生必然要进行回答，教师、学生也都会对学生的回答进行判断，学生的回答对不对、好不好，学生自己需要知道，其他同学也需要知道，所以学生回答问题时教师要认真听，要有反应。如果学生"卡壳"了，教师可以鼓励、引导、启发，学生回答之后，教师要公开进行评价。

教师对学生回答的评价有以下几种：一是积极评价，如口头表扬或表示接受学生的观点。二是消极评价，教师对学生的答案表示否定、批评等。三是转问与探问，学生回答不正确或不确切的情况下，教师就同一问题转向另一学生发问，或者对同一学生继续发问，探查其确切意思，提供线索予以提示；或是将原问题进行分解，简化为若干小问题，便于其思考；或是问一个与原问题相关的问题，予以启发；等等。转问与探问，是为了给学生引导，启发和帮助他们正确思考。

不管是肯定还是否定，都应"对题不对人"。要保护学生回答问题的积极性，以表扬为主，鼓励学生积极回答。教师经过各种启发提示，提出的问题如果学生仍然答不上来，则教师在课上可以先"冷处理"，此后教学中需要对这样的学生多加注意和监督。

提问的最后，教师通常都要做出示范，在学生回答之后再复述完整答案。教师往往需要对学生的回答进行再组织，对学生的回答进行简练完整的归纳概括，留下一个明确清晰的答案，也避免使学生将回答过程中的错误答案当作正确答案。

# 第五节　教学课件的设计

教学课件简称PPT，是教师根据教学总体设计思路，把教学内容通过文字、图片、图表、动画、音频、视频等多种表现方式制作而成的课程软件，它通过大屏幕投影的方式辅助教学。多媒体教学课件已经普及化并日益成为不可缺少的信息化教学辅助工具。

## 一、教学课件的设计原则

比起传统教学手段，教学课件一方面能够向学习者提示各种教学信息，扩展课程资源，丰富教学内容，大大提高了课堂教学的容量；另一方面其直观形象性更能够激发学生兴趣，提高教学的效果。因而，教学课件已经成为课堂教学必不可少的辅助工具。教师需要根据思政课的教学目标与内容，设计与制作课件，把自己的教学意图通过多媒体课件恰当地表现出来。课件设计的基本原则如下。

### （一）突出重点

PPT设计的核心是将精练的教学内容和教学思路形象化。一方面将抽象枯燥的理论知识通过图片、动画等媒体资料形象地展示出来；另一方面通过逻辑关系图表、版式设计和PPT动画将授课内容的内在逻辑直观展示出来，使教学思路有迹可循。所以，课件要以实际教学内容为依据，要内容精练，结构清晰，正确表达学科的知识信息与理论内容，突出教学的核心内容。

总体看，PPT往往需要突出显示以下内容：一是教师最希望学生关注的内容，比如基本概念、基本理论、基本论点或基本结论；二是教学内容的层次性及其逻辑关系；三是形象、直观和包含动画的部分，比如影像、视频等。

上述内容中，第一部分往往是PPT的基础内容，也是教学的基本内容，一般也是学生必须记忆和掌握的部分，常常是教材的重点内容。第二部分往往是教学中个人深入备课的结果，是教师的教学研究心得，不是教材内容，而是教师根据教材研究总结概括所得到的教材内容之精华所在，是学生最该注意和学习领悟的地方。第三部分是教师为了帮助学生理解抽象的教学内容而设计的辅助性内容，是为了增加教学的生动性，引起学生的兴趣。

为了突出重点，PPT 设计就要弱化次要的内容，避免喧宾夺主。用来点缀页面、起美化作用的图片、动画和配音等，图形大小与声音大小要合适，一般宜小不宜大，不要让这些起修饰作用的衬托喧宾夺主，干扰对主题的注意、感受和理解，影响学生对重点内容的提炼和接受。

（二）显示导向

思政课的教学课件要体现马克思主义、社会主义的政治立场，有明确的目的和目标，必须突出重点、难点，讲究呈现的方式、方法。内容素材的选择要突出正确的价值导向与政治方向。

（三）启发思考

课件设计可以通过情境、比喻、图示等内容设置问题，设计思考性内容与环节，增强学生的心理印象并带来启发与思考，引导学生积极思考。

（四）艺术呈现

PPT 设计要注意视觉效果，追求视觉审美。幻灯片要选择合适的底色，选择能够衬托主题的背景，选择优美易读的字体和大小适当的字号。文字、图片、视频等各种信息的呈现方式要符合美的规律与人的认知规律，背景色与文字要形成明显对比，做到画面清晰，色彩鲜明，图文并茂，在信息呈现中带来良好的课堂体验，易于观看，易于辨认，一目了然。每一个页面最好只突出一个主题，避免不同主题的相互干扰。内容要详略得当，容量要合适，画面切忌太满和密集。思政课常常在大教室上课，人多距离远，课件上的字号如果太小，文字、图片填满了整张幻灯片，会直接影响学生辨认和观看。

## 二、教学课件的设计误区

（一）教材或讲稿"搬家"到 PPT

PPT 不是讲稿，也不是教材，有的教师却简单地把要讲的教学内容罗列或全盘照搬到 PPT 上，使得满屏都是从教材上复制下来的东西。这样的课件密密麻麻，没有重点，条理不清。PPT 所承载和展示的信息，只是教学信息的要点、重点以及归纳、总结出的关键点，相关细节需要教师在课堂上进行讲解和描述。如果教师把教材内容全搬到屏幕上，照着它宣读，教学效果必然不好。正因为有的教师过分依赖 PPT，用 PPT 代替"讲稿"，将教学内容储存在课件上而非头脑中，所以一旦出现停电或突发设备故障，就不能上课了。

### （二）使用或照搬他人课件

现实教学中，有些老师在课堂上使用的课件并非由自己制作，而是教材配套的或其他教师制作分享的，有的课件甚至还带着人家的标志。制作 PPT 的过程，实质上是教师进行教学思路整理与分析的过程，教师需要根据知识理论体系，结合学生实际、自身知识理论储备和自己的教学特点，建构自己的教学框架，需要教师在备课基础上进一步仔细研读和详细整理教学内容，这是一个精耕细读、思维深加工的过程。而照搬他人课件，就会因为不熟悉他人教学思路而影响教学流畅性，也会因为不符合自己的教学特点，而影响教学效果。所以，他人的课件可以参考和借鉴，但是教学课件还是要以自己的教学思路为主来进行设计和制作。

### （三）过多使用视频

根据教学目标，为了形象展现教学内容，精选一些视频片段，在合适的时机播放给学生观看是必要的。在视频播放前教师要提出问题，指导学生注意细节，边看边思考，引导学生进行深入分析、积极讨论，这是增强教学效果的手段。但应该避免在课堂教学中长时间播放视频，不能只播不讲，更不能播放与教学内容无关的视频。视频要根据教学需要选择播放，视频内容要紧扣教学内容，以播代讲则不会有好的教学效果。

### （四）没有设计同页内容的放映次序

不设计同页内容的放映次序，往往是新入职的教师常出现的问题。在设计 PPT 时，要对同一页幻灯片的不同内容在放映次序上进行设计，同一页内容最好要根据教学进程，分步、分层次地依次出现。一页幻灯片会配合讲多段内容，不要一下子都满屏显示出来，最好是讲到哪显示到哪，这更能够引起学生注意，比满屏显示从头讲到尾的教学效果要好。这需要在制作 PPT 时就设计好放映次序，并设置好动画效果。不为 PPT 文本设置超链接，也往往是常出现的问题。设置超链接，那么授课时教师可以在幻灯片的页面之间、幻灯片与外部文件之间甚至幻灯片与网络资源之间自由地切换、跳转，比起频繁地前后翻页寻找某一内容好得多，老师用着方便，教学效率提高，学生也少了等待的烦躁。

### （五）过分依赖 PPT

PPT 只是教学的辅助手段，不能代替教学，教学的重点仍然是教师的讲解，教师必须把师生的双向交流贯穿教学的始终。一些教师尤其是新教师制作了 PPT，写了讲稿，认为课就备好了，上课就可以照着 PPT 念，这是一种误解。制作 PPT 不能取代教师的备课过程，PPT 制作只是备课的一个环节。备课要解决"为什么教""教什么""怎么教"等一系列问题，备课过程中，教师对教学内容应深入理解和解读，熟悉教学内容，整体把控教学内容。教案完成之后，教师还要不断熟悉其中的教学设计，以便课堂讲授能够熟练流畅地进行。

课件只是教师在备课中制作的、在课堂教学中展示给学生的辅助材料，教师如果在制作完课件之后就认为备好了课，则不会再对教学内容下功夫熟悉，而如果对教学方案不熟悉、对教学内容不熟练，上课时就会依赖 PPT，甚至只能照着 PPT 念，不能脱离课件自由讲解，更不可能与学生灵活互动。所以，照"PPT"宣科，必然会因为过分专注PPT的内容而忽视教师的课堂主导作用，忽视师生间的互动交流，这样的课堂只会无聊乏味。

## 三、教学课件的正确使用

### （一）提前进入教室做准备

教师课前5~10分钟就要进入教室做准备，检查电脑、投影仪、屏幕显示等能否正常工作；还要打开PPT，准备好教学用的课件。教师提前准备，那么上课铃一响便能立即开始上课。有的老师卡着点进教室，再花上几分钟准备PPT，会影响教学。甚至有老师进教室后发现忘带优盘，或者所带优盘出现问题，手忙脚乱，既浪费了教学时间，又影响了教学过程。所以课前要精心准备，提前进入教室做相关准备。

### （二）教学过程中适当走动贴近学生

现在的教室一般都配备了无线话筒，教师都有PPT翻页笔，在课堂教学中教师应该有适当的走动。有的教师整堂课站在多媒体操作台后，甚至坐在多媒体操作台后，眼睛盯着电脑，手上点着鼠标，口中讲着PPT，学生整堂课都看不见教师，这是不合适的。老师适时地一边讲一边走动，走到学生中间，一方面可以贴近学生，能了解学生的学习状态，近距离地和学生互动交流；另一方面还能防止学生走神、玩手机、打瞌睡。老师站着、走着讲课，辅之以适当肢体动作，这种较大的移动目标，也能够打破课堂的平淡，引起学生的注意，有助于学生集中精力听讲。

### （三）注意掌控PPT的播放节奏，适时翻页，便于学生学习

由于PPT呈现内容很快，而且学生只能看到一页的内容，所以教师讲课的时候，眼睛不要只盯着电脑或屏幕，要和学生保持目光交流，留意学生的表情和动作。通过这种反馈，就可以适当控制PPT的播放节奏，决定哪些内容可以多停留一会，以留给学生足够的时间来思考、理解和做笔记；哪些内容可以快些跳过。

### （四）课件与黑板板书相结合

PPT的普遍使用让讲课中的粉笔板书大大减少，两节课下来黑板上不写一个粉笔字的大有人在。课件有其巨大优势，也有其局限性，作为传统的教学手段，粉笔板书仍有其不可替代的作用。课件内容不能永远停留在某一页，知识点随着教学过程的进行会翻过去，而整堂课都反复用到的原理或前提条件，若是用粉笔板书在黑板上，用起来就方便多了。同理，后面再用到前面讲过的内容时，需要回头翻找页面也很麻烦，此时如果黑板上有板书，也更方便。还有的教学内容，用PPT展示不如黑板手书好。比如，马克思主义政治经济学中的公式，用粉笔板书来进行演示推导，比用PPT展示要好，教师现场用粉笔板书更有节奏，更有利于展示思考的过程，也更有利于学生的思维训练，留给学生的印象也更加深刻。有需要解释和强调的地方，在黑板上板书几个字，也能起到点

睛作用。根据教学内容需要，哪些采用PPT、哪些采用黑板板书，都应该有所设计。PPT与板书相结合，各自发挥所长，能够相得益彰。

# 第六节 教学板书的设计

板书，既是教师为帮助学生理解和掌握知识理论在黑板上书写文字、符号以传递教学信息的教学方式，也是对教师在黑板上呈现的文字、符号、图表等教学信息的总称。板书的基本元素，一般是文字、数字、字母、版画等。教学板书是对教学内容的集中反映，合理的板书能突出教学的重点和难点，反映教材知识的脉络与体系，帮助学生抓住教学重点，把握知识的结构与体系。

## 一、重视教学板书的作用

随着科技的发展，现代教学媒体大量涌现，但是这不仅没有使传统板书退出课堂，反而更加凸显出传统板书的不可替代性。板书在教学中有着哪些优势、起着什么作用？答案如下。

### （一）板书可以长时间停留

板书是文字，它具有文字的记录作用，能够将知识信息用文字记录下来进行长时间的展示。相比多媒体课件的流动性，黑板板书在一节课中可以长时间停留，教学中学生可以随时反复看，有助于记忆，即使学生一时跟不上节奏或者"走神儿"，也可以在一定程度上得到弥补，这有助于学生的学习。

### （二）板书具有抽象直观作用

教师在上课时用多媒体的实物展示图片或视频教学，虽然非常直观，学生也容易接受和记住，但它缺少抽象直观和理性思考。如果教师在讲"物质"时，在黑板上板书"物质"二字，学生会一边看一边对"物质"进行抽象而直观的思考，有助于培养学生的抽象思维能力。

### （三）板书更灵活方便

使用多媒体课件辅助教学，可以弥补学生实际经验的不足和想象能力的不足。使用多媒体课件有一个明显的弊端：教学过程要按照预先设计的环节进行，难以根据实际的教学状况进行临堂调整，即使教师深思熟虑制作的课件，也会因为教学实际需要临时调整，因为教学过程中学生会有各种临场反应，也会出现课前没有想到的状况。所以，事先做好的课件不能灵活改变，就限制了教学的临场调整。一旦需要调整教学内容，教师就只能不用课件，而依靠板书可以灵活进行教学调整。

### （四）板书有整体强化作用

教学板书能够强化知识理论，加深理解和记忆。板书能够把一堂课的所有要点系统化、整体化，使之成为一个便于学生理解掌握的统一体，它就像一串葡萄的梗，能把所有零散的葡萄粒串起来。同时，教师的板书具有示范和引导作用，精美的板书赏心悦目，不仅给学习者以美的享受，也会在潜移默化中影响学习者的书写能力，提高学生的非智力因素。

### （五）板书能够提高教学效率

板书能够用文字、符号简练提示教学内容的结构和思路，便于学生理解和领会其中的逻辑关系，便于把握记忆，同时又能够省去烦冗的说明，提高效率。教学活动中，使学生的眼、耳、手、心同时活动，也能够提高学习效率。据实验，讲解完全相同的内容，教与学的具体方式不同，学习效果有显著差异。实验把学生随机分成三组，使他们学习同样的教学内容。第一组，教师单纯进行面对面的纯语言教学，不写板书，学生只听，也不记笔记；第二组，教师边讲边写板书，学生边听边看，不记笔记；第三组，教师边讲边写板书，要求学生边听边看边记笔记。三个组教学结束，立即测试，结果是第三组边听边看边记的学生，学习效率最高，能够掌握教学要点的85%；第二组边听边看的学生，能够掌握教学要点的65%；第一组只听的学生，只能够掌握教学要点的35%。实验结果表明，学习中听、看、记，利用眼耳手心等视觉器官、听觉器官、触觉器官和思维器官一起接收教学信息，教学的有效性最高。

## 二、板书设计的基本要求

### （一）逻辑清楚，重点突出

板书要反映教学内容的系统，有层次性和逻辑性。经验说明：只有那些有条理、有系统、恰当表达教学内容的内在逻辑与结构层次的板书，才能便于人记忆。所以，首先，板书要条理清晰，层次分明。教师要把讲解内容经过总结、归纳、演绎，分解梳理出教学内容之间的内在逻辑关系，以教学提纲的形式"提纲挈领"地呈现，方便学生系统地把握知识。其次，要重点突出。把要点突出显示出来，才能引导学生注意应该注意的内容，才利于学生抓住教学重点。板书为教学服务，板书要紧紧围绕教学目标，一般而言，教学重点通常就是板书的重点。

### （二）科学准确，简练精要

板书是对教学内容的简要确切的表达。首先，板书要科学，对教学内容的表述要正确，要科学表达概念、原理及其内在关系。其次，板书要简明扼要。好板书是教学内容的浓缩与深化，而不是教学内容的简单呈现。板书要少而精，"少则得，多则惑"，繁杂的板书会使人不得要领，所以书写在关键处，才能起到"画龙点睛"的提示作用。

（三）设计精当，布局合理

板书要精心设计，合理布局。一般说来，黑板可以纵向分为三四个板面来进行板书，"天头""地脚"留白，左右留"边"，这样看起来既美观又舒服。板书设计一般可以分为主体部分和辅助部分。主板书要有计划性，要设计精当，布局合理，书写起来方便顺手，辅助板书一般在需要时随手书写。

（四）字迹工整，书写规范

教师板书时书写要规范。首先，要书写正确，防止出现错别字。其次，要注意笔画顺序正确，使间架结构匀称。防止写字时出现笔顺错误，即"倒插笔"。

## 三、常用板书的设计方法

板书直接影响教学效果。因此，板书要有计划性，要提前对板书进行通盘考虑，要设计板书小样。通过精心设计，板书才能科学、精练、易懂、好记。通常情况下，教师要根据教学需要，设计好板书，将其附在教案里。在认真备课基础上心中有数，才能保证上课时讲解与板书配合得宜，相得益彰。

（一）深挖教材，把握重点

板书对引导学生掌握教学内容具有重要作用，教师设计板书，应该在准确掌握教材、完成教学设计的基础上进行。板书设计应深层次挖掘教材，遵循教学的逻辑顺序，紧紧把握教学内容的重点和难点。一般说来，应抓住以下内容：第一，能引导学生把握学习思路的内容，如标题、衔接处和核心点；第二，能引导学生学习由形象思维向抽象思维发展的内容；第三，能引导学生产生联想、便于记忆的内容等。总之，备课时应透彻掌握教学内容，十分注意把握重点，透彻掌握了教学内容，把握住了重点和难点，在此基础上再设计板书，才能使语言准确凝练、言简意明、一目了然，起到指点引路的作用。

（二）系统性板书与辅助性板书应紧密结合

板书习惯上分为主板书和副板书，也就是系统性板书和辅助性板书。主板书进行整体展示，是对教学内容的系统化提炼，包括教学的基本内容、重要结论等，书写在黑板的中心区域；副板书进行辅助，在教学进程中，可以将一些重要概念、名词术语，或者重要的时间、地点，或者生僻的、学生不易理解意会的字词，以及其他需要强调提示的内容，随手写在黑板的边缘部分。系统性板书写在黑板中心位置，可以长时间停留，甚至整节课都保留着，给学生整体系统的印象；辅助性板书往往随讲随写，随写随擦，比较随意。

系统性板书与辅助性板书应紧密结合。系统性板书是主体，辅助性板书为补充，二者密切结合才有好的效果。在当今广泛使用PPT的时代，主板书往往已经被PPT所取代，所以黑板的主板书，如今常常更加凝练简要，以提示学生注意掌握学习的重点与难点。板书的一些要求，同样适用于PPT设计与制作。

(三) 设计好主板书

板书设计一般指系统性的主板书的设计。主板书设计常用的方式方法如下。

1. 提纲摘录式

提纲摘录，就是把教学内容中有代表性的中心句、主题句、关键句，摘录成教学提纲进行板书。教材、教学内容中大多有鲜明的中心句、主题句、纲目句或关键词句，因此教学板书可以设计成教学提纲的样式，浓缩、再现教学内容。提纲摘录法，以教学内容自身内容结构的条理性和层次性为基础，纲目清晰明确，简便易行，是一种最常用的方法。

2. 概括归纳式

板书是在钻研教材、认真备课的基础上形成的，是教师教学思维的具体化。课堂教学的内容一般都是比较繁杂的，但是板书设计却要简洁简练。因此，概括归纳法也是教师常常使用的板书模式。所谓概括归纳法，就是基于教师对教材的全面深入的研究分析，在归纳教学内容的基础上进行抽象、升华、深化，用简洁的语言抽象概括教学内容，类似学术论文前的"摘要"。这种板书对教学内容进行高度的抽象概括，板书有思想深度，也能够促进学生抽象思维能力的发展。

3. 图解示意式

图解示意法，是把教学内容之间的内在联系，用简要的文字、符号、线条、图形、图示形象地展示出来的板书方法。用板书图解示意，把抽象深奥的概念或原理之间的关系变得具体浅显，使人易于理解接受。这种板书形式既高度概括，又形象直观，简明准确，使人一目了然。思政课的教学内容往往是各种复杂知识和信息，往往抽象而深刻，难以理解把握，图解示意能够把各种复杂内容进行比较形象的、有规律的排列组合，帮助学生形象地"解读"教材内容。这种图解示意的板书模式，基于教师对教材的深度把握，以高度概括的逻辑化表达方式，反映教学内容的内在联系。

4. 提练线索式

提练线索法，是根据事物发展的线索设计板书，根据教学内容本身的内在逻辑性，把教学内容的前后顺序、主从关系、基本脉络等，用明确的线索串联起来，一目了然地呈现出来。按事物发展的线索和序列设计板书，能显示事情的发展轮廓，有利于形成完整认识，有利于学生领会事物的发展脉络，把握事物之间的联系，把握知识理论体系，培养学生的分析能力。

5. 表格展示式

表格是常见的板书形式，常常适用于一组相近或相反的知识信息的比较。将教学中的要点列入表格，用表格来展现基本内容，这种板书模式，一是简单明快、对比性强，容易理解和记忆；二是信息量大，整齐清晰。表格式板书不仅在传统的板书中很实用，表格展示法还经常为多媒体教学所采用，在 PPT 展示中也很有效。

6. 比较对照式

比较是人们认识事物、分析事物的一种思维形式，将这一对比方法运用到教学板书上，就是比较对照式板书。比较有许多方法，从性质上分，有求同法、求异法，有纵比法、横比法，有定性法、定量法，有综合法、分析法，等等。比较对照式板书运用对比的方法，确定事物异同关系，能起到区别、深化、强化的作用，用于总结复习教学，效果会更好。不管板书运用什么呈现形式，只有与课程内容相配合，才能起到良好的效果。

### （四）讲写结合，相得益彰

板书为教学服务，所以板书必须与课堂讲解有机结合。板书虽是在授课过程中不规则地间隔出现的，但最后要形成条理系统、内容完整的一个整体。一堂课的板书应少而精，是对该堂课讲述内容的浓缩，内容应完整系统，以便学生在课堂学习中利用板书进行归纳小结，起到再现知识、加深理解、强化记忆的效果。这些对板书的要求，同样适用于 PPT 设计与制作。

# 第七节　教学小结的设计

一篇好文章要有"凤头、猪肚、豹尾"，结尾的作用十分重要。教学小结，可以用于相对独立的一段教学内容的结束，也可以用于课堂结尾，是一段教学内容或一堂课的收尾。"编筐编篓，重在收口"，好的结尾收束全课，令人难以忘怀，整堂课要上好，就需要有好的结尾锦上添花。

## 一、明确教学小结的作用

### （一）总结教学内容，厘清知识结构

教学小结既可以照应开头，又可以整理知识理论，是教学环节、教学结构完整构成中的一部分。在结尾处，针对教学内容做一个总结，整体概括教学内容，以此来整理知识理论，这是小结最常见的作用。这一类型一般出现在"总—分—总"结构的教学中，比如在一次教学中，先总体说明理论、事物或事件的特点，然后一一学习各方面的知识理论，介绍各方面特点，最后就需要小结。通过教学小结，对教学内容进行整理、归纳和系统化，总结重点，厘清知识脉络，找到规律性，帮助学生掌握内在联系，形成条理认识，达到对知识理论的融会贯通。

### （二）呼应开头，首尾照应

为了保证课堂教学的结构完整，一般会在教学尾声处呼应开头，做到教学内容的首尾照应。教学中，导入常常需要介绍知识理论或问题的缘起，然后集中学习知识理论或问题的主体，在教学结尾则需要给出结论或问题的结果。但是，如果教学这样平铺直叙就会太平淡，为了引发学生的兴趣，教师往往会像悬疑剧、谍战剧、侦探小说一样，在课堂导入时设置悬念，突出教学主题，使教学节奏曲折生动，激发学生的探索热情，最后在课堂结尾时解开悬念，让人明白真相。教学小结作为一段教学的收尾部分，能够起到首尾照应的作用。

### （三） 点明主题，升华主题

"描龙画凤，重在点睛"，为文要点睛，教学也同理。结尾升华教学主题，是很多小结的作用。这种课堂结尾一般是通过总结某一理论、某件事情所得到的启示与道理，来点明主题和升华主题。在学生对教学内容进行了整体学习的基础上，教师对问题做深入思考，于结尾处加以点化，引发学生思想情感的共鸣，能够从更高的视点、更开阔的视野，更深刻地去理解和接受教学内容。

### （四） 设置悬念，引发思考

有些教师在教学结尾处留置某个问题，设计一个悬念，言尽而意未尽，引发学生的某种急切期待和热烈关心的心理，激发学生的求知欲，为课外学习提供引导，为下一节课教学作好铺垫。

## 二、教学小结的设计方法

### （一） 归纳总结式

每讲完一节课，为了帮助学生对课堂教学内容形成一个完整而深刻的印象，教师会回顾总结本节课的主要内容，将复杂的教学内容简化归结为几个要点或几条内容，并再次强调教学重点，巩固记忆。归纳总结式通过对课堂教学的重点内容进行准确归纳、精练总结、反复强调，有利于形成系统完整的知识体系，这是经常使用的一种小结方法。

归纳总结式，可以用简单明了、准确简练的语言对整堂课的教学内容进行归纳总结，强调知识理论的脉络，强化重点，明确关键，深化主题，也可以用图解、图示、表格对课堂上所授内容进行概括总结。其优点是，便于学生对一节课的主要内容和重点形成清晰认识，也便于学生记忆。

教学小结可以由教师进行总结概括，也可以由教师引导学生进行总结，还可以由学生自己总结。这能给学生更多的锻炼机会和参与课堂的机会，也能够促使学生认真听课。

### （二） 设置悬念式

教师设置疑问，引起学生的学习期待和求知欲。一种方式是，教师把下一节课的教学内容以问题的形式展示给学生，引导学生课外思考预习，尤其是和学生日常经验密切相关或承上启下的内容的教学，通过问题引发学生积极思考，能够活跃学生的思维，把总结、预习融为一体。第二种方式是，如果一个问题有多种思维角度，课堂上老师只涉及了其中之一二，其余留下不讲，由学生自己去解决，能够增加学生学习的兴趣，激发学生开放性思考。还有一种方式是，老师在教学中，重点内容要详细讲，有些内容略讲，有些内容不讲而只做简单提示，留给学生课外思考阅读，培养学生自主学习的习惯。

### （三） 首尾呼应式

如果教师开始上课时以提出问题、设置悬念的方式导入新课，那么在课堂小结时就应该引导学生用本节课所学的知识理论，分析解决前面所提的问题，解决开始时所设置的悬念，这就是首尾呼应式。这种小结方式针对导入中提出的问题和悬念进行课堂小结，既能照应开头，做到前后呼应，形成了闭环，又巩固练习了本节课的教学内容，形成一个完整的课堂结构。

### （四）比较区别式

课尾将新知识与旧知识联系起来进行对比分析，就是比较区别式。这种方式的小结常常适合表达形式相近、知识结构相似、学生容易混淆的内容，通过比较能够使学生区别开相似内容，更准确地把握知识。一个教学片段到结尾处，为了帮助学生把握所学内容的本质，教师常常采取总结、提问、列表等方法，将新知识与原有知识进行比较分析，明确其内在联系，找出其相同或不同，使学生更准确、更深刻地掌握教学内容。

### （五）应用检测式

根据教学内容，教师提供一些相关材料，提出社会现实问题，并引导学生运用所学分析这些现实问题，并提出解决这些现实问题的思路与方法，帮助学生巩固知识理论、形成实践能力。应用检测式的小结，可以让学生增加学习理论的兴趣，深化对知识理论的理解，扩大对社会的了解，开阔视野。

### （六）轻松结尾法

这是最简单的一种结尾方法，如"这节课的学习到此顺利结束了！"如果本节课的教学任务全部完成，圆满实现了教学目标，就干脆愉快地下课；如果已到下课时间，那就简短收束课堂迅速下课；如果学生任务繁重，需要休息，课堂结束时也不必再多说，让学生轻松下课即可。

## 第八节 课外作业的设计

课外作业是思政课教学的重要组成部分，在教学中发挥着重要作用。《学记》中写道："时教必有正业，退息必有居学。"正业即正式课程；居学即课外作业。《教育大辞典》对"课外作业"的定义是："根据教师要求，学生在课外时间独立进行的学习活动。在教学活动总量中占有一定比例。……它是课堂教学的延伸，有助于巩固和完善学生在课内学到的知识、技能，并培养学生的独立学习能力和学习习惯。"[1]

### 一、课外作业的设计与教学程序

人们往往关注思政课的课堂教学，却普遍忽略了课后作业的重要作用。实际上，"在

---

[1] 顾明远. 教育大辞典［M］. 上海：上海教育出版社，1990：378.

学校教育中，课堂教学与课外学习相辅相成，课外学习一般采用课外作业的形式，它是培育学生自主性、自律性的重要领域。"①布置课外作业是思政课教学的一个环节，也是思政课提高教学有效性的一种方法。布置作业，既是教师检验教学效果、获得教学反馈从而及时调整和改善教学手段的基本方法，又是高校思政课进行过程考核的一种方法，同时，作业还承担着主流思想宣传、感化教导学生的教学功能。近来许多高校开始关注思政课作业的研究，作业的地位明显提高，形式也有了显著拓展。课外作业的设计与教学，从程序看，分为几个步骤。

（一）设计作业选题

设计作业选题是布置作业的第一个环节，也是决定作业质量的关键。确定作业选题需要进行精心构思与反复推敲，一般而言，设计作业选题要基于以下基础：第一，基于教材内容，扣住教学重点；第二，基于有关社会热点，引人注意；第三，基于学生的学习心理，符合学生的探究需要。在此基础上，需要进一步做以下工作：第一，明确作业的教学目的；第二，确定选题的大体方向；第三，围绕选题方向扩大搜索，寻找支撑资料，保证选题的科学性与可行性；第四，结合教学目的推敲斟酌，确定选题。经过认真推敲斟酌确定的选题才能紧扣教学内容，紧扣社会现实，紧扣学生的需要，提高专业质量和水平。

（二）布置作业

布置作业要注意以下几个方面。

第一，形式丰富多彩。题型多样，引人注意。如问答题、材料题、现象分析、问题辩论、问题考证、资料搜集等。

第二，有一定的自由度，允许学生发挥主动性。允许学生在作业选题的大范围内，结合自己的关注点确定具体题目，给学生一定的选择空间。

第三，难度要适中。难度不可太小也不可太大，难度太小，学生则不会认真思考；难度太大，学生则难以完成，就会应付，这些都不能实现作业的教学功能。

第四，时间合理。应根据作业量，预留完成时间。

（三）批阅作业

批阅作业，可以了解学生学习的实际状况，便于发现问题以便在教学中有针对性地进行深化与补救。因此，教师要认真对待。教师批阅作业要客观公正，正确引导。主要原则：第一，作业是否规范认真；第二，逻辑是否清晰，结构是否严谨；第三，观点是否明确，语言是否通顺；第四，是否能分析透彻，有独立见解。

作业规范认真能表征学生的学习态度，也是做好作业的基础，这是学生面对学习和工作时的统一素质要求，对于学生的学习、工作和事业发展都至关重要。逻辑是否清晰，结构是否严谨是对作业本身的标准要求，能考查学生的逻辑思维能力。观点是否明确，语言是否能通顺，能看出作业立意是否明确，文字功表达能力是否符合专业要求。是否

---

① 钟启泉. 我们需要重新审视"课外作业"[N]. 中国教育报，2021-11-10 (5).

能分析透彻，有独立见解，是考查对问题有无切身体验和独特领悟。通过批阅作业，教师能够发现学生的问题，进一步分析可以找到症结所在，指导学生改进。

作业也可以交由学生互评。学生互评作业，一是可以学到自己没有涉猎的新知识，二是可以借鉴他人的思路方法，三是可以借由他人的问题，反观自己。

### （四）作业反馈

作业批阅之后宜尽快反馈，因为作业是紧跟教学内容的，及时反馈，学生还记忆犹新。高校思政课教师不可能花费大量时间去讲解作业，在作业批阅中可以对作业进行分类，把优点突出的作业分出一类，把问题明显的作业分出一类。教师可以分门别类地归纳整理，反馈时能够突出重点，清晰评价。

### （五）完善整档

对作业进行反馈之后，学生对存在的问题进行修改完善，教师对作业进行归整保存。作业整档是后期工作，就是教师将学生的作业进行收集、归类、存档。这些作业关系学生课程学习的评价，是思政课过程性成绩评定的依据和参照，各类教学检查也可能需要这些作业，所以需要保存一段时间。

## 二、课外作业的类型设计

目前高校思政课的作业常见的有三类，一是书面作业，如习题型、小论文型、案例分析型、读（观）后感型；二是阅读作业，包括为预习或复习而阅读教科书，也包括为开阔眼界、加深理解而阅读参考书目等；三是实践活动作业，包括调查报告型、制作展示 PPT 课件和设计录制音频、视频，对社会现象的观察研究，对影视作品的欣赏、感知等形式的作业等。这些作业大致可以分为课外书面作业和课外活动作业以及书面作业和活动作业兼具三类。

思政课教师都会布置一定量的课外作业，学生也都完成了作业并据此取得了平时成绩。然而，思政课作业重数量的现象还比较普遍。如何提高课外作业的实效性，是一个需要探索的问题。一般而言，高质量的作业，既需要教师认真设计，更需要教师监督学生投入学习时间和精力。从作业设计看，教师需要注意坚持一个原则：即作业必须将理论与实际相结合。理论与实际相结合的作业，才有针对性、实践性和实效性，才能引导学生独立思考问题和独立解决问题，提高理论联系实际的能力。为丰富作业类型，推荐以下理论联系实际的作业设计。

### （一）案例分析作业

案例分析作业中的案例，来源于社会现实生活，生动性强，能够体现理论联系实际原则和实践性原则。案例模拟了生动的生活场景，通过分析案例，能够引发学生对理论的深入思考，起到了实践教学的作用。

一是要精选案例。结合社会热点和焦点问题，精心选择案例，择取具有典型性、代表性、普遍性的社会问题，引起学生对作业的兴趣，引发学生分析、讨论的热情。案例分析作业还能够把课外信息引入课堂，既增强了课堂知识的容量与时效性，也能够引导学生关心社会实践，理论联系实际。

二是要设计案例格式。教师要设计案例分析的格式要求，通过理论综述、案例分析、反思与研究等，按照格式要求学生完成作业，引导和训练学生的思维能力、判断能力、创新能力和逻辑分析能力。

三是要进行案例分析引导。教师要注意对作业的辅导和批改，引导、启发学生利用理论进行深度思考和分析，指导学生高质量地完成作业。

### （二）文献阅读作业

阅读能力是所有学习的基础，要培养阅读能力、提升阅读水平，就要使学生接触大量生动丰富的文献资料，弥补思政课教材抽象、枯燥的不足。

文献阅读作业就是要通过阅读课外书籍，开阔视野，扩大知识面。文献阅读作业的要求低于文献综述，这种作业要求学生阅读文献，并在阅读过程中进行文献摘抄，对摘抄内容进行分析评价。

设计文献阅读作业，一是教师要选择符合学生认知水平的文献，使学生能够阅读并能理解；二是教师要提出明确的要求，即明确学生阅读文献后完成的任务；三是教师要指导学生如何完成任务；四是学生要写出阅读体会。

文献阅读作业，既能够培养学生读书的习惯，引导学生自主学习；还能够拓展课堂教学内容，引导学生思考；也能够提高人文修养，提高思想修养，启迪学生的智慧。

### （三）讨论型作业

一是要精心设计讨论题目，有的放矢，讨论主题既要有助于学生知识的运用与拓展又要达到布置作业和引发学生学习兴趣的目的，最好选择贴近实际、贴近生活、贴近学生并突出针对性、时代性和富有感染力的问题。二是要周密安排，做好准备。三是在讨论过程中要注意引导，教师要适时进行点评、归纳和总结，并纠正错误，弥补缺陷，填补学生观点的空白，及时矫正观点与立场的偏差和失误。

### （四）实践调查作业

实践调查作业即教师布置调查题目，通过实践调查发现问题，并结合理论知识对问题进行分析和思考，形成调查报告。实践调查作业的实践，一是要确定难度不大的题目，低于科研课题的要求；二是要求学生必须有资料收集过程，比如调查问卷、访谈记录等；三是学生要完成简短的调查报告。这种作业模式体现了教学的实践性原则，一定程度上可以弥补实践教学的不足，促使学生参与社会实践，了解社会生活，加深理论理解。

### （五）作品制作作业

作品制作作业，是结合教学内容，安排学生以海报、书法、诗歌、绘画、视频创作等形式完成作业。第一，作品制作作业需要对作品的主题做出规定，对题材、风格可以不加限制。第二，为激发学生积极性，教师收集整理学生提交的作品后，可以择优展示供师生观摩，或者汇编成册。如果能引起反响，就会激发学生的学习积极性，同时也突出了思政课的实践性，起到了生动的思想教育作用。

（六）时事评论作业

思政课具有鲜明的时代性特征，理论知识教学要关注社会现实，时事评论作业就是引导学生面对现实、理解现实的一种方式。比如，有的教师在每次课前都安排"课前五分钟时事评论"作业，全体学生轮流参与，学生选取相关新闻事件予以介绍，并进行评论，教师可以酌情点评。此外，出现重大社会事件时，教师也可以以有关知识理论对事件进行评论，引导学生正确看待社会问题。这样的日常作业，既需要学生关注社会现实，也需要学生进行大量知识理论准备，可以将理论与实践相结合。

（七）主题辩论

"灯不拨不亮，理不辩不明"，主题辩论能够深化学生对知识理论的理解，增强语言表达能力，也能够提升发展学生的批判性思维和辩证思维。美国学者奥斯丁·J. 弗里莱在其权威教材《辩论与论辩》一书中指出："辩论是一种批判性思维的方法，人类历史上最负盛名、最具批判性的交流都是以辩论的形式进行的。"[①]

主题辩论作业，一是要选取学生普遍关注、与知识理论教学相关的社会热点和焦点问题为辩论主题；二是学生要全面思考辩论的主题，充分准备论点、论据，训练使用辩论技术和技巧。学生为了说明自己的观点，一方面要全力思考以给出合理的逻辑解释，广泛搜集证据，另一方面还要批判反方观点，运用逻辑论证与事实论证进行论辩。

作业应该坚持理论与实际紧密结合。实践教学是思政课十分重要的教学活动，但实践教学在实际中难度很大，而理论与实际紧密结合的作业，恰恰能够在一定程度上弥补思政课实践教学的一些不足。学生通过作业也进行了一定的实践活动，延伸了课堂教学。当然，布置这样的作业也有一些困难，最突出的困难就是教师和学生需要投入的时间精力很大，师生都需要在课堂教学之外花费大量时间来完成和处理作业，所以，这样的作业不建议太多，每学期集中安排一两个或两三个即可，以提高实效性。

---

① 奥斯丁·J. 弗里莱（Austin J. Freeley），李建强，等，译. 辩论与论辩 [M]. 石家庄：河北大学出版社，1996：3.

# 第九章　思想政治理论课教学考核的设计

教学考核是思政课教学工作的一个重要方面，考核包括对教的考核，也包括对学的考核，在此特指对学生学习思政课成果的考核。目前关于思政课的改革和研究虽然较多，成果也颇丰，但一般都集中于对教学内容、教学方法、教学模式的研究方面，关于思政课教学考核方面的改革与研究，总体还比较欠缺。2020 年中共中央、国务院印发了《深化新时代教育评价改革总体方案》，其中指出要"坚持把立德树人成效作为根本标准"，这对高校思政课进行科学合理的考核提供了总体指导。

## 第一节　思政课教学考核的意义与原则

思政课则是"落实立德树人根本任务的关键课程"，立德树人的教育教学目标是否达成，需要科学有效的教学考核来衡量。2018 年教育部要求改进和完善考核方式，"要合理区分学生考核档次，避免考核走形式，引导学生更加重视思想政治理论课学习。"①

### 一、思政课教学考核的作用

教学考核本身就是完整的教育教学过程的一部分，教学考核引导思政课教师的教学行为，也引导学生的学习行为，有什么样的评价考核，就有什么样的教学活动，高校思政课的教学考核评价有多重意义与作用。

（一）诊断作用

教学考核与评价的首要作用，就是能够发现教学中的问题。依据一定的标准对思政课教学进行评价，可以及时发现教学中存在的各种问题，为改进教学方法提供根据。首先，教学考核可以让教师明确知道思政课教学的效果到底如何，使教师明确知道在教学内容和教学方法的设计上是否恰当，使教师明确知道教学是否达到了预定目标。其次，教学考核与评价可以帮助教师把握学生学习的具体结果，了解学生的学习效果和学业发展水平，了解学生在课程学习上的薄弱环节。最后，教学考核与评价也可以帮助学生了

---

① 教育部. 新时代高校思想政治理论课教学工作基本要求 [EB/OL]. http://www.moe.gov.cn/srcsite/A13/moe_772/201804/t20180424_334099.html.

解和把握自己的学习成效。教学考核与评价是对思政课课堂教学进行的质量监测，其诊断作用不仅仅体现在能够帮助师生发现教与学的突出问题和薄弱环节，还包括能够循着问题分析成因，进而改进和完善教与学。

（二）导向作用

循着问题分析成因，就可以找到改进和完善教学的方向，教学考核与评价对于教学工作的各个方面都能起到引导作用。首先，教学考核与评价能够督促和引导学生努力学习，对于学生的自我调节起到导向作用，引导学生达到更好的学习状态；其次，教学考核与评价能够为教师下一步的教学工作指明方向，有利于教师明确和把握教学的重点，进一步改进教学方法；最后，教学考核与评价还能提示教学管理部门明确监管的重点，加强教学管理。考核评价结果的反馈和利用，能够指引教师和学校朝目标运行，也可以指引学生对自己的学习行为作出调整，这就是教学考核的导向作用。

（三）反馈作用

教学评价不是孤立的，它是教学周期性运行中不可缺少的一个环节。教学是"教学—评价—反馈—改进教学"的不断循环过程，教学考核与评价是阶段性教学的小结，它能够反馈于教学、反作用于教学，它能让师生双方了解前一段教学的实际状况和客观结果，总结各自的得失，反思和改进，从而起到调节的作用。从教的方面看，教师通过整理考核的信息，能够客观把握自己教学的得与失，也能够及时发现问题并进行调整和改进，以提高教学的有效性；从学的方面看，根据考核评价结果，学生也能够清晰了解自身的学习质量，及时发现并调整学习中的不足之处。诊断只是开始，反馈、调节和提高才是教学考核与评价的最终意义之所在，所以，面对教学考核与评价的结果，及时发现问题并进行合理调整，才是师生最需要做的也是最具实质意义的工作。

（四）发展作用

教学考核最终的意图，是为了提高和改进，是为了教育教学的发展，所以，发展是教学考核的真正意义之所在。首先，考核评价能够发现教学问题并促使改正，也能够发现教学中的先进方法与典型事例，通过表扬与肯定，先进的教学理念和有效的教学方法能够在教师中进一步扩散和应用，从而促进学校教学工作的整体发展。其次，教学考核能够使学生清醒地知道自己的学习效果，能够促使学生明确下一步的学习目标，改善自己的学习方式，促进学生的全面发展。最后，教学考核也促使教师进一步关注学生的学习行为，反思和研究自己的教学行为，从而钻研教学艺术，提高教学能力，积极进行教学改革，促进思政课教师获得专业发展。所以，考核评价最终是为了从各方面掌握教学实际，从而研究教学工作，提高教学质量，提升教学效果。

（五）激励作用

教学考核的激励作用既体现在教师身上，也体现在学生身上。首先，在教师方面，教学考核可以使教师得到肯定和鼓励，体验到教学的成就感，从而进一步激发教学积极性；也可以使教师得到一定的教训与启示，体验到工作的挫败感，从而激发改进的动力，激发教师的教学积极性。其次，在学生方面，教学考核会使一部分学生获得学习成就，得到教师肯定与自我肯定，这能进一步激发他们的学习积极性，激发学习热情；教学考核会使另一部分学生获得不太理想的结果，这也可以在一定程度上激发斗志，从而形成努力的方向，调动学生的学习能动性。

## 二、思政课教学考核的特殊性与难点

2020 年中共中央、国务院在《深化新时代教育评价改革总体方案》中提出"坚持把立德树人成效作为根本标准"，这对于思政课的考核提供了总体指导。思政课教学考核考什么？当然要考核"立德树人成效"，那么对思政课立德树人的成效如何进行科学衡量呢？

衡量思政课立德树人的成效，对学生的马克思主义知识理论等认知因素进行评价是必要的，但对相应的情感、立场、态度等思想政治品德的考核也是必要的，甚至是更重要、更根本的。但是，目前思政课对于知识、能力方面的量化考核方法比较多，相比而言，思政课教学考核的难点，恰恰就是对学生实际的思想倾向、政治立场、道德品质等非智力因素的考核。对这些隐性的非智力因素进行评价考核，是思政课教学考核的特殊性之所在，也是教育界公认的教学考核中的难题。

我国自 20 世纪 80 年代，就开始研究如何进行思想品德的量化考核，也取得了很多成就，比如对学校的德育工作进行量化评估，已然能够实现；学生管理中对学生的日常操行进行量化考核，也已经在许多学校广泛实行。但是，思政课教学对学生思想政治品德的量化考核问题，一直难以很好地实现。

思政课对学生思想政治品德的量化考核，具有重要性、理论性和复杂性。教学中如何对学生实际的思想政治品德进行量化考核，如何真实测评学生的思想政治品德，一直困扰着思政课教师；教学中如何对学生的思想政治品德进行科学考核，也一直是思政课教学考核的难点。因为难以确定量化标准，思想政治品德的量化考核缺乏科学性与说服力，所以思政课往往侧重于对学生的知识理论水平与实践应用能力进行量化考核。

思政课是一门以学生思想政治品德培养为目的、不同于一般课程教学的特殊课程，所以其教学评价既要对知识理论与实践能力进行科学的评价，也强调对思想政治品德进行科学评价。马克思曾经强调："一种科学只有在成功地运用数学时，才算达到了真正完善的地步。"[①] 为了保证思政课教学评价的科学性和完整性，采用数学赋值的方式对学生的思想政治品德进行定量评价，也是大势所趋。

思政课究竟怎样对学生实际的思想倾向、政治立场、道德品质等非智力因素在教学中进行量化考核？这一问题有待深入研究。虽然思想政治品德难以完全在教学中进行量化考核，但是也并非完全不能量化考核。比如，在课程考试的试卷中留出一定分值，设计一些开放性题目，通过学生的回答侧面测试学生的实际思想感情和态度，也是可以做到的。当然，对学生实际思想感情与态度的考核，更多还是依托平时的过程性考核，通过学生的日常行为、思想表现、意见表达来评价更为常见。这方面的考核如何细化、如

① 保尔·拉法格. 忆马克思 [M]. 中共中央马克思恩格斯列宁斯大林著作编译局编：《回忆马克思》，北京：人民出版社，2005：191.

何更有效度，值得进一步好好研究。

### 三、思政课教学考核的原则

（一）科学性原则

教学考核必须以科学的教育评价理论为指导，按照合理的程序，通过科学的方法去构建思政课的考核评价体系。首先，指导理念要科学化；其次，考核评价的内容要科学；再次，考核过程与方法要科学，考核活动要有先后顺序，按照程序开展，考核严格按照程序进行；最后，考核评价标准要科学，思政课教学不仅仅具有知识学习和能力培养的目标，还有自己独特的也是极其关键的教学目标——情感态度价值观、信念、立场等，从一定意义上，这些目标才是思政课教学真正的意义所在，这就必然要求思政课在设定考核目标时必须全面，除了评价知识、能力两个方面，还要涵盖立场、信念、态度等价值观内容，总之，思政课三个维度的教学目标都应该得到合理体现。

（二）时代性原则

随着国家对思政课教学的不断重视，思想政治理论课不断加快课程建设与教学改革的步伐，近些年思政课教学出现了持续的大发展，各高校大都在根据时代需要进行思政课教学的各种探索，教学评价就是探索内容之一，各地思政课在教学评价的理念、指标、方法与途径上也各有不同。从趋势看，"唯分数论"的陈旧评价指标正在被改变，"唯书面考试"的评价方法与"纸笔测试"的单一手段正在不断被多种多样的考核形式所取代。总体而言，思政课教学考核的理念方面应该根据时代需要不断更新，考核的内容应该结合新时代国家社会的发展需要，评价的方法也应该尝试利用现代信息技术，这是思政课教学适应时代发展的必然要求。

（三）多元化原则

多元化原则意味着从多个维度、多个层次、多个元素去考核学生对思政课的学习效果。随着教学评价理论的发展，多元素评价正日益受到重视，这也是教学考核走向成熟的标志之一。2018年教育部就思政课的教学考核提出要求："改进完善考核方式。要采取多种方式综合考核学生对所学内容的理解和实际运用，注重考查学生运用马克思主义立场观点方法分析、解决问题的能力，力求全面、客观反映学生的马克思主义理论素养和思想道德品质。"[①] 思政课的教学内容与教学活动由多个要素组成，每一部分又有各自不同的要求和环节。思政课的教学涉及知识、能力、价值观等多个元素，学生的学习有理解、运用和评价等多个层次，学生的学习表现既有平时的学习行为表现也有最终的学习结果表现等，所以，这决定了在教学考核时也必须要考虑多个维度、多个层次、多个元素，要建立科学合理的多元评价体系，从多方面、多角度进行考核。不应过分强调对某一方面的单一评价，而是要以全面测评学生的多方面发展为目的，科学合理地考核各个

---

① 教育部. 新时代高校思想政治理论课教学工作基本要求［EB/OL］. http://www.moe.gov.cn/srcsite/A13/moe_772/201804/t20180424_334099.html.

方面，引导学生全面发展。

### （四）整体性原则

教学考核要从思政课的整体视角出发，在设计考核指标时应该从思政课教学目标的整体性、完备性出发来选择确定指标，并且要充分考虑每一指标在整体测评体系中的地位与作用，既要注意多个指标之间要有各自独立性，又要充分认识到其各要素之间的联系，以及各要素与整个考核体系之间的联系。进行考核评价指标体系设计时，要能够全面覆盖教学的基本要素与主要内容，能够展现思政课教学的整体要求，能够反映学生的整体学习质量与水平。要明确多个维度、多个层次、多个元素之间的内在逻辑及考核重点，明确把握其间的差异与联系，坚持整体最佳。

### （五）可行性原则

教学考核的设计不能不切实际和太过于烦琐复杂，以免造成考核工作繁重；考核指标设定既要符合思政课教学的全面性要求，又要内涵清晰便于理解；评价方法的选用要简便、高效。首先，可测性，定量的指标要具体，便于测量。思政课教学考核会涉及部分抽象的指标，抽象的指标可以通过层层分解，最终以可测的具体指标呈现。一般在思政课的教学考核中，一级指标相对抽象，而后逐级进行分解细化，就会变得越来越具体。其次，简明性，作为一种考核工具必须易于操作，各项指标的内涵要清晰明了，定量的指标要方便计量，定性的指标要精练准确。太过复杂烦琐的考核会让人"望而生畏"，简洁明了、便于操作且实用性强的考核，才能保障考核工作的科学开展。

思想政治教育活动是一个发展的动态过程，大学生思想政治素质的形成与发展也是一个动态的长期的过程，学生思想品德的发展、情感态度价值观的转变、能力的提升都是一个长期的缓慢的过程，所以，思政课的教学效果也具有一定的滞后性，不是立竿见影的，学生并不是在上完一堂课之后立马就能够完成这样或那样的转变。因此，在对学生进行考核时，必须以辩证的、发展的眼光来看，思政课的有些教学效果，体现在对学生一生发展的影响中。

## 第二节　思政课教学考核的设计

2018 年教育部要求思政课改进、完善考核方式，"坚持闭卷统一考试为主，与开放式个性化考核相结合，注重过程考核"[①]。随着思政课教学改革的不断深化，单一的终结性评价已经不适用于新时代的教学要求，在思政课的教学考核改革中，越来越重视过程性评价，目前已经形成了终结性评价与过程性评价相结合、平时考核与集中测试相结合的思政课考核模式。

---

① 教育部. 新时代高校思想政治理论课教学工作基本要求 [EB/OL]. http://www.moe.gov.cn/srcsite/A13/moe_772/201804/t20180424_334099.html.

## 一、终结考核与过程考核相结合

传统的思政课重视理论知识灌输，忽视思想内化和价值认同。与此相应，教学考核曾经长期重视期末书面考试成绩，忽视平时表现，而期末考试又着重考查概念、原理等理论知识，这种考核方式与思政课的课程任务不相匹配。思政课教学不仅是为了传授理论知识、培养能力，而且更重在强调思想的内化与价值的认同，期望最终形成马克思主义的思想观念与价值立场，形成马克思主义的理想信念。传统考试侧重考查对理论知识的掌握，而对价值观念、思想倾向、行为意志无法涉及或较少涉及，窄化了思政课的课程目标。

随着教学改革不断深化，思政课的教学考核也在不断改革，逐渐打破了传统的单一性的期末考试的评价方式，越来越重视教学过程中的形成性评价，最终形成了终结考核与过程考核相结合的考核理念，探索出目前被广泛运用的"平时考核+集中测试"的基本评价模式。其成因如下。

第一，单一的终结性评价难以体现思政课的全面课程目标。课程目标决定考核方式，思政课的课程目标，决定了其学习效果应该与考核相互联系的三个方面：①是否掌握了基本的理论知识；②是否具备对理论知识的实践运用能力；③是否提升了思想素养和人生境界。从考核的这三个方面来看，基本理论的考核比较适宜卷面考核，而能力与思想素养方面则主要体现在平时的学习实践中，不宜通过卷面形式进行考核。对教学效果的评价单纯采用卷面考试的形式，是不适合思政课的教学要求的；日常的过程性考核，比较适应对学生的实际能力与思想素养的考核。所以多年的思政课教学改革使业界达成了共识：终结性评价结合过程性评价，才能够比较全面地考核思政课的教学目标是否实现。

第二，越来越受重视的实践教学，也需要加强平时的过程性考核。21世纪以来，实践教学越来越被重视，目前实践教学依然是高校思政课教学改革与研究的一大热点问题。大家普遍认识到，理论教学是教学的一个重点，但是最后的落脚点仍然是实践，实践教学已然成为思政课教学中不可或缺的一个组成部分。观看录像、讨论案例、问题辩论、模拟法庭、微视频制作、情景剧表演等实践活动越来越多地出现在思政课教学中。与此相应，对实践教学进行考核评价，成为一个不可避免的要求。终结性的考核方式适宜考核学生的理论学习结果，而生动活泼的实践教学，比较适合过程性考核，这就形成了理论考核与实践考核并重的考核方式。其中，理论考核，侧重评价学生整体性的理论学习情况；实践考核，注重评价学生的实践主动性与实践能力。

第三，适应不同专业学生的需要。全校一张试卷，实行统一考试，看似客观公正、一视同仁，实际上却脱离了教学实际，因为思政课面向所有专业的学生，而文科学生、理工科学生、艺体类学生以及其他各专业的学生，存在明显的知识理论的实际差异，对于一些文化课基础尤其是思想政治理论基础薄弱的学生，统一考试往往会出现大面积的不及格，严重影响教师与学生的教学积极性。过程性考核，则可以根据专业调整考核的内容与类别，适应不同学生的实际。

第四，强化过程考核能够激发学生的学习行为。单一的终结性考核只看重结果，期末考试成绩起决定性作用。一方面，不管学生平时表现如何好、写作业如何认真，只要期末成绩不好，其结果就不好；另一方面，不少学生存在"平时上课不学习，考前临时抱佛脚"现象。加强平时的过程考核并适当提高过程考核在总成绩中的比重，既可以全面反映学生的学习过程与学习结果，也可以激励学生在平时学习中投入更多时间和精力。

总而言之，强化过程考核是立德树人的要求。通过过程考核，关注学生的品行培养和学习过程，考查学生运用基本原理解决实际问题的能力，才能真正提高教学质量，落实立德树人的根本任务。2018 年教育部也要求思政课"坚持闭卷统一考试为主，与开放式个性化考核相结合，注重过程考核"①。

经过多年探索，"平时考核+集中测试"的评价模式被思政课广泛运用，目前各高校思政课的考核成绩，大多由两部分构成，即平时成绩和期末成绩，两者在课程总成绩中所占比例不尽相同，有的学校平时成绩占比低一些，约占 20%~30%；有的学校平时成绩占比高一些，达到 60%~70%。

当然，终结考核与过程考核如何有机结合，也需要进行思考与设计。开课之初，应该制定课程的考核大纲，划分好过程考核与终结考核的目标、内容、侧重点与分值构成等基本问题，规划好过程考核的事项、内容、方式，界定好期末考核考试的范围、重点、方式方法，整体计划好课程成绩的构成。预先有计划，教师心中有数，学生明白课程考核的项目，师生才能有条不紊地完成教学过程，实施过程性评价与终结性评价。

## 二、过程考核的设计

过程考核是在学习过程中对学生学习活动的评价，它通过连续性的评价，反映学生学习过程中的客观事实，比如知识的获得、能力的培养、理想信念的形成，以合理肯定学生的学习行为以及阶段性成果。学习过程是人获得知识、提升能力的自我发展过程，考核学习过程才能引导学生知晓学习过程的意义与价值，掌握、控制与改进学习过程，提高学习效率。

过程性评价自 20 世纪 80 年代形成以来，因为适应了教育改革的需要，在我国日渐引起重视。过程考核的实质，是要激发学生的学习动机，强化学生的学习行为。过程性评价的优点：一是可以对学习的动机、过程、效果以及相关的非智力因素进行评价，考查学生在情感立场方面的表现，体现思政课的价值观目标；二是可以使考核过程与教学过程相结合，目标与过程并重，促进师生互动；三是可以进行多次考查，更能反映出学生的真实水平与思想状况。

过程考核必须事先设计考核方案，明确考核的内容、方法和标准。过程考核自由度很高，学校和教师可以根据实际，权衡条件确定考核方案，要确保它在实际操作过程中的可行性，使其简便有效，避免过于烦琐。

第一，侧重考核学生的思想人文素养。在考核方式上要体现培养学生健康人格的理念，侧重考查学生是否形成了正确的世界观、人生观和价值观，是否形成了坚定的社会主义理想信念，是否形成了积极上进的人格情操，使考核引领思政课教学真正发挥思想教育价值。

---

① 教育部. 新时代高校思想政治理论课教学工作基本要求 [EB/OL]. http://www.moe.gov.cn/srcsite/A13/moe_772/201804/t20180424_334099.html.

第二，要关注学生的日常学习及行为表现，重点考核学生日常学习表现的自觉性。对学生的课堂发言、参与教学互动、课外作业等情况进行考核，可以引导学生养成学习的自觉，端正学习态度。一是要重视学生的课堂表现，根据课堂回答问题的情况、积极参与课堂教学的情况，以及上课的其他情况酌情计分。二是要加强对实践教学的考核，根据学生的主动性与实际完成情况，酌情计分。

第三，要关注学生实际的情感、态度、立场与行为。思政课的特殊性证明，对情感、意志的教育比纯知识教学更为重要。掌握一定的思想政治理论课知识是相对容易的，但是，在现实生活中的真实表现往往是另一个问题。侧重对学生进行实际的情感、态度、立场与行为的考核，就是要考核学生学习的实质性结果。虽然人的价值观往往需要通过长期细致的观察才能把握，但是，教师还是应该注重学生平时的课堂表现，从学生的发言、讨论中把握学生的实际思想状况。

第四，重点考核学生的实际能力。教师可运用案例分析、课堂讨论、汇报交流等形式考查学生的实际运用能力，有意识地对他们的材料收集、口头表达、交往协作和自我展示等方面进行评价与引导，既保证考核质量，又培养学生的综合素养。教师应对学生的小论文、调查报告、观后感、PPT、微电影、演讲稿等实践成果进行评阅，兼顾不同任务的繁简与难易程度，进行量化考核。无疑，这样的过程考核不仅能够反映学生的实际学习状况，更能够促使学生投入更多的学习时间与精力。

## 三、结果性评价的考核设计

结果性评价，一般就是期中考试和期末考试。在考试环节可采取笔试、口试、汇报答辩等多种形式。考试的一般形式是笔试，试卷题型往往是客观题与主观题的结合。客观题一般是单项选择、多项选择、判断等题型；主观题一般是简答、材料分析、案例分析或论述等题型。通过试卷判定成绩的考核方式，比起过程考核要更方便、简洁。

为了进行结果性评价，许多学校往往实行了标准化考试。从命题、赋分到考试、评卷，各个环节都制定了科学化、规范化的标准，并量化了这些标准。标准化考试模式，过分看重量化评价而轻视了质性评价。因此，为了体现一切从学生实际出发，思政课考试也注意针对不同层次的学生，实行不同的考试方法。

第一，闭卷统一考试为主。教育部文件规定：思政课的考核"坚持闭卷统一考试为主，……。闭卷统一考试须集体命题，不断更新题库，提高命题质量。"① 考试，有开卷、闭卷、半开卷等多种形式。学生的开卷考试常常存在抄袭问题，在缺乏严格考核机制的情况下，教师也不可能一一去进行鉴别，这使得开卷考试的区分度成为问题，出现成绩上的"平均主义"，成绩上的"平均主义"又会降低优秀学生的积极性。所以，要审慎对待开卷考试。

第二，合理安排客观题。在思政课的闭卷考试中，近年比较偏好客观题，客观题成为试题的主体甚至全部，这有其合理性。从学生方面看，客观性题目相对来说比较客观公正；从思政课老师的角度来说，客观性的题目简单直观，可以运用读卡器阅卷，省时

---

① 教育部. 新时代高校思想政治理论课教学工作基本要求 ［EB/OL］. http://www.moe.gov.cn/srcsite/A13/moe_772/201804/t20180424_334099.html.

省力；从答案的唯一性看，客观题更易于科学化、规范化，更适合机考，适合机器阅卷。但是，对于考核教学效果来说，客观题的题型注重识记和判断，考核不出学生能否灵活运用、是否具备实际能力，因此，客观题不宜太多。

第三，合理设计主观题型。要落实教育部的要求，"综合考核学生对所学内容的理解和实际运用，注重考查学生运用马克思主义立场观点方法分析、解决问题的能力，力求全面、客观反映学生的马克思主义理论素养和思想道德品质"[①]，在思政课考试中要适当采用简答、论述、材料分析等主观题型，适当增加时事分析之类的题目，适当增加开放性试题，比较全面地对学生理论联系实际的综合能力进行考核和考查。

简答题的作用是检验学生对理论知识的学习成果。相比而言，论述题不但可以检验学生对理论知识的学习成果，还要求学生学会把握相关信息，表达个人观点，可以考查学生对知识理解的深度和广度。材料分析题结合社会热点问题，在考查理论知识外又能够考查学生的思想、态度、立场、价值观，可以更加准确地考查学生的实际能力。

第四，不要降低思政课的理论知识要求。很多人批判偏重知识的课程考核，因为知识考核不能测试出学生实际的价值观和思想品德，这有其道理。但是，也不能因此而走上另一个极端——不要求学生掌握知识理论，或者忽视测试学生的知识理论水平。思政课不应该忽视理论知识方面的考核要求，根据经验以及相关研究，"降低思政课理论知识的要求不利于学生能力锻炼和德性培养"[②]。思政课培养的思想政治素质，不仅仅是普通的个人道德修养，而是一种包含思想认同、价值认同、政治认同在内的思想政治修养，思想政治修养的养成需要一定的思想政治的知识基础和理论支撑，列宁的灌输论早已经说明了这个问题。所以，思政课的考核方式改革要防止从一个极端走上另一个极端，不能全盘否定思政课传统考核方式的合理性因素。

第五，注重标准答案和非标准答案相结合。标准答案，突出考核的是学生的统一性，考核学生对思政课基础性知识理论的把握；非标准答案，突出考核的是学生的非标准化的能力与素质，考核学生开放性思维的水平。形式多样的考核手段更能够从多个侧面反映思政课教学目标的实现程度，更能够真实反映师生教和学的效果。

## 四、加强信息化技术支持

现代信息技术为思政课的教学考核提供了强有力的技术支持，其方便快捷的特点使思政课繁杂的考核评价变得简洁高效。利用网络和信息化工具可以使思政课的考核评价化繁为简。

第一，借助移动互联网技术，快捷高效地实现各种过程性教学评价。过程性评价是持续性的，不可能一蹴而就，是一个长期的活动，利用相关教学软件和系统平台，比如学生的签到、测验、讨论，并给出过程性成绩，不仅使成绩评定更高效，而且教师还能够长时间观察学生的学习情况和自己的教学效果。采用网络平台进行信息的收集、整理、

---

① 教育部. 新时代高校思想政治理论课教学工作基本要求 ［EB/OL］. http://www.moe.gov.cn/srcsite/A13/moe_772/201804/t20180424_334099.html.

② 辛宝海. 思政课学业成绩考核方式改革探索与思考——以曲阜师范大学为例 ［J］. 湖州师范学院学报，2019，41（01）：51.

分析、反馈，十分方便快捷，把过去不可能实施的大规模的学生评价变为了现实，大大提高了考核效率。

第二，利用网络建构思政课考试平台。作为一门公共必修课，思政课的学生众多，考试试卷的印制量大，教师的阅卷量也大。网络考试通过随机组卷而生成试卷进行考试，集试卷生成、上机考试、阅卷、成绩生成为一体，既可以节约纸张试卷的印制成本，又可以减轻思政课教师繁重的阅卷劳动，具有传统考试无法相比的优越性。同时，对于学生而言，网络考试也最大限度地避免了教师的阅卷失误，使考试的公平性大大提高。

正因此，许多学校将网络考试引入了思政课，在考试方面进行了创新。他们提前建立了涵盖教材各章节、以客观题为主的试题库，考试时自动随机抽取试题生成试卷，学生提交答案之后，系统自动阅卷并生成成绩，还能够进行成绩分析，十分便捷高效，大大减轻了教师阅卷、计算成绩、登录成绩的工作量，节约了时间，提高了效率。网络化考试也会出现一些问题，比如系统设置时间过长，个别学生忘记考试时间，考试过程中系统出现故障，计算机黑屏，访问人数过多使系统崩溃等，但这些技术问题都是可以解决的。

网络考试平台的建设，题库的制作是关键。首先要以考试大纲为依据，任课教师分工合作，制作完成试题库，并需要组织骨干教师反复审核题库，优化题库资源，保证考试题目的准确无误，保证试题库涵盖教材的基本知识、基本理论、基本观点。同时，思政课的题库还需要不断更新，保持与社会发展同步，与党和国家的热点问题同步，体现课程的时代性特点。题库完成后，在大规模使用之前一般要进行小规模的测试，便于发现问题进行完善。思政课可以建立网络课堂与网络考试平台，实施无纸化考试。

第三，线上和线下两种考核相结合。一方面，要充分利用现代信息技术，简化繁杂的考试考核工作；另一方面，也应该看到传统的考试考核和网络考核都有其各自的不足。比如，实施大规模的线上考试，离不开计算机网络技术、校园网尤其是相当数量的机房，或者学生的手机端 App 等软硬件条件的支持和保障。再比如，线上考试的标准化题型，往往局限于客观题，无法考核学生的主观个性，不能全面反映学生的学业水平。因此，将线上考核和线下考核结合起来，能够优势互补，使考核更高效。

# 第十章　思想政治理论课教师的职业形象设计

形象，既指个人的外在形象和姿态，又指由于个人的内涵和作为所呈现出来的风格和特色。"山有坡度，人有风度"，思政课教师应该有属于自己的风格和形象。思政课教师承担"教育教学和研究职责"①，其职业形象不仅是教学活动中外在的仪表装饰、言行举止，同时更涵盖了教师内在的人生观、价值观、道德品质、人格修养、知识理论、专业能力、综合素质等。高校思政课教师承担着马克思主义理论教育工作，是立德树人的中坚力量，一般被认为是社会主义主流思想道德的传递者和示范者。思想政治理论课教师既有内在形象，也有外在形象，因此，思想政治理论课教师职业形象的设计，是一个内外兼修的自我塑造、自我提升的过程。

## 第一节　思政课教师的内在形象设计

通常而言，思政课教师的内在形象往往有三个基本部分：专业水平，教学水平，人格力量。良好的思政课教师的基本形象是，一方面，具有学者风范，学术底蕴深厚，教学水平高等；另一方面，思政课教师还应该有受人喜爱的人格特征，如幽默风趣，平易近人，体恤学生，思想前卫，富有生气，有独到见解等。思政课教师的职业形象是个性与共性的统一，每一个教师既要体现思政课的政治性、思想性、科学性，又要与自己的性别、性格、年龄、品德、学养相符合。根据自己的内在修养和外部特点，思政课教师可以形成清晰的自我定位，塑造适合自己的教师形象，比如学者型、活力型、时尚型、亲和型、儒雅型、严谨型等，形成清晰一致的课堂教学风格和课堂魅力。

2019 年学校思想政治理论课教师座谈会上，习近平为新时代思政课教师提出了"政治要强、情怀要深、思维要新、视野要广、自律要严、人格要正"的要求，"六要"标准，就是对思政课教师的共性的整体形象要求，在共性形象之下，思政课教师也各有千秋。

---

① 教育部. 新时代高等学校思想政治理论课教师队伍建设规定（中华人民共和国教育部令第 46 号）［EB/OL］. http://www.moe.gov.cn/srcsite/A02/s5911/moe_621/202002/t20200207_418877.html.

## 一、政治形象

"政治要强"，要求思政课教师有坚定的政治信仰和政治立场，有更高的政治敏锐性和政治研判能力，在教育教学中要有强烈的政治意识。思政课具有鲜明的意识形态属性，政治性是课程的第一属性，因此政治形象是高校思政课教师的首要形象，也是高校思政课教师的代表性形象。"政治要强"，是对思政课教师的首要要求和核心要求，也是思政课教师最鲜明的形象。

思政课具有鲜明的政治性，不仅与政治相关的内容占有较高比重，而且以政治性为核心和方向。政治意识、政治理想、政治认同等政治素质是思政课教师的核心素质。

第一，政治方向正确。思政课教师的岗位要求之一就是：增强"四个意识"，坚定"四个自信"，做到"两个维护"，"始终在政治立场、政治方向、政治原则、政治道路上同以习近平同志为核心的党中央保持高度一致"[①]。政治方向正确，才能够培养社会主义事业建设者和接班人，培养能够担当民族复兴大任的时代新人。

第二，信仰坚定。"有信仰的人讲信仰"，教育学生树立坚定科学的信仰，教师自己就必须有坚定的共产主义信念。思政课教师有了坚定的信仰，才能引导学生"坚定对马克思主义的信仰，坚定对社会主义和共产主义的信念，增强中国特色社会主义道路自信、理论自信、制度自信、文化自信"[②]。

第三，富有政治责任感。教师应具备对社会主义教育事业的政治责任感，从思政课教学与巩固党的执政地位的高度，理解和把握思政课教学的思想性、政治性和意识形态性。树立政治责任感，增强对国家民族负责的意识，培养担当民族复兴大任的时代新人。

## 二、理论形象

中小学思政课的区别，就在于思想政治理论课具有强烈的"理论性"，所以理论形象是高校思政课教师的重要形象，这种理论形象，是指思政课教师以马克思主义为主要内容的理论形象。教育部文件也要求新时代思政课教师要"马克思主义理论功底更扎实"，"努力成为马克思主义理论教育家"[③]。

习近平指出："思政课的本质是讲道理。"思政课讲的不是一般的道理，而是马克思主义的道理。思政课教师要"把道理讲深、讲透、讲活"，就必须对马克思主义理论真懂、真信、真用。真懂，就是有扎实的马克思主义理论功底；真信，就是有坚定的马克思主义理论信仰；真用，就是有运用马克思主义理论发现问题、分析问题、解决问题的能力。思政课教师是马克思主义的传播者，这必然要求教师要有扎实的马克思主义理论功底，增强自身的理论自信。

---

① 教育部. 新时代高等学校思想政治理论课教师队伍建设规定（中华人民共和国教育部令第46号）［EB/OL］. http://www.moe.gov.cn/srcsite/A02/s5911/moe_621/202002/t20200207_418877.html.

② 教育部. 新时代高等学校思想政治理论课教师队伍建设规定（中华人民共和国教育部令第46号）［EB/OL］. http://www.moe.gov.cn/srcsite/A02/s5911/moe_621/202002/t20200207_418877.html.

③ 教育部. 关于印发《普通高等学校思想政治理论课教师队伍培养规划（2019—2023年）》的通知（教社科函〔2019〕10号）［EB/OL］. http://www.moe.gov.cn/srcsite/A13/moe_772/201904/t20190428_379873.html.

第一，扎实的马克思主义理论功底是高校思政课教师的底色。具备马克思主义理论素养，即要掌握马克思列宁主义、毛泽东思想、邓小平理论、"三个代表"重要思想、科学发展观和习近平新时代中国特色社会主义思想。高校思政课的课程体系，就是以马克思主义和中国化马克思主义的理论成果为中心内容。因此，思政课教师不仅要掌握马克思主义和马克思主义中国化的基本原理、理论精髓，更要掌握中国化马克思主义和马克思主义基本原理的一脉相承性和与时俱进性，还要掌握用马克思主义理论武装大学生头脑的理论方法。

第二，要有坚定的马克思主义的理想信念。有坚定的马克思主义的理想信念，传播马克思主义才会有真情、有热情、有激情。有坚定的马克思主义信仰，就要敢于面对现实中的各种问题，敢于面对大学生思想中的各种困惑，能够用马克思主义分析现实问题；就要勇于坚持和发展马克思主义，要有勇气和决心，高扬马克思主义的旗帜，真正为马克思主义的真理而奋斗终生；要坚持在正确运用马克思主义理论的基础上，用新的实践经验和科学成果发展马克思主义理论。马克思主义理论教学只有充满真情、热情和激情，才能增强理论的说服力和感染力。

第三，"思维要新"，思政课教师既要有扎实的马克思主义理论根基，又要与时俱进，不断创新思政课教学方法，利用新视角、新理念、新方法去创新课堂教学方法。思政课教师要不断学习中国化马克思主义的最新理论，以最新的教学内容，通过新颖的教学方法，利用最新的教学平台，激发思政课的活力，增强理论的感染力和吸引力，激发学生课堂学习的热情与兴趣，引导和培育学生树立科学的世界观、人生观和价值观。

## 三、道德形象

为人师表是自古以来对教师的形象要求，思政课要立德树人，教师必然以德为重，自律要严，人格要正，情怀要深。

第一，"自律要严"。学高为师、身正为范，教师要具有优良的品德，这是教育工作对教师提出的特定要求，所有教师在人品上都不能"踩黄线"，更不能"踩红线"，作为专门培养学生思想品德的思政课教师尤其如此。比起其他教师，思政课教师更应该高度自觉，高度自律。

第二，"人格要正"。"自律要严""人格要正"，占领真理与道义的双重制高点，是思政课教学取得实效性的保证。我国教育家徐特立先生说过："师生的相互关系，首先要谈的是人格问题，因为教师是领导者，所以不能不谈教师的人格。"[①] 教师是社会成年人的优秀代表，"教师的人格是比所有教科书、道德箴言和奖惩制度都更有教育作用的无形力量"[②]。"其身正，不令而行；其身不正，虽令不从。"言行一致，德高学深，才能令人心悦诚服。

第三，"情怀要深"。家国情怀"是社会个体基于最初的血缘或地缘而形成的对命运

---

① 转引自崔景贵. 知识经济挑战与大学生人格教育 [C] //. 迈向 21 世纪的高校心理健康教育——第六届全国大学生心理咨询学术会议优秀论文集. 1999：156.

② 转引自崔景贵. 知识经济挑战与大学生人格教育 [C] //. 迈向 21 世纪的高校心理健康教育——第六届全国大学生心理咨询学术会议优秀论文集. 1999：156.

共同体的归属感与责任感，表现为个体成员对家庭宗族的身心依附、对故土山河的眷恋守护、对传统文化的认同承续、对家国民族的责任担当。"① 家国情怀是一种源自内心的质朴情感，在中华民族几千年的发展历史中，家国情怀发挥了巨大作用，开展以天下兴亡、匹夫有责为重点的家国情怀教育，是中华优秀传统文化教育的主要内容之一，思政课教师要"塑造灵魂、塑造生命、塑造新人"②，必然需要具有深厚的家国情怀。

## 四、教学形象

课堂教学是教师与学生接触的第一途径，而教师的教学形象是给学生的最直接印象。教师最重要的，就是把课教好，使学生学有所获，这是好教师的典型形象。

第一，饱含教育情怀。教师的家国情怀会转化为教育情怀，家国情怀通过教书育人实现。教育情怀就是饱含着对教育事业的爱、对学生的爱，有献身教育的决心和抱负，心甘情愿地付出。教师对教育的独特感受和理解，对教育事业的深沉、持久、难以割舍的感情，在教育过程中的真诚投入，都会感染学生。③ 教书和育人是思政课教师的职责，教书，是教育的知识化过程，要求思政课教师能够"博学于文""授业解惑"；育人，是教育的思想化过程，要求思政课教师能够"约之以礼"、立德"传道"。思想政治理论课教师应该富有塑造人、培养人的使命感，静心教书，潜心育人。

第二，热爱关心学生。热爱学生是教师最崇高的一种职业情感，思政课教师关爱学生并理解学生的思想感情，才能引导学生成长，这也是教育威信形成的根本。教师面对各种专业的学生，要信任学生，包容学生的个性，尊重学生的人格和自尊心；要严格适度地要求学生，并勤加督促；要公正对待学生，一视同仁，杜绝偏见和歧视。

第三，形成教学风格。教学风格是教师在教学上的特色④，形成教学风格是教师职业成熟的标志。教师在长期的教学中应该根据自己的特点通过自觉反思塑造自己的教学风格，比如，如果自己逻辑思维突出、不苟言笑，可以培养理智型教学风格，讲课追求层层剖析，环环相扣，论证严密，突出思维的严谨与逻辑的力量。虽然教师一脸严肃，但是学生能感受到教师对知识的透彻理解和对真理的执着思考，能感受到思维的魅力，还能感受到严谨的治学态度，这都是对学生的熏陶和感染。感情丰富、情感热烈的教师，可以突出激情型教学风格，讲课激情四射，慷慨激昂，给人以情感震撼，引起强烈共鸣，学生还可以得到人格的陶冶、情感的感染。朴实无华的教师，可以培养自然型教学风格，娓娓而谈，亲切自然，恬静安宁，简朴真实，情真意切，润物无声。幽默诙谐的教师，可以突出幽默型教学特点，讲课生动形象，使课堂轻松愉快，使学生在笑声中获得启迪。经验丰富的教师，可以培养技巧型教学风格，精于教学技巧，熟于教学表达，组织严密，过渡自然，环节合理，有条不紊！

---

① 曹清. 培育大学生家国情怀的意义及路径探究 [J]. 思想政治工作研究，2018（02）：56-57.

② 教育部. 关于印发《普通高等学校思想政治理论课教师队伍培养规划（2019—2023年）》的通知（教社科函〔2019〕10号）[EB/OL]. http://www.moe.gov.cn/srcsite/A13/moe_772/201904/t20190428_379873.html.

③ 肖凤翔，张明雪. 教育情怀：现代教师的核心素养 [J]. 河北师范大学学报（教育科学版），2018，20（05）：97-102.

④ 李如密. 教学风格的内涵及载体 [J]. 上海教育科研，2002（4）：41-44.

### 五、研究形象

研究就是钻研、探索，英文里的"research"，由"re"和"search"组成的，是反复寻找的意思。教师就是为了探求真理而工作，主动寻求事物真相，把握根本原因、找到更可靠的信息，是科学工作的需要。高校思政课教师的岗位要求明确规定："坚持以思政课教学为核心的科研导向，紧紧围绕马克思主义理论学科内涵开展科研，深入研究思政课教学方法和教学重点难点问题，深入研究坚持和发展中国特色社会主义的重大理论和实践问题。"① 所以，高校思政课教师也应该是一个研究者的形象。为探求事物的真相、把握事物的性质和规律，思政课教师需要进行各种积极探索。为了提高教学质量，思政课教师需要仔细钻研、审查细磨教学内容，需要穷尽知识、追根究底。

第一，钻研教学内容。在掌握马克思主义理论的基础上，思政课教师需要通过对国内外的信息和实时资料的加工整理，将其变成自己独到的研究心得和见解，充实和丰富教学内容。把学科理论与方法以及前沿问题引入课堂，不但可以提高思政课教学的科研含量，深化教学内容，加深学生对理论问题和实际问题的认识，而且还可以引导学生形成研究意识与研究能力。

第二，钻研教学规律。教师要上好课、努力提高教学质量，就要对教育教学进行研究。研究能力是高校教师的专业能力，高校思政课教师应该是研究型教师，不但能够在工作中发现教学问题，而且能够在研究中解决教学问题。作为高校思政课教师，不能仅仅是"教书匠"，更应该是教学的研究者。

第三，研究理论与现实问题。思政课教师要做到视野广，就要加强对现实热点问题与理论热点问题的研究，提升学术魅力，这是成为研究型教师的必经之路。关注现实热点问题与理论热点问题，关注与学科有关的最新理论成果，对中国式现代化建设中的现实问题进行思考研究，撰写研究论文，养成科研意识，才能不断更新知识理论体系，发现与思考各种现实问题，并将理论与实践结合起来，在教学中才能真正做到"政治性和学理性相统一、价值性和知识性相统一、建设性和批判性相统一、理论性和实践性相统一、统一性和多样性相统一、主导性和主体性相统一、灌输性和启发性相统一、显性教育和隐性教育相统一"②，不断增强教学的实效性。

## 第二节　教师的外部形象设计

孔子曾经说："君子不可以不学，见人不可以不饰。不饰无貌，无貌不敬，不敬无

---

① 教育部. 新时代高等学校思想政治理论课教师队伍建设规定（中华人民共和国教育部令第 46 号）［EB/OL］. http://www.moe.gov.cn/srcsite/A02/s5911/moe_621/202002/t20200207_418877.html.

② 教育部. 关于印发《普通高等学校思想政治理论课教师队伍培养规划（2019—2023 年）》的通知（教社科函〔2019〕10 号）［EB/OL］. http://www.moe.gov.cn/srcsite/A13/moe_772/201904/t20190428_379873.html.

礼，无礼不立。"① 身处高校这一教育环境，作为具有较高教育背景且引领学生思想发展的现代知识型教育者——高校思政课教师，其外在形象是否得体，其职业着装是否规范，有着一定的教育影响力和示范价值。

## 一、教师的外部形象具有教育意义

学识修养形成内在气度，衣着打扮形成外在风度。教师的外部形象，通常由衣着打扮决定。我国自古便被称为"衣冠上国"，服饰更被视为礼治的一部分，可以"昭名分，辨等威"，所以服饰是人类精神文明的体现，自古就是身份和礼仪的象征。随着我国人民生活水平的不断提高，服装已经成为文明社会自我个性的标志，成为身份地位、生活态度、生活品质、审美情趣乃至社会分工的体现。

衣服是人最外在的层次，但却最能够衬托和体现人的灵魂和身体。"学问变化气质""衣着改变风度"，教师要追求内在气度，也要注意外在风度，要做到内在美和外在美的统一。

服装表现着人的外表状态，传递着人的修养、审美和品位。服装是文明的象征，体现穿着者的体型、肤色和气质；服装也是一种文化，能够美化人，体现着人的物质和精神面貌以及文化素质和个人修养。人的衣着承载着多种信息：文化修养、个人喜好、经济水平、社会地位、可信任程度。基于人的外表，通常人们可以作出许多推断。衣着可以帮助我们认识别人，别人也会通过衣着来看我们，所以恰当的着装就是一个形象的自我介绍。恰当的着装会使自己受到鼓舞更加自信，也让别人正确地认识自己，易于获得他人的信任和社会的尊重。

随着经济水平的迅速提高，工作要着职业装正在被人们接受。目前，我国的职业着装正逐渐实现现代化、国际化。军人、警察、法官、工人、空姐等都有自己特定的职业着装，一般白领的职业着装也逐渐形成了规范，教师招聘与公务员招聘的面试环节，求职者通常都是身着正装。《管子》中写道："言辞信，动作庄，衣冠正，则臣下肃""衣冠不正则宾者不肃。"② 教育部门对高校教师并没有严格的着装规定，但是高校教师所处的工作环境和工作对象，决定其要穿着适合教育环境的优雅服装。

一个人的着装，应当与自己的职业身份相适应；一个群体的着装，应当符合群体的职业要求与职业特点，这是常识，更是常规。从整体上讲，教师应该衣着整洁、大方端庄，魅力而不夸张，时尚而不失分寸。苏霍姆林斯基《给教师的建议》里写道："要记住，你不仅是教课的教师，也是学生的教育者，生活的导师和道德的引路人。"③ 因此教师职业着装对学生具有明显的暗示性，因此更应考虑可能给学生带来的影响。

高校思想政治理论课教师应该如何着装？有的人认为，教师靠的是学问，不用特别在意自己的服装打扮；有的人认为，教师应该注意外部形象，工作中应该一律穿正装。实际上，根据工作需要，教师既可以着正装，也可以着便装，不管穿什么，都要符合教师的身份特点。

---

① 李承贵. 孔子语录全景 [M]. 贵阳：孔学堂书局，2018：280.
② 黎翔凤. 管子校注 [M]. 梁运华，整理. 北京：中华书局，2004：37.
③ 苏霍姆林斯基. 给教师的建议（修订版）[M]. 杜殿坤，译. 教育科学出版社，1984：78.

教师职业着装的意义在于：第一，穿着正规，是对教育对象的尊重；第二，可以强化自己的社会角色感和职业责任感；第三，表明自身处于工作状态，可以赢得学生的信任，有利于塑造良好的社会形象。教师可以着职业服装，也可以着便装，因为便装更随和亲近，在师生关系上也更平易近人，易于交流。简言之，教师既不能不在意自己的服装打扮，也不必一律穿正装。总体而言，就是既要庄重端正，又要有一定的亲和力。

## 二、思政课教师着装的原则

虽然没有明文规定，但是社会对教师的形象是有约定俗成的共识的，比如，一般来说，男教师不留长发，不留胡子，不戴项链、手链、戒指，服装遵循整洁大方原则即可。而女教师，一般不染太过夸张的彩发如明黄色、红色等，接近头发本色的褐色、栗色等较容易被接受；发型力求简洁、明朗；可着淡妆，忌浓妆艳抹，口红色应以接近唇色为主，忌油彩太重；少佩戴首饰，尤其是过于夸张的项链、手镯、耳环等；不穿细带裙、超短裙及露背装，不穿过透、过于暴露的服装，不穿过高细跟鞋，不留不涂长指甲，着装款式简约、庄重、典雅，用料宜选用质地较高档的面料。教师工作中的形象设计、衣着打扮应该坚持以下四个原则。

### （一）和谐

首先，衣服款式要和谐。通常而言，衣服的性质常见的有：职业装或工装、便装（如夹克、运动服、牛仔服、羊毛衫）、民族服装。衣服的款式搭配要和谐，俗话说："穿衣戴帽，各有一套。""穿衣戴帽各有一套"，一般指西装配革履，便装配便鞋。同时，衣服的质地要和谐，面料的软硬、厚薄、轻重要搭配合适。衣服与场合要和谐，严肃的场合严肃打扮，轻松的场合轻松打扮。衣服的各因素之间要协调。

其次，颜色搭配要和谐。构成服饰的三要素是色彩、款式、质地，其中，色彩是服装给人的第一印象。俗话说"远看颜色近看花"，色彩能显示一个人的气质与格调，社会往往根据衣服的配色来评价人的文化艺术修养。服装的色彩搭配得当，可显得端庄优雅；搭配不当，则显得不伦不类。服装的色彩搭配对女教师来说尤为重要，因为女教师的服装往往有色彩。服装色彩搭配要协调，通常有四种方法：一是最简易的同色系相配，即把同一色系的色彩搭配起来，如深蓝与浅蓝、深绿与浅绿。二是邻近色相配，即把色谱上相近的色彩搭配起来，如橙与黄、蓝与绿。三是常用的主色调相配，以某一色调为基础色，主色调占据服饰的大部分面积，再配上一二种次要色作为衬托或点缀装饰，使整个服饰的色彩主次分明，取得多样统一的和谐效果。四是对比色搭配，红与绿、黄与紫、蓝与橙、白与黑会形成鲜明对比，既互相对抗又互相依存，能够产生强烈的审美效果。如果着装中使用丝巾等小面积的对比色搭配，可以产生非常不错的视觉效果。世界上除了彩色，还有黑、白、灰三种无彩色，无彩色是可以和各种彩色搭配的百搭色。如果彩色搭配起来不理想，可以试一试彩色与黑、白、灰中的一种来搭配。

### （二）雅致

雅致，就是文雅别致，意趣高雅，不落俗套，不庸俗、不杂乱。雅致往往意味着有底气的庄静与条理。雅致的着装各不相同，通常注意以下细节。

第一，衣服色彩不宜过多。颜色要柔和、不刺目，同时颜色不要繁杂。通常而言，衣服搭配要遵循"色不过三"的原则，即身上衣服的色彩不要超过三种，否则易显杂乱。一件花色上衣可以搭配净色的裙子，而不好搭配不同花色的花裙子；一件花色裙子可以搭配净色的上衣，而不好搭配不同花色的上衣。

第二，衣服层次不宜过多。寒冷天气里，衣服的外露层次最好不过三层，一般两层比较合适，显得简约大方。这主要体现在衣服的领口、袖口、腿部，不要层层叠叠。女教师如果着正式的裙装，要注意袜子的整体性，最好不搭配半截的袜子，腿部形成整体感觉比较美观，不要分割成多节。

第三，身上饰物不宜过多。在职业形象的设计中，修饰物应该少而精，美国设计大师罗伯特·庞德认为"少就是多"。饰物本着"设计简单，质量精致"的原则，才能起到画龙点睛的作用，身上饰物如果过多，会给人俗不可耐的感觉。

教师着装的禁忌：第一，禁忌杂乱，杜绝"凤凰头、扫帚脚"，男士穿西装配运动鞋或布鞋，女士穿高档套裙却穿露脚趾的凉鞋，都会因为不匹配而显得不合适。第二，禁忌过分鲜艳，衣服颜色不能过分鲜艳，重要场合的套装制服应该是没有图案或者规范雅致的几何图案，饰物也不能过分花哨。第三，禁忌过分暴露，胸肩部、腰背部、脚趾脚跟，都不适合暴露。第四，禁忌透视，不能透过外衣看到内衣，这是非常不礼貌、不雅观的。第五，禁忌短小，女教师裙子不能太短，裙子下摆一般应在膝盖附近。男教师裤子长度要合适，站立时长及鞋帮，不及鞋底。第六，禁忌紧身，吊带背心和无袖的上衣以及过于紧身的牛仔裤，不适合在教育教学等正式场合穿。

（三）得体

"衣贵洁，不贵华，上循分，下称家。"[1] 衣服贵在整洁不在华丽，有职位的人穿得要符合身份，平常的人穿得要与家境相符，这就是"得体"。得体包括三个方面：第一，合体，即长短肥瘦合适。第二，合身份，即符合职业和社会角色的特点。第三，合时宜，即跟上时代性，不过于前卫，但是也不落伍。穿着应考量自己的身份及场合，教师的着装更加如此。

教师服装的款式不宜太复杂，应以简洁大方为主。女教师避免吊带衫外穿以及深"V"领、厚重皮草、紧身、超短、鞋托等款式，而以合身、有领袖、裙长及膝的套装或简洁不失时尚的款式为主。男教师要避免短裤、无袖无领、鞋托等非正式款式和烦琐、夸张的街头风，而多以简单的T恤衫、衬衫、长裤等合身的衣服为主。简洁的线条搭配，体现教师的知性、清新的形象美。据调查，学生最受不了老师的衣着是：低腰；低胸；透明；紧身；下摆喇叭超大的裤子；颜色太艳丽出挑；浓妆艳抹；男老师蓄长发，女老师爆炸式发型；等等。

（四）整洁

"衣贵洁，不贵华"，衣不贵华而贵洁，穿衣以洁净整齐为要，不在华丽；教师的着

---

① 李毓秀. 弟子规［M］. 北京：北京理工大学出版社，2014：9.

装更加如此，穿衣服必须注重整洁，不必讲究昂贵、名牌和华丽。衣服干净整齐，哪怕简朴，也会给人好感。应注意衣服是否破损、是否有污渍、商标是否摘除等，穿着的衣服要熨烫平整，纽扣要扣好，袖子裤管不要挽起卷起，以免带给他人粗俗之感。教师装扮后的效果，应该是庄重而不失活泼。

### 三、思政课教师穿着职业正装的设计

#### （一）男教师着职业正装要符合一般规范

对于职业白领而言，国际上通行的职业男装就是西服套装，即西装。西装的基本要求是：款式简洁，剪裁合身，颜色传统，经典颜色为黑色、藏蓝色、灰色、咖啡色等，质料高级，要求下垂而挺括，有款有型。男教师穿着西装有很多细节要求。

首先，注意衬衫的细节。纯棉的白衬衫是搭配西服最适当的选择，衬衫的领子应该比西服领子高出一厘米左右，衬衫的袖子应该比西装袖长出一厘米左右。根据生活经验可以知道，衣服的领袖最易变脏，而西服又不可能经常清洗，所以勤换衬衣便是最佳选择，衬衣的领袖稍稍长出一些，可以保持西服的洁净。

其次，注意领带的搭配。领带的颜色要与西装颜色保持同色系，还要与衬衫颜色保持和谐，三者的颜色可以由浅入深，也可以由深入浅。系好之后的领带，长度应该触及腰带扣，但又不可过长，下端不要长过腰带。男教师佩戴饰物主要是皮带、领带、包、手表等，搭配尽可能简洁和谐。

再次，西裤的长度前面要盖到鞋面，后面要接触鞋帮但不到鞋底。西裤过长或过短都不合适，过长显得拖沓，过短显得"半吊子"。

最后，注意鞋袜。皮鞋不管新旧，必然干净光亮。正装皮鞋一般是单色、光面、系带的皮鞋，颜色一般是黑色，可以和黑色、藏蓝色、灰色的西装搭配，也可以是咖啡色，和咖啡色西装搭配。白色的皮鞋和白色的西装搭配，是游乐时穿的，不适合于正式场合。皮鞋必须保持干净、光亮，穿鞋的目的不仅仅是舒服，它是人们对人的成就、可信度、社会背景、教养的一个重要检验标准。袜子是衣服和皮鞋之间的过渡，袜子应与鞋子一个颜色，或者与裤子一个颜色。穿西装不能穿白色袜子，白袜子与白皮鞋、运动鞋搭配，不适合职业西服。

男士着西装，干净整洁度非常重要。头发要梳理整齐，头发的长度，一般要求前不触眉、后不及领、左右不覆耳。指甲必须保持清洁，决不要有污物。胡子要刮干净，领子也一定要干净。对男性而言，干净考究特别重要。

#### （二）女教师着职业正装要注意细节

女教师在工作时间以及重要场合往往着职业正装。职业女装，一般采用西服套装、西服套裙等形式，一般特点是色彩素雅，裁剪讲究，款式简洁，面料较好。过于华丽、性感和时髦的服装，对于女教师来说是不可取的。

职业女装一般是西服套装或套裙，一方面，这种形式的服装会带来职业权威感；另一方面，西装套装和套裙早已被国际上所普遍采用，具有更强的职业符号特点。我国社

会普遍对职业装理解不够深，大多数女性往往把职业装当成了服装中的一种款式，随意穿搭，实际上，职业着装首先强调职业化，区别于休闲和家居状态。

女教师选择职业女装，颜色最好是灰色、黑色、蓝色、咖啡色、米色等素色或者是中性色。素色的理念目的是模糊性别概念，昭示的是"男女平等"，是在告诉社会，女性在职场上依靠的是自身的专业素养与专业能力。职业装是女性与男性平等享有社会权利的一种符号，体现的是女性的庄重和尊严，强调的是聪明才智而不是性别，所以，职业女装应以素色为主，款式简单，线条简洁。女性穿着职业套装，表现的是得体、大方、庄重。

女教师穿着职业女装也有许多细节要求。西服套装的穿着和男士要求基本一致，但是一般不要求系领带；而西服套裙是标准的职业女装，比裤装更能展现女性的特质。

西服套裙的最佳颜色是黑色、藏青色、灰褐色、灰色和暗红色，精致的方格、淡雅的印花和条纹也可以接受。西服套裙的色彩不宜太夸张花哨，颜色不宜过于抢眼，鲜艳的红色、黄色等亮度高的颜色应该避免，淡雅的彩色如淡紫、米黄是合适的，年轻女教师可以选择饱和度低的彩色衣服，如果有图案则要力求简单雅致。搭配的衬衫颜色，可以是多种多样的，只要相匹配就可以，白色、米色往往是百搭色。

饰物搭配要协调，服装的配饰在整体着装中主要起点缀作用，帮助协调形象的塑造。服装的配饰一般有：首饰、围巾、包、鞋袜、皮带等。配饰往往成为人们彰显个性的工具之一，也可以起到中和作用。如服装新潮时围巾应该素雅，服装平淡时围巾可以鲜艳夺目以打破沉闷。胸花、项链、耳环等要与衣服相协调。一般饰物要少而精，不可多而杂，应起到画龙点睛作用。

穿西服套裙不可搭配短袜，以免出现"三节腿"，丝袜颜色以肉色、接近皮肤色最为适宜。只有在穿长裤子的情况下才可以穿短丝袜，穿裙子配短丝袜非常不雅。穿西服套裙应当配中性颜色的皮鞋，有跟的皮鞋更能令女性体态优美，鞋跟高度三至四厘米比较好。正式的场合穿皮鞋，不应该穿凉鞋或者是露后跟、露脚趾的鞋，更加不应该穿拖鞋。

选择服装首先应确定适合自己的色彩类型。男女皆宜的中性色是职业装的基本色调，如黑色、米色、灰色、藏蓝、咖啡色等。春季可用较深的中性色，夏季可用较浅的中性色。其次，服装的关键在精而不在多，应该选择自己喜欢、自己适合、自己需要的衣服。专家研究认为，衣服的价值＝支付的价格/被穿的次数＋衣服带来的自信快乐＋形象价值。宁可买一套相对完美的、非常中意的、价格昂贵的衣服，而不去买很多质量欠缺的便宜货。

随着社会发展，人们的生活水平越来越高，教师的形象也会更加讲究，素面朝天的老师不再是学生们崇拜的对象。不论女教师还是男教师，根据自己的特点选择适合的职业服装，已经成为新时代思政课教师的基本需要。

概括而言，思想政治理论课教师的职业形象，是内外兼修的自我塑造、自我提升的过程，其实质，是教师不断自我实践和自我完善的过程，更是教师职业理想的不断实现过程。

# 结 语

重视教学设计，是思想政治理论课教学纵深发展的必然结果，是我国提高思政课教学质量的时代要求。思想政治理论课的教学设计，包含着丰富深厚的理论基础，也包含着细致的操作技巧。

从宏观视野看，思想政治理论课的教学设计，以思想政治教育的基本原理与教育教学的基础理论为必要的理论前提与理论基础，以马克思主义的青年观与青年教育理论为指导，这是思政课教学设计的理论深厚之处。

从中观视野看，思想政治理论课的教学设计，以其课程设置与课程定位为依据，以其课程的性质、功能、地位、任务为法则，遵循课程的教学规律，遵循课程的教学方针和原则，忠于思想政治理论课教材的基本内容规定，这是思政课教学设计的科学之处。

从微观视野看，思想政治理论课的教学设计，以课程的素材为资源，是一个从教学目标到教学内容、教学方法与模式，再到教学环节，最后到教学考核的一系列方面，进行细致的思考、探求、组织、安排和反复比较的创造性过程，这是思政课教学设计的费心费脑之处。

思政课教师既需要设计课堂，又需要塑造自身，因为从教师的内在形象到外部形象，都会对教学、对学生产生影响。要以身立教，思政课教师就需要思考以什么样的形象出现在学生面前，以什么样的形象赢得学生。

思想政治理论课作为高校思想政治教育的主干渠道和核心课程，其任务的落实依赖于有效的教学。有效的教学一定是经过教师的充分准备与合理设计的。充分准备与合理设计，是提高教学质量与教学实效的关键，只要思政课教师根据课程要求和教学对象的特点，将教学各要素进行认真合理的设计，就一定能提高教学质量和教学实效，使思政课"有虚有实、有棱有角、有情有义、有滋有味"，从而提高学生的获得感。

充分准备与合理设计思政课教学，一定有助于思想政治理论课的备课走向科学化，促进课程的长足发展；同时，付出就会有收获，思考就会有所得，充分准备与合理设计思政课教学，也一定能够促进思政课教师在不断反思的过程中，不断获得自身的专业化突破与专业化发展。

# 参考文献

［1］ 马克思恩格斯全集（50 卷）［M］. 北京：人民出版社，1956-1985.

［2］ 毛泽东文集（8 卷）［M］. 北京：人民出版社，1993.

［3］ 邓小平文选（3 卷）［M］. 北京：人民出版社，1993-1994.

［4］ 习近平谈治国理政（4 卷）［M］. 北京：外文出版社，2014-2022.

［5］ 习近平. 高举中国特色社会主义伟大旗帜 为全面建设社会主义现代化国家而团结奋斗——在中国共产党第二十次全国代表大会上的报告［M］. 北京：人民出版社，2022.

［6］ 习近平. 决胜全面建成小康社会 夺取新时代中国特色社会主义伟大胜利——在中国共产党第十九次全国代表大会上的报告［M］. 北京：人民出版社，2017. 10.

［7］ 习近平. 思政课是落实立德树人根本任务的关键课程［J］. 求是，2020（17）：1-8.

［8］ 习近平. 培养德智体美劳全面发展的社会主义建设者和接班人［N］. 人民日报，2018-09-11（01）.

［9］ 中共中央宣传部、教育部. 普通高校思想政治理论课建设体系创新计划（教社科〔2015〕2 号）［EB/OL］［2015-7-30］. http://www.moe.edu.cn/srcsite/A13/moe_772/2015 08/t20150811_199379.html.

［10］ 教育部关于印发《新时代高校思想政治理论课教学工作基本要求》的通知（教社科〔2018〕2 号）［EB/OL］［2018-4-13］. http://www.moe.gov.cn/srcsite/ A13/moe_772/201804/t20180424_334099.html.

［11］ 中华人民共和国教育部. 新时代高等学校思想政治理论课教师队伍建设规定（中华人民共和国教育部令第 46 号）［EB/OL］［2020-1-16］. http://www.moe. gov.cn/srcsite/A02/s5911/moe_621/202002/t20200207_418877.html.

［12］ 中共中央宣传部、教育部. 新时代学校思想政治理论课改革创新实施方案（教材〔2020〕6 号）［EB/OL］［2020-12-22］. http://www.moe.gov.cn/srcsite/ A26/jcj_kcjcgh/202012/t20201231_508361.html.

［13］ 教育部关于印发《普通高等学校思想政治理论课教师队伍培养规划（2019—2023年）》的通知教社科函〔2019〕10 号［EB/OL］［2019-04-18］. http://www.moe.gov.cn/srcsite/A13/moe_772/201904/t20190428_379873.html.

［14］ 教育部关于印发《高等学校思想政治理论课建设标准（2021 年本）》的通知（教社科〔2021〕2 号）［EB/OL］［2021-11-30］. https://www.gov.cn/zhengce/zhengceku/2021-12/18/content_5661767.htm.

[15] 中共教育部党组，共青团中央. 关于在各级各类学校推动培育和践行社会主义核心价值观长效机制建设的意见（教党〔2014〕40 号）[EB/OL]［2014-4-20］. http://www.moe.gov.cn/srcsite/A12/s7060/201410/t20141020_177847.html.

[16] 教育部关于印发《完善中华优秀传统文化教育指导纲要》的通知（教社科［2014］3 号）[EB/OL]［2014-4-1］. https://www.gov.cn/xinwen/2014-04/01/content_2651154.htm.

[17] 中共中央宣传部、教育部关于印发《全国大学生思想政治教育工作测评体系（试行）》的通知（教思政〔2012〕2 号）[EB/OL]［2012-2-15］. http://www.moe.gov.cn/srcsite/A12/s7060/201202/t20120215_179002.html.

[18] 教育部等部门关于进一步加强高校实践育人工作的若干意见（教思政〔2012〕1 号）[EB/OL]［2012-1-10］. http://www.moe.gov.cn/srcsite/A12/moe_1407/s6870/201201/t20120110_142870.html.

[19] 中共中央宣传部、教育部关于进一步加强高等学校思想政治理论课教师队伍建设的意见教社科〔2008〕5 号 [EB/OL]［2008-9-23］. http://www.moe.gov.cn/s78/A13/s7061/201410/t20141021_178938.html.

[20] 中共中央、国务院发出《关于进一步加强和改进大学生思想政治教育的意见》（中发〔2004〕16 号文件）[EB/OL]［2004-10-15］. http://www.moe.gov.cn/jyb_xwfb/gzdt_gzdt/moe_1485/tnull_3939.html.

[21] 中共中央、国务院印发《中长期青年发展规划（2016-2025 年）》[EB/OL]［2017-4-13］. https://www.gov.cn/zhengce/2017/04/13/content_5185555.htm#1.

[22] 中共中央、国务院. 关于加强和改进新形势下高校思想政治工作的意见 [EB/OL]［2017-2-27］. http://www.gov.cn/zhengce/2017/02/27/content51_82502.htm.

[23] 教育部等十部门关于印发《全面推进"大思政课"建设的工作方案》的通知（教社科〔2022〕3 号）[EB/OL]［2017-7-25］. https://www.gov.cn/zhengce/zhengceku/2022-08/24/content_5706623.htm.

[24] 习近平在中国人民大学考察时强调坚持党的领导传承红色基因扎根中国大地走出一条建设中国特色世界一流大学新路 [N]. 人民日报，2022-04-26.

[25] 习近平在党史学习教育动员大会上强调 学党史悟思想办实事开新局以优异成绩迎接建党一百周年 [N]. 人民日报，2021-02-21.

[26] 本书编写组. 思想道德与法治 [M]. 北京：高等教育出版社，2021.

[27] 本书编写组. 中国近现代史纲要 [M]. 北京：高等教育出版社，2021.

[28] 本书编写组. 马克思主义基本原理概论 [M]. 北京：高等教育出版社，2021.

[29] 本书编写组. 毛泽东思想和中国特色社会主义理论体系概论 [M]. 北京：高等教育出版社，2021.

[30] 本书编写组. 思想道德与法治 [M]. 北京：高等教育出版社，2023.

[31] 本书编写组. 中国近现代史纲要 [M]. 北京：高等教育出版社，2023.

[32] 本书编写组. 马克思主义基本原理概论 [M]. 北京：高等教育出版社，2023.

[33] 本书编写组. 毛泽东思想和中国特色社会主义理论体系概论 [M]. 北京：高等教育出版社，2023.

［34］潜苗金，译注. 学记 ［M］. 杭州：浙江古籍出版社：2011.

［35］［捷克］夸美纽斯. 大教学论 ［M］. 北京：人民教育出版社，1984.

［36］加涅，布里格斯. 教学设计原理 ［M］. 皮连生，译. 上海：华东师范大学出版社，2004.

［37］加里. D. 鲍里奇. 有效教学方法（第四版）［M］. 易东平，译. 南京：江苏教育出版社，2002.

［38］王本陆. 课程与教学论 ［M］. 北京：高等教育出版社，2017.

［39］乌美娜. 教学设计 ［M］. 北京：高等教育出版社，1994.

［40］盛群力. 教学设计 ［M］. 北京：高等教育出版社，2005.

［41］何克抗等. 教学系统设计 ［M］. 北京：高等教育出版社，2006.

［42］谢利民. 教学设计 ［M］. 北京：中央广播电视出版社，2005.

［43］余文森. 有效教学 ［M］. 北京：高等教育出版社，2013.

［44］柳礼泉，黄艳，张红明. 论思想政治理论课教学设计的基本环节与着力点 ［J］. 思想理论教育导刊，2009（04）：96-99.

［45］贾少英. 试论优化思想政治理论课教学设计的几个着力点 ［J］. 思想理论教育导刊，2011（01）：79-81.

［46］何志敏. 搞好教学设计 增强思想政治理论课的针对性 ［J］. 中国高等教育，2013（11）：29-30.

［47］杜奋根. 高校思想政治理论课教学设计探索与实践 ［J］. 思想理论教育导刊，2014（12）：77-79.

［48］冉海涛. 高职院校思政课"问题探究式"教学设计与实施——以"四个全面"战略布局内容为例 ［J］. 广西教育，2021（31）：111-113.

［49］陈若松，陈艳飞. 高校思政课有效性教学设计改革 ［J］. 思想政治工作研究，2016（11）：44.

［50］胡苗苗. 高校思政课有效性互动教学设计策略研究 ［J］. 长江丛刊，2017（08）：178.

［51］刘经纬，林美群. 基于"三个导向"理念的高校思想政治理论课混合式教学设计与质量保障研究 ［J］. 黑龙江高教研究，2021，39（03）：141-145.

［52］付治淋. 高校思想政治理论课教学中多媒体课件设计探析 ［J］. 广西教育学院学报，2021（01）：98-101.

［53］蔡丽华. 高校思想政治理论课全员全程深度互动教学设计探论 ［J］. 齐鲁师范学院学报，2020，35（03）：8-13.

［54］陈慧女. 移动互联网技术应用于高校思想政治理论课教学设计的探索与思考 ［J］. 思想理论教育导刊，2019（12）：96-100.

［55］陈红，米丽艳. 高校思想政治理论课专题教学设计的六大要素 ［J］. 思想理论教育导刊，2019（09）：99-102.

［56］桂署钦. 高校思想政治理论课教学活动设计探究 ［J］. 学校党建与思想教育，2019（10）：26-27+67.

［57］田磬. "互联网+"背景下高校思想政治理论课教学设计路径探析 ［J］. 学校党建与

思想教育，2019（09）：70-72.

[58] 赵李叶，路克利. 思想政治理论课探究式教学"问题设计"的价值及实现分析 [J]. 思想教育研究，2017（11）：82-85.

[59] 张英琦，杨志平. 思想政治理论课"基于学而设计教"的教学方法体系研究 [J]. 思想教育研究，2017（06）：71-74.

[60] 李雪梅，杨慧民. 思想政治理论课可视化案例脚本设计探析——以"资本主义的民主制度及其本质"为例 [J]. 思想理论教育导刊，2016（10）：127-130.

[61] 赖雄麟，于彦斌. 高校思想政治理论课意识形态功能实现的路径设计分析 [J]. 学校党建与思想教育，2016（14）：36-39.

[62] 林晶，郭凤志. 高校思想政治理论课研究式教学探析 [J]. 思想教育研究，2011（07）：92-95.

[63] 任荣. 论高校思想政治理论课研究式教学改革 [J]. 当代教育理论与实践，2016，8（03）：67-69.

[64] 陈鹏联，刘建伟. 基于学生期望、以问题为导向的研究式教学——"概论"课教学模式探讨 [J]. 天中学刊，2016，31（02）：139-143.

[65] 陈群. 问题研究式教学方法的探索 [J]. 当代教育理论与实践，2015，7（01）：54-56.

[66] 梁帅. 高校思想政治理论课课内实践教学简述. 农村经济与科技，2020（06）：391-392.

[67] 黄泽梅. 高校思想政治理论课开展课堂实践教学的探索 [J]. 教育现代化，2019，6（19）：210-212.

[68] 葛数金，刘龙花. 高校思想政治理论课课堂实践教学存在的典型问题和对策研究 [J]. 理论观察，2018（06）：133-135.

[69] 王浩. 实施问题研究式教学应注意的问题 [J]. 中学政治教学参考，2014（03）：41-42.

[70] 桂署钦. 高校思想政治理论课研究式教学若干问题探讨 [J]. 绥化学院学报，2012，32（02）：37-39.

[71] 布占坡. 研究式教学在思想政治理论课中的应用研究 [D]. 南京林业大学，2010.

[72] 魏淑慧. 研究式教学与学生创新思维能力的培养 [J]. 山东师范大学学报（人文社会科学版），2008（05）：68-72.

[73] 刘威. 情境教学在高中生政治认同素养培育中的应用研究 [D]. 苏州大学，2020.

[74] 王星. 情境教学在高校思想政治理论课中的应用探究 [D]. 西北大学，2017.

[75] 肖婷婷，王珊珊，陈慧荣. 浅谈高效课堂有效提问的艺术 [J]. 课程教育研究（新教师教学），2012（20）：174.

[76] 尤志成. 新时代高校思想政治理论课教学语言艺术研究 [D]. 安徽医科大学，2021.

[77] 王艳飞. 建构与创新：新时代高校思想政治理论课实践教学研究 [J]. 河南教育学院学报（哲学社会科学版）2020（4）：114-121.

[78] 王栋，徐承英，周素勤. 高校思政课"书面作业教学"的思考与建议 [J]. 思想理论教育导刊2012（5）：77-78.